高等学校公共课教材（2024 版）

（扫描书中二维码可获取配套微课资源）

# 普通高等学校军事课教程

主审　林　波

主编　鲁　雷　李新柱　曹新军

配套资源

西安电子科技大学出版社

## 内 容 简 介

本书以国防教育为主线，紧扣《普通高等学校军事课教学大纲》(2019 版)和《新时代的中国国防》白皮书，以习近平强军思想和习近平在全国教育大会上的重要讲话精神为指导，紧密结合普通高等学校国防教育的实际情况和培养目标，注重吸收近年来军事科学研究的最新成果，力求使教材内容更加丰富、完整、重点突出。

全书共 9 章，分军事理论和军事技能两大部分。其中军事理论部分包括中国国防、国家安全、军事思想、现代战争、信息化装备五章内容，军事技能部分包括共同条令教育与训练、射击与战术训练、防卫技能与战时防护训练、战备基础与应用训练四章内容。为使教师讲解有据、学生自学可循，书中不少内容结合案例展开论述，例如在国家安全部分讲解了复杂的国家安全形势，强调了生物安全的重要性；在讲述信息化战争时结合了海湾战争、科索沃战争、阿富汗战争、伊拉克战争；在介绍信息化作战平台和综合电子信息系统的作战应用中也结合了近代的典型战争案例；军事技能部分图文并茂，增强了教材的实用性和可操作性，同时也不乏新内容，例如核生化防护、军事识图用图、电磁频谱监测等。全书理论性和实战性兼具，能全面增强大学生的国防意识，并有很强的阅读吸引力。

本书既可作为本科、高职高专院校军事课程的通用教材，也可作为对广大干部、青年学生进行国防教育的普及读物。

★ 本书配有电子教案，需要者可与出版社联系，免费提供；此次再版还融入了二十大精神与课程思政的内容。

**图书在版编目(CIP)数据**

普通高等学校军事课教程/鲁雷，李新柱，曹新军主编. —西安：西安电子科技大学出版社，2019.7(2024.4 重印)

ISBN 978 - 7 - 5606 - 5404 - 1

Ⅰ. ①普…　Ⅱ. ①鲁…　②李…　③曹…　Ⅲ. ①军事科学—高等学校—教材　Ⅳ. ①E

中国版本图书馆 CIP 数据核字(2019)第 144743 号

| | |
|---|---|
| 策　　划 | 李惠萍 |
| 责任编辑 | 李惠萍 |
| 出版发行 | 西安电子科技大学出版社(西安市太白南路 2 号) |
| 电　　话 | (029)88202421　88201467　　邮　编　710071 |
| 网　　址 | www.xduph.com　　电子邮箱　xdupfxb001@163.com |
| 经　　销 | 新华书店 |
| 印刷单位 | 陕西天意印务有限责任公司 |
| 版　　次 | 2024 年 4 月第 21 次印刷 |
| 开　　本 | 787 毫米×1092 毫米　1/16　　印　张 21.5 |
| 字　　数 | 508 千字 |
| 定　　价 | 49.00 元 |

ISBN 978 - 7 - 5606 - 5404 - 1/E

XDUP 5706001 - 21

＊＊＊如有印装问题可调换＊＊＊

# 《普通高等学校军事课教程》
# 编委会名单

主　审：林　波

主　编：鲁　雷　李新柱　曹新军

副主编：王小宁　李　波　张军琪　苏　涛　李　刚　魏志强

　　　　宋刚锋　黄军荣　刘文博　郭　涛　程　霞　周沫含

编　委：（按姓氏笔画排名）

　　　　云广平　尤昊晶　田　宇　卢　琳　刘　涛　李亚汉

　　　　杨　帆　杨　敏　张士红　张宇鹏　张希颖　张　威

　　　　张国良　张　博　沈梦月　吴　微　郑晓梅　宣　旸

　　　　侯晓慧　南卫华　倪　伟　容　岚　郭　成　韩　睿

　　　　谢素蓉　黎　娜

　　习近平总书记在党的二十大报告中指出："巩固提高一体化国家战略体系和能力。加强军地战略规划统筹、政策制度衔接、资源要素共享。优化国防科技工业体系和布局，加强国防科技工业能力建设。深化全民国防教育。加强国防动员和后备力量建设，推进现代边海空防建设。"国防教育是建设和巩固国防的基础，是增强民族凝聚力、提高全民素质的重要途径，是大部分普通高等学校思想政治教育的"第一课"。普通高等学校的军事课教学工作不仅是全民国防教育的基础，也是实施素质教育的重要内容；不仅是加强大学生思想政治教育的有力手段，也是为国防和军队建设培养和造就一批具有高素质后备力量的重要举措。军事课是普通高等学校学生的必修课程（4学分）。军事课要以习近平强军思想和习近平总书记在全国教育大会上的重要讲话精神为指导，全面贯彻党的教育方针、新时代军事战略方针和总体国家安全观，围绕立德树人的根本任务和强军目标的根本要求，着眼培育和践行社会主义核心价值观，以提升大学生的国防意识、主人翁意识和军事素养为重点，为实施军民融合发展战略和建设国防后备力量服务。

　　为了深入贯彻落实《国务院办公厅中央军委办公厅关于深化学生军事训练改革的意见》和《中共中央国务院中央军委关于加强和改进新时代全民国防教育工作的意见》文件精神，根据教育部、中央军委国防动员部2019年颁布的《普通高等学校军事课教学大纲》的规定和要求，紧扣《新时代的中国国防》白皮书，针对新时代大学生国防教育的特点，结合近年来普通高等学校开展军事理论教学和军事技能训练的实际情况，西安电子科技大学军事教研室与陆军边海防学院李新柱教授（军事课全国教指委委员）依据2019版新大纲的要求编写了本书。

　　本书坚持以国防教育为主线，紧密结合普通高等学校国防教育的实际情况和培养目标，注重汲取近年来军事理论研究的最新成果，着眼于素质教育和技能形成的规律，严格按照教学大纲和课程体系的规定安排教学内容，力求使教材更具有系统性、针对性和指导性。书中军事理论部分本着教师精讲有据、学生自学可循的原则，减少了冗长的陈述，更加具有理论性和可读性。例如中国国防部分严格按照《新时代的中国国防》白皮书编写；国家安全部分结合实际讲解了复杂的国家安全形势，明确了生物安全的重要性；在讲述信息化战争时结合了海湾战争、科索沃战争、阿富汗战争、伊拉克战争；在介绍信息化作战平台和综合电子信息系统的作战应用中也结合了近代的典型战争案例，丰富翔实，有很强的阅读吸引力。军事技能部分着眼大学生役前军事技能基础，突出实用、完整、循序渐进的结构特征，图文并茂，增强了内容的实用性和可操作性，同时也不乏新内容，例如核生化防护、军事识图用图、电磁频谱监测等。

本书初稿广泛征求了南京大学、中国科学技术大学、西安交通大学、厦门大学、吉林大学、西南交通大学、西南财经大学、西安工业大学、哈尔滨职业技术学院等学校的军事教师和武装部干部的意见建议，大家普遍认为，本书结构合理、内容新颖丰富、重点突出，既能适应立德树人根本任务和强军目标根本要求，服务军民融合发展战略实施和国防后备力量建设，又能结合新时代普通高等学校军事课教育的实际，着眼国防教育的规律和育人目标的要求，全面地提升大学生的国防意识和军事素养，更好地增强大学生的役前训练水平。

我们相信本书会是一本受欢迎的军事课教材，能更好地为训练后备兵员、大学生应征入伍和培养预备役军官服务。

本教材既可作为本科、高职高专院校军事课程的通用教材，也可作为对广大干部、青年、学生进行国防教育的普及读物。在编写过程中，我们参考了大量的文献资料，引用了军内外有关军事理论的最新研究成果。在此一并向所引用参考文献的作者致以诚挚的谢意。

由于时间原因及编者水平有限，书中难免存在疏漏和不当之处，敬请有关专家和广大读者提出宝贵意见。

★本书提供 PPT、微课及部分思考题参考答案，方便教学使用。

编　者

2023 年 3 月改于西安

# CONTENTS 目 录

---

## 第一部分 军 事 理 论

---

## 第二部分 军事技能

(注:带 * 的内容为必讲、必训课目,其余为选讲、选训课目。)

部分思考题参考答案

# 军事理论

# 第一章　中国国防

☞【学习目标】

1. 理解国防内涵和国防历史，树立正确的国防观；
2. 了解我国国防体制、国防战略、国防政策以及国防成就，激发学生的爱国热情；
3. 熟悉国防法规、武装力量、国防动员的主要内容，增强学生国防意识。

## 第一节　国防概述

在人类发展的历史长河中，有国才有防，国防是伴随国家的产生而产生的。国防是一个国家和民族生死存亡的根本大计，它服务于国家利益并直接关系着国家的安全、民族的尊严以及社会的发展。国无防不立，民无兵不安。覆巢之下无完卵，一个国家如果没有巩固的国防、没有强大的军队，就不可能维护自身的统一、领土的完整和民族的尊严，国家利益、集体利益、个人利益也就无从谈起。

党的二十大报告中指出："如期实现建军一百年奋斗目标，加快把人民军队建成世界一流军队，是全面建设社会主义现代化国家的战略要求。必须贯彻新时代党的强军思想，贯彻新时代军事战略方针，坚持党对人民军队的绝对领导，坚持政治建军、改革强军、科技强军、人才强军、依法治军，坚持边斗争、边备战、边建设，坚持机械化信息化智能化融合发展，加快军事理论现代化、军队组织形态现代化、军事人员现代化、武器装备现代化，提高捍卫国家主权、安全、发展利益战略能力，有效履行新时代人民军队使命任务。"随着社会的发展，现代国防的内涵也在不断扩大，如国防法规、国防体制建设、国防动员等都属于国防的范畴。作为中华人民共和国的公民，特别是即将成为祖国未来栋梁的大学生们，关注国防、心系国防、建设国防、保卫国防更是义不容辞的责任。

## 一、国防的含义

2020 年 12 月 26 日，中华人民共和国第十三届全国人民代表大会常务委员会第二十四次会议修订通过了《中华人民共和国国防法》（下称《国防法》），其中对"国防"一词进行了立法性表述，认为国防是"国家为防备和抵抗侵略，制止武装颠覆，保卫国家的主权统一、领土完整和安全所进行的军事活动，以及与军事有关的政治、经济、外交、科技、教育等方面的活动"。

从《国防法》对国防的表述中可以看出，国防具有四个基本的要素，即国防的主体、国防的目的、国防的对象、国防的手段。

(1) 国防的主体。国防活动的实行者是国家。任何国家自诞生之日起，都需要防备和抵御外来侵略，保障国家安全。国防随着国家的产生而产生，随着国家的发展而发展，亦随着国家的消亡而消亡。国家的本质是统治阶级专政的工具，统治阶级为了实现其利益与意志，需要依靠国家权力。而国防恰恰是维护国家权力所必需的，因此国家需要行使国家权力来领导和组织国防事业，也只有国家才能使国防有效地运转。

(2) 国防的对象。抵抗外敌侵略是国防的首要任务，无论是外敌的武装侵略还是其他形式的侵略，都是国防的对象范围。对于外敌的武装侵略，国防行为是采用战争手段加以制止；对于其他形式的侵略，国防行为是采用非战争手段进行反击。

(3) 国防的目的。因为国家的主权统一、领土完整以及安全是国家独立的主要标志和最高原则，所以国防的目的是维护国家最根本的利益。

(4) 国防的手段。为了达到国防目的而采取的方法和措施就是国防的手段，通常包括军事行动以及与军事有关的政治、经济、外交、科技、教育等方面的活动。

## 二、国防的基本类型

国防的类型是由国家的社会制度和国家政策决定的。国家的社会制度不同，制定的国防政策也不同，因此，国防的类型也各不相同。目前，世界上主要的国防类型有扩张型、自卫型、联盟型和中立型四种。

(1) 扩张型是指有些国家为了本国自身的利益，以保障本国安全和防卫需要为幌子，奉行霸权主义、强权政治，把其他国家和地区纳为自己的势力范围，对别国进行侵略、颠覆和渗透。其特点是把本国的"安全"建立在别国屈服的基础上，把"国防"作为侵犯别国主权和领土、干涉他国内政的代言词。例如美国，推行霸权主义政策，在世界各地建立了300多个军事基地，把本国的国防延伸到其他国家和地区，为其全球战略服务，这就是典型的"扩张型"国防。

(2) 自卫型是指在国防建设上以防止外敌入侵为目的，主要依靠本国力量，广泛争取国际上的同情和支持，以达到维护本国安全、周边地区和世界的和平与稳定。例如我国的国防就是自卫型国防。我国是社会主义国家，奉行独立自主的和平外交政策和防御性国防政策，始终不渝走和平发展道路，坚持和平自主的防卫方针，公开向世界承诺：永远不称霸，不做超级大国，不首先使用核武器或以核武器相威胁，不对无核国家和地区使用核武器，不侵略别国。

(3) 联盟型国防是指以结盟形式，联合他国弥补自身力量的不足。联盟型国防可分为一元体联盟和多元体联盟，一元体联盟是指由一个大国做盟主，其他国家从属于他。例如日本和韩国的国防就是这种类型，都是以美国为盟主建立的国防；多元体联盟则是各国处于伙伴关系，共同协商防卫大计，如北约。联盟型国防还分为扩张型和自卫型。

(4) 中立型国防是指奉行和平中立的国防和外交政策，为保障本国的繁荣和安全，实施总体防御的战略和寓兵于民的防御体系。但中立并不等于放弃武力，有些奉行中立型国防政策的国家也拥有较强的国防实力，特别是拥有较强的军事实力和较先进的武器装备，如瑞士。

## 三、中国国防历史

中国国防的历史极其悠久，随着人类社会的发展，中国社会先后经历了不同的发展阶段，国防也经历了屈辱和荣耀、衰败与昌盛的历史。它记录了中华民族悲壮的过去，也记录了中华民族历经苦难过后的辉煌；有成功的经验，也有失败的教训。这是我们中华民族的宝贵财富，也是我们进行国防教育的生动教材。

### （一）中国古代国防

中国古代国防始于公元前 21 世纪夏王朝的建立，止于 1840 年的鸦片战争，历经了约 4000 年、20 多个朝代的更迭，呈现出兴衰交替和曲折发展的历程。其主要成就是：建立和完善了兵制；边防、海防不断得到巩固，为中国最终成为多民族、大疆域的国家奠定了基础；发展了比较先进的军事技术；军事思想逐渐形成并出现了比较系统的军事理论体系。

兵制，即现代的军制，也就是军事制度，包括武装力量体制、军事领导体制、兵役制度等。在武装力量体制上，一般区分为中央军、地方军和边防军。中央军通常由御林军和其他较为精锐的部队组成，担任警卫京师和宫廷的任务；地方军担负该地区的卫戍任务，由地方军政长官统帅；边防军则戍守边疆，并兼有屯田任务。秦统一后，设立了专门管理军事的机构，最高军事长官是太尉。隋朝时则专门设立了主管军事的部门——兵部。虽然各朝代在军事领导体制方面的做法不尽一致，但皇权至上，军队的调拨使用大权始终掌握在皇帝手中。而各个朝代的兵制，随着各个历史时期的政治、经济、人口状况和军事需要而发展变化，曾经实行过民军制、征兵制、世兵制、府兵制和募兵制等各种兵役制度。

在边防上，城池是中国古代国防建设中时间最早、数量最多的工程。长城是城池建设的延续和发展，始建于春秋战国时期，后经各朝代多次修建连接，至明代形成了西起嘉峪关、东至山海关的万里长城。而海防则始建于明朝，主要是防御倭寇的入侵。

中国古代的军事技术走在世界的前列，并对世界军事乃至世界经济的发展产生过深远的影响。公元 8 世纪，唐朝发明了火药并用于军事，引起了军事上划时代的变革。

中国古代对于军事理论的研究也有一定的成果，并产生了许多不朽的军事著作，如《孙子兵法》《吴子兵法》《司马法》《尉缭子》《六韬》《三略》《唐太宗·李卫公问对》和其他军事理论著作，对于指导战争和加强国防起到了重要的作用。

### （二）中国近代国防

中国近代的国防是一部充满着贫弱、衰败和屈辱的历史。19 世纪上半期，西方资本主义国家为了开辟新的销售市场和原料产地，加紧对外侵略扩张，开始了对中国赤裸裸的侵略。在西方列强的侵略面前，腐朽的统治者奉行消极防御的国防建设指导思想，居安思奢，卖国求荣，结果是有国无防，大片国土被迫割让，人民惨遭践踏和屠杀。在此期间，外国侵略者还强迫腐败的清政府签订了 1100 多个不平等条约。列强的军事侵略、一个个强加在中国人民头上的不平等条约、一次次的割地赔款，使中国在政治、经济、文化上蒙受了巨大屈辱和损失。随后，日本帝国主义又发动了残酷的侵华战争，中华人民再一次遭受到了前所未有的灾难。在危亡时刻，中国共产党团结和领导全国人民一致抗战，取得了抗日战争的伟大胜利。

### （三）中华人民共和国成立后的国防

中华人民共和国成立以来，我国的国防与军队现代化建设大体上经历了以下四个阶段：

• **第一阶段**(1949—1953 年)

从 1949 年到 1953 年，国家处在外御帝国主义侵略、内治战争创伤和恢复经济的时期。

这一时期的国防建设主要完成了 3 个方面的任务：一是解放了全国大陆和除台湾、澎湖、金门、马祖之外的全部沿海岛屿，肃清了大陆上国民党的残余武装，平息了匪患，建立了边防和守备部队，加强了海防的守卫。二是取得了抗美援朝战争的胜利。三是建立、健全了统一的军事领导机构和军事制度。建立了全军的领导机关和各级军事领导机构，加强了对全国武装力量的领导；建立了初具规模的海军、空军和各兵种部队，逐步开始从单一陆军向诸军兵种全面建设过渡；建立了 100 余所军事院校，为国防建设培养了大批军事人才；统一了军队编制体制；建立了各项规章制度。

- 第二阶段(1953—1965 年)

从 1953 年到 1965 年，是我国国防现代化建设突飞猛进的重要时期。1953 年 12 月召开的全国军事系统党的高级干部会议，是军队建设和国防建设的一个里程碑。这次会议确定了我国国防建设的主要任务是防御帝国主义侵略，保卫社会主义建设，保卫亚洲和世界和平；制定了"积极防御"的战略方针；提出了实现国防现代化的重大战略措施，包括精简军队、压缩国防开支、加速发展工业、为国防现代化打基础；加强国防工程建设，在沿海、边防和纵深要地建设防御工程体系；实行义务兵、军官薪金、军衔三大制度；大办军事院校；重新划分战区，完善战略、战役指挥体系；加强动员准备，建立各级动员机构和动员制度。这些重大措施有力地促进了我国国防现代化建设的全面发展，初步形成了具有中国特色的国防体系。经过 10 多年的艰苦努力。我国国防体系基本完成配套，某些领域已接近当时的世界先进水平，并成功地爆炸了第一颗原子弹。

- 第三阶段(1965—1978 年)

从 1965 年到 1978 年，尽管有林彪、"四人帮"的干扰和破坏，毛泽东、周恩来等国家主要领导人仍然坚决地注意维护我国的安全，保持了军队的稳定，顶住了霸权主义的压力。同时对发展国防尖端技术始终没有放松，保证了我国氢弹试验和人造卫星发射的成功。

- 第四阶段(1978 年至今)

在党的十一届二中全会(1978 年)上，邓小平根据国际形势不断缓和，特别是世界和平力量的增长，提出了"和平与发展"是当今世界两大主题的观点，从而确定了国家工作重点的战略性转变，并将国防建设带入一个新时期。1985 年 5 月 23 日召开的中央军委扩大会议，作出了军队和国防建设指导思想从过去立足于"早打、大打、打核战争"的临战状态转到和平时期正常建设的轨道上来，充分利用较长一段时间内大战打不起来的和平环境，在服从国家经济建设大局的前提下，抓紧时间，有计划、有步骤地加强以现代化为中心的国防与军队建设，提高军队素质，增强我军在现代条件下的自卫能力的重大决策。

20 世纪 90 年代，以江泽民为核心的党的第三代领导集体科学地回答和解决了国防与军队建设的一系列重大理论和实践问题。1993 年，中央军委确立了"打赢高技术条件下的局部战争"的新时期军事战略方针。1995 年，党中央提出了实现由应付一般条件下的局部战争，向打赢现代技术特别是高技术条件下的局部战争转变；由数量规模型向质量效能型、由人力密集型向科技密集型转变的战略思想。我国坚持质量建军，走精兵之路，实施科教强军战略。

进入 21 世纪，面对新军事变革迅速发展，以及国内外复杂变化的形势，胡锦涛从国家总体战略出发，提出我军在新世纪新阶段的使命：要为党巩固执政地位提供重要的力量保证，为维护国家发展的重要战略机遇期提供坚强的安全保障，为维护国家利益提供有力的战略支撑，为维护世界和平与促进共同发展发挥重要作用。

党的十八大以来，面对国际战略格局和国家安全形势的深刻变化，习近平以马克思主义政治家的巨大理论勇气和战略智慧，对国防和军队建设作出深邃思考和战略筹划，提出一系列新思想、新观点、新论断、新要求，深刻回答了新时代"人民军队听谁指挥、怎样铸牢军魂""为什么强军、怎样强军""打什么仗、怎样打胜仗"等基本问题，形成了内涵丰富、博大精深的科学思想体系，升华了我们党对军事指导规律的认识，把马克思主义军事理论和当代中国军事实践提升到新境界。党的十九大将习近平强军思想作为习近平新时代中国特色社会主义思想的重要组成部分，把坚持党对人民军队的绝对领导纳入新时代坚持和发展中国特色社会主义的基本方略，全面部署新时代的强军事业，标志着党的军事指导理论的与时俱进，开创了国防建设的新局面，为把人民军队全面建成世界一流军队提供了根本引领和科学指南。

党的二十大提出了"如期实现建军一百年奋斗目标，加快把人民军队建成世界一流军队"的宏伟目标，进一步增强了走中国特色强军之路的坚定性自觉性。新时代新征程上，要深入贯彻习近平强军思想，贯彻新时代军事战略方针，坚持党对人民军队的绝对领导，坚持政治建军、改革强军、科技强军、人才强军、依法治军，坚持边斗争、边备战、边建设，坚持机械化信息化智能化融合发展，确保到 2027 年实现建军一百年奋斗目标，到 2035 年基本实现国防和军队现代化、到本世纪中叶把人民军队全面建成世界一流军队，以更强大的能力、更可靠的手段捍卫国家主权、安全、发展利益。

### （四）中国国防历史启示

我国 4000 多年的国防历史上，有过声威远播、天下归附的辉煌，也有过遍体鳞伤、不堪回首的屈辱，更有过抗敌卫国，从蒙耻到雪耻、从屈辱走向尊严的艰辛历程。这其中，可以得到许多有益的启示。

#### 1. 经济发展是国防强大的基础

经济是国防的物质基础，国防的强大有赖于经济的发展。早在春秋时期齐国的政治家管仲就提出"富国强兵"的思想，孙子则更直接地指出：兵不强则不可以摧敌，国不富不可以养兵，富国是强兵之本，强兵之急。这一观点抓住了国防强大的根本所在。我国古代凡是有作为的政治家、军事家和王朝，无不强调富国强兵。秦以后的汉、唐、明、清各代前期国防的强盛，都是与民休养生息、发展经济的结果；与此相反，以上各朝代的衰败，也都由于经济的衰落导致政治腐败和国防羸弱所致。无数历史史实证明经济发展是国防强大的基础。

#### 2. 政治开明是国防巩固的根本

政治与国防紧密相关，国家的政治是否开明，制度是否进步，直接关系到国防能否巩固，良好的政治是固国强兵的根本。纵观我国数千年的国防史，不难发现，凡是兴盛的时期和朝代，都十分注意修明政治，实行较为开明的治国之策。原本西陲小国的秦国，从商鞅变法开始，修政治，明法度，发展生产，繁荣经济，国防日渐强大，为吞并六国奠定了坚实的基础；大唐初建之时，满目疮痍，百废待兴，正是由于制定并实施了一系列开明的政治制度，使国家很快从隋末的战争废墟中恢复过来，很快成为国力昌盛、空前统一的大唐帝国。凡是衰落的时期和朝代，无不因为政治腐败导致国防虚弱。唐朝中期以后，两宋乃至晚清都是如此。

#### 3. 国家的统一和民族的团结是国防强大的关键

翻开几千年的国防史，人们都会发现这样一个规律：凡是国家统一、民族团结的时期，国防就巩固、就强大；凡是国家分裂、民族矛盾尖锐的时期，国防就虚弱、就颓败。晚清时期，在西方列强的进攻面前，不仅不敢发动反侵略战争，不依靠、不支持人民群众进行战争，反而认为"患不在外而在内""防民甚于防火"。对人民群众自发组织的反侵略斗争实行残酷的镇压，最终造成对外作战中屡战屡败，割地赔款，逐步沦为半殖民地半封建社会。

抗日战争时期，中国共产党主张全国军民团结起来，建立广泛的抗日民族统一战线，共同抵抗日寇侵略。同时，坚持人民战争的战略指导方针，放手发动群众，团结一切可以团结的力量共同抗击敌人。我军领导的八路军、新四军挺进敌后，开辟了广大的敌后抗日根据地，运用人民战争的战略战术，同全国人民一道有力地打击了日本侵略者，并最终取得了抗日战争的全面胜利。

历史证明，国家的统一、民族的团结、全国军民一致共同抵抗侵略的精神和意志，才是国防真正的钢铁长城。

## 四、现代国防观

国防的内涵不是一成不变的。我国《国防法》关于国防的解释和界定，体现了在新的历史条件下我国对国防内涵的认识和理解，既具有现代意义又具有中国特色的新型国防观（也可称"大国防观"或"现代国防观"）。与传统国防观相比，现代国防观在维护国家安全的内容、范围、手段以及巩固和发展国防的因素等方面都有了新的丰富和发展。

### （一）现代国防观在维护国家安全的内容上强调综合性

现代国防观以新的安全观为基础。所谓安全观，就是对国家安全和国际安全问题的理性认识，具体说来，是指各国对其安全利益、安全威胁、安全手段等问题的基本看法和观点，是一个国家制定国防战略的基本依据。我国的新安全观对安全的认识已超越了传统的以维护国家主权和领土完整为目标的军事安全和政治安全的范围，认为对国家安全的威胁已日益多样化、综合化，不仅涉及军事和政治，而且还包括经济、信息、社会等各个领域。

#### 1. 经济安全在国家安全中居于突出地位

第一，随着国际竞争的重点转向以经济为基础、以科技为先导的综合国力，国家安全对经济发展的依赖越来越大。主权和生存权已不仅是一个政治概念，而且也是一个经济概念。

第二，经济全球化在给世界带来新的发展机遇的同时，也给各国的经济安全带来了新的威胁和挑战。西方发达国家将通过优势的资金和技术，加强对世界经济的主导和控制，因此，新的"经济殖民主义"问题将是对发展中国家经济主权甚至是政治安全的又一威胁。

第三，全球经济特别是金融的一体化，使金融风险很容易扩展和蔓延，一个国家的金融风波可能引发一个地区甚至全球的金融动荡。如1997年发端于泰国的金融危机曾使亚太各国遭受巨大冲击，其损失不亚于一场局部战争和冲突。因此，如何维护经济安全是世界各国特别是发展中国家面临的重大课题。

#### 2. 信息安全对国家安全也至关重要

社会信息化在极大地推动人类社会发展和进步的同时，也给国家安全带来新的挑战。随着信息技术在政治、经济、军事以及人们日常生活中的广泛应用，使掌握信息优势的国家拥有更多威胁和攻击他国的手段，如可以利用因特网进行思想渗透和宣传；可以攻击他国的经济、金融的信息系统，使其金融系统陷于混乱甚至爆发金融危机；也可以攻击其国防和军事领域的信息网络,使其国防指挥系统瘫痪,摧毁其抵抗意志,以达到以前只有用军事手段才能达到的目的。由于信息技术既是一个独立的领域,又渗透于社会各部门、各领域之中,信息安全将直接影响到政治、经济、军事等各个领域的安全。因此,有人甚至认为信息安全将是国家最大的安全,已引起世界各国的普遍关注。

### 3. 社会安全是国家安全的重要内容

当前,安全问题主要表现在民族矛盾、宗教纷争、恐怖主义、走私贩私、环境恶化等方面。美国的9·11事件给我们留下了许多警示,其中一点是:恐怖主义已成为影响国家国际安全的重要因素,并可能造成比传统战争更大的灾难。此外,跨国犯罪、环境恶化等问题也都越来越突出。社会安全问题也应当引起我们的高度重视。当然,我国的新安全观在强调安全内容扩展的同时,并不忽视政治和军事安全,而认为政治军事安全仍是我国国家安全的中心和支柱。这一点,在20世纪末的科索沃战争中美国轰炸我驻南斯拉夫大使馆后,得到了进一步的强化。可见,新安全观强调安全内容的综合性,要求全面审视国家安全面临的多元威胁,实现国家的全面安全。因此,我们从地缘政治角度来研究国防,也必须要有综合的眼光,要密切关注经济、社会、信息等非传统安全问题。

### (二)现代国防观在维护国家安全的范围上有了新的拓展

传统国防观维护国家安全的地域范围,多局限于陆、海、空三个空间,而现代国防观则强调维护陆、海、空、天、电全方位的安全。天,指外层空间,在航天技术及其他高新技术的推动下,卫星、航天飞机、宇宙飞船、空间站等相继问世,它们在极大地改善气象预报、通讯联系、电视广播的传输和传播、遥感制图、船舶导航等各种民用技术的同时,也为军事活动提供了新的手段和作战平台,使外层空间成为军事斗争的又一战场。美国20世纪80年代制定的"星球大战"计划,以及冷战后积极推动的NMD(国家导弹防御系统)和TMD(战区导弹防御系统)都是以空间技术为基础,通过夺取宇宙空间这一制高点来谋求其所谓的"绝对安全"的。可以预见,随着空间技术的发展,对外层空间的争夺将日趋激烈,外层空间在国家安全中的地位也将越来越高。电,指电磁信息空间。随着高新技术特别是信息技术在军事领域的广泛应用,信息战这种作战样式已开始登上军事斗争的舞台。信息战所要打击的目标首先是敌方的侦察、情报、控制和指挥等信息和信息系统,其实施方式主要有电子战、情报战、指挥控制战、网络战等方式。信息能力在战争中的作用已急剧升值,并将成为衡量一国国防力量强弱的新的关键要素。由于信息战的一切活动靠电力驱动,并以信息流的形式表现出来,因而可以看成是一个新的战场空间—电磁信息空间。除了新的国防地域外,陆、海、空等传统地域的内涵也有所扩展。以海洋空间为例,过去我们主要强调维护我的海洋国土及海洋权益(包括经济利益),但现代国防观还要求维护海上航线和海外利益的安全,因此,从地缘政治角度研究中国国防也必须建立大地缘的思想。

### (三)现代国防观在维护国家安全利益的手段上强调多样性

现代国防观认为,在和平和发展的时代,战争是维护国家安全利益代价最大、风险最高的方式,是迫不得已的选择,因此应尽可能选择非战争方式来维护我国安全。非战争方式主要有军事威慑、政治谈判及综合影响力等手段。军事威慑是通过显示武力或表示准备使用武力的决心,以期迫使对方不敢采取敌对行动或使行动升级的军事行为,即以强大的军事实力为后盾,通过各种方式,制止对方对我的威胁企图,达到不战而屈人之兵的目的。政治谈判即经过谈判达成谅解，并通过签署协议或声明，使对方作出承诺以解除对本国的威胁。综合影响力手段即通过大力发展综合国力，形成全面对敌优势及对我有利的地缘战略态势，使其不敢作出损害我国安全的行动。总之，在和平时期，国防斗争的目标是不仅要赢得战争，更重要的是要制止战争。就我国来讲，发展是最大的国家利益，国防的首要任务是为我国的现代化建设以及整个中华民族的振兴提供一个和平的国际国内环境，更应把遏制战争的发生作为我国国防斗争的主要目标。而世界要和平、人民要幸福、国家要发展、社会要进步的时代潮流则给我们防止和遏制战争提供了条件和可能。因此，我们必须抓住机遇，尽可能地消除战争隐患，遏制战争的发生。当然，要想遏制战争，必须要有打赢战争的能力。在我国的安全面临许多重大而现实的威胁，特别是台湾问题日趋严峻的形势下，我们必须作好战争的准备，并且要立足于最坏的情况，把准备的基点放在打赢高技术条件下的局部战争上。因此，通过非战争手段维护国家安全并不意味着军事力量地位的下降，相反，军事力量不仅是赢得战争，而且也是赢得和平的保障和后盾。

### （四）现代国防观强调以经济和科技力量为基础的综合国力的重要性

现代战争是包括经济实力、国防实力和民族凝聚力在内的综合国力的较量。其中，经济实力是综合国力的基础。和平时期，经济力量是影响国际政治的重要因素，是综合国力大小的主要标志。战时，经济力量可以迅速转变为战争力量，是赢得战争的条件和基础。恩格斯指出："暴力的胜利是以武器的生产为基础的，而武器的生产又是以整个生产为基础，因而是以'经济力量'，以'经济情况'，以暴力所拥有的物质资料为基础的。"尤其在现代战争条件下，随着武器装备造价的不断提高和战争破坏力及消耗量的不断增大，战争对经济的依赖也更为严重。没有一定的经济条件作保证，就不可能建设现代化的军队和进行现代化的战争。因此，只有大力发展以经济和科技为基础的综合国力，才能在未来的国际和国防斗争中处于有利地位，才能从容应对未来国防可能面临的各种挑战，使国防成为祖国复兴大业的有力保障。

## 第二节 国防法规

国防法规是指国家为了加强防务，尤其是加强武装力量建设，用法律形式确定并以国家强制手段保证其实施的行为规范的总称。国防法规作为国防活动的基本法规规范，其主要任务是调整和规范国家在国防领域中的各种关系，把国防建设纳入到法律化轨道，确保革命化、现代化、正规化建设总目标的实现。

### 一、国防法规的特性

国防法规是一个国家统治阶级的意志在国防建设领域中的法律体现。国防法规与国家宪法和其他法律一样，都具有鲜明的阶级性。我国的国防法规，除了具有无产阶级的根本性质外，还具有以下性质：国防法规具有很高的权威性，而权威性是所有法律的共性；国防法规具有较强的从属性；国防法规具有一定程度的保密性。此外，国防法规还具有区别于其他法规的特殊性，主要表现在以下三个方面。

### （一）调整对象的军事性

国防法规所调整的是国防和武装力量建设领域的各种社会关系，包括军队内部的社会关系、武装力量内部的社会关系、武装力量与外部的社会关系等。这些带有军事性的社会关系是国防法规特有的调整对象，是其他任何法律规范所不能代替的，这是国防法规特性的基本表现。调整对象的军事性并不意味着国防法规只适应军队，不适应地方。国防是国家行为，国防和武装力量建设领域的社会关系是军事性的，但这些社会关系所涉及的行为主体并不都是军队和军人，政治、经济、外交、文化科技和教育等各个部门和社会各阶层人士都与国防有关。因此，一切社会团体和个人都必须按照国防法规的要求，履行自己的国防义务。

### （二）司法适用的优先性

在解决与国防利益、军事利益有关的法律问题时，如果国防法规和普通法规都有相关规定，以国防法规为准，在司法程序上实行排他性的"军法优先适用"的原则。优先适用不是指先后顺序，而是一种排他性的单项选择。在涉及国防利益、军事利益的案件中，只适用国防法规，不适用普通法。"特别法优先于普通法"是国际公认的法律适用原则。特别法是对特定人、特定领域、特定事项在特定时间内有效的法律。国防法属于特别法。

### （三）处罚措施的严厉性

国防法规所保护的国防利益，是关系国家兴衰存亡的最根本的国家利益，因而对危害国防利益的犯罪实行比较严厉的处罚。如《刑法》规定，抢劫罪通常处 3 年以上 10 年以下有期徒刑，而冒充军警人员抢劫的，或抢劫军用物资的，处 10 年以上有期徒刑、无期徒刑或死刑；对同一类型的犯罪，战时的处罚严于平时。如平时应征时公民拒绝、逃避征集的，在 2 年内不得被录取为国家公务员、国有企业职工，不得出国或者升学，以及给予罚款处分；而在战时则要依法追究刑事责任。对军人违反职责的犯罪从重处罚。《刑法》规定的军人违反职责罪有 30 项罪名，其中 12 项罪名最高刑罚为死刑。对军人犯罪给予较重的处罚，是军事斗争的特殊性决定的，是保障完成军事任务的需要。

## 二、国防法规的体系

国防法规是国家为了加强防务，尤其是加强武装力量建设，用法律形式确定并以国家强制手段保证其实施的行为规则的总称，是调整国防领域中各种关系、坚持依法治军、全面提高部队战斗力的重要保证，也是做好战争准备、赢得战争胜利的根本保障。

国防法规体系是指由不同层次、不同门类的国防法律规范构成的相互联系、相互制约、和谐一致的有机整体。我国现行的国防法规按立法权限区分为下述五个层次。

### （一）全国人民代表大会制定宪法中的国防法律条款和基本国防法律

宪法是国家的根本大法，具有最高的法律效力，所以，宪法中的国防法律条款，是国防法律规范的最高层次，是制定其他国防法律规范的根本性依据。基本国防法律的效力仅低于宪法，主要规定国防领导体制，武装力量的构成、任务、建设目标和原则，国防建设与斗争的基本制度，社会组织和公民的基本国防权利与义务，对外军事关系等。在国防法律体系中，基本国防法律起着诠释、衔接宪法，统领其他国防法律法规的作用。

### （二）全国人大常委会制定国防法律

国防法律以宪法和基本国防法律为依据，其内容主要是国防和军队建设某一方面重要的原则、制度和行为规范，它们是宪法中的国防法律条款和基本国防法律的具体化。如已经制定的《兵役法》、《军官服役条例》、《军官军衔条例》、《预备役军官法》、《军事设施保护法》、《人民防空法》、《香港驻军法》、《惩治军人违反职责罪暂行条例》等，国防法律调整的社会关系主体广泛，立法程序严格，具有较强的稳定性。

### （三）中央军委制定军事法规，国务院单独或与中央军委联合制定国防行政法规

军事法规和国防行政法规以国防法律为依据，其内容主要是国防和军队建设某一方面中某一重要事项的原则、制度和行为规范。包括：一是国防法律规定需要由国务院、中央军委联合或分别制定实施办法的事项，如《军事设施保护法》规定其实施办法由国务院和中央军委制定。二是国务院、中央军委依职权需要制定军事法规和国防行政法规的重要事项。属于调整国防建设领域内的社会军事关系，但不直接涉及军队和现役军人的规范，由国务院单独制定，如《军人抚恤优待条例》、《退伍义务兵安置条例》等。属于调整军队内部基本活动、军人基本行为及相互关系的规范，由中央军委制定，如《司令部条例》、《后勤条例》、《战斗条令》等。凡属于调整国防建设领域，涉及军队、军人与地方各级人民政府、社会组织和公民相互关系的规范，则由国务院和中央军委联合制定，如《士兵服役条例》、《国防交通条例》等。一般说来，由国务院单独或与中央军委联合制定的国防行政法规在全国范围内具有一体遵行的法律效力，由中央军委制定的军事法规在全军具有一体遵行的法律效力。

### （四）军委各部委、各军兵种、各战区制定军事规章，国务院有关部委单独或与军委各部委联合制定国防行政规章

军事规章和国防行政规章以军事法规和国防行政法规为依据，结合本系统或本区域的实际情况做出具体规定，以保证军事法规或国防行政法规的贯彻实施。由军委各部委和国务院各部委制定的军事规章或国防行政规章在全军或全国一定范围内具有法律效力，如《单兵训练规定》、《兵员管理规定》、《牺牲、病故人员遗属抚恤的规定》等。由各军兵种、各战区制定的军事规章通常只在系统、本区域具有法律效力。

### （五）地方各级权力机关和行政机关制定地方性国防法规和规章

地方性国防法规和规章以国防法律和国防行政法规为依据，其内容是本地区国防建设的制度和行为规范，主要限于兵员征集、军人优抚及退伍安置、国防教育、军事设施保护等方面，如广东省人大常委会制定的《广东省征兵工作规定》、北京市人民政府制定的《退伍义务兵安置办法》等。

另外，我国国防法规按调整领域可以划分为 16 个门类，即国防基本法类、国防组织法类、兵役法类、军事管理法类、军事刑法类、军事诉讼法类、国防经济法类、国防科技工业法类、国防动员法类、国防教育法类、军人权益保护法类、军事设施保护法类、特区驻军法类、紧急状态法类、战争法类、对外军事关系法类。不同门类的国防法规，其调整和规范国防与军事活动的领域不同。

### 三、公民、组织的国防义务和权利

公民的国防
义务和权利

我国《宪法》第 55 条规定：保卫祖国、抵抗侵略是中华人民共和国每一个公民的神圣职责。依照法律服兵役和参加民兵组织是中华人民共和国公民的光荣义务。

#### （一）公民的国防义务

公民的国防义务是指由宪法和法律规定的公民在国防活动中必须履行的责任，由国家强制力保证其落实。根据《中华人民共和国国防法》（下称《国防法》）的规定，公民有下述五个方面的国防义务。

**1. 兵役义务**

兵役是指参加武装组织，或在武装组织之外承担军事任务的形式。兵役义务是公民最重要的一项国防义务。《国防法》第 53 条规定："依照法律服兵役和参加民兵组织是中华人民共和国公民的光荣义务。"《兵役法》第 5 条规定："中华人民共和国公民，不分民族、种族、职业、家庭出身、宗教信仰和教育程度，都有义务依照本法的规定服兵役。"公民履行兵役义务主要有 2 种形式，即服现役和服预备役。《兵役法》第 6 条规定："在中国人民解放军服现役的称军人；预编到现役部队或者编入预备役部队服预备役的，称预备役人员。"

（1）服现役。现役是公民在军队中所服的兵役。按照《兵役法》第 15 条规定："每年 12 月 31 日以前年满 18 周岁的男性公民，都应当按照兵役机关的安排在当年进行初次兵役登记。"《兵役法》第 20 条的规定："年满 18 周岁的男性公民，应当被征集服现役；当年未被征集的，在 22 周岁以前仍可以被征集服现役。普通高等学校毕业生的征集年龄可以放宽至 24 周岁，研究生的征集年龄可以放宽至 26 周岁。""根据军队需要，可以按照前款规定征集女性公民服现役。""根据军队需要和本人自愿，可以征集年满 17 周岁未满 18 周岁的公民服现役。"同时《兵役法》还规定，应征公民因涉嫌犯罪正在被依法监察调查、侦查、起诉、审判或者被判处徒刑、拘役、管制正在服刑的，不征集。《兵役法》第 57 条对有关违法行为也作了惩处规定："有服兵役义务的公民有下列行为之一的，由县级人民政府责令限期改正；逾期不改正的，由县级人民政府强制其履行兵役义务，并处以罚款：①拒绝、逃避兵役登记的；②应征公民拒绝、逃避征集服现役的；③预备役人员拒绝、逃避参加军事训练、担负战备勤务、执行非战争军事行动任务和征召的。有前款第二项行为，拒不改正的，不得录用为公务员或者参照《中华人民共和国公务员法》管理的工作人员，不得招录、聘用为国有企业和事业单位工作人员，两年内不准出境或者升学复学，纳入履行国防义务严重失信主体名单实施联合惩戒。"

根据军队现代化建设需要高素质兵员的实际情况，近年来国务院、中央军委决定在普通高等学校开展征集兵员的工作。同时采取一定的措施，对应征入伍大学生予以鼓励。比如，在大学生服现役期间，地方政府要发给他们优抚金；对退伍后复学的，学校在专升本、本考研、调整专业、减免学费、增加奖学金等方面都给予优惠等。这些措施无疑激发了大学生们携笔从戎、报效祖国的积极性。

除了征集新兵，军队平时还采取其他一些方式从适龄公民中选拔人员：根据军队建设的需要，军队院校可以从青年学生中招收学员；招收学员的年龄，不受征集服现役年龄的限制；现役军官可以从普通高等学校应届毕业生中选拔、招收。根据军队需要，可以直接从非军事部门具有专业技能的公民中招收军士。符合服兵役条件的公民，可以通过以上途径参加人民解放军或武警部队服现役。

在国家发布动员令或者国务院、中央军事委员会依照《中华人民共和国国防动员法》采取必要的国防动员措施后，各级人民政府、各级军事机关必须依法迅速实施动员，军人停止退出现役，休假、探亲的军人立即归队，预备役人员随时准备应召服现役，经过预备役登记的公民做好服预备役被征召的准备。战时根据需要，国务院和中央军事委员会可以决定适当放宽征召男性公民服现役的年龄上限，可以决定延长公民服现役的期限。

（2）服预备役。预备役是公民在军队以外所服的兵役，是国家储备后备兵员的形式。预备役人员必须按照规定参加军事训练、担负战备勤务、执行非战争军事行动任务，随时准备应召参战，保卫祖国。

一是登记服预备役。经过初次兵役登记的未服现役的公民，符合预备役条件的，县、自治县、不设区的市、市辖区人民政府兵役机关可以根据需要，对其进行预备役登记。退出现役的士兵自退出现役之日起 40 日内，退出现役的军官自确定安置地之日起 30 日内，到安置地县、自治县、不设区的市、市辖区人民政府兵役机关进行兵役登记信息变更；其中，符合预备役条件，经部队确定需要办理预备役登记的，还应当办理预备役登记。

二是参加民兵组织。民兵是不脱离生产的群众武装组织，是国家武装力量的重要组成部分，是中国人民解放军的助手和后备力量。民兵分为基干民兵和普通民兵。28 岁以下退出现役的士兵和经过军事训练的人员，以及选定参加军事训练的人员，编为基干民兵；其余 18 岁～35 岁的男性公民，编为普通民兵。根据需要，吸收部分女性公民参加基干民兵。我国实行民兵与预备役相结合的制度，所有的民兵同时都是预备役人员，参加民兵组织也是服预备役。

三是编入预备役部队。预备役部队是以现役军人为骨干，以预备役军人为基础，按照军队的编制体制建立起来的军事组织，是战时成建制快速动员的重要形式。退出现役的士兵，由部队会同兵役机关根据军队需要，遴选确定服士兵预备役；经过考核，适合担任预备役军官职务的，服军官预备役。经过预备役登记的公民、退出现役的军官，符合军官预备役条件的，由部队会同兵役机关根据军队需要，遴选确定服军官预备役。

**2. 接受国防教育的义务**

《国防教育法》第 5 条规定："中华人民共和国公民都有接受国防教育的权利和义务。"这就是说，接受国防教育是公民的一项义务，每一个公民都要按照国家的规定，通过一定的形式，接受国防教育，增强国防观念，并把它当做自己的光荣职责。具体地说，就是我国公民有义务接受国防理论、军事知识、军事法制、国防历史、国防精神、国防体育等内容的教育。对不履行受教育义务的主体，要进行批评教育；批评教育不改的，要强制其接受教育，或给予行政处分。

《国防法》第 45 条规定："学校的国防教育是全民国防教育的基础。各级各类学校应当设置适当的国防教育课程，或者在有关课程中增加国防教育的内容。普通高等学校和高中阶段学校应当按照规定组织学生军事训练。"《国防教育法》第 15 条规定："高等学校、高级中学和相当于高级中学的学校应当将课堂教学与军事训练相结合，对学生进行国防教育。高等学校应当设置适当的国防教育课程，高级中学和相当于高级中学的学校应当在有关课程中安排专门的国防教育内容，并可以在学生中开展形式多样的国防教育活动。高等学校、高级中学和相当于高级中学的学校学生的军事训练，由学校负责军事训练的机构或者军事教员按照国家有关规定组织实施。军事机关应当协助学校组织学生的军事训练。"这些规定表明，接受军事训练是学生必须履行的法律义务。学生军事训练依据国家教育部、中央军委动员部联合制定的《普通高等学校军事课教学大纲》、《高级中学和相当于高级中学军事课教学大纲》组织实施。

### 3. 保护国防设施的义务

国防设施是国家直接用于国防目的的建筑、场地和设备。战时，它是打击敌人、抵抗侵略的重要依托；平时，它具有制约敌对力量的威慑作用。因此，保护国防设施，确保国防设施效能的实现，是巩固国防、维护国家安全利益的具体体现，也是我国国防法的要求所在。根据国防设施的性质、作用、安全保密的需要和使用效能的特殊要求，可将国防设施分为三类：需要划定军事禁区予以保护的国防设施；需要划定军事管理区予以保护的国防设施；不便于划定保护区域，但同样需要采取有效措施加以保护的国防设施。我国公民和组织对这三类国防设施要履行不同的保护义务；不履行国防设施保护义务的，将受到法律的追究。

### 4. 保守国防秘密的义务

国防秘密是指关系到国家防卫安全和利益，依照法定程序确定，在一定时间内或只限一定范围的人员知悉的军事或与军事有关的政治、经济、外交、科技、文化等方面的事项。《中华人民共和国保守国家秘密法》第 3 条规定："一切国家机关、武装力量、政党、社会团体、企事业单位和公民都有保守国家秘密的义务。"《国防法》第 55 条规定："公民和组织应当遵守保密规定，不得泄露国防方面的国家秘密，不得非法持有国防方面的秘密文件、资料和其他秘密物品。"泄露国防秘密、危害国防安全与利益者，应当承担相应的法律后果。

### 5. 协助国防活动的义务

《国防法》第 56 条规定："公民和组织应当支持国防建设，为武装力量的军事训练、战备勤务、防卫作战、非战争军事行动等活动提供便利条件或其他协助。"根据这一规定，我国公民和组织协助国防活动的主要义务为：

（1）开展经常性的拥军优属工作，特别是对现役军人及其家属的优待。

（2）为武装力量活动提供便利条件的义务。例如，为武装力量执行任务的人提供必需的饮食、住宿、医疗、卫生等保健；为民兵、预备役人员、高等学校和高级中学学生的军事训练提供必需的时间、场地和物资的保证等。

（3）支前参战的义务。

### （二）公民的国防权利

公民在享有相应的国防权利的同时，也必须分担相应的国防义务。公民的国防权利是指宪法、法律赋予公民在国防活动中享有的权利或利益，国家从法律和物质上保障公民享有这种权利的可能性。国防是国家生存和发展必不可少的条件，每一个公民都享有相应的国防权利。根据《国防法》的规定，公民享有三个方面的国防权利。

### 1. 对国防建设提出建议的权利

《国防法》第 57 条规定："公民和组织有对国防建设提出建议的权利。"这一规定是公民依照宪法享有对国家事务的建议权在国防建设方面的体现。《中华人民共和国宪法》（下称

《宪法》)规定："中华人民共和国公民对于任何国家机关和国家工作人员，有提出批评和建议的权利。"

### 2. 制止、检举危害国防行为的权利

《国防法》第 57 条规定："公民和组织有对危害国防利益的行为进行制止或者检举的权利。"这一规定是对宪法关于公民有维护国家安全、荣誉和利益的义务和关于公民检举权规定在国防方面的体现。

### 3. 国防活动中经济损失补偿的权利

《国防法》第 58 条规定："公民和组织因国防建设和军事活动在经济上受到直接损失的，可以依照国家有关规定获得补偿。"这一规定体现了我国一切为了人民利益的社会主义本质，既保护了公民和组织的经济权利，又有利于调动公民和组织依法积极参加国防建设和军事活动。但是，公民和组织在国防活动中享有的经济损失补偿，与其在民事活动中享有的损害赔偿不同。前者仅限于直接的经济损失，而不包括间接的经济损失和非经济的损失，且对直接经济损失的偿付，视情况可以是全部的，也可以是部分的；后者是以实际造成的损失为限，既包括直接经济损失，也包括间接经济损失，且对损失应当全部偿付。

## 第三节  国 防 建 设

国防建设是国家为构建和完善国防体系，提高国防能力而进行的一系列活动的统称。国防建设包括武装力量建设，边防、海防、空防、人防及战场建设，国防科技与国防工业建设，国防动员建设，国防法规建设，国防教育，以及与国防相关的交通运输、信息通信、医疗卫生、能源、水利、气象、航天等方面的建设等。中华人民共和国成立后，国家把国防建设摆在十分重要的位置，取得了举世瞩目的成就，赢得了国际社会的普遍尊重。

## 一、国防体制

国防体制是国家进行国防建设和国防斗争的组织体系及相应的制度，是国家体制的重要组成部分，与国家的政治、经济、科学技术、文化教育等体制既互相联系又相对独立。国防体制主要包括国防领导体制、武装力量体制、国防经济体制、国防科学技术和武器装备发展的管理体制、兵役制度、动员制度、国防教育制度等。

中国国防体制是中华人民共和国国防领导的组织形式、机构设置、权限划分和管理制度体系。中华人民共和国的国防体制，坚持中国共产党的领导，贯彻民主集中制原则。中华人民共和国成立以来，我党高度重视国防领导体制建设，根据国家政治、经济和科技的发展，特别是国防发展和保障国家安全的需要，进行了不断探索和多次调整，并在实践中不断发展和完善。

1975 年和 1978 年通过的《中华人民共和国宪法》规定，中华人民共和国武装力量由中国共产党中央委员会主席统率。1982 年 12 月，第五届全国人民代表大会第五次会议通过的第四部宪法、2018 年 3 月 11 日第十三届全国人民代表大会第一次会议通过的《中华人民共和国宪法修正案》规定，设立中华人民共和国中央军事委员会，领导全国的武装力量。中央军事委

员会实行主席负责制，主席由全国人民代表大会选举或罢免，对全国人民代表大会和全国人民代表大会常务委员会负责。与此同时，中共中央军事委员会继续存在，其职能和国家中央军委完全相同，从而确立了党和国家高度集中统一地行使领导职权的国防领导体制。

## （一）中共中央的国防领导职权

中国共产党作为执政党，是领导中国社会主义事业的核心力量。中共中央在国家生活包括国防事务中发挥决定性的领导作用。有关国防、战争和军队建设的重大问题，都是由中共中央、中央军委、中央政治局及其常务委员会作出决策，并通过必要的法定程序，作为党和国家的统一决策贯彻执行。

## （二）全国人民代表大会及常务委员会的国防职权

中华人民共和国全国人民代表大会是最高国家权力机关，它在国防方面的职权主要有：全国人民代表大会选举国家中央军委主席，根据中央军委主席的提名决定中央军委其他组成人员的人选，决定战争与和平的问题，并行使宪法规定的国防方面的其他职权。

全国人大常委会在全国人民代表大会闭会期间决定战争状态的宣布，决定全国总动员或者局部动员，并行使宪法规定的国防方面的其他职权。

## （三）国家主席在国防方面的职权

中华人民共和国主席在国防方面的职权主要有：根据全国人民代表大会的决定和全国人民代表大会常务委员会的决定，宣布战争状态；根据全国人民代表大会的决定和全国人民代表大会常务委员会的决定，发布动员令；公布全国人民代表大会及其常务委员会制定的有关国防方面的法律；根据全国人民代表大会常务委员会的决定，授予在国防方面国家的勋章和荣誉称号；根据全国人民代表大会常务委员会的决定，批准或废除同外国缔结的有关国防方面的条约和重要协定。

## （四）国务院在国防方面的职权

中华人民共和国国务院是最高国家权力机关的执行机关，是最高国家行政机关。它在国防方面的职权是领导和管理国防建设事业，主要包括：编制国防建设发展规划和计划；制定国防建设方面的方针、政策和行政法规；领导和管理国防科研生产；管理国防经费和国防资产；领导和管理国民经济动员工作和人民武装动员、人民防空、国防交通等方面的有关工作；负责军队转业干部、复员干部、退休干部、退役士兵的移交安置工作和自主择业退役军人服务管理、待遇保障工作；组织开展退役军人教育培训、优待抚恤等，指导全国拥军优属工作，以及烈士及退役军人荣誉奖励、军人公墓维护以及纪念活动等；组织领导国防教育工作；与中央军事委员会共同领导中国人民武装警察部队、民兵的建设和征兵、预备役工作以及边防、海防、空防的管理工作；法律规定的与国防建设事业有关的其他职权。

## （五）中央军事委员会在国防方面的职权

中华人民共和国中央军事委员会是最高国家军事机关，负责领导全国武装力量。其职权主要包括：统一指挥全国武装力量；决定军事战略和武装力量的作战方针；领导和管理中国人民解放军的建设，制定规划、计划并组织实施；向全国人民代表大会或者全国人民代表大会常务委员会提出议案；根据宪法和法律，制定军事法规，发布决定和命令；决定中国人民解放军的体制和编制，规定军委各职能部门以及战区、军兵种等单位的任务和职责；依照法律、军事法规的规定，任免、培训、考核和奖惩武装力量成员；批准武装力量的武器装备体制和武器装备发展规划、计划，协同国务院领导和管理国防科研生产；会同国务院管理国防经费和国防资产；法律规定的其他职权。

中央军委实行主席负责制，中央军委主席即为全国武装力量的统帅。中央军委组成人员为：中央军委主席，副主席若干人，委员若干人。中央军委下设 7 个部（厅）、3 个委员会、5 个直属机构共 15 个职能部门。7 个部（厅）为：军委办公厅、军委联合参谋部、军委政治工作部、军委后勤保障部、军委装备发展部、军委训练管理部、军委国防动员部；3 个委员会为：军委纪委、军委政法委、军委科技委；5 个直属机构为：军委战略规划办公室、军委改革和编制办公室、军委国际军事合作办公室、军委审计署、军委机关事务管理总局。

军委机关多部门制是按照军委管总、战区主战、军种主建的总原则，优化军委机关职能配置和机构设置，突出核心职能，整合相近职能，加强监督职能，充实协调职能，使军委机关成为军委的参谋机关、执行机关、服务机关。

中国人民解放军设有五大战区，即东部战区、西部战区、南部战区、北部战区、中部战区，战区机关均为正大军区级，归中央军委建制领导，根据中央军委赋予的指挥权责，对所有担负战区作战任务的部队实施统一指挥和控制。战区是本战略方向的唯一最高联合作战指挥机构，按照平战一体、常态运行、专司主营、精干高效的要求，履行联合作战指挥职能，担负应对本战略方向安全威胁、维护和平、遏制战争、打赢战争的使命。

## 二、国防战略

国防战略主要是指筹划和指导国防建设与斗争全局的方略，是国家战略的组成部分，受国家战略的指导和制约。其任务是决定国防力量的建设和发展，指导国防斗争的实施，维护国家安全利益。通常是由国家最高决策机关依据国家安全利益和国防环境，在国家战略的指导下制定的。

"国防战略"是 20 世纪 80 年代中期出现的概念。有的国家往往把它作为"国家战略"、"国家安全战略"、"军事战略"、"国防政策"等意义相近或相同的词语使用。中国学术界对国防战略问题的认识不尽一致。有的认为"国防战略"的含义与"大战略"或"国家安全战略"类似，有的把它等同于"国防发展战略"，有的认为它是"军事战略"的同义语。与指导战争的军事战略相比，国防战略的平时色彩更浓一些。在国防力量的使用方面，除了强调直接使用军事力量外，更强调运用包括政治、经济、科技、文化等一切可能使用的手段；在国防力量的建设方面，主要包括国防实力和潜力建设，以及完善国防潜力向国防实力转化机制的建设；在国防力量运用的目的方面，偏重于防止战争和保持戒备。确立国防战略，有利于理顺国家经济建设与国防建设的关系，合理分配、使用有限的力量和资源，更好地运用综合国力，有效地完成各项国防任务，在保证加速国家建设的情况下，不断提高国防现代化水平。

当前，中国的国家战略目标就是实现在中国共产党成立一百年时全面建成小康社会、在中华人民共和国成立一百年时建成富强民主文明和谐的社会主义现代化国家，就是实现中华民族伟大复兴的中国梦。中国梦是强国梦，对军队来说就是强军梦。强军才能卫国，强国必须强军。新的历史时期，中国军队以中国共产党在新形势下的强军目标为总纲，毫不动摇地坚持党对军队的绝对领导，始终把战斗力作为唯一的根本的标准，大力弘扬光荣传统和优良作风，建设一支听党指挥、能打胜仗、作风优良的人民军队。

在新的时代条件下，中国国家安全内涵和外延比历史上任何时候都要丰富，时空领域比历史上任何时候都要宽广，内外因素比历史上任何时候都要复杂，必须坚持总体国家安全观，统筹内部安全和外部安全、国土安全和国民安全、传统安全和非传统安全、生存安全和发展安全、自身安全和共同安全。

实现国家战略目标，贯彻总体国家安全观，对创新发展军事战略、有效履行军队使命任务提出了新的需求。要适应维护国家安全和发展利益的新要求，更加注重运用军事力量和手段营造有利战略态势，为实现和平发展提供坚强有力的安全保障；适应国家安全形势发展的新要求，不断创新战略指导和作战思想，确保能打仗、打胜仗；适应世界新军事革命的新要求，高度关注应对新型安全领域挑战，努力掌握军事竞争战略主动权；适应国家战略利益发展的新要求，积极参与地区和国际安全合作，有效维护海外利益安全；适应国家全面深化改革的新要求，坚持走军民融合式发展道路，积极支援国家经济社会建设，坚决维护社会大局稳定，使军队始终成为党巩固执政地位的中坚力量和建设中国特色社会主义的可靠力量。

中国军队有效履行新的历史时期军队使命，坚决维护中国共产党的领导和中国特色社会主义制度，坚决维护国家主权、安全、发展利益，坚决维护国家发展的重要战略机遇期，坚决维护地区与世界和平，为全面建成小康社会、实现中华民族伟大复兴提供坚强保障。

## 三、国防政策

国防政策

国防政策是国家在一定时期内所制定的关于国防建设和国防斗争的行动准则。2019 年 7 月 24 日国务院新闻办公室发布《新时代的中国国防》白皮书，对中国新时代中国防御性国防政策进行了全面表述。

中国的社会主义国家性质、走和平发展道路的战略抉择、独立自主的和平外交政策、"和为贵"的中华文化传统，决定了中国始终不渝地奉行防御性国防政策。

### （一）坚决捍卫国家主权、安全、发展利益

坚决捍卫国家主权、安全、发展利益是新时代中国国防的根本目标。

我们必须慑止和抵抗侵略，保卫国家政治安全、人民安全和社会稳定，反对和遏制"台独"，打击"藏独""东突"等分裂势力，保卫国家主权、统一、领土完整和安全。维护国家海洋权益，维护国家在太空、电磁、网络空间等方面的安全利益，维护国家海外利益，支撑国家可持续发展。

中国坚定维护国家主权和领土完整。南海诸岛、钓鱼岛及其附属岛屿是中国固有领土。中国在南海岛礁进行基础设施建设，部署必要的防御性力量，在东海钓鱼岛海域进行巡航，是依法行使国家主权。中国致力于同直接有关的当事国在尊重历史事实和国际法的基础上，通过谈判协商解决有关争议。中国坚持同地区国家一道维护和平稳定，坚定维护各国依据国际法所享有的航行和飞越自由，维护海上通道安全。

解决台湾问题，实现国家完全统一，是中华民族的根本利益，是实现中华民族伟大复兴的必然要求。中国坚持"和平统一、一国两制"方针，推动两岸关系和平发展，推进中国和平统一进程，坚决反对一切分裂中国的图谋和行径，坚决反对任何外国势力干涉。中国必须统一，也必然统一。中国有坚定决心和强大能力维护国家主权和领土完整，决不允许

任何人、任何组织、任何政党在任何时候、以任何形式把任何一块中国领土从中国分裂出去。我们不承诺放弃使用武力，保留采取一切必要措施的选项，针对的是外部势力干涉和极少数"台独"分裂分子及其分裂活动，绝非针对台湾同胞。如果有人要把台湾从中国分裂出去，中国军队将不惜一切代价，坚决予以挫败，捍卫国家统一。

### （二）坚持永不称霸、永不扩张、永不谋求势力范围

坚持永不称霸、永不扩张、永不谋求势力范围是新时代中国国防的鲜明特征。

国虽大，好战必亡。中华民族历来爱好和平。近代以来，中国人民饱受侵略和战乱之苦，深感和平之珍贵、发展之迫切，决不会把自己经受过的悲惨遭遇强加于人。中华人民共和国成立70年来，中国没有主动挑起过任何一场战争和冲突。改革开放以来，中国致力于促进世界和平，主动裁减军队400余万人。中国由积贫积弱发展成为世界第二大经济体，靠的不是别人的施舍，更不是军事扩张和殖民掠夺，而是人民勤劳、维护和平。中国既通过维护世界和平为自身发展创造有利条件，又通过自身发展促进世界和平，真诚希望所有国家都选择和平发展道路，共同防范冲突和战争。

中国坚持在和平共处五项原则基础上发展同各国的友好合作，尊重各国人民自主选择发展道路的权利，主张通过平等对话和谈判协商解决国际争端，反对干涉别国内政，反对恃强凌弱，反对把自己的意志强加于人。中国坚持结伴不结盟，不参加任何军事集团，反对侵略扩张，反对动辄使用武力或以武力相威胁。中国的国防建设和发展，始终着眼于满足自身安全的正当需要，始终是世界和平力量的增长。历史已经并将继续证明，中国决不走追逐霸权、"国强必霸"的老路。无论将来发展到哪一步，中国都不会威胁谁，都不会谋求建立势力范围。

### （三）贯彻落实新时代军事战略方针

新时代的军事战略方针是我国国防的战略指导。

我国新时代军事战略方针是，坚持防御、自卫、后发制人原则，实行积极防御，坚持"人不犯我、我不犯人，人若犯我、我必犯人"，强调遏制战争与打赢战争相统一，强调战略上防御与战役战斗上进攻相统一。

部队要贯彻落实新时代军事战略方针，服从服务党和国家战略全局，落实总体国家安全观，强化忧患意识、危机意识、打仗意识，积极适应战略竞争新格局、国家安全新需求、现代战争新形态，有效履行新时代军队使命任务。根据国家面临的安全威胁，扎实做好军事斗争准备，全面提高新时代备战打仗能力，构建立足防御、多域统筹、均衡稳定的新时代军事战略布局。坚持全民国防，创新人民战争的战略战术和内容方法，充分发挥人民战争整体威力。

中国始终奉行在任何时候和任何情况下都不首先使用核武器、无条件不对无核武器国家和无核武器地区使用或威胁使用核武器的核政策，主张最终全面禁止和彻底销毁核武器，不会与任何国家进行核军备竞赛，始终把自身核力量维持在国家安全需要的最低水平。中国坚持自卫防御核战略，目的是遏制他国对中国使用或威胁使用核武器，确保国家战略安全。

### （四）坚持走中国特色强军之路

坚持走中国特色强军之路是新时代中国国防的发展路径。

建设同国际地位相称、同国家安全和发展利益相适应的巩固国防和强大军队，是中国社会主义现代化建设的战略任务，是坚持走和平发展道路的安全保障，是总结历史经验的

必然选择。

新时代中国国防和军队建设，深入贯彻习近平强军思想，深入贯彻习近平军事战略思想，坚持政治建军、改革强军、科技兴军、依法治军，聚焦能打仗、打胜仗，推动机械化信息化融合发展，加快军事智能化发展，构建中国特色现代军事力量体系，完善和发展中国特色社会主义军事制度，不断提高履行新时代使命任务的能力。

新时代中国国防和军队建设的战略目标是，到 2020 年基本实现机械化，信息化建设取得重大进展，战略能力有大的提升。同国家现代化进程相一致，全面推进军事理论现代化、军队组织形态现代化、军事人员现代化、武器装备现代化，力争到 2035 年基本实现国防和军队现代化，到本世纪中叶把人民军队全面建成世界一流军队。

### （五）服务构建人类命运共同体

服务构建人类命运共同体是新时代中国国防的世界意义。

中国人民的梦想与世界人民的梦想息息相通。一个和平稳定繁荣的中国是世界的机遇和福祉。一支强大的中国军队，是维护世界和平稳定、服务构建人类命运共同体的坚定力量。

中国军队坚持共同、综合、合作、可持续的安全观，秉持正确义利观，积极参与全球安全治理体系改革，深化双边和多边安全合作，促进不同安全机制间协调包容、互补合作，营造平等互信、公平正义、共建共享的安全格局。

中国军队坚持履行国际责任和义务，始终高举合作共赢的旗帜，在力所能及的范围内向国际社会提供更多公共安全产品，积极参加国际维和、海上护航、人道主义救援等行动，加强国际军控和防扩散合作，建设性参与热点问题的政治解决，共同维护国际通道安全，合力应对恐怖主义、网络安全、重大自然灾害等全球性挑战，积极为构建人类命运共同体贡献力量。

## 四、国防建设成就

中华人民共和国成立后，经过 70 多年的艰苦努力，我国国防建设取得了举世瞩目的成就。今天的中国之所以巍然屹立在世界东方，并享有很高的声誉，主要是我国在政治上独立、经济上发展和国防的不断强大。

### （一）捍卫和维护了国家安全利益

中华人民共和国成立以来，我们先后取得了抗美援朝、中印边境自卫反击战、抗美援越援老等战争的胜利，有效地捍卫和维护了国家安全利益。

1950 年 6 月 25 日，朝鲜内战突然爆发。美国迅即进行武装干涉，并操纵联合国安理会通过决议，纠集 16 国军队组成以美国为首的所谓"联合国军"。同时，美国第 7 舰队侵入台湾海峡，阻止中国人民解放台湾。美国当局还不顾中国人民的一再抗议和警告，以飞机轰炸扫射中国东北边境地区的城镇乡村，并命令其侵朝部队越过北纬 38°线，向中朝边境进攻，将战火烧到鸭绿江边。朝鲜民主主义人民共和国处境危急，中国的安全受到严重威胁。为此，中共中央和毛泽东主席毅然作出"抗美援朝，保家卫国"的重大战略决策，组成中国人民志愿军，于 10 月 19 日跨过鸭绿江。抗美援朝战争是一场现代化程度较高的国际性局部战争，其规模为第二次世界大战后所罕见。这也是中国人民解放军首次在特殊地理条件下的异国，同高度现代化装备的强敌作战。战争第一阶段，中朝军队连续进行五次战役，将美军为首的"联合国军"和南朝鲜军队从鸭绿江边赶回到"三八"线附近。第二阶段，双方在"三八"线附近进行攻防拉锯战，边打边谈，最终迫使美国当局于 1953 年 7 月签订"朝鲜停战协定"，结束战争。

1962 年爆发的中印边境自卫反击战，缘于 1914 年英国殖民者非法制造的"麦克马洪线"，把属于中国的大片领土划归印度。自 1951 年起，印度当局趁中华人民共和国成立初期和进行抗美援朝战争，无暇顾及中印边界问题之机，指使印军逐步蚕食，非法控制了中印边界东段的大片中国领土。1959 年，印度正式向中国提出领土要求，把中印边界东段、西段的中国领土划入印度版图。当印度方面步步进逼时，中国政府提出了和平解决边界问题的原则立场，中国边防部队奉命采取一系列缓和冲突的措施，但印度当局把我方的一再忍让视作软弱可欺。1962 年 10 月 20 日，印军在边界全线对我发动大规模武装进攻，中国边防部队在东、西两段被迫发起反击作战。经过两个阶段作战，打退印军全面进攻后，中国边防部队单方面从 1959 年 11 月 7 日实际控制线我方一侧后撤 20 千米，主动释放和遣返了全部被俘印军，并向印方交还了大批缴获的武器装备。

1965 年后，美国扩大对印度支那（特指中南半岛）的侵略战争，并强化对中国的围堵政策。应越南、老挝党和政府的要求，从 1965 年至 1974 年，中国人民解放军先后派出数十万人，分批进入越南和老挝北方，担负防空作战，修建和维护铁路、公路，修建机场、通信设施和国防工事以及沿海扫雷等任务，支援越南和老挝人民的抗美救国战争。与此同时，中国人民还向越南和老挝军队无偿提供了大量武器装备和军用物资，帮助培训了军事指挥干部和专业技术人员。中国人民的巨大援助，对越南和老挝人民取得抗美救国战争的胜利，起到了重要作用。

除此之外，我军还取得了珍宝岛、西沙、南部边境地区自卫还击战等军事斗争的胜利，充分体现了新中国珍爱和平、积极防御、自卫反击、坚决捍卫国家主权和安全的国防政策。

### （二）铸造了一支现代化的强大军队

中华人民共和国成立以来，中国人民解放军不断向现代化、正规化和革命化迈进。特别是改革开放以来，国防现代化建设有了突破性进展，取得了一系列重大成就。中国人民解放军实现了由单一陆军向诸军兵种合成军队的发展，不仅掌握了种类比较齐全的常规武器装备，而且拥有了具备一定威慑力的原子弹、氢弹等核战略武器。

进入新世纪新阶段，中国人民解放军继续向着更高阶段迈进。根据信息化战争的特点和要求，开始把军事斗争准备的立足点放在打赢信息化条件下的局部战争上。在军队建设方面，逐步实现由数量规模型向质量效能型、由人力密集型向科技密集型的转变；在武器装备发展方面，根据信息化条件下局部战争的需要，努力发展高技术"杀手锏"；在体制编制调整方面，进一步压缩了军队规模，优化了诸军兵种比例结构，完善体制，使军队体制编制更加适应现代联合作战的需要；在教育训练方面，着力培养新型高素质军事人才，推进机械化条件下军事训练向信息化条件下军事训练转变。

党的十八大以来，党中央、中央军委和习主席着眼于实现中华民族伟大复兴的中国梦，确立党在新时代的强军目标，确立新时代军事战略方针，明确新时代人民军队使命任务，深入推进政治建军、改革强军、科技强军、人才强军、依法治军，大力度推进国防和军队现代化建设，引领强军事业取得历史性成就、发生历史性变革。坚持党对人民军队的绝对领导，全面深入贯彻军委主席负责制，召开古田全军政治工作会议，以整风精神推进政治整训，坚定不移正风肃纪反腐，人民军队提振精气神、立牢主心骨，重回老红军本色。坚决把全军工作重心归正到备战打仗上来，与时俱进创新军事战略指导，壮大战略力量和新域新质作战力量，推动实战化训练步步走深，有效应对外部军事挑衅，震慑"台独"分裂势力，加强边境管控和反蚕食斗争，遂行海上维权、反恐维稳等重大任务，塑造了军事斗争有利态势。大刀阔斧深化国防和军队改革，重构人民军队领导指挥体制、现代军事力量体系、军事政策制度，人民军队体制一新、结构一新、格局一新、面貌一新。加快国防和军队现代化建设，全面推进国防科技创新，建设强大的现代化后勤，加快武器装备建设大发展，国产航母、新型核潜艇、歼—20、运—20、东风系列导弹等大国重器列装，我军现代化水平和实战能力显著提升，中国特色强军之路越走越宽广。

### （三）创立了国防科技和工业体系

国防科技是国防的根基和不可替代的战斗力要素。中华人民共和国成立以来，我国的国防科技工业从无到有，从小到大，从落后到先进，建立起了包括电子、船舶、兵器、航空、航天、核能等门类齐全和综合配套的国防科技工业体系，取得了一大批具有国内、国际先进水平的科研成果，为国防、军队现代化建设和增强综合国力作出了重要贡献。

在**军事电子科技工业**方面，逐步发展成为具有相当规模、门类齐全的新兴科技工业部门，特别是在指挥信息系统、情报侦察、预警探测、电子对抗和通信等方面，为国防和军队提供了各种新式装备和产品，进一步增强了侦察、通信、指挥和作战能力。

在**船舶科技工业**方面，先后自行研制建造了多种型号的常规动力潜艇、核动力潜艇、弹道导弹核潜艇、导弹驱逐舰、导弹护卫舰（艇）、导弹快艇等，以及各种辅助船舶和新型鱼雷、水雷、反水雷武器等新装备。

在**兵器科技工业**方面，研制生产了一大批具有先进性能的装甲车辆、火炮、弹药、轻武器、军用光电器材和综合火控、指挥系统等新型武器装备，为我军现代化作出了重要贡献。

在**航空科技工业**方面，已能够生产先进的歼击机、歼击轰炸机、轰炸机、强击机、直升机、运输机、教练机等，基本满足了空、海军作战和飞行训练的需要。

在**航天科技工业**方面，已拥有地地、地空、海空和空空导弹武器系统，运载火箭、各种应用卫星的研制、实验和发射能力，以及载人航天能力，在世界高技术领域占有一席之地。

在**核科技工业**方面，我国不仅能够生产制造原子弹、氢弹，还掌握了弹道导弹核潜艇技术，形成了核威慑力量，在和平利用核能方面，也取得了突破性进展。

### （四）国防后备力量不断发展壮大

中华人民共和国成立后，党和国家十分重视国防后备力量建设。特别是党的十一届三中全会以来，党中央、国务院、中央军委明确提出"精干的常备军和强大的后备力量相结合，是建设现代化国防的必由之路"的基本指导方针，使国防后备力量建设进入新阶段。实现了国防后备力量建设指导思想的战略性转变，明确了和平时期稳步发展，更好地适应新时期军事战略方针和发展社会主义市场经济的指导方针；形成了民兵与预备役相结合的具有中国特色的国防后备力量体系，下大力重点抓了基干民兵队伍建设和预备役部队建设，加强了训练，改进了武器装备，使后备兵员的整体素质有了明显提高；注重宏观指导，边海防、大中城市和重点地区的国防后备力量合理布局；民兵、预备役部队在参战支前、保卫边疆、发展生产、扶贫帮困、抢险救灾、维护社会治安等方面发挥了重要作用，为国家的改革、发展和稳定作出了巨大的贡献；健全了国防动员机构，能够保证国家在发生战争的情况下，很快由平时状态转入战时状态，调动足够的人力、财力和物力应对战争；加强了国防教育，学生军训工作全面展开，发展形势良好。

## 五、军民融合

军民融合就是把国防和军队现代化建设深深融入经济社会发展体系之中，全面推进经济、科技、教育、人才等各个领域的军民融合，在更广范围、更高层次、更深程度上把国防和军队现代化建设与经济社会发展结合起来，为实现国防和军队现代化提供丰厚的资源和可持续发展的后劲。习近平总书记在党的十九大报告中指出："坚持富国和强军相统一，强化统一领导、顶层设计、改革创新和重大项目落实，深化国防科技工业改革，形成军民融合深度发展格局，构建一体化的国家战略体系和能力。"这是以习近平同志为核心的党中央着眼新时代坚持和发展中国特色社会主义，着眼国家发展和安全全局作出的重大战略部署。我们要坚持以习近平新时代中国特色社会主义思想为指导，全面贯彻习近平强军思想，深入实施军民融合发展战略，贯彻军民结合、寓军于民的方针，深入推进军民融合式发展，不断完善融合机制、丰富融合形式、拓展融合范围、提升融合层次，努力形成全要素、多领域、高效益的军民融合深度发展格局，为实现中国梦强军梦提供坚强有力的支撑。

加快重点建设领域军民融合式发展。加大政策扶持力度，全面推进基础领域、重点技术领域和主要行业标准军民通用，探索完善依托国家教育体系培养军队人才、依托国防工业体系发展武器装备、依托社会保障体系推进后勤社会化保障的方法途径。广泛开展军民合建共用基础设施，推动军地海洋、太空、空域、测绘、导航、气象、频谱等资源合理开发和合作使用，促进军地资源互通互补互用。

完善军地统筹建设运行模式。在国家层面建立军民融合发展的统一领导、军地协调、需求对接、资源共享机制，健全军地有关部门管理职责，完善军民通用标准体系，探索构建政府投入、税收激励、金融支持政策体系，加快推进军地统筹建设立法工作进程，逐步形成军地统筹、协调发展的整体格局。推进军事力量与各领域力量综合运用，建立完善军地联合应对重大危机和突发事件行动机制。

健全国防动员体制机制。加强国防教育，增强全民国防观念。加强后备力量建设，优化预备役部队结构，增加军兵种预备役力量和担负支援保障任务力量的比重，创新后备力量编组运用模式。增强国防动员科技含量，搞好信息资源征用保障动员准备，强化专业保障队伍建设，建成与打赢信息化战争相适应、应急应战一体的国防动员体系。

## 第四节　武　装　力　量

## 一、中国武装力量概述

武装力量是国家或政治集团的各种武装组织的总称，一般以军队为主体，由军队和其他正规的、非正规的武装组成。武装力量是国家政权的重要组成部分，是国家或政治集团实现阶级统治、推行内外政策的暴力工具，通常由国家或政治集团的最高领导人统帅。《中华人民共和国国防法》第三章明确规定："中华人民共和国的武装力量属于人民。它的任务是巩固国防，抵抗侵略，保卫祖国，保卫人民的和平劳动，参加国家建设事业，全心全意为人民服务"；"中华人民共和国的武装力量受中国共产党领导"；"中华人民共和国的武装力量，由中国人民解放军现役部队和预备役部队、中国人民武装警察部队、民兵组成"。

### （一）中国人民解放军的性质

军队的性质问题，是我党建设军队着力解决的一个重要问题。邓小平指出："我确信，我们的军队能够始终不渝地坚持自己的性质。这个性质是，党的军队，人民的军队，社会主义国家的军队。"邓小平从军队同党、人民和国家的联系上，全面而精辟地论述了人民解放军的性质。

#### 1. 中国人民解放军是党的军队

我军作为执行政治任务的武装集团，一诞生便和党天然地联系在一起，置身于党的绝对领导之下，党的方向就是我军的方向，党的旗帜就是我军的旗帜，党的先进性决定了我军的先进性。这是我军特有的政治优势。"兵权之所在，则随之以兴；兵权之所去，则随之以亡"。我们党从创建人民军队那天起，就牢牢掌握着对军队的绝对领导权和指挥权。党指挥枪的观念已经融入我军的血脉，成为广大官兵的精神支柱。离开了党对军队的绝对领导这个"军魂"，军队就会偏离正确的政治方向，就会改变人民军队的性质。

我军是党的军队，这是由中国共产党和这支军队的性质决定的，是由中国革命的历史形成的。军队要以党的宗旨为宗旨，以党的目标为目标，以党的旗帜为旗帜，以党的方向为方向。

#### 2. 中国人民解放军是人民的军队

中国人民解放军作为党领导下的人民军队，把全心全意为人民服务作为其唯一宗旨。

来自人民，服务人民，与人民保持着不可分离的血肉联系，是这支军队的政治本色和优势。除了中国人民的根本利益，这支军队没有也不允许有超越于人民之上的特殊利益。这支军队是在人民的乳汁哺育下壮大的：人民把自己的子弟送入军队，用巨大的人力、物力、财力支持军队建设，支援和配合军队打仗，为此付出了重大的牺牲。离开人民群众的支持，就没有这支军队的成长、壮大和胜利。人民解放军是真正的人民子弟兵，它与人民的这种骨肉之情和鱼水关系，是永远无法分离的。

#### 3. 中国人民解放军是社会主义国家的军队

马克思主义的国家学说认为，军队是国家政权的主要成分，谁想夺取国家政权，并想保持它、巩固它，谁就应有强大的军队。中国革命也是经历了许许多多的挫折和磨难，最终懂得了枪杆子里面出政权的真正意义所在，从而通过 22 年的艰苦斗争，夺取了政权，建立了新中国。

随着社会主义国家政权的建立，中国人民解放军不仅是党的军队、人民的军队，而且成为社会主义国家的军队。军队作为国家机器发挥着巩固人民民主专政、服务国家的职能。保卫社会主义祖国，建设社会主义国家，是这支军队肩负的双重历史任务。

党的军队、人民的军队、社会主义国家的军队，三者是完全一致的。它的一致性就是统一在无产阶级的阶级性质上，统一在无产阶级的阶级利益同广大人民群众根本利益相一致的基础上。中国共产党是无产阶级的政党，是全心全意为人民服务的政党；中华人民共和国是共产党领导的人民民主专政的国家，是人民当家做主的国家。无产阶级和广大人民群众的根本利益，就是党、国家、军队为之奋斗的目标所在。人民解放军将永远忠于党，忠于国家，忠于人民，忠于社会主义。

### （二）中国人民解放军的宗旨

军队宗旨又称建军宗旨，是指建设军队是干什么的，是为谁服务的。军队的宗旨是由军队的性质决定的，同时又是军队性质的集中表现。

中国人民解放军作为中国共产党领导下的人民军队，把全心全意为人民服务作为唯一宗旨。这一宗旨，集中反映了我军的根本目的和任务，高度概括了我军的本质。党的七大政治报告中，对我军宗旨做了深刻、明确而具体的表述："紧紧地和中国人民站在一起，全心全意为中国人民服务，就是这个军队的唯一的宗旨。"这一宗旨，有着极其丰富的思想内涵，其最本质、最核心的东西，就是无论何时何地都把人民的利益放在高于一切、重于一切的位置。

中国共产党领导的革命事业，是为人民求解放、求发展的事业。以人民利益为最高利益，是共产党人及其所领导的军队的出发点和归宿点。人民解放军一系列重要的建军方针原则，都是由这个宗旨决定的，又都是贯彻实现这个宗旨的重要内容。全心全意为人民服务的宗旨，是人民军队生存发展的基础和力量的源泉。牢记这个宗旨，始终不渝地贯彻实现这个宗旨，人民解放军就无往而不胜。

紧紧地同中国人民站在一起，全心全意为中国人民服务，是中国人民解放军建军的根本目的，全军行动的最高准则。它要求参加人民解放军的全体人员，都以广大人民的利益、全民族的利益为出发点和归宿，始终为人民的解放而奋斗，此外不得有自己特殊的利益，也不得为任何少数人或狭隘集团的私利服务；始终同人民群众保持最密切的联系，同甘共苦，生死相依，　刻也不脱离群众，更不能凌驾于群众之上，成为压迫、剥削、奴役人民群众的工具；全体官兵在为人民服务的奋斗中，要求做到完全、彻底、大公无私，为了人民的利益不惜牺牲个人利益以至生命。

全心全意为人民服务的宗旨，是中国人民解放军建军的根本目的和最高原则，由此规定了军队的全部职能、全部工作和建军的其他原则。人民解放军在长期的战斗历程中，坚定不渝地信守和履行建军宗旨，使其成为全军团结战斗的政治思想基础和行动准则。尽管其成员不断更新变化，但始终保持了人民军队的性质，显示了强大的凝聚力、向心力和战斗力，赢得了全国各族人民群众的衷心爱戴和全力支持，使之从小变大，由弱变强，同人民群众一起，推翻了帝国主义、封建主义、官僚资本主义的反动统治，为建立和巩固人民民主专政的国家政权，为保卫祖国和建设祖国做出了卓越贡献。

中国共产党在人民解放军中的政治工作，是军队坚持全心全意为人民服务宗旨的保证。中国共产党建立和加强人民军队中的政治工作，特别重视对官兵进行无产阶级思想和党的正确路线的教育，坚持用无产阶级思想克服各种非无产阶级思想。中国共产党大力加强政治工作，以阶级、阶级斗争的观念，阶级解放与民族解放一致性的思想，将革命进行到底、夺取全国政权的思想教育官兵，使其不断提高为无产阶级和人民大众的利益及全民族的利益而战的政治自觉性。

### （三）新时代军队的使命任务

进入新时代，中国军队依据国家安全和发展战略要求，坚决履行党和人民赋予的使命任务，为巩固中国共产党领导和社会主义制度提供战略支撑，为捍卫国家主权、统一、领土完整提供战略支撑，为维护国家海外利益提供战略支撑，为促进世界和平与发展提供战略支撑。

#### 1. 维护国家领土主权和海洋权益

中国拥有 2.2 万多千米陆地边界、1.8 万多千米大陆海岸线，邻国众多、陆地边界长，海上安全环境十分复杂，维护领土主权、海洋权益和国家统一的任务艰巨、繁重。

中国军队严密防范各类蚕食、渗透、破坏和袭扰活动，维护边防安全稳定。中国同周边 9 个国家签订边防合作协议，同 12 个国家建立边防会谈会晤机制，构建起国防部、战区、边防部队三级对外交往机制，常态化开展友好互访、工作会谈和联合巡逻执勤、联合打击跨境犯罪演练等活动。同哈萨克斯坦、吉尔吉斯斯坦、俄罗斯、塔吉克斯坦开展边境裁军履约工作。加强中印方向稳边固防，采取有力措施为和平解决洞朗对峙事件创造有利条件。强化中阿边境管控，严防暴恐分子渗透。加强中缅方向安全管控，维护边境地区安宁和人民安全。2012 年以来，中国边防部队同邻国军队共进行 3300 余次联合巡逻，举行 8100 余次边防会晤，在中越、中缅方向开展边境扫雷约 58 平方千米，封围雷场约 25 平方千米，排除地雷等爆炸物约 17 万枚。

我国军队组织东海、南海、黄海等重要海区和岛礁警戒防卫，掌握周边海上态势，组织海上联合维权执法，妥善处置海空情况，坚决应对海上安全威胁和侵权挑衅行为。2012 年以来，组织舰艇警戒巡逻 4600 余次和维权执法 7.2 万余次，维护海洋和平安宁和良好秩序。

我军组织空防和对空侦察预警，监视国家领空及周边地区空中动态，组织空中警巡、战斗起飞，有效处置各种空中安全威胁和突发情况，维护空中秩序，维护空防安全。

我国军队着眼捍卫国家统一，加强以海上方向为重点的军事斗争准备，组织舰机"绕岛巡航"，对"台独"分裂势力发出严正警告。

#### 2. 保持常备不懈的战备状态

军队保持战备状态，是有效应对安全威胁、履行使命任务的重要保证。中央军委和战区联合作战指挥机构严格落实战备值班制度，常态组织战备检查、战备拉动，保持随时能战状态，不断提高联合作战指挥能力，稳妥高效指挥处置各类突发情况，有效遂行各种急难险重任务。2018 年，中央军委组织全军战备突击检查和部队整建制拉动，行动范围覆盖 21 个省、自治区、直辖市和东海、南海部分海域。

解放军和武警部队强化战备观念，严格战备制度，加强战备值班执勤，扎实开展战备演练，建立正规战备秩序，保持良好战备状态，有效遂行战备（战斗）值班、巡逻执勤等任务。

#### 3. 开展实战化军事训练

军事训练是和平时期军队的基本实践活动。中国军队坚持把军事训练摆在重要位置，牢固树立战斗力这个唯一的根本的标准，完善军事训练法规和标准体系，建立健全训练监察体系，组织全军应急应战军事训练监察，落实练兵备战工作责任制，开展群众性练兵比武活动，不断提高实战化训练水平。

全军兴起大抓实战化军事训练的热潮。2012 年以来，全军部队广泛开展各战略方向使命课题针对性训练和各军兵种演训，师旅规模以上联合实兵演习 80 余场。

各战区强化联合训练主体责任，扎实开展联合训练，结合各战略方向使命任务，组织"东部""南部""西部""北部""中部"系列联合实兵演习，努力提高联合作战能力。

陆军广泛开展军事训练大比武，实施"跨越""火力"等实兵实装实弹演习。海军拓展远海训练，航母编队首次在西太平洋海域开展远海作战演练，在南海海域和青岛附近海空域举行海上阅兵，组织"机动"系列实兵对抗演习和成体系全要素演习。空军加强体系化实案化全疆域训练，组织南海战巡、东海警巡、前出西太，常态化开展"红剑"等系列体系对抗演习。火箭军组织对抗性检验性训练、整旅整团实案化训练，强化联合火力打击训练，常态化开展"天剑"系列演习。战略支援部队积极融入联合作战体系，扎实开展新型领域对抗演练和应急应战训练。联勤保障部队推进融入联合作战体系，组织"联勤使命—2018"等系列演习演练。武警部队按照覆盖全国、高效联动、全域响应、多能一体的要求，实施"卫士"等系列演习。

### 4. 维护重大安全领域利益

核力量是维护国家主权和安全的战略基石。中国军队严格核武器及相关设施安全管理，保持适度戒备状态，提高战略威慑能力，确保国家战略安全，维护国际战略稳定。

太空是国际战略竞争制高点，太空安全是国家建设和社会发展的战略保障。着眼和平利用太空，中国积极参与国际太空合作，加快发展相应的技术和力量，统筹管理天基信息资源，跟踪掌握太空态势，保卫太空资产安全，提高安全进出、开放利用太空能力。

网络空间是国家安全和经济社会发展的关键领域。网络安全是全球性挑战，也是中国面临的严峻安全威胁。中国军队加快网络空间力量建设，大力发展网络安全防御手段，建设与中国国际地位相称、与网络强国相适应的网络空间防护力量，筑牢国家网络边防，及时发现和抵御网络入侵，保障信息网络安全，坚决捍卫国家网络主权、信息安全和社会稳定。

### 5. 遂行反恐维稳

中国坚决反对一切形式的恐怖主义、极端主义。中国武装力量依法参加维护社会秩序行动，防范和打击暴力恐怖活动，维护国家政治安全和社会大局稳定，保障人民群众安居乐业。

武警部队执行重要目标守卫警戒、现场警卫、要道设卡和城市武装巡逻等任务，协同国家机关依法参加执法行动，打击违法犯罪团伙和恐怖主义活动，积极参与社会面防控，着力防范和处置各类危害国家政治安全、社会秩序的隐患，为"平安中国"建设作出重要贡献。2012 年以来，每年均动用大量兵力担负执勤安保、反恐处突、海上维权执法等任务，参加二十国集团领导人峰会、亚太经合组织领导人非正式会议、"一带一路"国际合作高峰论坛、金砖国家领导人会晤、上海合作组织青岛峰会等警卫安保任务近万起，参与处置劫持人质事件和严重暴力恐怖事件 671 起。2014 年以来，协助新疆维吾尔自治区政府打掉暴力恐怖团伙 1588 个，抓获暴力恐怖人员 12995 人。

解放军依法协助地方政府维护社会稳定，参加重大安保行动及处置其他各类突发事件，主要承担防范恐怖活动、核生化检测、医疗救援、运输保障、排除水域安全隐患、保卫重大活动举办地和周边地区空中安全等任务。

### 6. 维护海外利益

海外利益是中国国家利益的重要组成部分。有效维护海外中国公民、组织和机构的安全和正当权益，是中国军队担负的任务。

中国军队积极推动国际安全和军事合作，完善海外利益保护机制；着眼弥补海外行动和保障能力差距，发展远洋力量，建设海外补给点，增强遂行多样化军事任务能力；实施海上护航，维护海上战略通道安全，遂行海外撤侨、海上维权等行动。

2017 年 8 月，中国人民解放军驻吉布提保障基地正式投入使用。自开营以来，已为 4 批次护航编队保障维修器材，为百余名护航官兵提供医疗保障服务，同外军开展联合医疗救援演练等活动，并向当地学校捐赠 600 余件教学器材。

2015 年 3 月，也门安全局势严重恶化，中国海军护航编队赴也门亚丁湾海域，首次直接靠泊交战区域港口，安全撤离 621 名中国公民和 279 名来自巴基斯坦、埃塞俄比亚、新加坡、意大利、波兰、德国、加拿大、英国、印度、日本等 15 个国家的公民。

### 7. 参加抢险救灾

参加国家建设事业、保卫人民和平劳动，是宪法赋予中国武装力量的使命任务。依据《军队参加抢险救灾条例》，中国武装力量主要担负解救、转移或者疏散受困人员，保护重要目标安全，抢救、运送重要物资，参加道路（桥梁、隧道）抢修、海上搜救、核生化救援、疫情控制、医疗救护等专业抢险，排除或者控制其他危重险情、灾情，协助地方人民政府开展灾后重建工作等任务。

2012 年以来，解放军和武警部队共出动 95 万人次、组织民兵 141 万人次，动用车辆及工程机械 19 万台次、船艇 2.6 万艘次、飞机（直升机）820 架次参加抢险救灾。先后参加云南鲁甸地震救灾、长江中下游暴雨洪涝灾害抗洪抢险、雅鲁藏布江堰塞湖排险等救灾救援行动，协助地方政府解救、转移安置群众 500 余万人，巡诊救治病员 21 万余人次，抢运物资 36 万余吨，加固堤坝 3600 余千米。2017 年，驻澳门部队出动兵力 2631 人次，车辆 160 余台次，协助特别行政区政府开展强台风"天鸽"灾后救援。2020 年 1 月 24 日除夕夜开始，军队先后派出 3 批共 4000 多名医护人员驰援武汉抗击疫情，全军 10000 余名医护人员投入一线参与救治，人民空军出动 30 架次运输机向武汉空运医疗力量及物资，28 个省军区（警备区）每天出动民兵 20 万人配合地方完成场所消毒、防疫宣传等任务。在这场没有硝烟的人民战争中，中国人民解放军为抗击疫情发挥了重要作用，为打赢这场疫情防控阻击战做出了不朽贡献。

## 二、武装力量的构成

中华人民共和国武装力量由中国人民解放军、中国人民武装警察部队、民兵组成，肩负着维护国家主权、安全、发展利益的光荣使命和神圣职责，由中华人民共和国中央军事委员会领导并统一指挥。

### （一）中国人民解放军现役部队和预备役部队

中国人民解放军是中国武装力量的主体和骨干，是抵抗侵略、保卫祖国、维护国家主权和安全的主体力量。中国人民解放军由现役部队和预备役部队组成。

### 1. 中国人民解放军现役部队

中国人民解放军现役部队是国家的常备军，由陆军、海军、空军、火箭军等军种，军事航天部队、网络空间部队、信息支援部队、联勤保障部队等兵种组成。

1）陆军

陆军始建于 1927 年 8 月 1 日，是党最早建立和领导的武装力量，历史悠久，敢打善战，战功卓著，为党和人民建立了不朽功勋。陆军对维护国家主权、安全和发展利益具有不可替代的作用。陆军是主要在陆地上遂行作战任务的军种。陆军具有强大的火力、突击力和快速机动能力，既能独立作战，又能与其他军兵种联合作战，是陆地战场上决定胜负的主要力量。

陆军对维护国家主权、安全、发展利益具有不可替代的作用。陆军包括机动作战部队、边海防部队、警卫警备部队等，下辖 5 个战区陆军、新疆军区、西藏军区等。东部战区陆军下辖第 71、72、73 集团军，南部战区陆军下辖第 74、75 集团军，西部战区陆军下辖第 76、77 集团军，北部战区陆军下辖第 78、79、80 集团军，中部战区陆军下辖第 81、82、83 集团军。按照机动作战、立体攻防的战略要求，加快实现区域防卫型向全域作战型转变，提高精确作战、立体作战、全域作战、多能作战、持续作战能力，努力建设一支强大的现代化新型陆军。

2）海军

海军成立于 1949 年 4 月 23 日，是主要遂行海洋作战的军种。海军担负着保卫国家海上安全、领海主权和维护海洋权益等任务。具有在水面、水下、空中及岸上实施攻防作战和战略袭击能力，既能独立在海上作战，又能与其他军兵种联合作战，具有常规作战能力和战略核打击能力，是海上作战行动的主体力量。

海军在国家安全和发展全局中具有十分重要的地位。海军包括潜艇部队、水面舰艇部队、航空兵、陆战队、岸防部队等，下辖东部战区海军（东海舰队）、南部战区海军（南海舰队）、北部战区海军（北海舰队）、海军陆战队等。战区海军下辖基地、潜艇支队、水面舰艇支队、航空兵旅等部队。按照近海防御、远海防卫的战略要求，我国正加快推进近海防御型向远海防卫型转变，提高战略威慑与反击、海上机动作战、海上联合作战、综合防御作战和综合保障能力，努力建设一支强大的现代化海军。

3）空军

空军成立于 1949 年 11 月 11 日，是主要遂行空中作战的军种。空军担负着保卫国家领空安全、保持全国空防稳定等任务，具有快速反应、高速机动、远程作战和猛烈突击的能力，既能独立遂行战役、战略任务，又能与其他军兵种联合作战，是空中作战行动的主体力量。

空军在国家安全和军事战略全局中具有举足轻重的地位和作用。空军包括航空兵、空降兵、地面防空兵、雷达兵、电子对抗部队、信息通信部队等，下辖 5 个战区空军、1 个空降兵军等。战区空军下辖基地、航空兵旅（师）、地空导弹兵旅（师）、雷达兵旅等部队。按照空天一体、攻防兼备的战略要求，我国正加快实现国土防空型向攻防兼备型转变，提高战略预警、空中打击、防空反导、信息对抗、空降作战、战略投送和综合保障能力，努力建设一支强大的现代化空军。

4）火箭军

火箭军成立于 2015 年 12 月 31 日，由第二炮兵更名而来，是中国人民解放军陆基战略导弹部队的代称。这支部队组建于 1966 年 7 月 1 日，由中央军委直接领导指挥。火箭军主要担负遏制他国对中国使用核武器、遂行核反击和常规导弹精确打击任务。它是我国战略威慑的核心力量，是我国大国地位的战略支撑，是维护国家安全的重要基石。

火箭军在维护国家主权、安全中具有至关重要的地位和作用。火箭军包括核导弹部队、常规导弹部队、保障部队等，下辖导弹基地等。按照核常兼备、全域慑战的战略要求，我军正在增强可信可靠的核威慑和核反击能力，加强中远程精确打击力量建设，增强战略制衡能力，努力建设一支强大的现代化火箭军。

### 5）信息支援部队

中国人民解放军信息支援部队是 2024 年 4 月 19 日成立的新军种，前身为"中国人民解放军战略支援部队"，调整组建信息支援部队，是党中央和中央军委从强军事业全局出发作出的重大决策，是构建新型军兵种结构布局、完善中国特色现代军事力量体系的战略举措，对加快国防和军队现代化、有效履行新时代人民军队使命任务具有重大而深远的意义。

### 6）军事航天部队

中国人民解放军军事航天部队是中国人民解放军战略性兵种。

### 7）网络空间部队

中国人民解放军网络空间部队是中国人民解放军战略性兵种。

### 8）联勤保障部队

联勤保障部队成立于 2016 年 9 月 13 日，是实施联勤保障和战略战役支援保障的主体力量，是中国特色现代军事力量体系的重要组成部分。联勤保障部队包括仓储、卫勤、运输投送、输油管线、工程建设管理、储备资产管理、采购等力量，下辖无锡、桂林、西宁、沈阳、郑州 5 个联勤保障中心，以及解放军总医院、解放军疾病预防控制中心等。按照联合作战、联合训练、联合保障的要求，我们要加快融入联合作战体系，提高一体化联合保障能力，努力建设一支强大的现代化联勤保障部队。

### 2. 中国人民解放军预备役部队

中国人民解放军预备役部队是国防后备力量的重要组成部分，组建于 1983 年，是以现役军人为骨干、预备役官兵为基础，按照军队统一的体制编制，为战时实施成建制快速动员而组建起来的部队。预备役部队实行统一编制，师（旅）、团列入军队建制序列，授有番号、军旗，执行中国人民解放军的条令、条例。

预备役部队的基本任务是：努力提高部队的军政素质，不断增强现代条件下快速动员和遂行作战任务能力；切实做好战时动员的各项准备工作，随时准备转为现役部队，执行作战任务；积极参加社会主义现代化建设，在物质文明和精神文明建设中发挥骨干带头作用。

### （二）中国人民武装警察部队

中国人民武装警察部队成立于 1982 年 6 月 19 日，前身是中国人民公安中央纵队，始建于 1949 年 8 月。中国人民武装警察部队是保卫社会主义现代化建设的一支重要力量，在维护国家安全和社会稳定、保卫人民美好生活中肩负着重大职责。进入新时代，为强化党中央和中央军委对武警部队集中统一领导，坚定贯彻中央军委主席负责制，按照"军是军、警是警、民是民"的原则，自 2018 年 1 月 1 日零时起，武警部队由党中央、中央军委集中统一领导，归中央军委建制，不再列入国务院序列，实行"中央军委—武警部队—部队"领导指挥体制，武警部队的根本职能属性没有发生变化，不列入解放军序列。公安边防部队、公安消防部队、公安警卫部队退出现役，国家海洋局领导管理的海警队伍转隶武警部队，武警黄金、森林、水电部队整体移交国家相关职能部门并改编为非现役专业队伍，撤收武警部队海关执勤兵力，彻底理顺武警部队领导管理和指挥使用关系。调整后，武警部队包括内卫部队、机动部队、海警部队等。按照多能一体、有效维稳的战略要求，加强执勤、处突、反恐、海上维权和行政执法、抢险救援等能力建设，努力建设一支强大的现代化武警部队。

### （三）中国民兵

中国民兵是中华人民共和国武装力量的组成部分，是不脱离生产的群众武装组织，是中国人民解放军的有力助手和强大的后备力量。

民兵分为普通民兵和基干民兵。基干民兵组织是民兵组织的骨干力量，主要由退出现役的士兵以及经过军事训练和选定参加军事训练或者具有专业技术特长的未服过现役的人员组成。基干民兵组织可以在一定区域内从若干单位抽选人员编组。普通民兵组织由符合服兵役条件未参加基干民兵组织的公民按照地域或者单位编组。

全国民兵工作在国务院、中央军委领导下，由中央军委联合参谋部主管；各大战区按照上级赋予的任务，负责本区域的民兵工作；省军区、军分区和县（市）人民武装部是本地区的民兵领导指挥机关；乡、镇、部分街道和企事业单位设有人民武装部，负责民兵和兵役工作。地方各级人民政府对民兵工作实施原则领导，对民兵工作实施组织和监督。

2011年10月修正的《中华人民共和国兵役法》，对民兵的任务作出明确规定："参加社会主义现代化建设；执行战备勤务，参加防卫作战，抵抗侵略，保卫祖国；为现役部队补充兵员；协助维护社会秩序，参加抢险救灾。"

## 三、人民军队的发展历程

中国共产党创建的人民军队，诞生于1927年8月1日南昌起义，其名称先后经历了三次较大的变动。初创时期，各地起义武装有"农军"、"土地革命军"、"工农讨伐军"、"工农革命军"等多种称呼。1927年10月23日，中央决定将各地起义武装统一定名为"工农革命军"。抗日战争时期，根据我党同国民党达成的协议，中国工农红军主力改编为国民革命军陆军第八路军，简称"八路军"；南方八省红军和游击队改编为国民革命军陆军新编第四军，简称"新四军"。解放战争时期，开始称为人民解放军。中国人民解放军的名称沿用至今。但不论名称如何变化，中国共产党创建和领导的这支军队，是来自人民并为人民利益而奋斗的军队，因此又统称为人民军队。

### （一）十年风雨中的工农红军

#### 1. 人民军队的诞生

1927年8月1日，周恩来、贺龙、叶挺、朱德、刘伯承率领在党掌握和影响下的北伐军2万多人，在南昌举行起义，经过4个多小时的激烈战斗，占领了南昌城。随后，按照预定计划，迅速撤离南昌，南下广东潮汕地区。南昌起义最终因遇到优势敌军的围攻而失败，但它打响了武装反抗国民党反动派的第一枪，使千百万革命群众在经历了一系列的严重挫败后，又在黑暗中看到了高高举起的火炬。南昌起义标志着人民军队的诞生，开始了党独立领导武装斗争的新时期。

1927 年 8 月 7 日，党中央在汉口召开紧急会议，总结大革命失败的经验教训，确定了土地革命和武装反抗国民党反动派的总方针，把发动农民举行秋收起义作为党最主要的任务。毛泽东在发言中明确提出："以后要非常注意军事，须知政权是由枪杆子中取得的。"会后，毛泽东受中央委派，到湖南领导秋收起义。9 月 9 日起义爆发，起义军编为工农革命军第一军第一师。在进攻长沙的计划受挫后，毛泽东当机立断，率领部队向罗霄山脉中段的井冈山进军。9 月 29 日，部队到达永新县三湾村，进行了著名的"三湾改编"，把原来的一个师缩编为一个团，在部队中建立党的各级组织，将支部建在连上，实行官兵平等，设立士兵委员会。三湾改编是我军的新生。从此，这支党领导下的向农村进军的第一支军队，在井冈山扎下了根，成为中国革命的"火种"。

继南昌起义和秋收起义后，12 月 11 日，张太雷、叶挺、叶剑英等又领导发动了广州起义。起义军占领了广州大部分市区，成立了广州市苏维埃政府。但由于中外反动势力的联合反扑，起义部队未能及时撤出并转入农村而最后失败。广州起义是对国民党反动派屠杀政策的又一次英勇反击。

这一时期，党还先后发动和领导了海陆丰、湘鄂西、黄麻、平江、百色等 100 多次武装起义。这些起义虽然大都受挫或失败，但扩大了党的影响，保留了一批武装力量，为后来各地红军的发展准备了条件。

### 2. 井冈山的星星之火

"红军荟萃井冈山，主力形成在此间"。1928 年 4 月，朱德、陈毅等率领南昌起义军余部和湘南农民起义军到达井冈山，与毛泽东率领的部队会师，合编为工农革命军第四军，朱德任军长，毛泽东任党代表。从 5 月下旬起，各地工农革命军相继改称工农红军。

在井冈山斗争的影响下，中国革命的星星之火很快形成燎原之势。到 1930 年 6 月，全国正式红军已发展到约 10 万人，开辟了赣南、闽西、湘鄂西、鄂豫皖、湘鄂赣、左右江、海陆丰、陕甘宁等大小十几块革命根据地。后来，赣南、闽西两块根据地又逐渐连成一体，形成了以瑞金为中心的中央革命根据地，即"中央苏区"。

红军建设也有了很大加强，确立和形成了一系列重要的建军原则。井冈山会师后，毛泽东就把三湾改编时提出的红军建设制度，在红四军全军实行，并明确提出红军必须执行打仗、筹款和做群众工作三项任务，规定了三大纪律八项注意。1929 年 12 月，红四军在福建上杭县古田召开了党的第九次代表大会，通过了《关于纠正党内的错误思想》等八个决议案，强调红军是执行革命的政治任务的武装集团，必须置于党的绝对领导之下，全心全意地为党的纲领、路线和政策而奋斗，必须加强红军政治工作，用无产阶级思想建设军队。古田会议决议是党和红军建设的纲领性文件，后来各地红军都先后按照古田会议决议确定的建军原则去做，使红军这个以农民为主要成分的革命军队，开始真正成为无产阶级领导的新型人民军队。

### 3. 反"围剿"胜利与失败

红军和根据地的发展壮大，引起了国民党统治集团的极大恐慌。1930 年 10 月，国民党新军阀蒋介石和阎锡山、冯玉祥之间的中原大战一结束，蒋介石立即调集重兵，开始"围剿"南方各根据地的红军，准备在 3 至 6 个月中消灭红军、摧毁苏区。毛泽东说，"围剿"和"反围剿"是中国内战的主要形式，从游击战争开始的第一天起，任何一个独立的红色游击队或红军的周围，任何一个革命根据地的周围，经常遇到的是敌人的"围剿"，十年的红军战争史，就是一部反"围剿"史。

国民党军队"围剿"的重点是红一方面军和中央苏区。1930 年 10 月，蒋介石调集 10 万大军，向中央革命根据地发动第一次大规模"围剿"。红一方面军在毛泽东、朱德的领导和正确指挥下，采取"诱敌深入"的方针，5 天内连打两个胜仗，歼敌 1.5 万余人，取得了第一次反"围剿"的胜利。1931 年 2 月至 9 月间，蒋介石分别调集 20 万和 30 万大军，发动第二、第三次"围剿"。红一方面军仍然坚持诱敌深入，集中优势兵力，各个歼灭敌人，又以劣势兵力和落后装备粉碎了敌人的进攻，创造了中国乃至世界战争史上以少胜多的典型战例。

经过三次反"围剿"斗争，红军和根据地有了更大的发展，全国红军最多时达 30 万人。同时，红军经受了前所未有的大规模战争的锻炼，创造出了一套符合中国实际、具有红军特点的战略战术和作战原则，如诱敌深入，慎重初战，集中兵力，"打得赢就打、打不赢就走"等。正如毛泽东指出的，等到战胜敌人的第三次"围剿"，全部红军作战的原则就形成了。

"九一八"事变后，蒋介石不顾民族利益，奉行"攘外必先安内"的反动政策，继续"围剿"红军。1932 年 12 月，蒋介石亲临南昌坐镇指挥，调集 30 多个师 40 万兵力，发动第四次"围剿"。在周恩来、朱德的指挥下，仍然取得了第四次反"围剿"的胜利。

1933 年下半年，蒋介石调集 100 万重兵，发动第五次"围剿"，其中以 50 万军队"围剿"中央苏区。由于"左"倾冒险主义在红军中占据了统治地位，积极防御战略和运动战原则被排斥，加上博古、李德等人的错误指挥，红军在阵地防御和短促突击中连遭失败，损失惨重，根据地也越缩越小。1934 年 10 月，中央机关和中央红军主力 8.6 万多人被迫撤离中央苏区，踏上了战略转移的艰难征途，开始了英勇悲壮的长征。

### 4. 红军不怕远征难

红军战略转移最初是向湘西发展，在湘黔边创建新的革命根据地。但由于"左"倾冒险主义领导实行消极避战和逃跑主义，把战略转移变成了搬家式的行动，部队行动迟缓。在红军突破敌人四道封锁线后，蒙受了巨大的损失。其中，湘江战役最为惨烈，红军折损过半，锐减到 3 万余人。

在这危急时刻，中共中央接受了毛泽东的正确主张，改向敌人力量最薄弱的贵州进军。一个个失败的教训，使广大红军指战员更加认识到毛泽东指挥红军反"围剿"的正确性，纷纷迫切要求改换领导，一些支持过"左"倾错误的同志也逐渐转变到反对"左"倾错误的立场上来。1935 年 1 月，红军占领了贵州遵义城。在这里，中共中央召开了政治局扩大会议，即"遵义会议"。会议集中解决了党和红军最为紧迫的军事问题和组织问题，肯定了毛泽东的正确军事路线，取消了博古和李德的最高军事指挥权，增选毛泽东为政治局常委。会后成立了由毛泽东、周恩来、王稼祥组成的三人小组，负责全面的军事行动。遵义会议在事实上确立了以毛泽东为核心的党中央的正确领导，结束了以王明为代表的"左"倾教条主义的统治，在最危急的关头挽救了党、挽救了红军、挽救了中国革命。从此，中国共产党和中国工农红军踏上了走向胜利的新起点。

遵义会议后，中央红军在毛泽东等正确指挥下，四渡赤水，巧过金沙江，强渡大渡河，飞夺泸定桥，摆脱了数十万敌军的围追堵截。6 月与红四方面军在四川懋功胜利会师，并及时挫败了张国焘分裂党和红军、另立中央的阴谋。尔后，红一方面军继续北上，历尽千辛万苦，翻越终年积雪的夹金山，穿越人迹罕至的茫茫草地，突破天险腊子口，于 10 月胜利到达陕北吴起镇，与陕北红军会师。1936 年 7 月，由贺龙、任弼时等指挥的红二、六军团到达四川甘孜，与红四方面军会师，并组成红二方面军。同年 10 月，红四、红二方面军先后在甘肃会宁和静宁以北的将台堡，同红一方面军会师。三大主力红军会师，标志着长征胜利结束。

这期间，留在长江南北的红军和游击队，在项英、陈毅等领导下，独立坚持了长达 3 年的游击战争，保存了革命的力量和阵地，有力配合了主力红军的长征，为中国革命作出了重要贡献。

### （二）抗日烽火中的八路军新四军

#### 1. 从红军到八路军新四军

抗日战争爆发前后，在中华民族面临生死存亡的紧要关头，我们党坚持抗日民族统一战线，实现了同国民党的第二次合作。这次合作是从军队开始的，红军经受了接受改编的考验。

1937 年 8 月，根据国共两党谈判达成的协议，中国工农红军改编为国民革命军第八路军，简称八路军，朱德任总指挥，彭德怀任副总指挥，叶剑英任参谋长，左权任副参谋长，任弼时任政治部主任，邓小平任政治部副主任。下辖第 115 师、第 120 师、第 129 师。10 月，南方红军游击队改编为国民革命军陆军新编第四军，简称新四军，叶挺任军长，项英任副军长，下辖第 1、2、3、4 支队，约 1 万多人。

八路军各师不待改编就绪，即誓师出征，同国民党的军队并肩杀敌。3 个师先后由陕西三原、富平经韩城地区东渡黄河，挺进山西前线。1937 年 9 月 25 日，林彪、聂荣臻率八路军第 115 师主力在平型关伏击日军，以较小代价歼灭日军 1000 余人，击毁汽车 100 余辆，缴获大批军用物资，取得了全面抗战以来中国军队对日作战的第一个重大胜利。八路军出师首战告捷，沉重打击了日寇的嚣张气焰，打破了"日军不可战胜"的神话，极大地鼓舞了全国军民的抗战信心。

平型关大捷后，第 120 师在雁门关以北也连续获胜，切断了大同至武问的日军补给线。第 129 师夜袭阳明堡机场，毁敌飞机 24 架。八路军还全力配合国民党军队进行忻口会战，取得了一系列胜利。国民党军队指挥官卫立煌对八路军的英勇善战十分钦佩，认为"八路军确实是抗日的，是复兴民族的最精锐的部队。"

#### 2. 艰苦卓绝的敌后抗战

从卢沟桥事变到 1938 年 10 月广州、武汉失守，是抗日战争的战略防御阶段。此时日寇气焰嚣张，妄图速战速决，一举灭亡中国。面对日军的长驱直入，以国民党军队为主体的正面战场，组织了一系列大仗，特别是淞沪、忻口、徐州、武汉等战役，给日军以沉重打击。但由于敌强我弱，加上国民党实行片面抗战路线和单纯防御的方针，造成正面战场全线溃退。仅一年零三个月，日军就占领了北平、天津、上海、南京、广州、武汉，夺取了中国人口稠密地区的大片领土，中国人民遭到深重的灾难。仅"南京大屠杀"，被枪杀和活埋的中国军民就达 30 多万人。

中国共产党坚持全面抗战路线，确定我军实行由国内正规战向抗日游击战的转变，在敌后放手发动群众，独立自主地进行游击战争，配合正面战场，开辟敌后战场，建立敌后抗日根据地。这是世界历史上罕见的艰苦战争。面对强大的日军，我军只有简陋的武器装备，没有来自后方的枪支弹药的接济，物资条件也极其恶劣。但广大军民积极开展山地平原、河湖港汊游击战，在敌后站稳了脚跟。敌后战场的开辟，牵制和消耗了大量日军，使日军从此陷入正面战场与敌后战场的夹击之中，成为抗日战争由战略防御转到战略相持的一个重要条件。

在中国军民的坚决抵抗下，日军被迫放弃"速战速决"的战略，准备长期作战，并把进攻的重点转向共产党领导的敌后战场，抗日战争进入相持阶段。

为了适应新的形势，党确定了"巩固华北，发展华中"的行动方针。在华北，八路军各师主力挺进冀鲁平原，广泛开展游击战争，巩固和扩大根据地。1940年8月至12月，八路军投入105个团约20万人的兵力，在彭德怀指挥下，对华北日军交通线和据点展开大规模进攻，共进行战斗1800余次，歼敌4万余人，缴枪5600余枝。百团大战有力地打击了日军的"囚笼政策"和嚣张气焰，极大地振奋了全国军民争取抗战胜利的信心。在华中，新四军面对敌、伪、顽势力的包围，坚持开展游击战争，创建和巩固了苏南、皖中、皖东、豫皖苏和苏中等抗日根据地。

从1941年至1942年，抗日战争进入最困难的时期。日本侵略者在中国占领区推行殖民统治和经济掠夺，集中日、伪军反复"扫荡"敌后抗日根据地，实行烧光、杀光、抢光的"三光"政策，甚至施放毒气和进行细菌战，制造无人区。在日军空前残酷的进攻中，敌后军民伤亡重大。但抗日军民没有被吓倒，他们在党的领导下，主力军、地方军和群众武装齐上阵，运用破袭战、地雷战、地道战、麻雀战、水上游击战等战法，狠狠打击来犯之敌。我党我军还同国民党顽固派消极抗战、积极反共的倒行逆施进行坚决斗争，打退了国民党发动的三次反共高潮。

进入1943年，各解放区军民对日伪军普遍开展局部反攻，八路军、新四军内线、外线同时作战。抗日战争走过漫长的相持阶段，迎来了对日反攻。到1944年底，根据地的人口已达9150万，部队发展到80万人，民兵增加到170万人，敌我力量的对比发生了很大变化。1945年4月23日，党在延安召开第七次全国代表大会，确定了放手发动群众，壮大人民力量，在党的领导下，打败日本侵略者，解放全国人民，建立新民主主义中国的政治路线，规定了把毛泽东思想作为党的一切工作的根本指导思想，同时要求我军必须"准备在抗战后期实行从抗日游击战争到抗日正规战争的转变"。我军继续向日伪军展开进攻，并相继发动春季和夏季攻势，整个世界人民反法西斯战争已临近最后胜利。5月8日，法西斯德国投降，欧洲战争宣告结束。8月6日和9日，美国在日本的广岛和长崎投下原子弹。8月8日，苏联对日宣战。8月9日，毛泽东发表《对日寇的最后一战》的声明，要求八路军、新四军和其他人民军队在一切可能的条件下，向一切不愿投降的日本侵略者及其走狗展开广泛的进攻。在中、苏、美三国的严重打击下，侵华日军土崩瓦解，8月15日被迫宣布无条件投降。中国人民经过14年抗战终于取得了完全胜利。

抗日战争，是近代以来中国反抗外敌入侵第一次取得完全胜利的民族解放战争。在这场艰苦卓绝、波澜壮阔的全民族战争中，中华儿女万众一心、众志成城，广大军民前仆后继、浴血奋战，面对敌人的炮火勇往直前，面对死亡的威胁义无反顾，用血肉之躯筑起了捍卫祖国的钢铁长城，用气吞山河的英雄气概谱写了惊天地、泣鬼神的壮丽史诗。在八年抗战中，我军顽强作战、勇敢杀敌，歼灭日伪军171.4万人，抗击了侵华日军的大部和几乎全部伪军。敌后军民广泛开展各种游击战的巧妙战术和战法，创造了人类战争史上的奇观。同时，我军经过抗日烽火的锻炼，进一步发展壮大，到抗日战争胜利时，已达120余万人。

### 3. 建军理论和实践的发展

抗日战争时期，也是毛泽东军事思想趋于成熟的时期。毛泽东在深入研究中外军事理论的基础上，先后撰写了《抗日游击战争的战略问题》《论持久战》《战争和战略问题》等著名的军事著作，科学地预见了抗日战争的发展进程及其规律，系统地回答了中国革命战争如何才能以少胜多、以弱胜强的一系列战略和策略问题。在党的七大所作的《论联合政府》的报告中，毛泽东进一步阐明了关于"人民战争"、"人民军队"、"人民战争的战略战术"等系统的军事思想，第一次提出了"没有一个人民的军队，便没有人民的一切"的科学论断。在毛泽东军事思想的指引下，我军建设得到了新的发展。坚持和巩固党对军队的领导。在红军改编和实行抗日民族统一战线的新形势下，中央军委明确要求各师改编为国民革命军后，必须加强党的领导，坚持执行党中央和中央军委的命令，为党的路线而斗争。

利用作战间隙整训部队，加强院校建设。各部队调整编制，改变了编制不一、序列混乱的状况。加强思想教育，提高官兵政治觉悟，有效地克服了军阀主义残余和游击习气，巩固了部队纪律，密切了官兵关系。抓练兵热潮，大大提高了部队技术战术水平。毛泽东还提出，要取得抗战的胜利，必须大大增加抗战力量，其中最好最有效的办法是办学校，培养抗日干部。我军先后创办了抗日军政大学（简称抗大）及其分校、八路军军政学校、炮兵学校、随营学校等各级各类专门学校，初步形成了培训体系。抗大培养和造就了一大批懂政治、懂军事、会做群众工作的优秀指挥员，在我军建设史上写下了光辉的篇章。毛泽东说，昔日之黄埔，今日之抗大，是先后辉映，彼此竞美的。

实行精兵简政，开展整风和大生产运动。各部队缩编机关，充实加强战斗部队，缓解了敌后根据地在物质供应方面的困难，实现了精干的主力军与强大的后备军的结合。从1942年初开始，全党全军普遍开展了整风运动。通过整风，全军指战员尤其是高级指挥员提高了马克思主义水平，增强了坚持党对军队绝对领导的自觉性，密切了军政、军民、军队内部的关系，为抗日战争的胜利奠定了坚实的思想基础。为坚持抗战并夺取胜利，根据地军民响应毛泽东和军委的号召，自己动手，丰衣足食，开展了轰轰烈烈的大生产运动，使根据地战胜了严重的财政经济困难，同时培育了自力更生、艰苦奋斗的延安精神，为中国革命事业留下了宝贵的精神财富。王震率领359旅开发南泥湾，创造了"南泥湾精神"，成为大生产运动的典范。

### （三）为建立新中国而奋斗的人民解放军

### 1. 粉碎国民党的猖狂进攻

1945年8月28日，毛泽东应蒋介石的邀请，赴重庆进行和平谈判。经过40多天的谈判斗争，迫使国民党承认了和平建国的方针，于10月10日签订了《会议纪要》，即"双十协定"。1946年1月10日，双方下达停战令。同一天，政治协商会议在重庆召开，再次确认了和平建国方针，否定了国民党一党专政独裁统治和内战方针。但是，蒋介石和国民党政府并没有因为重庆谈判和政治协商会议而放弃内战、独裁的政策，他们一边玩弄政治欺骗的手法，一边加紧进行军事部署。经过10个多月的军事准备，1946年6月底，国民党军队开始向共产党领导的各个解放区发动进攻，蒋介石彻底撕下了"和平"的面纱，一场全面内战爆发了。

面对严峻形势和气势汹汹的敌人，人民解放军坚定勇敢地投入战斗，给国民党反动派以有力的打击。从1946年7月开始，国民党军队陆续向中原、华东、晋冀鲁豫、晋察冀、晋绥、陕甘宁和东北解放区发动全面进攻。我军坚持积极防御的战略方针，集中优势兵力，各个歼灭敌人，经过8个月的作战，歼灭国民党正规军66个旅，加上非正规军，共71万多人，缴获大量武器和其他物资。

1947年3月，蒋介石放弃全面进攻，开始集中兵力对陕北、山东解放区进行重点进攻。针对蒋介石的企图，党中央决定暂时放弃延安，组成西北野战兵团，利用陕北优越的群众条件和有利的地形，与敌周旋。彭德怀指挥西北野战军采取"蘑菇"战术，粉碎了国民党对陕北的进攻。在山东战场，国民党的重点进攻也遭到失败，人民解放军取得了自卫战争的巨大胜利。

### 2. 千里跃进大别山

从1947年7月至1948年6月，人民解放军由战略防御转入战略进攻。1947年6月30日，刘伯承、邓小平率领的晋冀鲁豫野战94个纵队12万余人，在鲁西南张秋镇至临濮集之间发起攻击，强渡黄河，揭开了战略反攻的序幕，开始了千里跃进大别山的壮举。在毛泽东和中央军委的正确指挥下，刘、邓大军取得鲁西南战役歼敌6万余人的胜利，尔后越过陇海路，涉过黄泛区，跨过沙河、涡河、汝河、淮河等重重障碍，于8月下旬胜利地进入了大别山区。刘、邓部队紧紧依靠人民群众，克服重重困难，到11月下旬，共歼敌3万余人，建立了33个县的民主政权，初步完成了在大别山区的战略展开。随后，陈赓、谢富治率领的晋冀鲁豫野战军8万人，在8月下旬强渡黄河，挺进豫西，在豫陕边地区实现了战略展开；陈毅、粟裕率领的华东野战军主力，于9月下旬挺进豫皖苏边区，完成了在这一地区的战略展开。

至此，三路大军布成"品"字形阵势，纵横驰骋于黄河以南、长江以北的广大中原地区，把战线一直推进到了长江北岸，使中原地区由国民党军队进攻解放区的重要后方，变成了人民解放军夺取全国胜利的前进基地。

三路大军外线出击挺进中原后，仍在内线作战的各战场人民解放军，也都按预定部署展开攻势作战，形成了全国规模的战略进攻态势。在一年的战略进攻作战中，人民解放军歼灭国民党军队152万人，使各个解放区连成一片，并创建了新的中原解放区，为举行战略决战，夺取全国胜利奠定了坚实的基础。

### 3. 伟大的战略决战

战略决战是决定战争双方命运的严重斗争。1948年秋，人民解放战争进入夺取全国胜利的战略决战阶段。我军连续进行了辽沈、淮海、平津三大战役，共歼灭国民党正规军144个师，非正规军29个师，共154万余人，使国民党赖以维持其反动统治的主要军事力量基本上被摧毁。东北、长江中下游以北及华北的大部分地区得到解放。

辽沈、淮海、平津三大战役，无论其战争规模，还是辉煌的战绩，在中国战争史上是空前的，在世界战争史上也是罕见的。经过以三大战役为主的大规模战略决战，国民党军队的主力基本归于消灭，国民党反动统治的基础已从根本上动摇。战略决战的胜利，是党中央、中央军委和毛泽东正确领导的结果，是人民解放军指战员英勇奋战的结果，也是广大人民群众积极支援的结果。它标志着党领导的中国革命战争取得了决定性的胜利。

### 4. 百万雄师过大江

经过三大战役，国民党反动派面临着覆灭的命运。为粉碎蒋介石在美国政府支持下玩弄的和平阴谋，党中央号召全党、全军和全国人民，将伟大的解放战争进行到底，毛泽东亲自撰写了题为《将胜利进行到底》的 1949 年新年献词。1949 年 2 月，人民解放军开始进行解放战争时期最后一次大规模的政治、军事整训，各部队普遍开展将革命进行到底的教育，实行统一整编，加强炮兵、工兵建设和后勤建设，加强纪律整顿等。经过整训，大大加强了全军的集中统一，保证了党的路线方针政策的正确贯彻。1949 年 4 月 21 日，在国共和平谈判达成的《国内和平协定》遭到南京国民党政府拒绝后，毛泽东、朱德发布《向全国进军的命令》，命令中国人民解放军"奋勇前进，坚决、彻底、干净、全部地歼灭中国境内一切敢于抵抗的国民党反动派，解放全国人民，保卫中国领土主权的独立和完整。"由刘伯承、邓小平领导的第二野战军和由陈毅、粟裕、谭震林率领的第三野战军，于 4 月 21 日晨，在西起九江、东至江阴 500 公里的战线上，以木帆船为主要渡江工具，在强大的炮兵、工兵支援下，强渡长江，一举突破国民党军苦心经营的长江防线。23 日占领国民党反动统治的中心——南京，宣告了国民党反动政权的覆灭。随后，人民解放军根据中央军委的部署，以秋风扫落叶之势追歼逃敌，向全国进军，迅速地解决残余的敌人，把国民党反动统治势力最后赶出中国大陆。人民解放军经过艰苦作战，在 4 年多解放战争中共歼灭国民党军 807 万人，解放了除台湾、澎湖、金门、马祖、西沙、南沙等岛屿以外的广大国土，人民解放军总兵力发展到 550 万人。

1949 年 10 月 1 日，毛泽东在开国大典上向全世界庄严宣告：中华人民共和国成立了！人民解放军这支党缔造和领导的人民军队，经过 22 年血与火的洗礼，以威武之师、胜利之师的英姿，接受了党和人民的检阅。它向世人证明：中国革命的胜利，主要是依靠我们党所领导的完全新型的与人民血肉相连的人民军队，通过长期人民战争战胜强大的敌人取得的。没有这样一支人民的军队，就不可能有人民的解放和国家的独立。

### （四）社会主义革命和建设中不断前进

#### 1. 捍卫国家主权和尊严

中华人民共和国成立后，我军的任务由推翻国民党反动统治，夺取政权，转为保卫社会主义革命和建设，保卫国家领土、主权和安全，防御帝国主义侵略。为了捍卫国家主权和尊严，我军贯彻积极防御的战略方针，敢于同一切来犯之敌进行坚决、英勇的斗争，成为保卫祖国的钢铁长城。

第二次世界大战后，美国跃居为资本主义世界的头号强国，积极推行侵略和战争政策，妄图称霸世界。在朝鲜问题上，美国背弃包括美国在内由反法西斯阵线主要同盟国达成的关于使朝鲜自由独立以及成立统一的朝鲜政府的协议，阻挠和破坏朝鲜实现独立统一，妄图把朝鲜变为它的殖民地和进行进一步侵略扩张的前进基地。1948 年 8 月，在美国一手操纵下，朝鲜南方单独成立了"大韩民国政府"。针对这种情况，同年 9 月，朝鲜北方组成了"朝鲜民主主义人民共和国政府"，主张在没有外国干涉的条件下，实现自主和平统一。此后，朝鲜南北两个政府在如何实现统一的问题上进行了斗争，迄至 1950 年 6 月 25 日，大规模的内战爆发。

美国当局从其称霸全球的战略利益出发，立即进行武装干涉，支援南朝鲜军作战。同时，侵入我国台湾和台湾海峡，干涉中国内政，阻止中国人民解放台湾，并操纵联合国安理会，通过了组成侵朝"联合军"的决议，扩大朝鲜战争。

中国人民在谴责与抗议美国侵略行为，进行必要防范准备的同时，一再主张和平解决朝鲜问题，要求从朝鲜和中国台湾撤退一切外国军队。然而，美国当局对此不屑一顾，继续扩大战争。从 8 月 27 日起，美国侵朝飞机不断侵入中国领空，轰炸扫射中国边境城镇和乡村。中国内地的安全受到严重威胁。中共中央经过慎重的分析研究，为了挽救朝鲜危局，保卫中国的安全，毅然做出了"抗美援朝、保家卫国"的重大战略决策，决定组成中国人民志愿军开赴朝鲜作战，支援朝鲜人民抗击美国侵略。我志愿军于 10 月 19 日跨过鸭绿江，同朝鲜人民并肩作战。

在 2 年零 9 个月的抗美援朝战争中，广大志愿军指战员英勇善战，不怕牺牲，打败了不可一世的侵略者，迫使美军于 1953 年 7 月 27 日在停战协定上签字。我军还先后取得了一系列边境自卫反击作战的胜利。从 1964 年到 1971 年，我军先后击落入侵我国领空的美国作战飞机 12 架、无人侦察机 20 架，保卫了祖国的领空安全。

### 2. 维护祖国统一和稳定

中华人民共和国成立之初，我军遵照党中央、中央军委的指示，进行了大规模的剿匪作战，到 1953 年底，共歼灭匪特武装 260 多万人，在全国范围内基本上平息了匪患，有力地保护了人民群众的利益和安全，安定了社会秩序，为巩固新生的人民民主政权作出了重要贡献。扫除了国民党反动派在大陆的反革命残余势力。同时，有力地痛击国民党军队的窜犯袭扰，粉碎了蒋介石集团"反攻大陆"的图谋。

1954 年 11 月，在党中央和中央军委的决策部署下，我军展开了一江山岛渡海登陆作战，解放了一江山岛。这是人民解放军历史上第一次三军联合渡海登陆作战，虽然战役规模有限，但影响深远。这一胜利打击了美台共同协防活动，改变了台湾海峡斗争形势，并在实战中取得了组织三军联合渡海登陆作战的宝贵经验。

1959 年，西藏上层反动集团公然发动以拉萨为中心的武装叛乱。我军奉命执行平息任务，为夺取平叛胜利作出了不可磨灭的贡献，粉碎了帝国主义和外国反动势力勾结西藏上层反动集团分裂中国的阴谋，维护了祖国统一，增强了民族团结，为建设民主繁荣的新西藏奠定了基础。

几十年来，我军始终作为维护社会稳定的重要力量，履行保卫社会主义革命和建设、保卫人民和平劳动和幸福生活的神圣职责。近年来，国外一些反动势力怂恿和支持国内的一些民族分裂分子，制造骚乱事件，搞分裂祖国、破坏民族团结的活动，给当地社会经济和人民生活带来严重影响，人民解放军积极担负起维护社会稳定的重要任务。中国要争取一个长期稳定的和平环境全面建成小康社会，绝对不能离开强大的军队。人民解放军永远是一个战斗队，是保卫社会主义祖国的钢铁长城。

### 3. 参加和支援社会主义建设

我军既是一个战斗队，又是一个工作队、生产队，是社会主义建设的重要力量。早在新中国建立初期，人民解放军的许多部队就成建制地投入到建设祖国的行列中，架桥修路，开发矿山，治理江河，兴修水利，垦荒造田，植树造林。特别是在关系到国家经济命脉的川藏、青藏、新藏等重要公路和大庆油田等项目的开发中，发挥了突击骨干作用。仅铁道兵部队就先后修建了 52 条铁路干线、支线，总长度达 1.3 万多公里，约占中华人民共和国成立后新建铁路的 1/3，为社会主义建设写下了光辉的一页。

进入新的历史时期后，人民解放军在完成教育训练任务的同时，更加积极地参加和支援国家经济建设，为国家的繁荣和发展做出了新的重要贡献。改革开放以来，人民军队积极参加国家和地方的重点工程建设，支援国家发展经济。在科技助民、扶贫开发、支援国家农业，以及参加社会公益事业等方面，人民解放军也做出了应有的贡献，涌现出许多感人肺腑的事迹和英雄模范人物。

中国幅员辽阔，是自然灾害多发的国家。灾害的巨大破坏性对国家经济建设和人民生命财产形成很大的现实和潜在危险，直接制约社会和经济的发展，有时甚至会成为导致社会动乱的间接动因。每当国家和人民的生命财产安全受到威胁的时候，我军总是奋勇当先，哪里任务险重，就出现在哪里，被党和人民称为和平时期"最可爱的人"。人民子弟兵用自己的实际行动，表达了对党对祖国对人民的赤胆忠心，展示了我军威武文明之师的英雄气概，加强了军民团结、军政团结，为党和人民建立了新的功勋。

### 4. 建设现代化正规化革命军队

中华人民共和国成立初期，在中国共产党和中国人民面前还存在着许多困难，面临的形势是严峻的：军事上，人民解放战争虽已获得基本胜利，但还没有完全结束；政治上，新解放区的政权刚刚建立，还不巩固；经济上，中华人民共和国接管的是一个十分落后的千疮百孔的烂摊子。随着全国形势和党的任务的变化，人民解放军的任务也发生了重大变化。一方面，继续完成解放战争的作战任务；另一方面，要担负起保卫新生人民政权的多项工作并开始进行现代化、正规化建设。

在革命战争年代，我军的主要成分是步兵，只有少量的技术兵种部队，现代化、正规化的程度很低。随着大规模战争的结束，人民解放军进行现代化、正规化建设的客观条件逐渐成熟。在中华人民共和国成立后，人民解放军的建设开始了由低级阶段向高级阶段转变、由单一军种向诸军兵种合成军队转变的历程。

进入和平建设时期，我军革命化现代化正规化建设不断向前推进。1953 年底至 1954 年初召开的全国军事系统高级干部会议，明确了我军建设的总方针、总任务，规划了国防现代化建设蓝图，解决了军队现代化建设中一系列重大问题，标志着我军完成了由革命战争向和平时期建设的转变。从 1954 年开始，我军现代化正规化建设全面展开。调整编制体制，加强质量建设；颁布条令条例，实行义务兵役制、薪金制、军衔制；建立国防科技体制，加强武器装备建设；进行正规统一的军事训练，创办正规的军事院校教育体系，整个部队建设的面貌发生了深刻变化。

党的十一届三中全会，开辟了我国改革开放的历史新时期，我军建设发展也掀开新的一页。我军实现了军队建设指导思想的战略性转变，按照建设强大的现代化正规化革命军队的总目标，坚持走中国特色的精兵之路，1985 年以来三次大规模裁减军队员额 170 万，我军朝着精兵、合成、高效的方向迈进。适应世界新军事变革，确立新时期军事战略方针，推动我军建设由数量规模型向质量效能型、由人力密集型向科技密集型转变。按照政治合格、军事过硬、作风优良、纪律严明、保障有力的总要求，围绕打得赢、不变质两个历史性课题，全面加强军事、政治、后勤、装备建设，我军现代化建设的质量和效益不断提高。

随着我国对外开放的扩大，中国人民解放军以崭新的面貌，更加积极地开展全方位、多层次的军事外交,同世界上 100 多个国家的军队建立了联系。在维护当代世界和平中,我军迈开走出国门的步伐,加强军事人员互访,积极参加国际军备控制与裁军会议,参加联合国维和行动。积极活跃的对外军事交往,促进了中国人民解放军同世界各国军队的相互了解和信任,向世界展示了中国军队文明之师、和平之师的形象,在维护世界和地区和平与促进共同发展中做出了新的贡献。

新世纪新阶段,我军建设发展站在一个新的历史起点上。全军官兵坚定不移地把信息化建设作为军队现代化建设发展方向,深入开展信息化条件下的军事训练,增强基于信息系统的体系作战能力,积极推进中国特色军事变革深入发展,按照国防和军队现代化建设"三步走"战略构想,加紧完成机械化和信息化双重历史任务,力争到 2020 年基本实现机械化,信息化建设取得重大进展。

党的十八大后,我军在新的历史起点上加快推进国防和军队现代化,党中央、中央军委、习主席继续深入思考和谋划"建设什么样的军队,怎样建设军队"这一根本问题,首先聚焦于确定党在新形势下的强军目标。2013 年 3 月 11 日,习主席在十二届全国人大一次会议解放军代表团全体会议上的重要讲话中强调指出,建设一支听党指挥、能打胜仗、作风优良的人民军队,是党在新形势下的强军目标。习近平强军思想,指明了在全面建成小康社会进程中我军建设的正确方向,是新时代国防和军队建设的科学指导。

中国人民解放军自 1927 年诞生至今,在中国共产党的坚强领导下,为争取人民解放、民族独立和国家富强,进行了英勇顽强、艰苦卓绝的斗争,建立了卓越功勋。

人民军队的优良传统和勇往直前的战斗精神已经深深地熔铸在中华民族的生命力、创造力和凝聚力之中,成为中华民族战无不胜的强大精神力量。

## 第五节　国防动员

国防动员亦称战争动员,是指国家为应对战争或其他安全威胁,使社会诸领域的全部或部分由平时状态转入战时状态或紧急状态的活动。国防动员通常包括武装力量动员、国民经济动员、人民防空动员、国防交通动员和政治动员等。2010 年 2 月,全国人大常委会审议通过《中华人民共和国国防动员法》,规范了国防动员平时准备和战时实施的基本内容,规定了公民和组织在国防动员活动中的义务、权利,完善了国防动员的基本制度。这标志着我国国防动员建设已经进入了法制化、规范化发展的新阶段。

### 一、国防动员概述

#### (一) 国防动员的产生与发展

国防动员与战争紧密相连,是战争活动的重要组成部分和前提条件,因此最早被称作战争动员。

战争动员产生于奴隶制社会时期,发展于封建社会和资本主义社会时期。自资本主义工业革命后,战争动员进入全面发展时期。尤其是 20 世纪规模空前的两次世界大战的发生,为战争动员的进一步发展提供了客观条件。该时期战争动员有四大特点:

（1）**动员的规模空前**。第二次世界大战中，参战各国动员的总兵力达到 1.1 亿人。其中，德国为 1700 万人，日本近 1000 万人，苏联 1136 万人，美国 1212.3 万人，人力、物力、财力的动员量高于以往任何战争。

（2）**动员的范围进一步扩展**。两次世界大战期间，真正将经济、政治、外交等领域全部纳入了战争动员范围，将工业、农业、商业、财政金融、交通运输和邮电通信等经济部门进一步纳入了战时轨道，使得整个战争动员体系日趋完备，"综合动员"的性质日益明显。

（3）**动员呈现出持续性的特征**。在整个战争期间连续多批次地实施人力、物力和财力的动员，已成为参战各国的普遍做法。

（4）**动员体制和制度不断完善**。到第二次世界大战前夕，各参战国纷纷建立或改组了战争动员领导机构，对战争动员实施统一领导，战争动员法规日臻完善。

在中国现代革命史上，中国共产党人成功地领导了多次战争动员活动。历次革命战争中，在毛泽东关于动员和武装群众、进行人民战争的战略思想指导下，中国共产党实行全党动员、全民动员的方针，成功地实施了军事、政治、经济、文化等动员，为壮大人民军队、夺取革命战争的胜利发挥了巨大作用。中华人民共和国成立后，在历次局部战争的作战中，都进行了不同规模的战争动员。抗美援朝战争中，在全国深入进行了抗美援朝、保家卫国的宣传教育，激发了广大军民的爱国热情，在全国迅速动员了 200 多万民兵、青年参加中国人民志愿军，还动员了大批汽车司机、铁路员工和医务、通信人员担负战争勤务。与此同时，在全国开展的捐献运动，共捐献人民币 5.56 亿元，为保障战争的胜利作出了重要贡献。

### （二）国防动员的地位与作用

国防动员是国防活动的重要内容之一，是准备和实施战争的重要措施。无论是古代战争还是现代战争，全面战争还是局部战争，常规战争还是非常规战争，都离不开动员。因此，国防动员在保障、赢得战争胜利等诸多方面，都具有十分重要的地位与作用。

#### 1. 国防动员是打赢战争的基础环节

为遏制战争爆发并夺取战争的胜利积聚强大的战争力量，是国防动员的基本功能与任务。现代战争的巨大破坏性，使人们不得不把制止战争的爆发作为降服战争这个"恶魔"的重大步骤予以重视，因此，在这种情况下，战争动员所积聚的巨大能量同样是战略家们所倚重和借助的力量。另外，战争动员还是遏制危机的有效手段。实践中，有许多国家通过积聚力量和显示使用力量的决心，有效地制止了战争的爆发。

#### 2. 国防动员是应对紧急突发事件的有效措施

国防动员的最初功能是应对战争的需要，但现代条件下，随着各种灾难事故和突发事件的频繁发生，人们已把国防动员的功能予以拓展，让它同样可以在应对和处置各类突发事件中发挥应有作用。因此，当国家遇到此类突发事件时，国防动员活动可以凭借自身的准备和特有的机制，使国家或地区在需要时进入一定的应急状态，动员国家、军队和社会的一定力量，抗御自然灾害、处置各种自然和人为的事故与灾难，使国家和社会处于正常运转状态，维护人民群众的生命财产安全。

#### 3. 国防动员是支援经济和社会发展的重要力量

党的二十大报告指出："巩固提高一体化国家战略体系和能力。加强军地战略规划统筹、政策制度衔接、资源要素共享。优化国防科技工业体系和布局，加强国防科技工业能力建设。深化全民国防教育。加强国防动员和后备力量建设，推进现代边海空防建设。"国防动员实行"平战结合、军民结合、寓军于民"的原则，在和平时期国防动员建设的成果可以直接为经济建设服务。寓军于民可节约国防开支，有利于国家集中力量发展经济。和平时期，国家的中心任务是提高社会生产力，改善人民生活，对国防建设不可能有很多的投入，必须提高国防建设的效益。要用有限的国防经费，获得尽可能强的国防力量，其有效办法是建设精干的常备军，大力加强后备力量建设，健全完善动员体制，做到"平时少养兵，战时多出兵"。这样，不仅可以经常保持较强的国防整体威力，为国家提供可靠的安全保障，而且可以减轻国家负担，促进经济和社会发展。

## 二、国防动员的内容

国防动员的主要内容包括：武装力量动员、国民经济动员、人民防空动员、国防交通动员和政治动员等。

### （一）武装力量动员

武装力量动员是指国家为应对战争或其他安全威胁，将武装力量由平时状态转入战时状态所进行的活动。武装力量动员在国防动员中处于核心地位，通常包括现役部队动员、预备役部队动员、后备兵员动员和民兵动员。

（1）现役部队动员，指将中国人民解放军各军兵种部队和武装警察部队从平时编制转为战时编制，按动员计划进行扩编，达到齐装满员。现役部队动员的主要活动包括：① 进入临战状态；② 实行战时编制；③ 扩建现役部队；④ 组建新的部队。

（2）预备役部队动员，指预备役部队成建制转服现役的活动，是战时快速动员的一种重要方式。《国防法》规定，预备役部队"战时根据国家发布的动员令转为现役部队"。

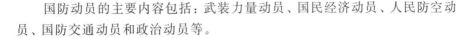

（3）后备兵员动员，指征召适龄公民到军队服现役的活动，主要是征召预备役军官和士兵补充现役部队。根据战争的需要，国务院、中央军委还可以决定征召 36～45 岁的男性公民服现役。后备兵员动员主要有三种用途：① 补充不满编的现役部队；② 补充扩建和新组建的部队；③ 补充战斗减员的部队。

（4）民兵动员，指组织发动民兵担负参战支前任务。民兵是保卫祖国的一支重要力量，战时可配合军队作战和担负支援保障任务，也可独立担负后方防卫作战和维稳任务。

### （二）国民经济动员

国民经济动员是指国家根据国防需要，将有关经济部门、经济活动及其经济关系由平时状态转入战时状态或紧急状态的活动。通常包括工业、农业、财政金融、信息通信、交通运输、医疗卫生等方面的动员。国民经济动员是国防动员的基础和重要内容，对于充分发挥国家的经济潜力，提高军品生产能力，及时满足战争对各种物资和勤务保障的需求，具有重要的作用。

#### 1. 国民经济动员的基本政策

国民经济动员的基本政策是：根据国家发展战略，依托国民经济实力发展国民经济动员，把国防经济建设寓于国家的经济发展之中；发挥国民经济动员在国家经济建设与国防常备能力之间的桥梁纽带作用，在国家经济结构调整中统筹考虑军需民用、平战衔接，使平时的国防经济保持在合理的水平上；加强高新科学技术和军民两用技术的开发利用，注重高科技产品的动员和高技术储备，从整体上提高国民经济动员基础的科技水平；按照平时服务、急时应急、战时应战的功能定位，构建与社会主义市场经济相适应的应战、应急结合的国民经济动员体制、机制、法制；坚持全民自卫原则，提高适应信息化条件下防卫作战需要的国民经济动员能力。

**2. 国民经济动员的主要目标**

国民经济动员的主要目标是：建成比较完善的应付战争兼顾应对突发事件双重功能的国民经济动员体系，形成与国民经济有机融合的国民经济动员基础，能够从经济上保障和应付局部战争及突发事件的需要。

### （三）人民防空动员

人民防空动员是指国家发动和组织人民群众防备敌人空袭、消除空袭后果所进行的活动。主要包括人防预警动员、群众防护动员、重要经济目标防护动员、人防专业队伍动员等。在现代战争中，远距离精确打击成为重要的作战样式，大、中城市和经济基础设施面临的空袭威胁日益严重。人民防空动员对于减轻空袭危害，减少人民群众生命财产损失，保持后方稳定，保存战争潜力，具有重要的作用。

人民防空与要地防空、野战防空共同构成中国三位一体的国土防空体系。新时期的人民防空，战时担负保护人民生命财产安全和国家经济建设成果的任务，平时担负防灾救灾和处置突发公共事件的任务。人民防空经费由国家和社会共同负担。国家颁布了《中华人民共和国人民防空法》，各级人民政府制定完善了相配套的人民防空法规及规章。县级以上人民政府将人民防空建设纳入国民经济和社会发展规划。

### （四）国防交通动员

国防交通动员是指在全国或部分地区调集交通力量，全力保障战争需要的紧急行动。它通常是在国家动员领导机构的统一领导下，由国防交通主管机构组织，协同政府、军队有关部门共同实施。

国防交通动员准备包括：在平时制定完备的国防交通动员的法规和计划、健全国防交通机构和机制、建立国防交通保障队伍、储备必要的国防交通物资和器材等。

国防交通动员的主要任务包括：根据战争规模和作战需要，有计划地将平时国防交通领导机构迅速按方案扩编为战时交通运输指挥机构，政府交通运输部门随即转入战时体制；根据作战保障需要，动员、征用社会运输力量，必要时对交通运输系统实行不同范围不同形式的军事化管理；动员、组织各交通保障队伍和交通保障物资器材迅速到位，遂行运输、抢修、防护任务；根据统帅部规定，做好对弃守地区的交通遮断准备，保证及时遮断。

### （五）政治动员

政治动员是指国家为进行战争而开展的宣传、教育、组织工作和外交活动。政治动员是国防动员的一项重要内容，并为其他领域的动员活动提供思想和组织保证。政治动员对于充分调动和发挥本国军民的精神力量，尽可能地争取国际社会的同情和支持，瓦解敌方的战斗意志，具有重要作用。

平时政治动员主要表现为国防教育。其内容主要包括国防观念、国防知识、军事技能和国防法规等方面的教育，目的是增强国防观念和维护国家安全意识，提高履行国防义务的自觉性。国防教育以全民为对象，重点是国家机关工作人员、武装力量编成人员和青年学生。我国《国防教育法》和国家国防动员委员会颁发的《全民国防教育大纲》，是进行国防教育活动的法律依据。

战时政治动员主要包括国内政治动员和外交舆论宣传。国内政治动员是政府、军队和社会团体等，运用各种宣传舆论工具，对全国军民进行以爱国主义和革命英雄主义为核心的国防教育，使之增强国防观念，坚定打败敌人、夺取胜利的信心。外交舆论宣传是国家通过各种外交活动和对外宣传，揭露敌人的战争阴谋，控诉敌人的战争暴行，瓦解敌方的战斗意志，争取各国的声援和支持，建立国际统一战线或建立战略协作关系。

## 三、国防动员的组织与实施

国防动员的组织实施，通常按照进行动员决策、发布动员令、充实动员机构、修订和落实动员计划等步骤进行。

### （一）进行动员决策

进行动员决策是战争动员实施过程中首先需要解决的问题。只有实施了动员决策，整个国家的政治、军事、经济、文化和外交等部门或领域才能相应地转入战时体制，进行动员的各项活动。进行战争动员决策的关键是正确分析判断敌情。

### （二）发布动员令

动员令是宣布全国或部分地区、某些部门转入战时状态的命令。动员令的发布，关系战争的胜负和国家的命运，各国大都由最高权力机关或国家元首、政府首脑发布。《国防法》第 12 条规定："全国人民代表大会常务委员会依照宪法规定，决定战争状态的宣布，决定全国总动员或者局部动员，并行使宪法规定的国防方面的其他职权。"第 13 条规定："中华人民共和国主席根据全国人民代表大会的决定和全国人民代表大会常务委员会的决定，宣布战争状态，发布动员令，并行使宪法规定的国防方面的其他职权。"

发布动员令的方式有两种：

（1）公开发布动员令。一般是在战争即将或已经爆发的情况下，运用一切宣传工具和通信手段，把爆发战争的真实情况和战略态势告诉全体军民。

（2）秘密发布动员令。一般是在战争已不可避免、但尚未爆发的情况下施行，通常执行严格的保密限制，只秘密通知政府有关部门和军事机构等。

### （三）充实动员机构

动员机构是指平时负责动员准备、战时负责动员实施的组织领导机构。一旦实施战争动员，和平时期的动员机构，无论在人力上还是物力上，都难以适应需要，必须及时调整和加强。一是要扩大组织，增加人员；二是要增加支出，保障需要。与此同时，还要赋予其应有的职权，使其具有较高的权威性。战争动员事关国家安危，责任重大，如果权力有限，指挥无力，处处受制，就难以完成繁重的动员任务，影响战争的顺利进行。

### （四）修订动员计划

战争动员计划是实施战争动员的依据。在面临战争的情况下，由于国际战略环境和国内条件都发生了变化，事先制定的动员计划难免与战争的实际情况不完全吻合，所以要及时予以修订。修订战争动员计划，一般是与充实动员机构同时进行。

### （五）落实动员计划

落实动员计划是使计划见之于行动、实施战争动员的关键环节。动员令发布之后，负有动员任务的地区和部门，应根据修订的动员计划，迅速转入战时体制。各行业以及社会生活的各个方面，都应以保障战争胜利为轴心迅速进行调整。其中，武装力量要迅速转入战时状态；现役军人一律停止转业和退伍，停止探亲和休假，外出人员立即归队；预备役部队应迅速集结、发放武器装备，并抓紧时间进行训练，准备承担作战任务；民兵应做好应征准备，同时启封武器装备，成建制进行训练，并准备承担各项任务；地方政府要根据上级下达的动员任务，积极实施动员行动；各行业、各阶层都要动员起来，落实战争动员任务，为赢得战争胜利贡献自己的力量。

## 四、国防教育

国防教育是国防领域里的教育现象，是为捍卫国家主权、统一、领土完整和安全，防御外来侵略、颠覆和威胁，维护世界和平，对全体公民进行有组织、有计划的国防政治、思想品德、军事理论、军事技术战术和体质及国防形势等诸方面施以影响的一切活动。其内容包括国防理论、国防历史和地理、爱国主义思想、革命英雄主义精神、国防法制、国防常识、国防科技知识、国防体育等。

### （一）国防教育的意义和作用

国防教育是建设和巩固国防的基础工程。建设强大的国防，既需要雄厚的物质力量，又需要强大的精神力量，两者相辅相成，缺一不可。没有雄厚的物质力量，不可能建设一个强大的国防；但仅有物质力量，而人民缺乏应有的国防观念和爱国热情，缺乏强大的精神力量作支柱，即使有再雄厚的物质力量，也难以建设一个强大的国防。强国必先强民，强民必先强心，强大的国防必须建立在对全民进行长期不懈的国防教育基础之上。

国防教育是增强民族凝聚力的重要途径。中华民族发展的历史证明，当国家和民族面临危亡的关键时刻，当社会发展处于重要的历史转折关头，举国上下强烈的爱国激情，可以把不同民族、不同阶层、不同信仰的人们最广泛地动员和团结起来，凝聚民心，振奋士气，筑起万众一心、坚不可摧的精神长城。在我国全面建设小康社会、实现富国与强军相统一的历史进程中，更需要普及和加强国防教育，把公民强烈的国防观念转化为巨大的民族凝聚力，为推进中国特色社会主义事业提供强大的精神动力。

国防教育是提高公民素质和实现人的全面发展的重要举措。普及和加强国防教育，不仅能增强公民的思想和精神素质，还能使公民学习和掌握国防知识以及与国防相关的其他知识，学习和掌握必要的军事技能，增强体魄，在思想、知识、技能和体质等各方面得到全面发展。

### （二）国防教育的方针与原则

#### 1. 国防教育的方针

（1）全民参与。国防教育是全民性的巨大社会工程，是一项涉及社会各个方面的多层次的社会性教育。普及和加强国防教育是全社会的共同责任，参与和接受国防教育是全体公民的权利和义务，绝不允许任何单位、团体和个人以任何借口拒绝参与和接受国防教育。

（2）长期坚持。培养公民的国防意识和国防精神是一项长期性任务，绝非一朝一夕所能完成的，必须持久地开展，常抓不懈。因此，国防教育不仅要在组织形式和法规制度上予以保障，更要在教育内容上下工夫，特别应在国防教育赖以进行的国防理论上逐步形成系统化、规范化的一整套教材，使国防理论能真正发挥作用。

（3）讲究实效。国防教育事关国家的安危，因而容不得半点虚假。在进行国防教育时，必须把着眼点始终放在教育的实效上，坚决防止弄虚作假、形式主义、走过场等不良倾向。要从国情出发，着眼于国防教育的特点和发展，着眼未来反侵略战争的需要，着眼于国际国内形势的发展变化，有针对性地施教；要注意提高教员队伍的素质，运用现代化教育工具，搞好各种教学保障。

### 2. 国防教育的原则

（1）经常教育与集中教育相结合。经常教育就是通过广播、电影、电视、报刊等大众传媒的国防教育节目、栏目，以及结合思想工作、业务工作等所进行的国防教育，使人们在日常生活和工作中受到熏陶，通过潜移默化、点滴积累，增强国防观念。集中教育通常是结合重大的国家和国防纪念活动、部队和民兵训练、征兵、学生军训、举办国防教育学习班以及战争动员等时机所进行的系统的国防理论和国防知识教育。

（2）普及教育与重点教育相结合。普及教育是对全体公民进行的普遍教育，主要是进行国防建设和战争的基本理论、基础知识、基本技能教育、国防法规教育、"三防"知识教育等。重点教育是对重点团体、重点单位和重点地区的教育对象进行较系统的国防建设和战争的专门理论知识及技能教育。

（3）理论教育和行为教育相结合。理论教育包括国防建设理论、国防知识等教育；行为教育包括参加和支持国防建设教育、参军参战和支前教育、爱护和保护国防设施教育以及军事训练、实际操作、战备演习等教育。

### （三）国防教育方式

国防教育方式是国防教育组织形态和样式的总称。教育方式是连接教育者、受教育者和教育内容各要素的纽带，是实施教育目的的"桥"和"船"。在新形势下，应根据国防教育的对象、内容等客观条件的变化，坚持与时俱进、改革创新的原则，努力探索行之有效的教育方式，不断增强国防教育效果。

### 1. 利用学校环境开展国防教育

由于学校国防教育的对象在年龄、思维水平、文化程度、接受能力和身心素质等方面有很大差别，因此小学、初中阶段，主要采取"渗透"教育等方式，把国防教育内容融入课堂教学、娱乐活动、参观游览之中，使学生在潜移默化中接受教育。高中、大学阶段的学生，基本具备了成年人的抽象思维能力，因而教育方式应由环境渗透向理论讲授、讨论研究、正规训练转移。只有对处于不同年龄阶段和不同级别学校的学生施以不同的教育方式，才能取得较好的教育效果。

### 2. 利用重要节日开展国防教育

利用重要节日开展国防教育有助于激发国民的危机感和历史责任感，增强民族自尊心和自信心，培养广大人民群众热爱祖国、献身国防、为国效力的良好心理。根据重大节日、纪念日的历史背景和特定内涵，结合实际设置具有国防特色的活动主题，开展丰富多彩的活动。

### 3. 利用征兵活动开展国防教育

每年的征兵活动，为公民自觉履行国防义务搭建了良好舞台，也为开展国防教育提供了有利时机。各级政府、国防教育机构、征兵机构应采取舆论引导、思想动员、奖优罚劣等形式，对广大适龄青年和其他公民进行系统的国防观念教育，把征兵工作和国防教育结合起来，充分调动广大适龄青年参军入伍的积极性，形成征兵宣传与国防教育互动"双赢"的良好局面。

### 4. 利用媒体开展国防教育

国防教育是一项覆盖全社会的教育活动，它不仅要求广大人民群众积极参与，也要求党和国家的思想文化宣传部门密切配合，充分发挥报刊、电视、电影、广播、网络等传播媒体的重要作用，创造浓厚的爱国、爱党、爱军、爱社会主义的社会氛围。因此，思想文化部门和大众传播媒体领导及工作人员，应以高度的爱国热忱和历史责任感，充分利用自身的优势，加强对国家安全形势、国防政策和国防战线先进人物的宣传报道，多出优秀节目和精品栏目，在普及和加强国防教育中发挥主力军的作用。

### 5. 利用国防教育场所开展国防教育

国防教育场所一般是指有形的、直观的、能相对稳定地开展国防教育的地点和环境，是传播国防知识、施加国防影响的特定教育环境。各级政府、学校和国防教育机构应利用烈士陵园、革命遗址、纪念馆、博物馆等场所，通过组织参观学习、参加军事训练及其他灵活多样的形式，开展生动活泼的国防教育活动。

在新的历史时期，国防教育的方法，主要是继承以往行之有效的方法，并不断进行改革，适应新形势的需要，使国防教育广泛、深入、持久地开展下去。

## 思 考 题

1. 公民的国防义务有哪些？
2. 我国国防政策的主要内容有哪些？
3. 我国国防的基本目标是什么？
4. 我国的军事战略方针是什么？
5. 中国武装力量的基本体制是什么？
6. 人民军队的性质、宗旨和使命有哪些？
7. 国防动员的地位和作用是什么？
8. 国防动员的主要内容有哪些？
9. 国防教育的意义和作用有哪些？

# 第二章　国　家　安　全

☞ 【学习目标】

1. 正确把握和认识国家安全的内涵，理解我国总体国家安全观，提升学生防间保密意识；
2. 深刻认识当前我国面临的安全形势，增强学生忧患意识；
3. 了解国际战略形势的现状与发展趋势，以及世界主要国家军事力量和战略动向。

## 第一节　国家安全概述

　　国家安全是国家的基本利益，是指一个国家处于没有危险的客观状态，也就是国家没有外部的威胁和侵害也没有内部的混乱和疾患的客观状态。当代国家安全包括的基本内容有：国民安全、领土安全、主权安全、政治安全、军事安全、经济安全、文化安全、科技安全、生态安全、信息安全和核安全。党的二十大报告中指出："国家安全是民族复兴的根基，社会稳定是国家强盛的前提。"实现中华民族伟大复兴是近代以来中华民族最伟大的梦想，进入新时代以来，我们比历史上任何时候都更接近这个梦想，比历史上任何时候都更有信心和有能力实现这个目标，但我国国家安全面临的威胁与挑战也更为复杂和严峻。高度重视国家安全问题，大力加强大学生国家安全教育，对于实现中国梦具有重要的战略意义。

### 一、基本概念

　　国家安全(National Security)系指关乎国家兴衰存亡的大事，包括国家政权和制度的安全、主权受到尊重、领土完整得到维护等。《中华人民共和国国家安全法(2015)》第2条："国家安全是指国家政权、主权、统一和领土完整、人民福祉、经济社会可持续发展和国家其他重大利益相对处于没有危险和不受内外威胁的状态，以及保障持续安全状态的能力。"

　　首先，国家安全是国家没有外部的威胁与侵害的客观状态。所谓外部的威胁与侵害，大致可分为外部自然界的威胁和侵害与外部社会的威胁和侵害两大类，但由于国家安全是一种社会现象，国家的外部威胁和侵害也就主要是指处于一国之外的其他社会存在对本国造成的威胁和侵害。从威胁和侵害者看，这种外部威胁和侵害包括：

　　(1) 其他国家的威胁；

　　(2) 非国家的其他外部社会组织和个人的威胁，如某些国际组织或地区组织对某国的威胁和侵害；

(3) 国内力量在外部所形成的威胁和侵害，如国内反叛组织在国外从事的威胁和侵害本国的活动。

其次，国家安全是国家没有内部的混乱与疾患的客观状态。危及国家生存的力量不仅来源于一个国家的外部，而且还时常来源于一个国家的内部。国内的混乱、动乱、骚乱、暴乱，以及其他各种形式的疾患，都会直接危害到国家生存，造成国家不安全。因此国家安全必然包括没有内部混乱和疾患的要求，因为仅仅是没有外部的威胁和侵害，国家并不一定就会安全。

第三，只有在同时没有内、外两方面的危害的条件下国家才安全，因此，只有这两个方面的统一，才是国家安全的特有属性。

## 二、国家安全的内涵

随着国家安全由主权安全日益扩展到经济、科技、文化、社会、环境、资源等方面，必然引起国家安全观念的变化。国家安全内涵的扩展，使原有的仅仅局限于政治、军事安全的传统维护国家安全观念，在当今全球化条件下难以维护国家安全。因此，冷战结束后，传统安全观已转向维护政治、军事、经济、科技、文化、环境等诸多方面安全的综合安全。因此政治安全、国土安全、军事安全、经济安全、文化安全、社会安全、科技安全、信息安全、生态安全、资源安全、核安全成为当今国家安全的重要内容，并由此构成当今时代总体国家安全体系。其中，政治安全、国土安全和军事安全居于传统安全范畴，其他安全则属于非传统安全的范畴。正如习近平主席所指出的那样，"当前我国国家安全的内涵和外延比历史上任何时候都要丰富，时空领域比历史上任何时候都要宽广，内外因素比历史上任何时候都要复杂，必须坚持总体国家安全观，以人民安全为宗旨，以政治安全为根本，以经济安全为基础，以军事、文化、社会安全为保障，以促进国际安全为依托，走出一条中国特色国家安全道路。"

### （一）政治安全是国家安全的核心保障

政治安全就是政治主体在政治意识、政治需要、政治内容、政治活动等方面免于内外各种因素侵害和威胁而没有危险的客观状态。更简洁的定义是：政治安全就是在政治方面免于内外各种因素侵害和威胁的客观状态。政治的核心是国家政权，政治安全直接涉及国家政权的稳定。因此，政治安全在国家安全体系中居于核心地位和最高层次，具有根本性的战略意义。政治安全是国家安全的根本，一个国家如果政治安全得不到保障，就无法生存下去。当前的全球化趋势虽然没有改变国家主权的基本原则，但对国家主权提出了一系列挑战。

### （二）国土安全是国家安全的必要前提

国土即领土，是构成国家的基本要素，是国家生存发展的必要前提。国土安全的基本内涵是指领土与领土主权不受侵犯和威胁，领土不被侵占、不被分裂、不被分割或兼并；其外延包括国际法规定的专属经济区和大陆架的自然资源所有权与管辖权不受侵犯和威胁。领土安全是整个国家安全体系的依托和基础，在国家安全中具有重要的地位和作用。

首先，国土安全是国家生存与安全的必要前提。国土安全对于国家安全的重要性是由国土本身具有的性质所决定的。只有拥有确定的领土，才能使国民有生存和发展有场所，才能提供组织政权，使国家行使主权有安全的空间。因为国家领土是国家生存和发展的基石，是国家主权的物质载体，所以国土安全与否直接关系到国家的生死存亡。

其次，国土安全是国家政治安全的一个重要标志。国土安全的另一个主要内容和重要体现是国土主权不受侵犯和威胁。领土主权是国家主权的核心，是国家政治安全和建立独立平等国际关系的基础。领土主权是国家的根本利益所在。

### （三）军事安全是国家安全的根本保障

军事安全是指国家的领土、领海、领空和主权乃至网络、太空等新维空间不受敌对国家或国家集团的威胁和侵犯的一种状态。军事安全直接关系到国家领土和主权完整，关系到国家生死存亡，是其他安全的重要保证。

### （四）经济安全是国家安全的核心指向

经济安全是指一国经济整体免受各种因素尤其是外部因素冲击，或即便遭遇冲击也能保持经济利益不受重大损害的状态。经济安全是国家安全的核心指向，保证经济安全是一切安全的出发点和落脚点。维护国家安全必须以经济安全为基础。以经济安全为基础，不仅要保障我国自身的经济制度安全、国民经济安全、金融体系安全、国家能源资源安全等，而且要对可能的外部经济冲击有应对之策，确保国家经济发展不受侵害，促进经济持续稳定健康发展，提高国家经济实力，为国家安全提供坚实的物质基础。

### （五）文化安全是国家安全的价值指向

文化安全，是指保护本国优秀文化和价值观免遭异国有害文化的渗透和侵犯。文化安全是确保一个民族、一个国家独立和尊严的重要精神支撑。文化是一个国家和民族的精神和灵魂，在经济全球化中如何保护文化的多样性是文化安全的重要使命。因此，文化安全日益凸显其在国家安全中的战略意义，与政治安全、经济安全、军事安全一并归入国家安全的范畴。

### （六）社会安全是国家安全的坚实基础

社会安全直接影响着人们的生活质量和生活水平，与国家安全互为因果。从广义上讲，社会安全是指社会有序的运行状态，它强调协调的社会群体结构和有序的社会状态的统一。从狭义上讲，它包括对违法犯罪、突发事件和灾害（人为灾害和自然火害）的有效控制。可见，对国家安全的威胁不仅来自外部，还来自社会内部，因而社会安全也是国家安全的重要组成部分。

### （七）科技安全是国家安全的坚强保障

与农业经济中的土地、工业经济中的资本一样，在知识经济中，知识特别是科学技术将是最宝贵的资源和生产要素。国家科学技术实力及其安全状态对国家整体竞争力和国家安全的影响越来越大，科学技术直接成为国际关系中的重要武器与筹码，科学技术成为政府掌握的维系国家安全和发展的最重要战略资源。

### （八）信息安全是国家安全的新质内涵

信息安全主要考虑对信息资源的保护。根据国际标准化组织的定义，信息安全的含义主要是指信息的完整性、可用性、保密性和可靠性。信息安全的实质就是要保护信息系统或信息网络中的信息资源免受各种类型的威胁、干扰和破坏，即保证信息的安全可靠。国家主席习近平在中央网络安全和信息化领导小组第一次会议上强调，没有网络安全就没有国家安全，没有信息化就没有现代化。

信息安全的概念有广义和狭义两种，广义的信息安全是指一个国家或地区的信息化状态和信息技术体系不受威胁和侵害；狭义的信息安全是指信息系统（包括信息网络）的硬件、软件及其数据、内容等不被破坏或泄露，不被非法更改，信息系统保持连续可靠运行，信息服务不中断的一种状态。如何确保信息系统的安全已成为全社会关注的问题，信息安全对于国家安全的重要性前所未有，是国家安全的核心之一。

### （九）生态安全是国家安全的时代要求

生态安全是指生态系统完整性和健康性的整体水平，尤其是指生存与发展的不良风险最小以及不受威胁的状态。生态安全强调保障生态安全的生态系统。尽管世界各国在生态环境、生态安全战略建设上已取得不小成就，但并未能从根本上扭转环境逆向演化的趋势；由环境退化和生态破坏及其所引发的环境灾害和生态灾难没有得到减缓，全球变暖、海平面上升、臭氧层空洞的出现与迅速扩大，及生物多样性的锐减等全球性的关系到人类本身安全的生态问题，一次次向人类敲响警钟。生态安全与国防安全、经济安全、金融安全等已具有同等重要的战略地位，并构成国家安全、区域安全的重要内容。

### （十）资源安全是国家安全的战略需要

资源安全是一个国家或地区可以持续、稳定、及时、足量和经济地获取所需自然资源的状态。资源安全分为战略性资源安全和非战略性资源安全；又可分为水资源安全、能源资源安全（包括石油安全）、土地资源安全（包括耕地资源安全）、矿产资源安全（包括战略性矿产资源安全）、生物资源安全（包括基因资源安全）、海洋资源安全、环境资源安全等。资源安全在国家安全中占有基础地位。

### （十一）核安全是国家安全的重要保障

历史上发生过三次重大核事故：1979年美国三哩岛核事故，1986年苏联切尔诺贝利核事故，2011年日本福岛核事故。这些重大核事故表明核能的开发和利用也给人类带来了风险。广义的核安全是指涉及核材料及放射性核素相关的安全问题，目前包括放射性物质管理、前端核资源开采利用设施安全、核电站安全运行、燃料设施安全及全过程的防核扩散等议题。狭义的核安全是指在核设施的设计、建造、运行和退役期间，为保护人员、社会和环境免受可能的放射性危害所采取的技术和组织上的综合措施。2014年3月24日至25日，习近平主席在荷兰海牙举行的第三届核安全峰会上阐述了中国关于发展和安全并重、权利和义务并重、自主和协作并重、治标和治本并重的核安全观，呼吁国际社会携手合作，实现核能的持久安全和发展。这是中国首次公开提出"核安全观"，也是在世界各国中第一个提出"核安全观"。

### （十二）生物安全是事关国家与人类生存发展的大事

2020年年初，一场突如其来的疫情为我们上了一堂生动的生物安全课，人们深刻认识到，维护人与自然和谐共生是实现国家安全的必由之路。2月14日，习近平总书记在中央全面深化改革委员会第十二次会议上指出，要从保护人民健康、保障国家安全、维护国家长治久安的高度，把生物安全纳入国家安全体系，系统规划国家生物安全风险防控和治理体系建设，全面提高国家生物安全治理能力。在新冠肺炎疫情防控阻击战进入关键时刻，及时、明确把生物安全纳入国家安全体系，有助于加快构建维护国家生物安全的政策、路径和举措，提升国家安全治理的能力和水平。这是以习近平同志为核心的党中央审时度势、高瞻远瞩作出的重大决策。生物安全作为国家安全体系的重要组成部分，一般指国家有效应对生物因子及相关风险因素影响、威胁和危害，维护和保障国家社会、经济、公共健康与生态环境等安全与利益的状态和能力。生物安全通常包括新发突发传染病与应用生物技术安全、实验室生物安全、生物资源和人类遗传资源的安全、外来生物入侵、农作物病虫害等安全内容。生物安全关乎人民生命健康、经济社会发展、社会大局稳定和国家安全，其重要性日益凸显，须高度重视，切实提高国家生物安全的治理能力和水平，为国家安全构筑坚固的屏障。全面提高国家生物安全治理能力，要坚持在党的领导下走中国特色国家安全道路。疫情发生以来，我国防控工作取得的成效已充分证明，只有在党的坚强领导下，不断释放和彰显制度的显著优势，把维护国家安全的主动权牢牢掌握在自己手里，才能防范和化解重大风险危机，战胜各种艰难险阻，不断增强抵御安全风险的能力和水平。

## 三、国家安全的原则

国家安全战略的制定首先要确定国家安全战略原则，能够从国家安全战略目标出发进一步认识国家安全的基本价值从而做出科学判断。按照总体国家安全观的要求，根据宪法和有关法律的规定，国家安全法明确了维护国家安全工作的原则。

### （一）坚持法治和保障人权的原则

该原则的核心是"遵守宪法和法律"，"尊重和保障人权"。宪法是国家根本法，是治国安邦的总章程。2015年7月1日，全国人大常委会通过了关于实行宪法宣誓制度的决定，明确了国家公务人员要向宪法宣誓，忠于宪法，维护宪法权威，履行法定职责。我国宪法规定公民、一切国家机关和武装力量，各政党和各社会团体、各企业事业组织，都必须遵守宪法和法律，对一切违反宪法和法律的行为必须予以追究。"遵守宪法和法律"，主要是维护宪法体制，对一切违反宪法和法律的行为，必须予以约束。加强对国家机构及其工作的法律规范。维护国家安全，涉及所有国家机构，特别是在"进入紧急状态"、"宣布战争状态"、"实施全国总动员或局部动员"的情况下，要采取法律规定或者全国人大常委会规定的特别措施，更要注重对公民权利行使的约束，依法保护公民的权利和自由。同时也要防止平常工作中重打击犯罪、轻人权保障的现象，以提高国家安全工作法治化水平。这条规定也同样要求公民和组织既要履行宪法和法律规定的维护国家安全的义务，也要接受有关机关必要时依法采取人权克减的特别措施。

### （二）坚持维护国家安全与经济社会发展相协调和统筹各领域安全的原则

安全是发展的前提，发展是安全的基础，要统筹安全和发展两件大事，通过发展不断提升国家安全能力，促进国家安全；通过不断提高维护国家安全能力，为国家发展提供稳定的环境，实现可持续发展与可持续安全相互支撑、良性互动。对此，习近平总书记深刻指出："对亚洲大多数国家来说，发展就是最大的安全，也是解决地区安全问题的'总钥匙'，就应该聚焦发展主题，积极改善民生，缩小贫富差距，不断夯实安全的根基，是以可持续发展促进可持续安全。"国家安全法规定"维护国家安全，应当与经济社会发展相协调"，集中体现了坚持发展是解决我国所有问题的关键这一重大战略判断。

内部安全和外部安全、国土安全和国民安全、传统安全和非传统安全、自身安全和共同安全，往往相互交织、高度联动，牵一发而动全身，必须统筹应对。一方面要把主权、领土、政治安全作为国家安全的重中之重，牢牢抓住不放；另一方面要统筹兼顾、综合施策，有效应对来自经济、文化、社会、科技、网络、生态、资源领域以及恐怖主义、武器扩散、跨国犯罪、贩毒走私等非传统安全问题。

### （三）坚持促进共同安全的原则

习近平总书记深刻指出，"我们主张，各国和各国人民应该共同享受安全保障。各国要同心协力，妥善应对各种问题和挑战。面对错综复杂的国际安全威胁，单打独斗不行，迷信武力更不行，合作安全、集体安全、共同安全才是解决问题的正确选择。"立足国内，放眼国际，高举和平发展、合作共赢的旗帜，坚持互信、互利、平等、协作，在积极维护拓展我国利益的同时，积极同外国政府和国际组织开展安全交流合作，履行国际安全义务，促进共同安全，维护世界和平。

### （四）坚持预防为主、标本兼治，专门工作与群众路线相结合的原则

坚持把预防和治乱结合起来，既防患于未然，又正本清源。既坚持充分发挥专门机关和其他有关机关维护国家安全的职能作用，又要广泛动员公民和组织防范、制止和依法惩治危害国家安全的行为，建立起维护国家安全的强大防线。

## 四、总体国家安全观

国家安全是国家生存发展的前提、人民幸福安康的基础、中国特色社会主义事业的重要保障。2014 年 4 月 15 日，习近平总书记在中央国家安全委员会第一次全体会议上首次提出总体国家安全观重大战略思想，强调当前我国国家安全内涵和外延比历史上任何时候都要丰富，时空领域比历史上任何时候都要宽广，内外因素比历史上任何时候都要复杂，必须坚持总体国家安全观，走中国特色国家安全道路。总体国家安全观是以习近平同志为核心的党中央对国家安全理论的重大创新，是新形势下维护和塑造中国特色大国安全的强大思想武器，充分体现了我们党奋力开拓国家安全工作新局面的战略智慧和使命担当，具有重大的时代意义、理论意义、实践意义和世界意义。

总体国家安全观强调，要以人民安全为宗旨，以政治安全为根本，以经济安全为基础，以军事、文化、社会安全为保障，以促进国际安全为依托，走出一条中国特色国家安全道路。贯彻落实总体国家安全观，必须既重视外部安全，又重视内部安全，对内求发展、求变革、求稳定、建设平安中国，对外求合作、求共赢，建设和谐世界；既重视国土安全，又重视国民安全，坚持以民为本、以人为本，坚持国家安全一切为了人民，一切依靠人民，真正夯实国家安全的群众基础；既重视传统安全，又重视非传统安全，构建集政治安全、国土安全、军事安全、经济安全、文化安全、社会安全、科技安全、信息安全、生态安全、资源安全、核安全等于一体的国家安全体系；既重视发展问题，又重视安全问题，发展是安全的基础，安全是发展的条件，富国才能强兵，强兵才能卫国；既重视自身安全，又重视共同安全，打造命运共同体，推动各方朝着互利互惠、共同安全的目标相向而行。

总体国家安全观是国家安全领域总结以往历史经验、适应当前形势任务的重要战略思

想，是维护国家安全必须遵循的重要指导。以法律形式确立了总体国家安全观在国家安全工作中的指导思想地位，标志着总体国家安全观实现了从战略思想到法律制度的转化，这是适应形势任务发展需要的重大举措，也是做好国家安全工作、切实维护国家安全的迫切要求。

　　总体国家安全观是对国家安全理论的重大创新，是对中国特色社会主义理论体系的丰富和发展，是全党智慧的结晶，是中国共产党团结带领全国人民进行具有许多新的历史特点的伟大斗争的强大思想武器。总体国家安全观全面、系统地阐述了中国特色国家安全观，明确了当代中国国家安全的内涵、外延、宗旨、目标、手段、路径等，阐明了各重点国家安全领域以及各领域之间的关系。同时也强调把发展和安全作为国家战略的两个轮子，科学辩证地阐述二者之间的关系，发展是安全的基础，安全是发展的条件，两者必须兼顾起来。总体国家安全观坚持底线思维，强调增强忧患意识，勇于应对所面临的诸多挑战与风险，居安思危，始终绷紧国家安全这根弦，把保证国家安全作为头等大事。总体国家安全观突破了传统国家安全观的局限，摒弃零和思维（一种极不公平的博弈方式，零和，一方得益必然另一方损失，"得"与"失"总数为零，这样双方难以实现合作），强调共同安全，打造国际安全和地区安全的命运共同体。根据总体国家安全观这一战略思想，必须以科学的顶层设计构建维护国家安全体系，健全国家安全领导体制，完善国家安全工作机制，推进国家安全法治建设，整合国家安全资源，推进国家安全能力建设。

## 第二节　国家安全形势

### 一、我国地缘环境基本概况

　　我国国家安全面临的地缘政治环境是复杂多样的，这首先与我国的地理位置有关。我国处于北半球，位于欧亚大陆的东部、太平洋的西岸。我国既是一个陆地型大国，也是一个海洋型大国。

　　我国国土陆地总面积约为 960 万平方公里。在世界各国中，我国的陆地面积仅次于俄罗斯和加拿大，居第 3 位。我国陆地边界线长约 2.2 万余公里，与我国陆地接壤的邻国有 14 个，分别是朝鲜、俄罗斯、蒙古、哈萨克斯坦、吉尔吉斯斯坦、塔吉克斯坦、阿富汗、巴基斯坦、印度、尼泊尔、不丹、缅甸、老挝、越南。其中，俄罗斯是世界上陆地面积最大的国家，蒙古是与我国陆地交界边界线最长的国家，哈萨克斯坦是世界上陆地面积最大的内陆国。我国大陆海岸线长约 1.8 万多公里，自北至南毗邻渤海、黄海、东海和南海。我国是世界上岛屿最多的国家之一，其中绝大部分分布在杭州湾以南的大陆近海和南海之中。根据联合国《海洋法公约》，应划归我国管辖的海洋国土，除内海、领海、毗连区外，还包括大陆架和经济专属区，共计 300 余万平方公里。辽阔的海洋国土蕴藏着丰富的渔业资源、油气矿产资源和海洋能源。守护我们的海洋国土，开发利用我们的海洋资源是历史赋予我们的神圣职责和权利。我国国土总面积达 1260 万平方公里，疆域辽阔，美丽富饶。我国的海上邻国有 8 个，分别是朝鲜、韩国、日本、越南、菲律宾、马来西亚、文莱、印度尼西亚。

## 二、我国的地缘安全

我国的地缘安全

随着中国的和平崛起，出现了很多新的影响中国地缘安全情况的因素。目前看，中国的地缘安全情况比较复杂，来自海洋方向的威胁逐渐增多，陆地方向也有安全隐患，非传统安全威胁不断增多。

### （一）海洋争端严重威胁国家海洋利益

中国所毗邻的"四海"，除渤海居于中国的内海，不存在海洋划界问题外，在黄海、东海和南海三个海区，同相关国家都存在海域主张的重叠，需要解决划界的争议。中国同有关国家的海洋划界问题涉及领海、专属经济区和大陆架多种不同性质的国家管辖海域，而且多国主张交叉重叠，错综复杂。海洋划界之争还居于问题的表面，潜伏其下的是针锋相对的国家利益和激烈的资源争夺，个别西方大国的介入使问题更加复杂化。

2014年6月，习近平主席在第五次全国边海防工作会议上指出，"我们一定要强化忧患意识，使命意识，大局意识，努力建设强大稳固的现代边海防！"我国人民对于祖辈用汗水和生命开垦和保卫的每一寸土地有着深厚的感情，守土意识非常强烈。而对海洋和海洋权益则缺乏应有的关注，对海洋国土的丢失和海洋资源被掠夺，缺少应有的"疼痛感"，与西方发达的资本主义国家相比，反差相当明显。

海权是国家的一种综合力量，是国家安全的门户。中华人民共和国成立前100多年我国被侵略和掠夺的历史告诉我们，没有海权，国家无安宁可言；海洋及海洋国土是我国经济发展的战略资源，与我们中华民族今后的生存与发展息息相关。科学家预言，21世纪将是海洋世纪，在海洋经济时代，谁拥有海洋，谁能在海洋开发中占有优势，谁就能在世界上取得更多的利益、更大的生存权。事实上，当今世界为争夺海洋国土和海洋权益的斗争日趋激烈，越来越多的国家早已将目光投向海洋，海洋上的经济争夺、军事斗争已向我们提出了严峻挑战。我们是社会主义国家，我们不要别人的一寸土地、一滴海水，但也决不容许他人侵占我国的滴水寸土！这就要求我们全国人民强化海洋国土意识，抓住机遇，不断增强我国的综合国力，在捍卫我国领土主权和海洋权益的斗争中掌握主动权，在公正合理的基础上解决与有关国家的争端。

### （二）边界争端威胁国家陆地利益

中国陆地边界还没有解决的问题主要是中印领土争端。中印双方边界长约2000公里，主要包括西段、中段和东段。1962年两国因边界争端爆发了一场边界战争，通过中印边境的自卫反击战，在一定程度上对印度当局形成了威慑作用。这也是中华人民共和国成立后的第一场反侵略战争。

在整个中印边境争端中，东西两段是争议重点，1962年的对印自卫反击战就发生在这两段。虽然中印政府一直在寻找公平、合理解决边界争端的方式方法，但至今未能取得突破性进展。不论是东线的"麦克马洪线"，还是西线的"约翰逊线"，都不具有法律依据，中国历届政府从来没有承认过。2013年4月，中印边防部队在青藏高原西部边缘的拉达克山谷爆发帐篷对峙事件。2017年6月，爆发了中印洞朗对峙事件，印度边防人员在中印边界锡金段越过边界线进入中国境内，阻止中国边防部队在洞朗地区的正常活动。这些事件凸显了中印边界潜在的冲突风险。鉴于现实情况，解决中印边界争端任重而道远。

### （三）各种分裂势力威胁国家的领土完整

领土完整是政治安全的核心问题。目前，我国还没有实现国家统一。

#### 1. "台独"势力抬头，台海局势复杂

台湾问题关系到中国的国家主权和领土完整，是国家和民族的核心利益所在。"台独"分裂势力在李登辉和陈水扁执政期间活动猖獗。2007 年，陈水扁更是悍然发起"入联公投"，挑战中国大陆底线。目前，"台独"势力正进行新的分化重组。2014 年 3 月 18 日，台湾发生部分团体和学生"反服贸抗争"事件，该事件反映了部分台湾人士对大陆的离心倾向，为"台独"势力复苏提供了社会土壤。2016 年 5 月 20 日，"民进党"再次执政，截至目前，"蔡英文当局"拒不承认"九二共识"，不断制造两岸紧张局势，"台独"分裂势力进一步抬头。

以美国为代表的国际反华势力一直将台湾视为遏制中国崛起的重要筹码，积极插手台湾问题，阻挠两岸关系发展。美国多次大规模对台售武，美日军事同盟更是积极为阻挠两岸统一做准备，按照《日美安保条约》《新日美防卫合作指针》和新《安保法》的相关条文，一旦"周边有事"，美日将对台海地区进行军事干预。2005 年十届全国人大第三次会议通过的《反分裂国家法》是一部反对和遏制"台独"分裂势力分裂国家、促进祖国和平统一的重要法律，对于维护台湾海峡地区和平稳定，维护国家主权与领土完整，维护中华民族的根本利益具有重大而深远的意义。

#### 2. 民族和地区分裂势力活动猖獗，国内安全与统一面临挑战

中国自古以来就是一个统一的多民族国家，幅员辽阔，民族众多，由于历史原因以及国际反华势力的干涉和当前国际大环境的影响，产生了多股民族分裂主义和地区分裂主义势力，其中活动比较猖獗的主要是"疆独"势力、"藏独"势力和"港独"势力等。

宗教极端势力、民族分裂势力和暴力恐怖势力这三股势力是"疆独"势力的主体，这三股势力以宗教信仰为纽带，以民族认同为核心，以暴力恐怖为手段，扛着民族独立和宗教信仰自由的幌子，欲行分裂新疆。

"藏独"势力同样是由"三股势力"构成的分裂势力，"藏独"势力首脑达赖喇嘛在 1959 年独立阴谋败露后出逃境外，在印度的达兰萨拉组建所谓的"西藏流亡政府"，以宗教领袖的身份干涉西藏事务。2008 年 3 月 14 日，"藏独"势力在拉萨制造了严重的打砸抢烧事件。2008 年北京奥运会期间，海外"藏独"分子还在多国阻挠和破坏奥运圣火传递活动。

"港独"势力在 2014 年的香港"占中"事件和 2016 年的旺角暴力事件中揭开了其分裂国家的真正面目。"港独"势力在以美国为首的国际反华势力的支持下，以香港"自主"、"自决"为口号，企图复制近些年横扫中东的"街头革命"，实现其香港"独立"的阴谋。这严重违背了"一国两制"原则和《香港基本法》，是分裂国家的危险行为，已经触碰了国家和民族利益的底线。

## 三、推进国防和军队现代化改革，构筑稳定的安全屏障

十八大以来，以习近平为总书记的中央军委在国防和军队建设上频频发力，一方面是为国内全面深化改革，加速经济发展，实现中华民族伟大复兴构筑一个坚固的钢铁长城；另一方面也是为应对严峻的国际战略环境、复杂的周边安全状况作出的回应和准备。2016

年 3 月 13 日，在十二届全国人大四次会议解放军全体代表团会议上习近平主席强调，全面实施创新驱动发展战略，推动国防和军队见识实现新跨越。改革创新是我军发展的强大动力，军事领域是竞争和对抗最为激烈的领域，也是最具创造活力、最需创造精神的领域。要抓住当前世界科技革命、产业革命、军事革命蓬勃发展的历史机遇，紧紧围绕"能打仗、打胜仗"的目标，深入推进中国特色军事变革，把我军建设成召之即来、来之能战、战之必胜的威武之师，努力夺取我军在军事竞争中的主动权。

随着国际安全形势的深刻变化和国内经济社会的全面改革，作为国家总体安全的重要组成部分，我国国内安全形势发生了重大变化。习近平主席在 2014 年国家安全委员会第一次会议上首次提出要坚持总体国家安全观，认为当前我国国家安全内涵和外延比历史上任何时候都要丰富，时空领域比历史上任何时候都要宽广，内外因素比历史上任何时候都要复杂，尤其是国内安全，传统的安全威胁因素依然存在，新型安全威胁因素不断涌现，新旧安全威胁因素相互交织，国内安全呈现出复杂多变的新形势。近年来，影响国内安全的因素更加复杂多变，除了传统的政治安全、经济安全和意识形态安全等威胁依然不可忽视之外，暴恐活动、环境污染、网络安全意识形态的争夺等新型威胁迅速凸显，影响范围广泛，危害程度严重。

### (一) 暴恐事件增多，有进一步升级的可能

受国际恐怖活动反弹影响，中国境内的恐怖主义威胁也呈现上升趋势。自 2013 年来，恐怖活动无论从数量还是从严重程度上看，相较于前几年都处于一个活跃期，2013 年恐怖分子制造了 10 起暴恐事件。2014 年的恐怖活动更加频繁和血腥，迄今为止已制造了包括 3 月 1 日云南昆明火车站暴恐事件，4 月 30 日乌鲁木齐火车南站暴恐案件，5 月 22 日新疆乌鲁木齐严重暴恐事件以及 7 月 28 日莎车暴恐事件等多起重大恐怖事件。2015 年 9 月 18 日新疆拜城恐怖袭击案，造成 11 名各族无辜群众死亡、18 人受伤，3 名民警、2 名协警牺牲。

从安全的视角来看，当前暴恐案件出现了一些新特点，主要包括恐怖分子急于制造传播恐怖效果，暴恐活动手段更加隐蔽和残忍，暴恐袭击目标扩大。频繁的暴恐活动对国家安全和社会公众安全构成了严重威胁。金水桥和昆明恐怖袭击给我们敲响了警钟，新疆恐怖袭击事件呈现出地域流动化、扩大化的趋势，我们面对的反恐形势更加严峻。

### (二) 网络安全威胁空前突出，意识形态的争夺越来越激烈

2016 年 4 月 19 日，在网络安全和信息化工作座谈会上，习近平主席指出，网络安全威胁和风险日益突出，并日益向政治、经济、文化、社会、生态、国防等领域传导渗透。我们要保持清醒头脑，各方面齐抓共管，切实维护网络安全。网络安全主要包括意识形态安全、数据安全、技术安全、应用安全和资本安全以及渠道安全等方面，其中既涉及网络安全防护的目标对象，也包括维护网络安全的手段途径，但总的来说，政治安全是根本，在大力做好网络信息技术安全的同时，更应高度关注网络领域的意识形态安全。

当前网络领域面临的意识形态威胁主要表现在：

一是网络成为西方国家对我国进行意识形态渗透的新武器。

二是某些国内网络大咖散布谣言，扰乱社会秩序，某些网络大咖拥有数量庞大的粉丝，其在网络平台的每一句发言，不仅有可能会影响到他人的生活，还可能在一些社会热点问题、敏感问题上影响、左右大众思维。2015 年 4 月初，毕福剑不雅视频在网络上的传

播，加之某些媒体和微博用户的恶意传播，成为思想斗争甚至是意识形态斗争的温床，在社会上造成极大的思想混乱，网络上群众不明真相，往往被这些混乱的思想左右着。

三是一些互联网商业门户网站在市场竞争的压力下为了实现利润最大化的目的，无视社会责任与国家安全，对已有的网络法律法规采取实用主义态度，对自己有利的就执行，对自己不利的就不执行。

可见，网络意识形态的多样化，危害我国主流意识形态安全，也严重影响着社会的安全稳定，同时也成为诱发群体性事件的一个新的渠道。网络安全，一定程度上讲就是意识形态的安全，中国网民数量十分庞大，他们的价值观正确与否，将会在一定程度上影响着中国的未来。

### （三）环境污染由潜在安全威胁上升为现实危害

中国的环境问题主要有大气污染问题、水环境污染问题、垃圾处理问题、土地荒漠化问题、水土流失问题、旱灾和水灾问题、生物多样性破坏问题等。近年来，环境污染已经成为影响国家安全的现实问题，多年不当发展累积的环境问题开始集中爆发，空气、水和土地污染问题日益严重。首先是水污染严重，水污染导致饮用水源地水质不安全，影响人口1.4亿，水污染事件频频发生，水污染事故每年都在1700起以上。2011年云南曲靖"非法倾倒铬渣"事件和2012年广西锡污染事件都严重扰乱了正常的工作和生活秩序，对人民群众健康危害极大。其次是以雾霾为代表的空气污染来势汹汹。自2013年来，大部分地区出现了长时间大面积的雾霾天气，空气中飘浮大量的颗粒、粉尘、污染物、病毒等。2005年4月至2013年12月，环境保护部的全国土壤污染状况调查结果显示，全国土壤环境状况总体不容乐观，部分地区土壤污染较重，耕地土壤环境质量堪忧，工矿业废弃地土壤环境问题突出，锦、汞、砷、铜、铅、铬等多种无机污染物点位超标。

环境问题导致土地、水、矿产资源减少甚至逐渐耗竭，引发粮食安全、能源安全威胁，严重影响经济社会的可持续发展。

但从总体上看，国内战略环境的整体态势比较乐观，政治环境进一步稳固，经济发展速度依旧保持良好的节奏，全面深化改革深入推进，实现中华民族伟大复兴的"中国梦"将亿万人民的力量凝聚在一起，这是中国大发展的难得战略机遇。面对国内安全出现的新形势、新威胁、新特征，要求我们必须紧紧团结在以习近平总书记为领导的党中央周围，必须以国家安全观为指导，以完善安全法治建设为基础，综合采用各种手段，加大国家安全治理力度，确保国内安全，为实现中华民族伟大复兴的中国梦提供坚强的基础和保障。

## 四、新形势下积极推进中国特色军事变革，确保国家安全

冷战结束后，世界向多极化的方向发展，世界各种力量正在进行新的分化组合。美国成为唯一的超级大国，欧盟、日本、俄罗斯几大力量也相对突出。广大发展中国家整体实力增强。世界多极化既为中国特色军事变革争取到了发展机遇，也使其面临巨大的压力和挑战。

### （一）裁减军队员额、进行军队院校改革

坚定不移地走中国特色的精兵之路是军队建设的既定方针。20世纪80年代中期以来，中国已经完成两次大规模裁军，共裁减军队员额约150万。2003年9月，中国政府决定，

2005 年前再裁减军队员额约 20 万。这次裁军在压缩规模的同时，着重优化结构、理顺关系、提高质量。2015 年 9 月 3 日，中央军委主席习近平向世界庄严宣告中国裁军 30 万，从而拉开了又一次国防和军队改革的序幕。此次军改，"军委管总、战区主战、军种主建"，以领导监督体制、联合作战指挥体制改革为重点，协调推进规模结构，政策制度和军民融合深度发展改革，撤销了七大军区，组建了五大战区和新的军兵种部队。

党的十八大以来，习近平主席对军队院校教育作了一系列的重要指示，其核心思想是深化军队院校改革，健全军队院校教育、部队训练实践、军事职业教育三位一体的新型军事人才培养体系。这次军队院校调整改革，对院校结构布局进行了调整，基本形成以联合作战院校为核心、以兵种专业院校为基础、以军民融合培养为补充的院校布局。军队院校改革后，军委直属院校 2 所，军兵种院校 35 所，武警部队院校 6 所，共 43 所。

### （二）推进信息化建设

进入 21 世纪，人民解放军致力于全面推进以军事信息系统和信息化主战武器系统建设为主体、以信息化基础设施建设为支撑和保障的军队信息化建设。人民解放军以指挥自动化建设为重点，着力提高军队作战领域的信息化水平。组织实施了一批军事信息系统重点工程，军队基础设施建设取得长足进步，各级指挥机关和作战部队指挥手段明显改善，计算机等信息技术设备在军队日常业务工作中日益普及，作战信息保障能力有了很大提高。中央军委先后批准颁布《中国人民解放军指挥自动化建设纲要》《中国人民解放军指挥自动化条例》，明确了指挥自动化建设目标和有关政策法规，注重提高系统互联互通和信息共享能力，利用国家和社会信息化发展的有利条件，建立军民结合的科研生产体制和信息动员机制，实现军队信息化建设与国家信息化建设的相互促进。

### （三）加快武器装备现代化

人民解放军把武器装备作为加速推进中国特色军事变革的重要物质基础，依托国家经济发展和科技进步，适应国家安全需要，不断加快武器装备现代化进程。为增强打赢信息化条件下局部战争的能力，人民解放军武器装备建设注重顶层设计，坚持走以信息化为主导、机械化信息化复合发展的道路。努力建设规模适度、结构合理、精干高效、整体优化的现代化武器装备体系。

### （四）密切关注新兴领域下的国家安全

毛泽东主席在《解放战争第二年的战略方针》中讲过："不打无准备之仗，不打无把握之仗"。这就要求我们要密切关注新兴领域下的国家安全。

当前，在太空、网络、极地、人工智能等非传统国家安全的新兴领域的高新技术迅猛发展。世界主要大国在国家安全的新兴领域开始了新一轮的博弈。其中，太空是赢得未来战争的战略制高点，美、俄、英、法、日、印等国都在发展本国的"天军"。网络空间安全已与社会稳定密切相关，成为世界各国军事角力的"新战场"。根据美国总统特朗普的指示，美国网络司令部在 2018 年完成了升级，成为美国第十个联合作战司令部，地位与美国中央司令部等主要作战司令部持平。极地拥有众多重要的战略资源，世界主要大国在极地领域的斗争越来越激烈。人工智能是未来战争取胜的密钥，世界多国积极进行研发，努力推进人工智能向实战发展。

# 第三节　国际战略形势

## 一、国际战略形势的现状与发展趋势

国际战略形势是指一个时期内由世界各主要国家在战略利益的矛盾、斗争或合作、共处中的全局状况和总体趋势，其中最重要的是时代特征、世界战略格局、主要国家的战略趋向、世界及周边地区战争与安全形势等。国际战略格局是一定时期内国际关系中起主导作用的力量之间的相对关系和结构形式。第二次世界大战结束后形成的以美苏为首的两极格局，支配世界国际关系近半个世纪。东欧剧变和苏联解体，两极格局被打破，国际社会的各种力量进行重新组合，世界处于新旧格局交替的动荡时期，国际战略格局逐渐呈现出一超多强的态势。在未来的国际战略格局中，起主导作用的可能是美国、欧盟、俄罗斯、日本、中国这五大力量中心或五极，其他一些重要的国际组织、地域集团和区域性大国以及第三世界国家也将发挥重要的作用。英国脱欧后，英国的作用也十分明显。

### （一）美国一超独霸

美国是当今世界唯一的超级大国，拥有一支全球进攻性军事力量并企图建立以美国为领导的单极世界，充当世界领袖。其战略构想是：以美洲大陆为依托，以北约和美日军事同盟为两大战略支柱，从欧、亚两大陆向全球进行新的战略扩张，把美国的领导作用扩展到全世界，遏制新的全球性竞争对手的出现，长期保持美国唯一的超级大国的霸主地位。

美国在经济、科技、军事、政治、文化等方面的实力都很突出：

（1）经济实力：两极格局结束后，美国经济持续十年大幅增长，经济实力占世界的30％以上。美国能长期维持在世界经济中的龙头老大地位，靠的是技术含量、知识产权、高档工业制成品以及金融行业的主导地位。

（2）科技实力：美国在所有高科技领域都处于领先地位；美国的科技投入占世界总投入的40％；美国的科研设施是最先进的；美国拥有世界上最顶尖的人才；前40所世界上最好的大学中，美国占了30所；在美国留学的科学家、工程师中70％选择留在美国工作；诺贝尔奖获得者有70％被美国公司和大学雇用。

（3）政治实力：美国三权分立的政治制度、民主价值观等，不仅在发达国家有着巨大的影响力，在许多发展中国家也有很大的影响力。美国的自我更新能力、包容能力、创新能力在全世界都是少有的，体现了它的活力。

（4）文化实力：美国文化借助经济贸易、科技成果、文化产品、人员交流以及信息传媒工具的技术优势大举渗透，大街小巷的商品广告、美式快餐、影视音像、手机文化，乃至企业管理理念、市场调控政策，无不印有美国文化的印记。恰如人们常说的"美国三片（芯片、影片、薯片）一网（互联网）改造了世界"。文化实力常常用于对其他国家进行文化渗透，是"和平演变"的重要手段之一。

### （二）欧盟影响日益增长

欧盟，是由欧洲共同体发展而来的政治经济联盟，总部设在比利时首都布鲁塞尔，现拥有 28 个成员国,正式官方语言 24 种。欧盟领土总面积约 438 万平方千米,共有人口大约 5.07 亿,如果将欧盟视为国家,则是世界领土第七大国和第三人口大国。

政治上,欧盟的前身欧洲共同体严格来讲只是一个经济组织。"冷战"结束后,欧盟开始向政治经济联合体转变,逐渐成为了一个集政治、经济、外交于一体的实体。至目前,欧洲议会、欧洲法院、欧洲联盟委员会多足鼎立,事实上已经具备了一个大联邦的雏形。欧盟各成员国要遵守共同指定的同一法律,并将部分国家主权,如货币、金融政策和边界控制等,交给欧盟统一管理。但欧盟还不是真正的国家,欧盟无权行使各成员国的主权,每个成员国也有相对的独立性,如自行决定外交政策,有自己的军队等。欧洲经济共同体和后来的欧洲联盟在 1973 年至 2013 年期间进行了八次扩大,成员国从 6 个增至 28 个。

经济上,欧盟是世界上第一大经济实体。2014 年欧盟的国内生产总值达到 18 万亿美元,超过美国位居世界第一。欧盟拥有世界最大的资本输出和商品与服务出口数量,并且随着欧盟的不断扩大和其经济一体化程度的逐步深化,欧盟的经济实力将进一步加强。

外交上,欧盟在国际舞台上发挥着积极的作用。目前有 160 多个国家向欧盟派驻了外交使团,欧盟也已在 120 多个国家及国际组织所在地派驻了代表团。在一些国际机构如世界贸易组织中,欧盟代表成员国发出声音并行使权利。拥有一个共同的对外政策是欧盟努力的目标,但是仍然有相当的一段路要走。出于各自的国家利益,欧盟成员国间常常在国际问题上采取不同的政策。例如 2003 年在如何对待美国发动的伊拉克战争的问题上,支持战争的英国和反对战争的法国、德国之间就产生过严重的分歧。

### (三) 俄罗斯力图恢复大国地位

苏联解体之后,俄罗斯的实力和国际影响力大大削弱。但是,总体而言,俄罗斯依然是一个全球意义上的大国。它继承了原苏联在联合国安理会常任理事国的席位,以及苏联 76% 的领土和 70% 的国民经济总资产,幅员横跨欧亚两大洲,国土总面积 1707.54 万平方公里,自然资源极其丰富,物质技术基础雄厚,燃料、动力、冶金、机械制造、化学和交通业发达,科技实力较强,人民受教育程度较高,在航空、航天、核能、生物工程和新材料等领域居世界先进水平之列,仍具有巨大的发展潜力。俄罗斯依靠着足以与美国匹敌的强大军事实力,保持着在苏联地区的领导地位和在全球事务中的影响力,维护其大国地位。

美国依然将俄罗斯视为霸权威胁和主要对手。北约东扩、东欧反导、俄格冲突、中亚角力等方面的斗争,都显示出美俄战略角力的深化。对此,俄罗斯的地缘战略是阻止北约东扩,稳定独联体地区,并加强与亚太国家的合作,以维护其地缘战略空间。俄格冲突表明,俄罗斯在必要时会使用武力来维护它在该地区的利益红线。面对强硬的北极熊,即便是美国都对其退让三分,时任美国国务卿的赖斯说:"我们虽然尊重格鲁吉亚,但我们不会因为格鲁吉亚跟俄罗斯交战。"欧洲国家鉴于对俄罗斯能源的依赖,亦不敢得罪俄罗斯。

俄罗斯作为全球性大国的能力在相当程度上是依然存在的。但客观地讲,当今的俄罗斯只能算是一个地区性大国。它在经济上只相当欧洲中等国家的水平,军费投入不足美国的 1/10,实力与国际影响力均无法和苏联时期相比。经济结构畸形、过度依赖石油天然气等,是俄罗斯当今经济发展的重要障碍。同时俄罗斯还存在人口状况逐步恶化的问题,人口出生率远低于死亡率,在 20 世纪 90 年代甚至出现了人口骤降。人口危机导致的劳动力不足也是其发展的重要制约因素。俄罗斯虽然展示出一贯强硬的印象,但实际上其内部整合、蓄力待发的路程还很漫长。

### （四）日本加速迈向政治、军事大国

日本在"二战"战败后制定了"和平宪法"，奉行"重经济、轻军备"路线，经济快速发展，于 20 世纪 60 年代末一跃成为东方第二大经济强国。随着经济和科技实力的迅速增强，作为战败国的日本并不甘心在国际政治和军事体系中的"非正常"地位，加快走向国际政治大国和军事大国的步伐。

在政治上，由于日本是战败国，其政治外交能力和军事外交能力受到极大的削弱和限制，所以日本曾长期实行"典型的小国外交"。但随着日本经济取得了举世瞩目的成就，日本并不满足于经济大国的地位，提出建立世界性的政治大国，并获得与其经济地位相适应的国际政治影响力。近些年来，日本抓住美国实力相对下降、谋求世界霸权力不从心的时机，一方面继续加强日、美关系，积极充当美国的"有力伙伴"，依靠美国提高自己的国际地位，另一方面则主动参与地区和国际事务，力争成为联合国安理会常任理事国，提高日本在国际体系中的话语权，妄图趁机改变战后国际政治体系。

但是，近年来随着日本右翼势力的不断增长，日本开始在历史问题上不断"美化"侵略，对"南京大屠杀"、"慰安妇"等战争罪行拒不认罪，不断参拜供奉有许多二战"甲级战犯"的靖国神社，同时还修改历史教科书，试图掩盖历史真相。此外，日本在钓鱼岛等问题上立场和做法严重侵犯了中国的国家主权和核心利益，公然违背《开罗宣言》《波茨坦公告》等国际条约和国际法，野蛮践踏世界反法西斯战争的胜利成果，是对战后国际秩序的严重挑战，激起了世界上所有爱好和平、主持正义的国家和人民的反对。这样一个罔顾历史、不负责任的日本越来越引起世界各国尤其是周边国家的反感，无疑自己为谋求世界政治大国地位制造了很多难以逾越的障碍。

近年来，中日两国在历史问题、岛屿和海洋权益以及台湾问题上的矛盾和分歧愈演愈烈。日本当局始终不采取正确的态度认识和对待日本军国主义的侵略历史，反而屡次通过篡改历史教科书，极力歪曲史实，美化侵略，推卸战争罪责。"二战"后，日本政要不顾其他国家的反对，曾多次参拜靖国神社。安倍晋三再任首相后，不顾国际社会的反对，要么亲自参拜靖国神社，要么捎去"香火钱"。中日两国在包括钓鱼岛主权、东海大陆架划界、东海油气资源以及防空识别区等问题上存在严重争端。以钓鱼岛事件为例：2012 年，日本右翼势力自导自演了一部"购岛"闹剧。2013 年，中日两国多艘巡航执法船围绕钓鱼岛主权问题发生激烈对峙和冲突，时至今日，安培政府在钓鱼岛问题上仍然采取"不接受、不谈判、不冲突"的策略。日本当局还不断地在台湾问题上挑战中国的国家核心利益。日本始终没有明确承认"台湾是中华人民共和国领土不可分割的一部分"的原则。日本允许和纵容"台独"分裂势力在其境内活动。因此，从历史问题和现实争端上看，中国和日本之间缺乏政治互信和历史谅解，很有可能产生政治对抗和军事冲突。

此外，随着国际战略格局的变化和日本国内右翼势力的抬头，日本积极谋求成为世界政治大国和军事大国。谋求政治大国的努力主要表现在试图申请加入联合国常任理事国；其谋求军事大国的步伐包括：将安全政策从单纯的"专守防卫"转变为极具进攻性的"主动先制"战略；将防卫态势由过去的本土防御转变为保卫领海、应对"紧急事态"和参与全球军事活动；将向海外派兵列为日本自卫队的"基本任务"。日本还积极配合美国围堵中国的

战略，调整兵力部署，将防卫重点转向靠近台海地区的冲绳一线。

"九一八事变"84周年第二天，日本政府不顾国民强烈反对强行通过新安保法，2016年3月29日新安保法开始生效，伴随着安全政策调整的是日本军力的持续扩张。根据日本财务省公布的数据，2016年日本军费突破了5万亿日元，其人均军费为中国5倍。日本拟大量采购包括F—35联合攻击战斗机、V—22"鱼鹰"式偏转旋翼运输机和"全球鹰"无人侦察机在内的先进战机，"出云号"直升机航母已经现役，2016年同级的"加贺"号将要下水，海上自卫队拟将潜艇数量由目前的16艘增加至22艘，这些动向都表明日本正在走向军事扩张和对抗的道路，这将对中国的国防安全构成极其严重的挑战。

### （五）中国力图发挥更大作用

作为世界上最大的发展中国家和社会主义国家，中国奉行独立自主的和平外交政策，以和平共处五项原则为基准，不与任何国家结盟，不干涉别国内政，不搞霸权主义和强权政治，坚决捍卫国家主权和领土完整。在保持国内政治稳定、经济持续发展、社会稳定和民族团结的前提下，中国试图在国际舞台上发挥更大的作用，构建和谐世界，致力于建立公正合理的国际政治经济新秩序，坚决反对霸权主义和强权政治。毫无疑问，中国的和平崛起，是当今世界经济普遍低迷的强劲动力，是世界力量多极化中大国力量平衡的重要保障，是维护世界和平的重要力量。

中国作为正在和平崛起的大国，坚持走具有中国特色的社会主义现代化发展道路，其政治作为和经济发展全世界有目共睹，亿万中国人在实现中华民族伟大复兴的"中国梦"的召唤下紧紧团结在以习近平为总书记的党中央周围，正为国家富强和民族振兴的"中国梦"而奋勇前进。

2016年，"一带一路"大战略顺利推进。"一带一路"是指"丝绸之路经济带"和"21世纪海上丝绸之路"的简称，它将充分依靠中国与有关国家既有的双多边机制，借助既有的、行之有效的区域合作平台，旨在借用古代"丝绸之路"的历史符号，高举和平发展的旗帜，主动地发展与沿线国家的经济合作伙伴关系，共同打造政治互信、经济融合、文化包容的利益共同体、命运共同体和责任共同体。"一带一路"的建设会为上海合作组织、欧亚经济联盟、中国—东盟(10+1)等既有合作机制注入新的内涵和活力。"一带一路"得到了周边国家和世界主要经济体的拥护，它将是繁荣局域经济，打通和加强中欧经济发展的强大枢纽。

"亚投行"是中国发挥大国作用的重要一步，它不仅助推中国经济的高速发展，而且提升了中国的国际地位，彰显了和平崛起的中国负责任的大国形象。"亚投行"是一个政府间性质的亚洲区域多边开发机构，重点支持基础设施建设，总部设在北京。截至目前，法国、德国、意大利、韩国、俄罗斯、澳大利亚、埃及、瑞典等国先后已同意加入"亚投行"，这将使"亚投行"达到57个成员国或地区(中国台湾)，涵盖了除美、日之外的主要西方国家。

当今，中国正在全面推进深化改革，中国在世界舞台上的声音将会越来越有力量。2015年3月底也门撤侨，中国政府扮演着极为重要的角色，中国海军第十九批护航编队临沂舰抵达也门亚丁港，在中国驻亚丁总领事馆积极配合下，顺利地完成了撤侨任务，这进一步显示了中国政府在国际事务和地区热点事件中发挥着越来越重要的作用。2016年5月，中央军委颁发的《军队建设发展"十三五"规划纲要》指出，"十三五"时期，要坚决贯彻党的十八大和十八届三中、四中、五中全会精神，深入贯彻习主席系列重要讲话精神特别是国防和军队建设重要论述，按照"四个全面"战略布局，以党在新形势下的强军目标为引领，深入推进政治建军、改革强军、依法治军，更加注重聚焦实战，更加注重创新驱动，更加注重体系建设，更加注重集约高效，更加注重军民融合，努力实现更高质量、更高效益、更可持续的发展，为实现中华民族伟大复兴的中国梦提供坚强力量保证。要按照军委管总、战区主战、军种主建的新格局，进一步协调推进发展和改革，强化军队建设战略管理，确保规划纲要及其配套专项规划计划部署的各项任务得到有效落实。整合国防资源，革新体制，研发新装备，聚焦打胜仗。在实现中华民族伟大复兴的"中国梦"引领下，随着全面深化改革的深入进行，中国的综合国力将会保持强劲稳定的增长。和平崛起的中国将会担负起更多的国际责任，将会扮演更加重要的大国角色。中国将是世界和平与发展中不可缺少的重要组成部分，中国必将成为维护世界和平与发展，反对霸权主义和强权政治的重要力量。

### （六）东盟

东盟是东南亚国家联盟的简称，是东南亚一些国家为了加强各国之间的合作、维护其共同利益而成立的区域性组织。东盟前身是由马来西亚、菲律宾和泰国于1961年成立的东南亚联盟，1967年这三国与印尼、新加坡在曼谷发表宣言，正式宣告东盟成立。截至2014年底，东盟共有10个正式成员国，涵盖了整个东南亚地区，人口超过5亿，面积达450万平方公里，并和中国、美国、日本等10国形成对话伙伴关系。目前，东盟已成为东南亚地区广泛涉及经济、政治、安全等一体化的合作组织，建立起一系列合作机制，在国际和地区事务中发挥了重要作用，对国际战略格局产生了重要影响。东盟在经济领域一体化发展程度较快，自由贸易区建设得到了较大发展，并在2010年与中国建成了中国—东盟自由贸易区，是发展中国家最大的自由贸易区，在经济规模上仅次于欧盟和北美自由贸易区，东盟的政治一体化进程也不断发展，各成员国于2007年签署了具有普遍法律意义的《东盟宪章》，对各成员国进行约束，并据此设置和调整了一系列组织机构，对东盟的相关事务进行协商和决策，2015年建成了东盟共同体。在安全领域，东盟各国也加强了合作，对地区和国际重大安全问题进行磋商，但是由于各种复杂原因，在许多问题上分歧严重。如南海问题，菲律宾、越南等国家为了自己的利益，企图将自己与中国的分歧强行凌驾于东盟各国之上，遭到了其他国家的反对。

### （七）印度

印度位于南亚，是世界四大文明古国之一，是世界第二人口大国，也是世界上发展最快的发展中国家之一。2015年印度国内生产总值超过2.1万亿美元，位居世界第8位。印度的金融和软件业比较发达，目前已成为世界上主要的资讯服务业生产国和电脑软件出口国。印度在经济上取得了举世瞩目的成就，在政治和军事领域也发挥着重要的作用，对国际战略格局具有重要影响。印度是"金砖国家"之一，也是"不结盟运动"创始国之一，实行以不结盟为基础的全方位务实外交，在国际和地区事务中发挥着重要作用。印度一直把谋求强大的军事力量作为争当世界一流大国的重要标志，试图称霸南亚、控制印度洋，跻身世界军事强国行列。近年来，美国出于拉拢印度制约中国的需要，美、印政治军事关系不断增强，这将对世界战略环境产生新的重要影响。

## （八）巴西

巴西国土面积为 851 万平方公里，人口约 2 亿，是拉丁美洲最大和人口最多的国家，面积和人数都居世界第五位。巴西拥有丰富的自然资源和完整的工业体系，是全球发展速度最快的国家之一，2015 年的国内生产总值已达 2.5 万亿美元，位居拉丁美洲第一位，是世界第七大经济体。巴西作为重要的发展中国家，是"金砖国家"之一，也是南美洲国家联盟和 20 国集团的成员国，在国际和地区事务中正发挥着越来越大的影响力。巴西奉行独立自主的外交政策，主张和平解决国际争端，重视与发展中大国的合作，支持世界多极化和国际关系民主化，努力成为未来世界战略格局中的重要"一极"。巴西积极促进南方共同市场的发展，并以此为依托，联合安第斯国家共同体，推动成立南美国家联盟，深化南美及拉美地区的一体化进程。巴西主张加强联合国的作用，积极参与各项维和行动，并主张推动安理会的改革争取成为安理会常任理事国之一。

除了美国、欧盟、俄罗斯、日本、中国、东盟、印度、巴西等这些在世界或地区事务中具有重要影响力的国家或国家集团之外，还有许多国家和国家集团也在国际战略格局中发挥着重要作用，如阿拉伯国家联盟、澳大利亚、墨西哥、南非等。总之，在世界格局多极化的发展趋势下，各国纷纷进行战略调整，尤其是广大的发展中国家和中小国家参与国际事务的权利得到增强，一定程度上削弱了超级大国控制国际局势的能力，有利于世界的和平和稳定。然而，国际战略格局的转换不是很快就可以形成的，这就决定了新旧格局的交替必然是一个长期、复杂、曲折的渐进过程。在新旧格局的转换过程中，各种力量将呈现出既相互竞争又相互依存，既相互制约又相互借助，既充满斗争又协调合作的多极互动局面。

## 二、世界主要国家、地区的军事力量及战略走向

### （一）美国

美国军队是美利坚合众国的武装力量，即对美国拥有的武装部队的统称。美国军队由美国陆军、美国海军、美国空军、美国海军陆战队以及美国海岸警卫队所构成；2018 年 6 月 19 日，美国现任总统特朗普下令，开始筹划组建天军。作为世界最有影响力的大国，归根结底还是要看它的军事实力。美国的军事实力无疑是世界上最强大的，对其他战略力量都占有明显的优势。它的军事优势表现在常规力量、战略核力量、各种形式的军事同盟、遍布全球的军事基地、综合集成能力和丰富的实战经验上。虽然美国的综合国力和军力远远超过其他国家。但是它也无法在世界上为所欲为。首先，几乎所有国家，包括它的盟友，都不赞成建立以美国为核心的世界新格局。其次，当今世界存在许多尖锐矛盾和复杂问题，美国无法解决所有问题。况且在小布什执政期间，美国深陷两场战争的泥潭，付出了沉重代价。美军在《国防战略报告》中承认："在伊拉克、阿富汗战争中，美军阵亡超过 6200 人，受伤超过 46000 人。"这使得美军的战争信心也受到打击，将过去"同时打赢两场战争"的目标缩水为"一场半"。美国前国防部长盖茨在西点军校演讲时提出了三个"永远不要"："除非不得不战，永远不要开战；永远不要单独作战；永远不要长期作战。"

美国在奥巴马执政时期，提出了"亚太再平衡"战略，美国重返亚太，剑锋直指中国。一方面，美国继续大肆鼓吹所谓的"中国威胁论"，为其制华政策提供理论依据，同时为拉拢和绑架其他国家参加其制华行动造势。美国防部 2016 年中国军力报告，再度大肆渲染中

国"军力扩张和不透明"，对中国军队改革妄加评论，对我国东海南海合法行动肆意歪曲，还声称，中国今后将继续对军事和武器进行投资，以增强力量投射、反介入和区域封锁能力以及在网络、太空和电磁新兴领域的行动开展能力等。国防部发言人杨宇军指出，美军年复一年的发表所谓"中国军事与安全发展态势报告"，严重损害双方互信，与中美两军关系的发展态势背道而驰。另一方面，美国以经济合作、军事援助和政治支持为诱饵，拉拢中国周边邻国，加强围堵中国的前沿战略部署。为了应对中国崛起对地区乃至全球政治经济格局产生的震动效应，美国正在加快全球战略调整，通过实施"亚太再平衡"战略加快战略重心东移的步伐，进一步加强在亚太地区的军事部署。"亚太再平衡"战略在中国周边军事部署方面的表现为：

一是收缩在欧洲的力量部署，进一步加强关岛和夏威夷的军事基地建设；

二是调整亚太地区军力配置，逐步将阿富汗和中亚地区的军事力量转移至东南亚地区，并直接干预南海问题，推动南海问题国际化；

三是加强在东北亚地区的军事存在，强化美日军事同盟，频繁举行美韩联合军演，组织环太平洋联合军演；

四是通过加强与印度的军事合作遏制平衡中国在南亚地区的影响力。

不难看出，中国与越南、菲律宾、马来西亚等邻国在南海岛礁、领海和海洋权益方面的争端背后都有美国的影子。

美国对中国的战略遏制是全方位多领域的，具体来看有三个方面：

第一，通过日本、韩国、中国台湾、菲律宾、新加坡、澳大利亚等地缘支点继续强化传统的海上军事围堵，巩固其对第一岛链与第二岛链的控制权，密切监控中国军事力量在太平洋地区的活动；

第二，通过经济和军事援助拉拢包括蒙古、印度、越南和缅甸等中国的周边邻国以加强对中国的陆上围堵；

第二，除了军事围堵以外，美国还以政治十涉、经济援助、文化交流为幌子，持续扩大其在亚太国家的影响力，以抵消中国所在地区国家的优势，防止中国的影响力持续外溢。

特朗普当选美国总统以来，提出了"美国至上、重返美国"，"亚洲再平衡"等观点。特别是在 2018 年挑起了中美贸易战，中美贸易战是美国主动挑起，强加于中国的。中美贸易战的实质，是美方绕开世界贸易组织争端解决机制，根据美国国内法挑起国际贸易摩擦。美国在未经世贸组织授权情况下对中国商品大规模加征关税，是对本国承诺和世贸组织规则的无视，是将单边规则凌驾于国际规则之上的任性妄为。

美国政府对国际规则的敌视更是令人瞠目结舌，甚至成了当前其外交政策的标签。美国接连退出联合国教科文组织、联合国人权理事会、万国邮政联盟等国际组织，退出跨太平洋伙伴关系协定、巴黎气候协定、全球移民协议、伊朗核问题全面协议、《维也纳外交关系公约关于强制解决争端之任择议定书》等一系列国际条约，强制要求重谈北美自由贸易协定和美韩自贸协定，美国的单边主义行为对国际规则和全球治理构成重大挑战。英国前首相戈登·布朗慨叹："美国在单极世界中一骑绝尘的时代，它还常常通过多边机构行动。而今，世界日益变得多极，美国政府却在一意孤行。"美国一方面对亚太地区实施再平衡，挤压中国的战略空间，一方面挑起贸易战，其战略目的明确、意图明显，我们要做好各种准备。

### （二）俄罗斯

俄罗斯军事力量仅次于美国，是唯一可以与美国相抗衡的国家。为了捍卫国家利益、重振昔日大国雄风，俄罗斯奉行积极防御的军事战略，将机动作战作为主要作战样式，并规定军事行动必要时可以进入敌方境内。同时放弃不首先使用核武器的承诺，保留首先使用核武器的权利。核战略转向地区性威慑，打击手段以海基为主，并努力建成攻防兼备的核打击体系。俄罗斯为了应对战略空间的收缩与北约东扩的压力，俄罗斯开始运用地缘经济战略来弥补地缘政治的不足，最明显的体现是俄罗斯、白俄罗斯与哈萨克斯坦三国关税同盟的成立。俄白哈关税有力地压缩了北约的战略空间。俄罗斯大战略的另一重要转变，是开发东部的西伯利亚与沿海地区。伴随着美国的战略重心东移，俄罗斯的战略重点也正在向这一地区转移。2019 年 6 月 5 日，习近平主席同普京总统共同签署了《中华人民共和国和俄罗斯联邦关于加强当代全球战略稳定的联合声明》和《中华人民共和国和俄罗斯联邦关于发展新时代全面战略协作伙伴关系的联合声明》两份声明，并宣布发展中俄新时代全面战略协作伙伴关系。习近平主席从战略维度和宏观角度把握中俄关系定位和未来发展，强调要以互信为基石，筑牢彼此战略依托；要深化利益交融，并肩实现同步振兴；要促进民心相通，夯实世代友好基础；要更加担当有为，维护世界和平安宁。中俄新时代全面战略协作伙伴关系的确立，对世界的和平、稳定、发展具有重大意义。

### （三）法国、德国

军事上，绝大多数的欧盟成员国为北大西洋公约组织成员。法国、德国是欧盟的主要军事大国，其中法国的军事威慑力最为强大。法国不仅拥有先进的常规武器装备，还保留了完全独立的核威慑力量和完整的国防工业体系。法国在 1966 年 7 月退出了北约军事一体化组织，推行独立的防务政策和军事战略。法国致力于欧洲建设、加强欧盟的作用，在坚持不重返军事一体化、自主支配核力量的前提下，积极参加北约重大政治和军事决策过程。当前，国际战略新格局尚未形成，法国的战略和安全利益依然面临多种形式的挑战。

德国作为"二战"战败国，其武装力量的发展受到很多限制。但德国仍然凭借其强大的科技和工业基础发展出了许多先进的武器装备，其在枪械、装甲车辆和常规潜艇等领域都具有世界领先的水平，2016 年 5 月，德国防部长讲，德国准备扩大联邦国防军，在 2023 年以前增加约 1.43 万个军队职位，其中包括 4400 名文职人员。这将是德国统一以来联邦国防军的首次扩军，引发国际舆论的关注。

### （四）欧盟其他国家

除上述外，欧盟中的意大利、西班牙、波兰、瑞典等国也拥有可观的军事实力。长期以来，欧盟由于没有自己独立的军事防务力量而被视为"经济上的巨人、政治上的矮子、军事上的侏儒"。"冷战"时期，欧洲是美苏两极对抗的主要战场，当时欧盟各国为了自身安全纷纷加入了以美国为首的北约，在军事上完全依靠美国，成为美国的附庸。"冷战"结束后，欧盟决心尽快组建自己的军事力量，以尽快摆脱美国的控制，并保证欧洲一体化进程的顺利发展。当前欧盟的安全策略包括建立一支 6 万人的快速反应部队用于维和，一支欧盟军队和一个欧盟卫星中心。

抵制美国的单边主义，争当国际战略格局中的重要一极，是欧盟实施共同外交和安全政策的基本出发点。但是，目前欧美力量仍然相差悬殊，欧盟自身安全暂时还离不开美国，并且，欧盟内部在外交和防务等重大问题上也时常不能达成一致，因此，欧盟各国还需要消除内部政治分歧，才可能建立起真正可靠的防务力量。但是，英国"脱欧"稀释了欧盟的内聚力，产生了负面示范效应并对欧洲一体化进程产生了不利影响。

### （五）英国

英国的军事科技十分先进，并且拥有相当的核力量。但英国军队奉行以质量代替数量的替代原则，并在防务中更多地借助盟友的力量，因此其军队的规模不大。2019 年 6 月 7日英国首相特蕾莎·梅辞职，特蕾莎·梅的离去，反映了英国执政党主要力量在"脱欧"问题上的慌乱，将"脱欧"推向更危险的境地，并对世界产生重要影响。

### （六）日本

在军事上，日本"和平宪法"第九条明确规定，日本没有交战权和宣战权，不设军队，只能拥有基本防御能力的自卫队。战后的日本正是在这一宪法的控制下走上了经济重建、快速发展的和平道路。但是，随着经济实力的增强和国际战略环境的变化，在美国的放纵与支持下，在"质重于量"和"海空优先"的建军方针指导下，日本逐渐建立起了一支规模不大、装备精良、训练有素、战力较强的武装力量，武器装备的先进水平和军事人员的训练素质都居于世界一流水平。日本的军事工业体系为"寓军于民"，不仅军事科技先进，而且战争潜力巨大，尤其是其囤积着大量的武器级核材料，可以随时根据国家需要制造出核武器。这个宪法上规定"没有正规军"的国家，军费曾长期位居世界第二位，其谋求世界军事大国的野心昭然若揭。

近些年来，西方国家经济增长疲软，美、英、法等西方传统军事强国纷纷裁减军队、压缩军费开支，日本却不降反升。2016 年其国防预算突破了 5 万亿日元，连续 3 年呈现增长态势。在美国重返东亚的战略下，日本与美国一拍即合，相互利用，共同鼓吹"中国威胁"论和"朝鲜威胁"论，发展先进的进攻性武器，扩充军备。在不断深化美日军事同盟关系的同时，日本开始参与海外军事行动，设立海外军事基地，企图将自卫队升格为"自卫军"，废除了"武器出口三原则"，向其他国家出售先进武器。2016 年 3 月 29 日，随着《新安保法》的生效，为日本自卫队全球增援，征战海外扫除了法律上的障碍，自卫队可以"先发制人"，"和平宪法"几乎名存实亡，日本军国主义迅速崛起，值得世界人民警惕。

### （七）印度

长期以来，印度依靠其快速发展的经济实力，利用有利的国际环境和地缘政治优势，不断引进世界先进武器装备和技术，大力推进其军事力量的现代化建设。目前印度拥有兵力 120 多万人，位居世界第四位；印度也是世界重要的核国家，其国防预算不断高速增长，2014—2015 财年增长 12%，达 383 亿美元。印度因为其国防工业能力较弱，一直是世界上最大武器进口国之一，重要武器装备和技术大多来自俄罗斯。近年来印度开始着手扩建海军，并准备建造三个航母战斗群以确保对印度洋的绝对控制。印度还竭力发展其远程战略导弹，随着"烈火—5"导弹的成功试射，印度宣布成功将北京纳入核打击范围内，这在一定程度上平衡了中国对印度的核优势。印度在加强对印度洋控制的同时逐步开始将势力扩大至中国南海和西太平洋。印度积极配合美国及其盟国围堵中国的战略，派遣军事力量参加美国组织的环太平洋联合军演，组织海军舰队分别与日本和越南开展海上联合军事演习，均将矛头指向中国。

### （八）巴西

巴西的军事力量也相当强大，总兵力约 28 万人，是拉丁美洲地区最强的一支军事力量，不仅拥有航母，还试图研制核潜艇，不断增强其军事实力。

## 思 考 题

1. 什么是国家安全？国家安全的概念是什么？
2. 中美贸易战的实质是什么？
3. "中俄新时代全面战略协作伙伴关系"的"新"在哪儿？有何重要意义？
4. 结合自己的理解，谈谈什么是总体国家安全观。
5. 谈谈中国地缘环境基本概况。
6. 我国的地缘安全面临哪些不稳定因素？
7. 美国"亚洲再平衡"战略对我国国家安全的影响有哪些？
8. 日本军国主义的崛起为什么值得世界人民的警惕？

# 第三章　军　事　思　想

☞【学习目标】

1. 了解军事思想的内涵和形成与发展历程；
2. 了解外国的代表性军事思想；
3. 熟悉我国军事思想的主要内容、地位、作用和现实意义；
4. 理解习近平强军思想的科学含义和主要内容，使学生树立科学的战争观和方法论。

## 第一节　军事思想概述

军事思想是关于战争与军队问题的理性认识。军事思想来源于军事实践，又给予军事实践以理论指导，并随着战争和军事实践的发展而发展。军事思想是军事科学的重要组成部分，属于社会意识形态，受世界观与方法论的制约，具有鲜明的政治性。它是研究军事科学体系中其他各门具体军事学科的理论基础和根本方法。

### 一、军事思想的内涵

军事思想是关于军事领域基本问题的理性认识，通常表现为国防与军队建设、战争准备与实施的指导理论和基本原则。它揭示战争的本质、基本规律，以及进行战争的指导规律，阐明军队建设的基本理论和原则，属于社会意识形态，受世界观和方法论的制约，具有鲜明的政治性。军事思想从总体上反映研究战争和军事问题的成果，通常包括战争观、军事问题的方法论、战争指导思想、建军思想及国防建设思想等基本内容。军事思想来源于军事实践，又给军事实践以理论指导并随着战争和军事实践的发展而发展。

不同阶级、国家或政治集团有不同的军事思想。同一阶级、国家或政治集团的军事思想，在不同历史时期或发展阶段也有区别。军事思想可以按社会历史发展阶段、阶级、国家、不同历史时期主导性兵器或代表性人物等分类。军事思想按照时代区分，有古代军事思想、近代军事思想和现代军事思想；按照阶级性质区分，有奴隶主阶级军事思想、封建地主阶级军事思想、资产阶级军事思想和无产阶级军事思想；按照地域和国家区分，有外国军事思想和中国军事思想；按照人物区分，有孙子军事思想、克劳塞维茨军事思想、拿破仑军事思想、毛泽东军事思想等。在和平时期军事思想的发展则应适应生产力和科学技术的发展。我们应该积极探索军事领域出现的新情况和新问题，努力使军事思想适应新的历史条件，以保证它对未来战争发挥正确的理论指导作用。

## 二、军事思想的特征

### （一）鲜明的阶级性

军事思想来源于社会实践。在阶级社会中，人们为了各自阶级的利益奉行和推崇的军事思想必然要反映各个阶级对战争和军队建设的认识和立场。因此，不同的阶级、国家和政治集团必然有不同的军事思想。

### （二）强烈的时代性

军事思想来源于军事实践。不同历史时期的战争及其他军事实践有着不同的形态和战略战术，有不同的军队组织原则和编制。这种不同时代的军事思想特征往往最能体现当时的生产力水平，并打下了深深的时代烙印。

### （三）明显的继承性

每一种军事思想都是某一历史时期、某一民族或某一地区军事实践经验的总结，都有一定的客观性和科学性。在不同的军事思想中都包含着共同的规律和原理。所以，历史上所有形成的具有规律的军事原则、概念和范畴流传下来为后人所用，并不断得以丰富和发展。

### （四）广泛的通用性

军事思想和军事领域所揭示的一些事物的普遍规律，所形成的原则、概念和范畴，常常被用于政治、经济、外交及商业竞争和体育比赛方面。

## 三、军事思想的发展历程

人类对战争和军事问题的认识，有一个历史发展的过程。从社会发展阶段的角度看，军事思想可以划分为古代、近代和现代三个发展阶段。

### （一）古代军事思想

军事思想作为独立的意识形态出现，始于奴隶社会。古代军事思想的产生、发展主要集中在两个相对独立的区域，即作为古代文明的发源地的中国和地中海沿岸国家，内容包括奴隶社会和封建社会两个时期的军事思想。

中国古代军事思想发端于夏、商、周三代以前，而产生于三代之时。由于当时没有著书之风和受到诸多条件的限制，并没有多少军事理论著作。但商代的甲骨文、商周的金文中已经有大量的关于军事活动的记载。西周时期已经有了专门的军事著作《军志》和《军政》，但已经失传。春秋战国时期，是中国社会由奴隶制向封建制急剧转变的时期，这一时期战争多、规模越来越大，战争理论也有了长足的进步，中国古代军事思想步入了发展成熟时期。秦朝统一中国后，建立了封建制王朝，但由于暴政苛民，短命而亡。刘邦建立了汉朝，"汉承秦制"，中国封建社会进入发展时期。汉朝后，经过魏晋南北朝长期分裂割据，隋唐经过长期战争统一国家。秦汉隋唐时期，吸取了先秦军事思想理论，结合丰富的战争实践而丰富了军事思想内容，是中国古代军事思想丰富提高时期。宋元明清时期，中国社会步入封建社会后期，中国古代军事思想步入总结深化时期，军事思想呈现出综合性、总体性、丰富性等特点。中国社会到了晚清和近代，封建社会已经进入腐朽衰落时期，在继承中国古代传统军事思想的同时，一些思想先进的中国人开始向西方学习，吸取了西方先进的军事理论，中国军事思想进入了革新前进时期。

与中国古代军事思想相比，外国军事思想起步晚，缺乏系统的论述。主要包括公元前8世纪至公元5世纪古希腊、古罗马以及中世纪的军事思想。

古希腊时期军事思想的代表性观点概括起来主要有：战争是由根本利害矛盾引起的；战争的目的是为了征服，谋求城邦的霸主地位；战争的胜负取决于政治、经济、军事、精神等条件；作战双方必须对双方的军力、财力、人力等方面的长处和短处进行认真的分析对比；注意激励军队的士气，立足以优势力量建立己方胜利的信心；采取出乎敌人意料的行动，使之惊慌失措等。古罗马时期的军事思想源于此又有所发展，主要表现在：战争有正义与非正义之分；把军事作为实现政治目的的工具，而政治又是配合军事行动达到军事目的的手段；通过外交广泛联盟，孤立对手，恩威并举，实现目的；主张以进攻为主，防御为辅；在被迫处于防御地位时，总是通过向敌后等薄弱处进攻，力求改变攻防态势，变防御为进攻；主张建立一支忠于自己的部队，以金钱、土地、建筑等物质利益保证部队的忠诚，以精神鼓励、严格的纪律保持部队的战斗力。古希腊与古罗马具有代表性的军事理论家主要有希罗多德、修昔底德斯和色诺芬等，分别著有《希腊波斯战史》《伯罗奔尼撒战争史》《希腊史》和《希腊远征波斯记》，记录了古希腊奴隶主所进行的多次战争史实，色诺芬还探讨了军队的补充、组织、装备和训练等军事原则。古希腊的哲学家柏拉图和亚里士多德曾试图解释战争的起源问题。

而在随后的中世纪，欧洲军事思想发展缓慢，军事著作很少，主要有拜占庭帝国佚名作者著的《战略》，其中主要论述战术问题，稍后还有里欧的《战术》。意大利文艺复兴时期，马基雅维利的《战争艺术》等著作，在欧洲军事学术史上起了承前启后的作用。后来，法国的沃邦、萨克斯，奥地利的蒙特库科利等军事理论家的著作，都为资产阶级军事思想的形成创造了条件。

古代军事思想奠定了近代军事学科的基础，但古代人类对军事的思考由于受科技发展水平、阶级认识、统治阶级愚民政策的限制，往往缺乏全局性、系统性。

### （二）近代军事思想

从1640年英国资产阶级革命到1911年俄国十月革命，为世界近代史时期。世界大多数国家尝试资本主义发展道路，在封建与反封建、资本主义与反资本主义、殖民与反殖民的斗争中，各种性质的战争交织在一起，为近代军事思想的发展提供了土壤。同时，热兵器的广泛应用，使得军事装备较之以前发生了翻天覆地的变化，从而催生出与之相适应的近代军事思想。近代军事思想可以分为两大体系：资产阶级军事思想和无产阶级军事思想。

#### 1. 资产阶级军事思想

资产阶级军事思想萌芽于15世纪末和16世纪初的西方，主要形成于17世纪中叶到19世纪中叶，这一时期代表性的著作主要有：俄国苏沃洛夫的《制胜的科学》、瑞士若米尼的《战争艺术概论》和《战略学原理》、普鲁士克劳塞维茨的《战争论》、美国马汉的《海权对历史的影响》和《海军战略》等。其中,《战争论》和《战争艺术概论》堪称近代军事思想的典范。而同一历史时期的著名军事家拿破仑虽没有留下著作,但是凭借着法国大革命所造成的新的历史条件,他创立了使用民众力量进行作战的崭新作战体系。这一时期主要的军事思想有:反对战争认识问题上的不可知论,提出军事科学的概念;把军事科学区分为战略和战术两个部分;主张探讨战争的本质、规律,研究军队、装备、地理、政治和士气等因素在战争中的作用;重视对战史的研究;认为战争是政治通过另一手段的继续,是迫使敌人服从己方意志的一种暴力行为,具有偶然性,是实现政治目的的工具;认识到民众武装在战争中的重要作用,但民众武装不是万能的,使用要有条件;重视建立一支反映资产阶级利益的军队;重视和平时期军队建设和战争准备,以随时应对战争;认识到新发明对于军队的组织、武器装备和战术的影响,装备的变化必然引起战术的变化;认识到作战中士气的作用,因而把思想教育训练放在重要位置;认为海权是推动国家以至历史发展的决定因素,控制了海洋就控制了整个世界;树立歼灭战思想,军事行动的目的是在不设防的野战中消灭敌人的军队,而不是占领敌人的领土和要塞;与歼灭战相适应,大多数军事家都强调进攻,认为只有进攻才能消灭敌人;防御不能是单纯的防御,而是由巧妙的打击组成的盾牌;要在主要方向和重要时刻集中兵力,快速机动是集中兵力的重要途径;认为作战应确立打击重心、保持预备队等原则。

### 2. 无产阶级军事思想

无产阶级军事思想作为一种崭新的思想体系,在近代确立。19世纪中后期,为适应当时工人运动发展的需要和迎接即将到来的无产阶级的暴力革命,马克思和恩格斯共同创立了马克思主义军事理论。马克思主义军事理论的诞生,是人类军事思想发展史上一次划时代的伟大革命,为人们研究、解决军事领域的问题提供了科学的观点和方法,为无产阶级军事思想的发展奠定了坚实的理论基石。列宁、斯大林处于帝国主义和无产阶级革命的时代。20世纪初期,列宁在领导俄国十月社会主义革命和保卫苏维埃政权的国内战争中,斯大林在领导苏联国防建设和夺取苏联卫国战争伟大胜利的实践中,创造性地发展了马克思主义军事理论。这一时期的军事思想主要包括:认为战争和军事是一个历史范畴,随着私有制和阶级的产生而产生、消亡而消亡;要拥护正义战争,反对非正义战争;在帝国主义阶段,帝国主义是战争的根源;无产阶级必须用暴力推翻资产阶级,建立自己的统治;应组织城市工人武装起义,先占领城市,夺取国家政权;无产阶级夺取政权、巩固政权都必须要有自己的新型军队;无产阶级代表人民利益,有能力有条件把人民武装起来实行人民战争,并强调军队与人民群众相结合;认识到科学技术的进步必然引起战略战术的变革;战争的奥妙在于集中兵力,主张积极防御、主动进攻,慎重决战,灵活机动。

近代中国自1860年鸦片战争后逐步沦为半殖民地半封建社会,当时清政府许多有识之士看到武器装备对于战争胜负的重要性,开始从西方引进先进技术,开办工厂,制造机械,因此,当时的军事学术著作主要是介绍西方武器装备性能和操作的。甲午战争后,清政府意识到仅靠坚船利炮而作战思想落后亦不能赢得战争,于是组织翻译西方重要军事著作,如《大战学理》(即克劳塞维茨的《战争论》)等。自行撰写的代表作有《兵学新书》《军事常识》《兵镜类编》等。主要军事观点包括:师夷长技,重整军备;依靠民众积极备战;避敌之长,击敌之短;以弃为守,诱敌入险。

总之,虽然中国近代晚清政府军事思想成就突出,但晚清的军事变革是在外敌入侵的情况下被迫进行的，缺乏主动性，认识不深刻。1919 年孙中山恢复国民党组织，后来在共产国际和中国共产党的帮助下，提出了新三民主义，建立黄埔军校，提出了建立革命军的思想。孙中山的军事思想属于资产阶级范畴，但由于时代局限性，其军事理论缺乏系统性，未能解决中国革命战争的一系列根本性问题。而中国近代社会资产阶级的代表蒋介石，其军事思想核心是以封建伦理道德为基础的唯心主义战争观，否认战争的阶级属性，战略战术主要是曾国藩和胡林翼的战法和德、日、美等国的教范的杂烩，严重落后于近代战争的要求，不但政治上是反动的，而且军事上是落后的。但中国近代也出现了蔡锷、蒋百里、杨杰等著名的资产阶级军事理论家，在军队建设、国防及战略战术方面提出了许多有价值的军事思想。

### （三）现代军事思想

俄国十月革命及第一次世界大战后，世界进入现代史。这一历史时期，军事技术突飞猛进，武器装备较之从前发生了翻天覆地的变化。雷达、坦克、飞机、航空母舰、远程导弹、精确制导武器层出不穷，热兵器能量的运用从火药转为炸药，进而是原子能量释放，武器破坏力大大增加，作战效能成倍增长，对战争的进程乃至结局影响越来越大。尤其是 20 世纪 90 年代以来，人类社会进入信息化战争时代，现代军事思想内容丰富，异彩纷呈。

西方现代军事思想带有明显的"技术决定论"倾向，虽然提出了一系列重要的军事理论，反映了科学技术在军事变革及军事观念和战略战术的变化，但它们都陷入了把战争的制胜因素完全归结为先进的武器装备的误区，这在根本上是错误的。西方代表性的现代军事思想主要有以下几种。

#### 1. 空军制胜理论

空军制胜理论又称"空中战争"理论。意大利的杜黑、美国的米切尔、英国的特伦查德被认为是这一理论的先驱，特别是杜黑在其著作《制空权》中对这一理论叙述较为细致，主要观点有：飞机的广泛应用，将出现空中战争，空中战争的胜负决定战争结局，为此要建立与陆军、海军相并列的空军；夺取制空权是赢得战争的必要条件，空军的首要任务是夺取制空权；空中战争是进攻性的，空军的核心是轰炸机部队，要对敌国政治、军事、经济目标实施战略轰炸，迫使其屈服。

#### 2. 坦克制胜理论

坦克制胜理论又称"机械化战争"理论。英国的富勒、奥地利的艾曼贝格尔、法国的戴高乐、德国的古德里安、英国的利德尔·哈特是这一理论的倡导者，其主要内容是：装甲坦克是战争的决定性力量，是陆军的主体；大量集中使用坦克和航空兵实施突击，可以迅速突破对方主要集团的防线，深入敌纵深，摧毁战备不足的国家；主张军队改革，建立少而精的机械化部队；机械化还包括补给和战斗机械化。

#### 3. "总体战"理论

德国的鲁登道夫在其著作《总体战》中提到的主要观点是：现代战争是总体战，它既针对军队，也针对平民，战争具有全民性，强调民族的团结在战争中的重要性；主张实行国民经济军事化；要建设一支平时就准备好的军队；重视统帅在总体战中的作用；战争的突然性意义重大，力求闪击对方。"总体战"理论为希特勒在第二次世界大战中的侵略战争提供了理论支持，但由于世界人民的反对及其战争的非正义性，终究没有逃脱失败的命运。

### 4."核武器制胜"理论

第二次世界大战后至 1991 年苏联解体的冷战时期,军事理论的研究往往围绕核武器及高技术的发展,如美国,就以核实力确定军事战略,在杜鲁门时期,美国核力量处于绝对优势,提出核遏制战略,对苏联及其他社会主义国家实施核讹诈;朝鲜战争后,为以最小的军事代价取得最大的威慑力量,美国采取大规模核报复战略;在苏联打破核垄断及越南战争后,美国又分别推行灵活反应、现实威慑、新灵活反应等战略。处于核优势时期的美国认为自己能打赢全面核战争,主张削减常规武器,重点发展核武器和战略空军;而在苏联打破其核优势、局部战争不断时,美国在确保核威慑的前提下,又不断发展常规力量,认为核战争会造成灾难性后果,核时代的战争必然是有限战争。

冷战结束后,西方各国军事思想呈现不同的特点。美国军事思想的特点是:建立导弹防御系统,确保自身安全;重视质量建军,加强数字化、信息化建设;重视非对称作战、非接触作战,确保自身绝对安全;实施远距离精确打击,力求零伤亡;"9·11"事件后,进一步发展了"空地一体战"思想,强调建设信息化军队,运用联合作战手段,打赢信息化战争。英、法、日、德等国家军事思想的共同点是:采取以维护自身利益为出发点的战略方针;增强军事实力,逐步摆脱对美军事依赖(英国除外),或以其他联盟的方式挑战美国的军事地位;重视发展高技术以带动军事技术的进步;依据各自国情、军队现状,走质量建军的道路,确立与国家和军事战略相适应的军队规模。俄罗斯认为,核战争的可能性大大降低,主要威胁是局部战争和武装冲突;在经济、军事力量弱于美国的情况下,提出了"纯防御"、"积极防御"和"现实遏制"战略;走质量建军之路,明确建军原则、目标,发展太空技术,确保合理够用的核攻击力量等。进入 21 世纪后,信息化战争成为人类社会的主要战争形态,世界各国的军事变革进一步深化,军事思想理论发展主要围绕建设信息化军队、研究信息化战争特点规律、探索信息化战争的战略战术而展开。

中国自俄国十月革命及"五四"运动后至今,中国共产党在长期的革命战争和国防建设实践中,借鉴古今中外军事思想的有益成果,逐渐形成了毛泽东军事思想、邓小平军队建设思想、江泽民国防和军队建设思想、胡锦涛国防和军队建设思想、习近平强军思想,实现了中国现代军事思想的不断飞跃。在新世纪新阶段,深化研究和探讨中国共产党的军事理论,跟踪世界主要军事强国军事理论的发展,借鉴其中有益的成分,丰富和发展中国特色的军事理论,是中国军事思想发展的紧迫任务。

## 四、军事思想的地位和作用

"军事思想"这一概念,最早出现在 18 世纪的欧洲。法国元帅沙克斯曾把专门从事战争研究的人称为"军事思想家"。英、法、美、俄等国都使用"军事思想"这一概念,并有不少论述军事思想的文章。苏联军队还专门编有《军事思想》杂志。但迄今为止,其他国家都未把"军事思想"列入军事科学的一个学科来研究。

我国古代就有研究军事思想的传统,但是没有军事思想这一概念。我国最早使用"军事思想"这一概念,是在 20 世纪初。从 20 世纪 50 年代中后期,"毛泽东军事思想"的概念逐渐为全党全军所接受,成为中国共产党关于人民军队、人民战争及其战略战术的统一用语。1959 年,叶剑英元帅最早提出把"军事思想"作为军事科学的一个重要范畴,认为军事科学包括军事思想、军事学术、军事技术。此后,我国一直把"军事思想"作为军事科学的一个专门学科来进行建设和研究。1990 年,国务院学位委员会、国务院教育委员会关于《授予博士、硕士学位和培养研究生的学科、专业目录》,把军事思想列为一个重要的军事学学科。此后,军事学学科不断调整,但"军事思想"始终是军事学的第一个大的学科的做法没有变化。这是由军事思想学科的性质和军事思想理论的重要意义和指导作用决定的。

## (一)军事思想是军事实践的根本指南

军事思想是军事实践的能动反映、理论概括,揭示了军事领域的一般规律,是军事实践的行动指南。军事思想对军事领域的规律反映得愈深刻、愈正确,它对军事实践的指导作用也就愈大,人们就可以在战争中掌握主动,少犯错误,多打胜仗。在战争史上,每一次取得伟大胜利的战争,都有正确的军事思想作指导。没有正确的军事思想作指导,即使具备取得战争胜利的物质条件,也难以赢得战争胜利。人类一系列伟大的战争实践证明,在客观物质条件许可的范围内,军事思想正确与否决定着战争的胜败。

## (二)军事思想是研究各门具体军事学科的理论基础和根本方法

在军事理论科学研究领域中,基础理论研究和应用理论研究是它的两个基本组成部分。与此相对应,大体分为军事思想和军事学术两个门类。军事思想作为军事科学的基础理论,为应用理论研究指明方向,确定基本的原则和方法,使其具备坚实的理论基础。而应用理论研究则是基础理论研究的深化,是军事思想的具体应用。研究军事学术,如果没有正确的军事思想为指导,就不可能有正确的方向和道路,就不能对现实问题及其发展趋势做出正确的分析和判断,就找不到解决问题的正确途径和方法。

军事思想对其他学科的指导,首先体现在提供基本的军事观,或者说揭示一般规律上。例如毛泽东揭示了战争的军事本质是"保存自己,消灭敌人",这是战争的基本规律,它贯彻于战略战役战术的始终。战略学、战役学和战术学在研究如何战胜敌人的过程中,就要运用这一基本规律。其次体现在提供正确的方法论上。例如毛泽东强调战略、战术计划的制定,要遵循用力省而成功多,强调要立足于最困难情况往最好处努力等。这些方法原则,是我军指挥员战略、战役和战术决策的基本方法。

## (三)军事思想对其他社会实践有着重要的借鉴意义

军事思想是战争和军事规律的总结,而战争和军事活动都是社会实践活动,因此军事思想本质上也是社会实践活动规律的反映,因而对政治、经济、外交等各个领域的社会实践都有借鉴指导作用。例如孙子兵法应用到了商战和体育竞争等各个领域;毛泽东的战略上藐视敌人,战术上重视敌人,这在各个领域中也是适用的。因为做任何工作,既要有成功的信心,同时又要有成功的办法。藐视和重视的辩证法,是敢想敢干的精神和实事求是的科学态度的基本规律的高度概括。军事思想中关于战略和战役的关系,要求人们也必须正确处理全局和局部的关系。"战略"概念的运用,早已跨出军事的范围,出现了政治战略、外交战略、经济发展战略、农业发展战略、城市发展战略,等等,体育比赛中重视对进攻和防御战术的研究和运用,市场竞争中借鉴军事思想提出的许多巧妙的策略和艺术等,都说明军事思想对其他领域具有广泛的借鉴意义。

总之,军事思想既是军事斗争规律的科学反映,又是人类社会实践和竞争、对抗的大智慧,是人类生存与发展的总体线索,也是各国和各民族战略文化传统及思维方式的传承。

# 第二节　外国军事思想

　　在资产阶级在文艺复兴运动和启蒙运动等的影响下，在热兵器和机械化武器装备占主导地位的战争实践中，力图用较以往更"科学"的态度和不断创新的精神去研究军事问题，先后出现了《战争论》《战争艺术概论》《海上力量对历史的影响》《制空权》《总体战》《机械化战争论》《战略：间接路线》等大量军事理论著作和军事学说。这些著述在战争观、战略、建军及作战等方面提出了一系列颇有价值的思想观点，并逐步形成了西方资产阶级军事理论体系的基本内容。而20世纪，经历过两次世界大战后，资本主义国家的力量对比发生了深刻变化，美国成为世界霸主。随着科学技术和武器装备飞速发展，新的军事理论也不断涌现，以美国为代表的外国军事思想在机械化战争向信息化战争转变的军事实践中进入了一个快速发展的时期，并不断得到实战检验。

## 一、近代外国军事思想的主要内容

### （一）战争观

　　战争观，是西方资产阶级对战争的根本看法，是其世界观、历史观在战争问题上的表现，主要见于资产阶级军事理论家、政治家、哲学家和社会学家的著作中。战争观包括对战争的本质、战争的根源、战争与诸要素之间的关系、战争的制胜因素等问题的认识。

#### 1. 战争的本质

　　普鲁士军事理论家C. von 克劳塞维茨对战争定义问题进行了深入的研究，并运用哲学逻辑推理的方法揭示了战争的本质。他认为"战争无非是扩大了的搏斗"，"战争是迫使敌人服从我们意志的一种暴力行为"。这一定义揭示了战争的目的是"迫使敌人服从我们意志"；揭示了战争具有的暴力属性；揭示了战争是一种人类社会交往的行为；还指出了战争行为的目标是为了使敌人无力抵抗。在此研究基础上，克劳塞维茨进一步发现，战争所固有的暴烈性往往没有使其符合逻辑地走向极端形态的绝对战争，而是受到了战争的必然性和偶然性的制约和政治从属性的遏制，使其走向目的有限、暴力有限的有限形态战争，即现实战争。他认为遏制现实战争向绝对战争发展的决定因素就在于战争对政治的从属性。

#### 2. 战争的根源

　　西方近代资产阶级战争观从抽象的人性论和唯意志论出发，或把战争看作是人类社会的永恒现象，或主张通过改变人的本性、唤醒人的良知来制止和消除战争。其主要学派有：

　　（1）自然主义战争论。强调战争是"生命冲动"的"自然表现"，而"生命冲动"是"永恒的"，因此，战争的发生也是"永恒的"。

　　（2）新马尔萨斯主义战争论。继承和运用马尔萨斯的人口理论说明战争根源，认为战争根源在于人口的迅速增殖、人口过剩和由此而产生的饥饿与失业，战争是缩减多余人口，平衡人口与生活资料的调节器。

　　（3）地缘政治学战争论。认为战争是由地理环境原因引起的，国家的空间范围和种族发展不等值，于是产生争夺生存空间而扩张领土的战争，战争是解决生存空间的唯一办法。

(4) 非理性主义战争论。认为"生命的冲动"是绝对自由的，它按本能盲目地进行，使战争不可避免，不能用理性来说明。

(5) 种族主义战争论。以生物进化的自然法则来解释战争，把战争看作优等种族和劣等种族之间的生存竞争，认为战争是强者的权利。希特勒发动法西斯侵略战争正是以这种理论作为主要根据的。

(6) 心理决定战争论。把战争根源归结为人的心理因素，如报复、仇恨、猜疑、痛苦、恐惧等心理，并认为人的攻击本能及求生存的本能决定了战争的不可避免。

近代西方在战争根源问题上的上述理论，力图掩盖资产阶级发动侵略性和掠夺性战争的真正的、根本的社会经济原因和阶级政治原因，在一个时期内成为帝国主义军事政治集团制定侵略政策、大搞军备竞赛和发动世界大战的思想基础。其共同特点是否认战争根源于私有财产、社会阶级的对立关系，机械唯心地把战争根源看成是某些自然因素的结果，反映了资产阶级在政治观、历史观及世界观等方面存在着无法逾越的局限性。

### 3. 战争与政治的关系

许多早期资产阶级军事家在观察战争问题时，一般都注意把战争与政治联系起来。英国军事理论家 H·劳埃德就注意到了一个国家的政治结构及其政体对人们的精神状态影响很大，直接涉及军队的士气，影响战争的胜负。德国军事理论家 A. H. D. von 比洛把战略分为政治战略和军事战略，认为政治战略是最高一级的，应该支配军事战略。A. H. 若米尼把政治看作是军事学术的六个部分之首要问题，认为军事学术不仅要研究纯粹的军事行动，而且要研究战争的目的、合理性和必要性等问题。对战争与政治关系论述得最为深刻的当属克劳塞维茨。他提出战争是政治通过另一种手段的继续。战争是由政治引起的，政治是孕育战争的母体，战争是政治的工具，从属于政治。

### 4. 战争与经济的关系

19 世纪中期以后，由于战争规模明显扩大，维持战争费用越来越高，经济在战争中的地位就显得尤为重要。这个时期的军事思想家们突破克劳塞维茨单纯从政治角度分析战争根源的局限，高度关注战争与经济的关系。他们认为战争是攫取经济利益的重要手段。毛奇指出，交易所具有这样的影响力，它为了保护本身利益，能够驱使军队进入战争。法国军事家 F·福煦认为，现代战争的目的就在于为本国获得经济好处和有利的通商条约。他指出，战争在成为加强各民族的国际地位的暴力手段以后，现在正成为用来致富的手段。国家要获得财富，要满足自己的欲望，其手段就是战争。英国军事理论家 J. F. C. 富勒指出，欧战时期所需弹药及军需品种类多、数量大，于是在平时向来不为人注意的军事基础工业，终于被军队明确认识。他认为，战争部门甚多，补给乃其中最重要之一环。补给问题能否适当解决乃胜败之所系。他认为，攻击敌国的经济就是攻击敌国的本体，其目的就在于断绝敌方的供给，破坏敌方的资源，以摧毁敌国国民的意志，使敌国屈服。在两次世界大战中，协约国和同盟国的胜利在很大程度上应归功于他们强大的经济后盾。

同时，战争对经济具有巨大的破坏作用。意大利军事理论家 G·杜黑指出，世界大战耗尽了所有参战民族的资源，一方的全部力量在另一方全部力量压迫下完全瓦解。胜者精疲力竭，败者被剥夺了一切。战败国犹如遭受风暴袭击一样被破坏，而战胜国也由于付出极大的努力而衰竭，并且发现不能从被它战败的敌人身上补偿自己的损失。也正因为欧洲国家对这种破坏性的恐惧，他们都一厢情愿地希望战争将是速决的，而不是持久的。

### 5. 战争的制胜因素

西方近代军事理论家对于物质因素、精神因素与战争胜负的关系有较为深刻的论述。瑞士军事理论家若米尼认为，在一支军队里，全部官兵的士气对战争命运具有重大影响，其原因似乎是精神的因素可以产生物质上的效力。克劳塞维茨认为，精神因素是战争中最重要的问题之一，精神因素贯穿在整个战争领域。在战斗过程中，精神力量的损失是决定胜负的主要原因。他把精神要素作为五大战略要素中的第一类要素，认为物质的原因和结果不过是刀柄，精神的原因和结果才是贵重的金属，才是真正的锋利的刀刃。拿破仑也自认为他在意大利能够以 1∶3 的兵力对比取得战争的胜利，主要是军队的精神力量起了重大的作用。

在西方近代早期军事家眼中，地形具有绝对价值。普鲁士国王弗里德里希二世称：谁占有大地，谁就胜利。劳埃德认为，任何作战如果不和地形条件相适应，将是可笑的、毫无意义的；他还认为地理要素决定一个国家居民的体质和精神面貌，从而也决定军队成员的体质和精神面貌。克劳塞维茨在《战争论》中，也用了很大篇幅详细研究了各种地理条件对军事的影响。

新式武器在战场上显示出的强大威力，使得军事家们都开始注重技术在战争中的作用。毛奇在战争中重视利用当时最先进的铁路交通以实现部队的快速机动，并在普鲁士军队中首次使用了射速超过老式枪三倍的新式装备，保障了战场上的火力，使其成为当时欧洲最强大的陆军。富勒甚至高扬"唯武器论"的大旗，把技术的作用夸大到极致，认为战争胜负 99 ％要取决于武器，大力主张战争机械化。杜黑在第一架飞机刚能离地但还不是飞行的时候，就预见到了空军将蓬勃发展，并创立了空军制胜理论。

### （二）战略思想

19 世纪末 20 世纪初，资本主义进入到垄断阶段，世界列强竞相利用产业革命所提供的物质、经济条件，加紧在全球争夺势力范围，适应这一需要的战略思想应运而生，如总体战理论、间接路线战略论和地缘战略论等。

### 1. 海权论

海权论是主张拥有并运用优势海军和其他海上力量，以确立对海洋的控制权力，进而实现国家战略目的的军事理论。海权论创立于 19 世纪末 20 世纪初，主要代表人物有美国的 A. T. 马汉和英国的 P. H. 科洛姆。该理论认为，占地球表面 3/4 的海洋极端重要，谁控制海洋，谁就能控制世界贸易并进而控制世界财富；构成海权的基本因素主要有地理位置、自然构造、领土范围、人口数量及质量、民族特点、政府特性等；国家海上力量优势的标志是强大的舰队、商船队以及发达的基地网；夺取制海权是海上作战的主要目标，方法是舰队决战和海上封锁。海权论一经提出就受到英、美、日等海上强国的推崇，并对这些国家的海洋战略、海军发展和对外扩张产生了深远影响。

### 2. 空军制胜论

空军制胜论是主张建设一支独立空军进行空中战争，认为空军将主宰战场并决定战争结局的理论，又被称为空中战争论。该理论创立于 20 世纪 20～30 年代，其主要代表人物有意大利的杜黑、英国的 H. M. 特伦查德和美国的 W·米切尔等。该理论认为，由于飞机越来越广泛用于战争,空中战争的胜负将决定战争结局,空军在未来战争中的作用将超过陆军和海军;夺得制空权是赢得战争胜利的首要前提,丧失制空权就必然失败;空中战争是进攻性战争,空军的核心是轰炸机部队,对敌国经济、军事、居民中心实施战略轰炸,即可摧毁其物质上和精神上的抵抗,并迫其屈服;空军应当统一指挥,集中使用;要发展民用航空和航空工业,作为空军的后备等。

### 3. 机械化战争论

机械化战争论是主张以坦克为主体的机械化陆军在航空兵配合下主宰战场和决定战争结局的理论,又被称为坦克制胜论。该理论始创于第一次世界大战末期,20 世纪 20～30 年代形成完整理论体系。其主要代表人物有英国的富勒、法国的 C·戴高乐以及德国的 H·古德里安等。该理论认为,装甲车辆使陆军的攻击力大为增强,从而使战争重新成为艺术,并使压缩军队数量、减少战争次数、缩短战争时间、节省战争费用、减轻战争造成的伤亡和破坏成为可能,因此军队要实现机械化和摩托化。机械化将促使军队编成、兵役制度和战略战术等发生革命性变化:坦克兵取代骑兵成为陆军的主体;终身服役制取代短期服役制;坦克部队和航空兵密切协同,可先敌发起突然袭击;实施大纵深作战,打击对方首脑机关,摧毁其通信、补给系统和歼灭敌重兵集团等。

### 4. 总体战理论

总体战理论是主张国家动员一切力量、使用一切手段进行战争,以彻底摧毁敌国战争能力的理论。总体战理论创立于 20 世纪 20～30 年代,其代表人物有德国的 K·希尔和 E·鲁登道夫。该理论认为,现代战争是总体战,其最大特点是总体性或全民性,要求战争谋划从全国的总体上进行,不仅要充分利用军事力量,还要考虑到政治、经济、心理等各种因素,民族的精神团结是总体战的基础;总体战不仅是针对军队的,也是直接针对人民的,因而在与敌军作战的同时,也需对敌国人民的精神和肉体施以攻击,以达到瓦解其精神、瘫痪其生命的目的;战争胜负取决于民族总体力量,因而在战争中军事斗争高于一切,一切都要服从于它,包括政治在内,国民经济体系必须适应战争目的;总体战应集中优势兵力闪击敌国,速战速决,使战争不至于受到经济困难和人民团结破裂的威胁,从而达到总体战的目的。

### 5. 间接路线战略论

间接路线战略论是主张在战争指导上应尽量采取迂回打击的方式,从而以最小的军事消耗和最低限度的损失使敌人屈服的理论。该理论创立于 1929 年,其代表人物为英国的 B. H. 利德尔·哈特。该理论认为,间接路线战略是取得战争胜利的基本原则,"在战略上,最漫长的迂回道路,常常又是达到目的的最短途径。"避免正面强攻直撞是达成间接路线的方法。战略的真正目的不是寻求决战,而是要尽量削弱敌人的抵抗能力,破坏其稳定性,创造有利的战略态势。其结果,敌人不是自动崩溃,就是在会战中轻易被击溃。采取"间接路线"的行动方式是多种多样的,一切均以出其不意和破坏敌人的稳定性为准则。

### 6. 地缘战略论

地缘战略论是以地缘关系为主要依据,制定国家政治、军事、经济战略及对外政策,以谋取国家利益的理论。该理论始创于 20 世纪初,30～40 年代进一步丰富和发展。其代表人物有英国的 H.J.麦金德、德国的 K·豪斯霍弗尔、美国的 N·斯派克曼等。该理论认为，地缘政治利益是国家利益的重要内容。领土大小、资源多少及在世界上所处位置，很大程度上决定了一个国家的政策选择和利益取向。欧亚大陆是世界地缘战略的枢纽，但不同学派的观点各有侧重。麦金德指出，围绕欧亚大陆心脏地带有内外两个同轴的新月形地带，由此得出"世界岛"推论，即谁控制了东欧，谁就控制了整个心脏地带、进而控制世界岛；谁控制了世界岛，谁就控制了世界。斯派克曼则认为，处于大陆和近海之间的边缘地带在全球战略中最为重要，它可缓和陆上力量和海上力量的冲突；谁统治了边缘地带，谁就能主宰欧亚大陆、进而主宰世界命运。豪斯霍弗尔强调，国家是一个有机体，出于其生命的本能，必然向领土之外进行扩张，大国即是扩张的国家。

### （三）作战指导思想

西方资产阶级军事家十分重视从以往的战争中总结经验教训。同时，一些有远见卓识的将领还注重根据军事技术和武器装备的发展，进行作战思想的创新，提出了一些在当时较为先进的作战理论。

#### 1. 力求闪击速决

西方军事家看到了战争的巨大消耗和久拖不决的危害，在作战指导上普遍追求速战速决，以快速决定性的作战或一次性的决战夺取战争的胜利。在第一次世界大战前，速决战的观点对参战各国的作战指导产生了重大影响。各国参谋总部在拟制作战计划时，都打算实施以运动歼敌为主的速决战。施利芬在其 1905 年的《对法战争备忘录》中第一次提出了对法国进行速决的闪击战思想，后来德国在第一次世界大战中付诸行动，但由于双方势均力敌而使速战速决的企图破产。闪击速决思想最成功的应用是第二次世界大战时期德国的坦克"闪击战"。其基本战法是：陆军和空军部队集中和展开时应对敌隐蔽，不宣而战，首先由空军对敌人最重要的交通枢纽、飞机场、防御工事、军队和重要的行政中心及居民点进行猛烈的空袭。与此同时，有强大航空兵支援的数个坦克集团军组成的地面部队开始进攻，向敌国土纵深迅速推进，分割敌人正面，合围并粉碎其主要军队集团。野战集团军在坦克集团军的侧翼行动或在其后面跟进，消灭已被打乱的敌军集团和占领已夺取的土地。闪击战的实质就是突然的袭击和快速而坚决的打击，在敌方尚未实施人力和经济力的动员，并在反击准备之前，用一次打击，就"闪电般"地将其粉碎。

#### 2. 强调主动进攻

西方资产阶级军事家及理论家都十分强调主动进攻的根本指导思想。A. V. 苏沃洛夫指出，战略行动的基本方法是主动进攻，主要目标是歼敌军队。德国著名军事家毛奇认为，进攻是主动行为，防御是被动行为，在同等条件下，进攻优于防御，防御一方最终也要靠进攻取胜；只要做好准备就应先发制人发动进攻。丘吉尔认为，最好的防御就是进攻。

西方军队将领认为充分运用先进武器装备是最好的进攻手段。他们非常注重根据军事技术和武器装备的发展进行作战思想的创新，提出了一些在当时较为先进的进攻作战理论，如拿破仑的"纵队战术"、马汉的"舰队决战"、杜黑的"夺取制空权"和"空中进攻"、古德里安的坦克"闪击战"、邓尼茨的潜艇"狼群战术"等，这一系列进攻作战思想，都是旨在说明借助新式武器装备如何突破敌军防御、实施进攻的理论。

#### 3. 注重积极防御

进攻和防御是两种基本作战类型，西方国家军队在崇尚进攻的同时，也反对单纯的进攻与单纯的防御，坚持攻防的辩证统一。一是强调防御不应是单纯的据守，防御中应该有进攻。拿破仑根据自己对战史战例的研究和实践经验，认为防御性的战争并非没有进攻，进攻性的战争也不是没有防御。在战争中，首先要有一个完善的防御，其次才能进攻。俄国元帅库图佐夫认为，防御应当是积极的，防御并不是目的，而只是为敌人进攻创造更不利的障碍。他以攻势防御击败拿破仑并以此享誉欧洲。克劳塞维茨则明确提出了"积极防御"和"消极防御"的成对概念，并坚决主张实行"积极防御"。二是防御应不失时机地转入反攻和进攻。拿破仑认为，从守势到攻势的变换是战法上最精妙的一种行动。克劳塞维茨则从对立面相互转化的辩证法观点出发，阐述了防御向反攻和进攻转变的重要性和必然性。他强调指出：应该把转入反攻看作是防御发展的必然趋势，是防御的一个基本组成部分，指出"迅速而猛烈地转入进攻是防御的最光彩部分"，是"闪闪发光的复仇的利剑"。

### 4. 力求消灭敌人军队

力求消灭敌人军队就是通过歼灭或俘虏的方式，使敌人军队陷入不能继续作战的境地。拿破仑把力求消灭敌人的军队作为首要作战原则。他认为，首要的作战原则不是力图占领敌人的土地，而是应力图消灭敌人的军队，只要把军队消灭，其他一切就会随之土崩瓦解。这个思想贯穿于拿破仑的全部军事活动和各个重要的战役当中。俄国元帅苏沃洛夫认为，战争中打击的基本目标不是供给基地，而是敌人的军队。他有一句名言：赶走敌人是失败，歼灭敌人、俘虏敌人才是胜利。克劳塞维茨提出"消灭敌人军队是一切军事行动的基础，是一切行动最基本的支柱"。

### 5. 强调集中兵力

集中兵力的作战原则是军事指挥艺术的核心内容，是消灭敌人军队的基本方法。集中兵力就是在必要的时间和必要的地点，集中比敌人在此时此地更为强大的兵力，以形成有利于消灭敌人的态势。奥地利军事统帅卡尔大公认为，只有在决定性的地点，造成压倒敌人的优势兵力，方能取胜。拿破仑提出"多兵之旅必获胜"的名言。若米尼把集中兵力通俗地称之为"以大吃小"，认为这是适用于一切战争的基本原理。

集中兵力分为"空间上"和"时间上"两种。克劳塞维茨认为，数量上的优势不论在战术上还是在战略上都是最普遍的制胜因素，如何形成这种优势需要从"空间上的兵力集中"和"时间上的兵力集中"两个方面加以考虑。素有"战神"之称的拿破仑在所指挥过的著名战役中，都是在战场作战总兵力处于劣势的情况下，在必要的时间和地点，集中起比敌人在此时此地更多的兵力，形成局部优势，最终以寡击众、以少胜多地战胜了对手。

### 6. 实行纵深机动作战

机动原则一直是西方军事家们推崇的原则。劳埃德认为，军队在战场上的快速性具有特别重要的意义，在其他条件相同时，胜利将属于最出色地完成行军任务的军队。西方近代军事史上，能够将机动原则运用得最好的并藉此取得辉煌战果的则是拿破仑。拿破仑认为："行军就是战争"，"战争的才能就是运动的才能"，"善于运动的军队必能获得胜利。"拿破仑总是力图突破或绕过敌人的战线，并以高速的迂回机动前出到敌人的交通线和后方。迅速而巧妙的机动，使拿破仑能够在必要的时间和必要的地点集中优势兵力，迫使敌人在不利条件下应战。作为大纵深战役战斗理论奠基人之一的 M. N. 图哈切夫斯基认为，现代条件下不可能通过一次突击就消灭敌人的全部军队，只有实施一系列连续战役才能彻底消灭或粉碎敌人的军队。他强调正确选择主要突击方向，进行纵深梯次部署，采用坚决的战役机动样式，主张摒弃逐个争夺敌人每一道阵地的传统战法，采用对敌防御全纵深同时实施打击的新样式。

### 7. 实施迂回包围

西方军事家认为，迂回包围是歼灭敌人的有效方法，是达成速决战的最直接的手段。第二次世界大战中，德国对波兰、法国的闪击战以及对苏联明斯克、基辅、斯摩棱斯克等城市的进攻，都是迂回包围思想的实际运用。

### 8. 重视预备队的重要作用

克劳塞维茨认为，预备队是战略指挥上的重要条件，预备队的使命，第一是延长和恢复战斗，第二是应付意外情况。他认为，在主力会战中，双方留下的预备队兵力的对比，往往是最后决定胜负的主要根据。

### （四）建军思想

资产阶级在同封建势力的斗争中，由于进行革命和战争的需要，逐渐产生了为本阶级服务的新型军队，并形成了适应本阶级特色的军队建设理论。

### 1. 确立新兴资产阶级军队的建军原则

资产阶级新型军队是在资产阶级革命中产生的，其建军原则在英国革命中初步确立，在美国革命和法国革命中进一步完善。

（1）确保资产阶级对军队的领导权。

（2）变雇佣兵制为普遍征兵制。

（3）对旧的军事体系实行根本改造。

### 2. 强调军队的武德、士气和将帅的作用

西方近代资产阶级军事家在其军队建设过程中，普遍重视精神因素及统帅因素的作用，特别推崇武德的价值。

（1）高度重视军队的武德、士气问题。拿破仑认为，战争中，军队的精神状态足以保障四分之三的胜利。克劳塞维茨认为，军队的武德是战争中最重要的精神力量之一，军队的勇气和士气在过去各个时期曾使军队的物质力量成倍地增强，今后也仍将如此。

（2）格外重视将帅的作用。由于西方进入近代以后，战争规模扩大，战争中的情况日趋复杂，特别需要统帅在战争中能克服阻力，获得胜利。

### 3. 注重更新武器装备和扩建新的军兵种

西方资产阶级军队在其近代 300 年的发展历史中表明：武器装备成为军队组织形式变化的决定因素。前者的更新必然引起后者的改变，能够促成作战样式变化的新式武器，往往导致新的军兵种的出现。

（1）注重更新武器装备。若米尼认为，武器的优越可能增加战争胜利的机会，虽然武器本身并不能够获得胜利，但它却是胜利的重要因素之一。

（2）积极扩建新的军兵种。坦克在第一次世界大战中出现后立即引起了军事家们的关注。第一次世界大战后，实现军队的机械化和摩托化成为各国的共识，各国都加大了对坦克部队的建设和投入，装甲兵成为陆军中的一个主要兵种。飞机的出现把战争从平面发展

到立体，开辟了一个新的战场。海军建设也是由技术来推动的。由于动力技术的进一步改进，潜艇部队很快得以组建。航母诞生之后，海军航空兵也随之成为海军中的一个主要兵种。海军很快就发展成为由多兵种组成，能进行立体作战和合同作战的军种。这个时期，还涌现出防化兵、空降兵等新的兵种。西方军事家们认为这些都是军事技术发展的必然结果。

#### 4. 加强军队的纪律和训练

（1）高度重视军队的纪律和训练问题。拿破仑把纪律和训练作为一个好军队的重要条件。他认为，好的将领、好的军官、好的组织、好的训练、好的纪律可以形成一个好的部队。若米尼认为，军队因为有了纪律，就会有秩序，就会团结一致，当然也就有了力量。训练军队是准备战争的最好方法。

（2）强调和平时期更应加强军队的训练和纪律养成。长期的和平阶段，保持军队的战斗力特别重要。因为军队的战斗力在和平时期最容易退化，需要通过训练、演习来保持。克劳塞维茨认为，如果平时的演习与战场环境越接近，那么这种演习的价值就越大。

（3）倡导军队的机械化、小型化和职业化。第一次世界大战以后，由于新式武器的出现，特别是坦克运用于战场，陆军构成发生了根本性变化，原来的步兵、炮兵和骑兵三兵种结构发生了动摇，骑兵开始退出战场。坦克良好的机动性、火力和防护力，使它代替了骑兵的地位，成为陆战场上的主要力量。许多军事家认为陆军应该在坦克的带动下进行一场革命。军队中的主要组成部分，应是机械化了的军队，即坦克部队或机械化步兵部队。由于机械化所需要的费用极大，所以保持一个大规模的军队是不可能的。以往短期服役的军人，将由长期服役的职业军人所取代，因此主张军队小型化、职业化。

## 二、当代外国军事思想的主要内容

### （一）冷战期间外国军事思想的主要内容

#### 1. 安全战略思想

第二次世界大战结束不久，冷战便拉开序幕，美苏两极对抗格局持续长达40余年。冷战时期，美国视苏联为其争当世界霸权的最大障碍，因而一直奉行针对苏联的"遏制战略"。其核心思想是，从政治、经济和军事三方面阻止苏联的扩张，以争夺全球霸权优势地位。苏联面对美国的霸权主义，则奉行与美争霸、向世界扩张的战略思想。日本基于威胁多样化的判断，提出了"综合安全保障战略"，即在建设军事力量的同时，综合运用经济、外交和文化等各种力量，确保国家的安全与稳定。印度则根据战后国际安全形势的变化，先后提出了不结盟、以印度为中心、文武并举、以核谋大国等战略思想。

#### 2. 战争思想

冷战期间，外国对战争的根源、分类等提出了不同的看法。美国在不同时期根据力量对比和武器装备的发展对战争进行了不同的分类。第二次世界大战结束后，把战争划分为全面常规战争和局部常规战争两大类；20世纪70年代把战争分为战略核战争、战区核战争、战区常规战争和小规模常规战争（也称局部战争）四类，并提出了常规战争、核战争及太空战争等战争理论；80年代将战争划分为高、中、低三种强度的冲突。苏联认为，按军事特征和战争规模，战争可分为世界大战和局部战争及武装冲突；按作战兵器，战争可分为世界大战和常规战争；按持续时间，战争可分为速决战和持久战；按作战样式，战争又可分为运动战和阵地战。日本认为，核恐怖遏制了核战争和大规模常规战争；在大国核僵持局面下，世界大战虽得以避免，但国与国之间意识形态的对立、民族宗教矛盾和领土纠纷导致常规战争不断发生。印度则认为，发展中国家之间的民族矛盾、领土纠纷和经济发展不平衡等，都可能成为战争的起因，而大国的插手和利用又常常使战争升级。因此，常规战争在第三世界不可避免。

### 3. 军事战略思想

冷战期间世界军事形势最大的特征是美苏对抗，这是美、苏、日、印等国制定军事战略的根本前提。美国先后提出了遏制战略、大规模报复战略、灵活反应战略、现实威慑战略、新灵活反应战略、超越遏制战略以及威慑战略、实战战略、联盟战略、前沿防御战略等战略思想；苏联在冷战时期先后提出积极防御、核大战、全球进攻、纯防御等战略思想；日本先后提出集体防卫、日美共同防卫、专守防卫、前方阻止等战略思想；印度则先后提出有限进攻、两线扩张、保陆制海战略等战略思想。

### 4. 建军思想

冷战时期，各国根据本国不同时期的军事战略，确立并调整军队建设思想。美国先后提出"打一场以苏联为主要敌人的常规世界大战"、"以打核战争为主、打小规模常规战争为辅"、"打两个半常规战争和特种战争"、"打一个半战争"、"打各种常规战争"以及"打局部战争"等建军目标；苏联则先后提出"以陆为主，军兵种协调发展"、"全力争夺核优势"、"核常并重，谋求对美全面优势"、"合理够用，质量建军"等建军思想；日本则先后提出"渐进建军"、"少而精"、"基础防卫力量"等建军思想；印度则经历了创建新型国防军、大规模扩军备战、武器装备现代化、质量建军等建军思想的几个发展阶段。

### 5. 作战思想

冷战时期，外国军队作战思想随着军事战略的调整、武器装备的更新以及局部战争实践的变化而发展。美军主要有核作战思想、常规作战思想和对外用兵指导原则；苏联先后提出军兵种协同作战、核突击作战、速决战、进攻性作战、防御性常规作战等作战思想；日本先后提出海上歼敌、联合作战、对付立体战、纵深消耗战、空地作战等作战理论；印度先后实施消极防御、攻势作战、机械化作战等作战思想。

### （二）冷战后外国军事思想主要内容

冷战结束后，美、俄、日、印等国大力推进新军事变革，积极创新军事理论，工业时代的军事思想加速向信息时代的军事思想转变。其主要内容包括以下几个方面。

### 1. 安全战略思想

冷战结束以来，外国安全战略思想发生了重大变化。在威胁判断上，普遍强调国际安全环境的不确定性、突然性和多变性，不仅重视传统威胁，而且重视跨国犯罪、恐怖主义、极端主义、毒品走私等非传统威胁。在国家安全问题上强调信息时代的国家安全不仅包括军事安全，还包括信息安全、经济安全、科技安全、政治安全和文化安全；不仅强调通过军事竞争实现安全，而且强调通过加强军事交往与军事合作实现安全。因此，美国通过颁布《国家安全战略》文件，提出了"超越遏制"、"参与和扩展"、"反恐怖"、"巧实力"等安全思想；俄罗斯通过发表《国家安全构想》，首次提出了"综合安全"思想；日本通过发表安全问题恳谈会报告和《防卫计划大纲》，在"综合安全保障"的基础上，提出了"统合安全保障"、"多层次合作安全保障"等安全思想；印度领导人则提出了"军事谋安全"、"经济保安全"、"合作安全"等安全思想。

### 2. 战争理论

在信息时代，由于传统威胁和非传统威胁相互交织，国际国内各种政治力量矛盾错综复杂，导致战争动因更加复杂，战争的可控性增强，战争的目标、规模和手段都受到政治的严格控制；战争由陆地、海洋和空中三维空间扩展到太空、信息、网络六维空间，太空战、信息战和网络战将成为决定未来战争胜负的重要作战样式；进行战争不再是民族国家或国家集团、政党或团体的专利，非国家主体、非政府组织、跨国公司、恐怖集团也同样能够发动战争；随着战场透明度的增加和各种精确制导武器的发展，战争的附带损伤将越来越小，地形、气候等地理因素对战争进程的影响将大为减弱。根据信息时代战争的这些基本特征，美、俄、印等国提出了"高技术战争"、"信息战争"、"非正规战争"、"混合战争"、"非对称战争"、"非接触战争"、"第六代战争"、"有限战争"等战争思想，并用以指导本国的国防建设、军队建设和战争准备。

### 3. 军事战略思想

国家军事战略是平时和战时分配和运用军事力量达成国家安全战略和国防战略目标的艺术和科学。在信息时代，如何根据变化了的安全和作战环境，恰如其分地分配和运用国家军事力量达成国家战略目标，是外国军事思想必须考虑的重要问题。总的看，外国军事战略在指导方针上，既强调进行核威慑和常规威慑，又要求在特定情况下发动"先发制人"的军事打击；在手段运用上，既要求充分运用"硬实力"，又要求同时运用"软实力"；在核威胁判断上，认为爆发核大战的可能性越来越小，但由于核技术与核武器扩散严重，发生小规模核袭击和核攻击的可能性在不断增加。根据对冷战后国际安全环境、自身面临的威胁和未来战争类型的判断，美国先后提出了"地区防务"、"灵活与选择参与"、"塑造、反应、准备"、"确保、劝止、威慑、战胜"、"保护、预防、战胜"、"新三位一体"、"平衡"等防务战略思想；俄罗斯提出了"综合回应"、"非对称回应"、"有效核遏制"、"初战即决战"等军事战略思想；日本"联盟"、"拓展"、"威慑"等军事战略思想渐趋成型；印度提出了"惩戒威慑"、"劝戒威慑"、"可靠的最低限度核威慑"、"远洋进攻"等军事战略思想。

### 4. 建军思想

随着冷战的结束和信息时代的到来，外国军队建设思想也在发生革命性变化。这些变化大致可以归纳为"基于能力、国家统筹、信息主导、系统集成"。"基于能力"，就是将过去"基于威胁"的国防和军队建设规划模式改变为"基于能力"的模式，即不是以对手可能是谁、战争可能在哪里发生为基础，而是以对手可能具有什么能力、以何种方式作战为基础，以作战能力需求牵引军队的建设和发展。"国家统筹"，就是强调军队信息化是国家信息化的重要组成部分，要求把国防与军队信息化建设战略规划纳入国家决策范畴，由中央政府统一筹划，充分利用国家信息资源，加速推进机械化军队向网络化军队的转变。"信息主导"，就是确立"以信息为基础"的建军思想，使信息主导军队建设的各个方面，把军队建设的着眼点放在"看得见"、"连得通"、"传得快"、"打得准"上。"系统集成"，就是通过网络化建设，使战场感知、指挥控制和精确打击三个职能领域实现无缝隙链接，共享情报信息，最终形成信息优势、决策优势和作战行动优势。根据自身对未来作战环境和战争需求的理解，美国在军队建设方面提出了"基于能力"、"概念驱动"、"模块化部队"、"联合训练"、"全谱作战训练"等概念；俄罗斯提出了"军事转型"、"协调发展"、"创新型军队"等建军思想；日本提出了"合理、高效、精干"、"多能、灵活、有效"、"快反、机动、灵活、持续、多用"等建军指导思想；印度提出了"基于威胁建军"、"基于联合建军"、"基于信息建军"、"一体化作战群"等建军理念。

### 5. 作战思想

信息时代的到来和信息技术被广泛用于军事领域，引起作战样式和战争形态发生根本性变化。外国作战思想认为，信息时代的所有作战行动都是联合作战或联合行动，任何单一军种都难以完成联合作战或联合行动任务，工业时代的军种部队最终要转型为信息时代的联合部队。在作战目的上，将不再一味谋求大量歼灭敌有生力量和攻城略地，而是通过直击敌方政治、军事、经济重心，打击敌战争中枢，消耗敌战争潜力，震慑和摧毁其战争意志，力求以最小代价换取最大效果。在作战方式上，将改变以往线式作战、对称性作战等方式，转而采取"非线式"、"非对称"作战方式，实施体系对抗、结构破坏。在作战空间控制上，不仅重视夺取和保持制空权、制海权，而且更加注重争夺制天权和制信息权，将信息战、太空战、心理战、网络战、特种战等，由以往的支援性、辅助性作战行动转变为独立的、重要的作战样式。在作战程式上，主张放弃工业时代的兵力集结、部署、逐次突破推进、最后举行决战等程序化行动方法，转而采用探明敌情、部队进入、实施打击、夺取或摧毁关键目标、决战、信息作战及作战保障同时展开的"平行作战"方式。在作战手段上，不再以大面积、高毁伤的粗放式作战为基本手段，而是以"点穴式"、高效能的精确打击为主要手段，避免造成大量附带损伤。在兵力编成上，由以往按级编组的固定庞大的军种建制部队编成方式，改变为在尽可能低的层次上编组联合部（分）队和常备联合特遣部队。在作战部署上，由过去的集中部署和使用兵力，改变为分散部署和使用兵力、共享态势感知和集中作战效果。在指挥协同上，由以往预先制定周密计划的计划协同为主，转变为随机临时制定计划和各级联合互动制定计划的临机协同为主。在作战保障上强调综合运用军事和非军事手段及本国和盟国甚至非政府组织的资源，缩短作战准备时间，提高作战保障时效，并由以往各军种自我保障为主的粗放式保障，转变为诸军兵种一体化的精确保障。根据信息时代战争的这些基本特征，美国军队提出了"联合作战"、"信息作战"、"太空作战"、"网络中心战"、"快速决定性作战"、"基于效果作战"、"感知和响应后勤"等20多种作战思想；俄罗斯军队提出了"战略性空天战役"、"维和战役"、"网络破袭战"、"特种反游击"等作战思想；日本自卫队提出了"协美干预"、"领域防卫"、"联合快反"等作战思想；印度军队提出了"冷启动"、"攻势防御"等作战思想。

## 三、外国军事思想的基本特点

当代外国军事思想虽然因各国安全环境、战略目标、自身实力等因素不同而有所差异，但仍有一些共同的基本特点，主要包括以下几个方面。

### （一）服从并服务于国家安全战略

军事是手段，政治是目的，军事服从并服务于政治。在主权国家，国家安全是最大的政治，因此也是军事思想的风向标。美、俄、日、印等国都是在其安全战略的指导下进行军事思想的创新与发展的。

冷战刚结束时，美国提出了"超越遏制"安全战略和确保美国独立自由地生存、经济健康成长、世界稳定而安全、与盟国和友好国家保持健康而充满活力的合作关系等安全战略目标。根据"超越遏制"战略的要求，老布什政府适时提出了"地区防务"军事战略和"联合作战"、"前沿存在"等作战思想，从军队建设、兵力部署、战争准备等方面强化美国军事力量，确保顺利达成美国安全战略目标。

俄罗斯提出"以发展保安全"的综合安全观和"国防与经济和社会保持协调与可持续发展"的国家安全战略目标后，俄罗斯军队根据国家安全战略思想的要求，提出了国防与社会经济协调发展、根据威胁实施军事转型、用"效费比"原则提升建设效益、建设创新型军队等发展理念，把国家安全战略思想贯彻到军队建设的各个方面，确保国家安全战略目标的实现。

### （二）具有鲜明的时代特征

外国军事思想的最显著特征是其时代性，这一点在冷战后表现得尤为明显。

冷战结束后，和平与发展成为时代主流。美、俄两国所面临的严重现实威胁消失，世界处于前所未有的和平安全环境之中。根据变化了的国际安全环境，美国把种族敌视、民族抗衡、宗教关系紧张、武器不断扩散、个人野心、极权主义等引起的地区性冲突，作为其国家利益的主要威胁，有针对性地提出了"超越遏制"和"地区防务"战略；俄罗斯则将苏联时期的战略扩张转变为战略收缩，重点研究战略防御问题，主要考虑如何以有限的力量捍卫国家安全与国家利益，备战基点开始由大规模战争转向局部战争与武装冲突；日、印等国也对本国军事思想作了相应调整。

另外，信息技术也为军事思想打上了深刻的时代烙印。高新技术特别是信息技术越来越多地用于军事领域，不仅大大提高了作战效能，而且从根本上改变了作战方法、作战方式和战争形态。根据这些变化，美军于20世纪90年代中期创立了"信息作战"理论，提出必须实施军事欺骗、心理战、电子战、计算机网络战、作战保密等作战行动，首先夺取信息优势，为实现全谱优势和战争的最后胜利创造条件；21世纪初，美军又创新了"网络中心战"、"太空作战"、"网空作战"等作战理论，为发展全球信息栅格、传感器网络、指挥控制网络、交战网络和太空攻防作战装备，打造一支网络化、陆海空天一体化的美国军队提供了有力的理论支撑。俄军密切跟踪世界军事发展，在借鉴国外信息战、网络中心战等思想的基础上提出了网络破袭战、信息—突击战役、信息—心理战等新作战概念，用以指导军事转型。日、印等国军队也提出了适应信息时代战争需要的新思想和新理论。

### （三）受传统文化的影响

一个国家的传统文化，是几百年甚至几千年的历史过程中形成和积淀下来的，它不仅对民族的思维模式、行为和生活方式，而且对国家的政治观点和军事思想也产生深刻而长远的影响。例如，美国历史短，发展快，虽缺乏哲学底蕴，很自负，但有进取心。这种独特的历史使美国产生了把其社会制度和价值观推广到全世界的所谓"天定命运论"。第二次世界大战后，"天定命运论"加上"世界领导论"造就了"全球霸主论"。这使美国认为其对外发动的战争必然是正义的，谋求不可挑战的军事优势是理所当然的。受对外扩张和大国主义战略文化的影响，苏联冷战期间与美国争霸、向全世界扩张，其军事思想体现了扩张主义和大国主义特点。日本的"岛国根性"、"富国强兵"、"武士道"和"与强者为伍"的战略文化，给日本的军事思想打下了深深的烙印。

### （四）具有明显的继承性

外国军事思想是外国军队对国防建设和军事行动特点、规律的探索与总结，虽然各时期表现出不同的特征，但它们之间有相互连续性和关联性，是在传统军事思想基础上的继承和发展，表现出明显的继承性。

美军是一支具有创新文化、提倡创新思维、鼓励创新行为的军队，冷战后提出了"非正规战争"、"混合战争"、"联合作战"、"快速决定性作战"、"网络中心战"等众多新作战思想。这些新作战思想既是对信息时代战争新特点、新规律的探索与总结，也是对美军"有限战争"、"低强度冲突"、"空地一体战"、"两栖作战"等理论的继承和发展。冷战结束后，日本为实现"争做世界政治大国"的战略目标，提出了"多层次合作安全保障"战略和"联盟、拓展、威慑"军事战略思想，不仅反映了日本对新时代安全环境、历史地位和地缘条件的新认识，而且体现了日本军事思想的外张性传统，使日本"岛国根性"再度张扬。冷战后，为实现"争做世界一流大国"的战略目标，印度提出了新的地缘安全观和军事安全观、对巴"惩戒威慑"、对华"劝戒威慑"、"冷启动"、"攻势防御"等军事思想，不仅反映了印度在新的历史条件下对国家安全问题的重新认识，而且表现出对英国殖民者安全观和本土战略思想的全面继承和发展。

### （五）具有一定的开放性

外国军事思想是所处时代军事活动的客观反映，是对军事现象的规律性总结，但它又是随着客观事物的发展变化而变化的，并非一成不变。因此，外国军队在强调军事战略、作战条令、训练条令等文件的权威性、指导性和规定性，要求部队遵照执行的同时，也为修改、发展和完善它们预留了空间。

美军的每本联合条令，在序言中都有这样一句话："本出版物的指导具有权威性。因此，应遵照执行，除非根据指挥官的判断特殊情况不允许这样做。"这说明该条令不是包罗万象、尽善尽美的，还有例外情况和改进余地。美军联合作战概念体系架构已经比较完善，但这并不意味着这个架构一成不变。美军规定，新概念颁布18个月后，要对其进行全面评估，如果评估结果表明该概念符合预想情况，体系结构基本可行，就进一步深化和完善，否则就放弃该概念或修改不合理的体系结构，不管这个概念或体系结构是谁提出来的，是由谁批准的。

开放性也是俄国军事思想的重要特点。俄军的开放性包括对外和对内开放两个方面。对外开放，就是广泛吸收和接纳国外军事理论发展的最新成果，为俄罗斯军事理论创新提供丰富的营养；对内开放，就是军事理论研究不再是军事部门的专利，也不再受行政部门的干预，允许各种非官方军事学术组织研究军事理论、拓展学术界认识军事问题的视野和高度，为军事思想发展注入新的活力。

### （六）具有较强的规范性

外国军事思想创新提倡百花齐放，百家争鸣，不管将军还是士兵，都可以适当的形式阐述自己的创新性观点。当一种新思想、新观点、新术语出现时，任何人都可以发表不同的或相同的见解，对其进行修正或完善。但当这种思想、观点或术语被官方接受后，就以官方文件或法规的形式对其加以规范，要求遵照执行。

美军参联会于 20 世纪 90 年代陆续制定了 1～6 系列，包括战略、战役、战术三级的联合作战条令，并用联合作战条令规范各军种的作战条令。20 世纪末至 21 世纪初，美军相继提出了"行动中心战"、"知识中心战"、"网络中心战"等前瞻性作战理论。经过一段时间的发展，美军最后确定采用"网络中心战"理论，并且以向国会的报告、四年防务审查报告、军队转型路线图等文件形式对其加以规范，使"网络中心战"理论成为全军认可和共同开发的未来作战理论。

### （七）具有较强的前瞻性

由于现代科学技术特别是信息和网络技术飞速发展，危机爆发突然，作战对象、作战地点和作战方式很难确定，现代战争存在着不可重复性。因此，作战理论创新、军队建设、教育训练等都应着眼于如何打赢下一场战争，而不是如何重复上一场战争。

美军无论是创新作战理论还是设计军队建设都特别着眼于未来。在作战构想创新上，美军一般前瞻 15～20 年，如《2010 年联合构想》和《2020 年联合构想》。在作战概念创新上，美军一般前瞻 8～15 年，如《联合作战概念》。在军队建设上，美军一般前瞻 30 年，如美国国防部在 2001 年向国会提交《网络中心战报告》时，就计划到 2030 年全面建成网络化部队。此外，美军对可能出现的新作战样式十分敏感。当海湾战争首次出现"信息作战"的萌芽时，美军立即抓住信息时代战争这一独特的作战样式，组织人力物力进行前瞻性研究，在较短时间内陆续写出了军种和联合信息作战条令，形成了比较完善的信息作战理论体系。

俄军在作战理论研究方面也具有较强的前瞻性和独创性。例如，"非对抗回应"战略理论和"网络破袭战"理论，就为信息时代后发达国家克敌制胜探索了可能的途径；科科申等人关于创新型军队的理论，不仅从技术层面，而且从战术层面，预见到了作战方式的根本性变化，从而提出彻底跳出现行军队建设思路，超前设计未来军队的结构和能力，以期实现军队的创新型发展。

日本制定的《2011 年度以后的防卫计划大纲》，是指导今后 10 年日本军事力量发展的指导性文件。大纲提出的"动态防卫力量构想"、"动态威慑"军事战略思想，将成为日本自卫队今后 5～10 年力量建设、军事部署和作战运用的指导思想。

毫无疑问，这些前瞻性创新成果将有助于美军、俄军和日本自卫队加强军队建设和做好战争准备，为打赢未来战争奠定坚实的理论基础。

## 四、《战争论》的思想精华及深远影响

在长达千余年的中世纪，欧洲军事思想基本上没有明显的进展。直到文艺复兴，特别是资产阶级革命兴起之后，在新科学、新思想的推动下，欧洲军事思想才蓬勃发展起来。《战争论》则是欧洲资产阶级军事思想成熟的标志，也是欧洲军事思想发展的高峰。《战争论》之所以在 18 世纪末、19 世纪初问世，除了文艺复兴、资产阶级革命的时代推动因素之外，最直接的因素是法国革命战争和拿破仑战争的推动，以及克劳塞维茨本人丰富战争实践经验的升华。

《战争论》的思想精华及深远影响

## （一）《战争论》的思想精华

《战争论》中的内容涉及战争观、战略战术、军队建设、后勤保障、战争计划诸方面问题，构成了一个庞大的理论体系。但是，用克劳塞维茨自己的话来说，这个体系虽然庞大，却并不完整。因为他所关心的只是力求贡献给读者一些"纯金属的小颗粒"。正是在这些"纯金属的小颗粒"中，克劳塞维茨融入了法国大革命和拿破仑战争带来的新思想以及自己在战争实践中产生的真知灼见。因此，我们要想了解《战争论》的思想内容，最好从分析理解其中的"纯金属小颗粒"入手。

### 1. 三位一体的战争观

从总体上来说，克劳塞维茨认为，战争是一条真正的变色龙，是一个奇怪的三位一体。所谓"三位一体"，是指战争具有暴烈性、概然性和偶然性、从属性三种本质属性，并且这三种属性融为一体，相互作用，共同组成了战争的矛盾运动。为了说明这三种属性及其相互作用，克劳塞维茨做了大量分析论证，其中有三个观点颇有新意，对后世影响较大。

（1）战争是迫使敌人服从我们意志的一种暴力行为。

克劳塞维茨运用从个别到一般的方法，从分析两个人搏斗的情形入手研究战争。两个人在搏斗过程中，每一方都力图用暴力迫使对方服从自己的意志，双方在敌对感情和敌对意图的驱使下竭尽全力，无限制地使用暴力，导致搏斗不断升级，直到一方被彻底打倒为止。与两个人搏斗的情形一样，战争这种暴力行为绝对具有三种性质，即三种自然规律。一是以打垮对方为唯一目的，二是无限制地使用暴力，三是无限制地使用各种手段。

这一观点的意义主要有两点。一是为人们研究战争确立了一个标准。人们可以根据战争的天然属性，去分析任何一场战争的动机和趋势，去衡量任何一场具体战争的规模和程度。二是提醒人们对战争行为不能抱任何幻想。

（2）战争在人类各种活动中最近似赌博。

克劳塞维茨认为，现实战争往往是多种因素的产物，必然受多种因素的制约，其结果可能有多种形式。这就使得战争具有概然性和偶然性。

这一观点的理论意义在于昭示人们，在指导战争问题上应有两手准备，既要准备并力求阻止敌人打极端形态的全面战争，又要准备敌人打非极端形态的有限战争，并防止它向极端形态的战争转化。

（3）战争无非是政治通过另一种手段的继续。

这一观点至少包含两层意思。一是政治引起战争，二是政治支配战争。尽管战争受概然性和偶然性的制约，但是真正阻止它向极端发展的是这种从属于政治的本质特性。

克劳塞维茨的三个观点，近年来都直接或间接地受到了一些人的质疑。

### 2. 多因素制胜的战略理论

对于战略这个概念的定义，克劳塞维茨时代的西方军事领域有过一番争论。普鲁士军事家比洛认为："战略是关于在视界和火炮射程以外进行军事行动的科学；而战术是关于在上述范围以内进行军事行动的科学。"瑞士军事理论家若米尼提出："战略是在战场上指挥大军的艺术。"克劳塞维茨认为："战略是为了达到战争目的而对战斗的运用。"综观克劳塞维茨的战略理论，其中有两个观点值得注意。

（1）战略在任何时刻都不能停止工作。

克劳塞维茨认为，战略的任务主要有两个方面：一是必须为整个军事行动规定一个适应战争目的的目标，也就是拟定战争计划；二是必须把达到这一目标的一系列行动同这个目标联系起来，也就是拟定各个战局的方案和部署其中的战斗。这两个方面相互结合，共同构成了战略指导。为了使战争计划和战局方案既符合战争实际情况，又能有效地指导军队争取作战的胜利，要求战略指导必须坚持两个原则：一是要有相对的灵活性，二是要有相对的稳定性。

（2）精神要素是战争中最重要的问题之一。

克劳塞维茨认为战略通常由五种要素构成，即精神要素、物质要素、数学要素、地理要素、统计要素。精神要素主要指精神素质及其作用所引起的一切；物质要素主要指军队的数量、编成、各兵种的比例等；数学要素主要指作战线构成的角度、向心运动和离心运动等有计算价值的几何数值；地理要素主要指制高点、山脉、江河、森林、道路等地形的影响；统计要素主要指一切补给手段。其中，精神要素是战争中最重要的问题之一。

所谓精神要素，主要指统帅的才能、军队的武德和民族精神，此外还包括政府的智慧、作战地区的民心等等。

克劳塞维茨关于精神要素的论述，肯定了人在战争中的能动作用，避免了许多军事理论著作忽视精神要素的片面性，批驳了武器制胜的传统观点，具有一定的进步性，对我们今天强化战斗精神教育有着重要的借鉴意义。

**3. 攻防兼重的作战思想**

克劳塞维茨从亲身实践中总结经验教训，并吸收拿破仑的新战法，从而形成了一系列独具特色的作战思想。

（1）防御是由巧妙打击组成的盾牌。

克劳塞维茨在给皇太子讲课的讲稿中提出了"积极防御"与"消极防御"的概念，而后在《战争论》中又对这一概念作了比较系统的阐述。所谓积极防御，指的是目的消极但手段积极的防御，即是说，应在防守中攻击敌人。所谓消极防御，是指目的和手段都消极的防御，即单纯防守而不进行积极的还击。对于这两种防御，克劳塞维茨明确主张积极防御，反对消极防御。

（2）民众武装是一种巨大的防御力量。

在克劳塞维茨之前，人们主要研究正规战，对民众战争很少有人重视。克劳塞维茨在《战争论》中列专章论述民众战争，并把它提高到战略地位上加以考察，这是一个新的重要贡献。

"民众战争是对战争过程的扩大和增强，采用民众战争可以大大增强自己的力量，一般说来，善于运用民众战争这一手段的国家比那些轻视民众战争的国家占有相对优势。"克劳塞维茨不仅高度重视民众战争，而且还进一步具体阐述了民众武装的任务及其使用的原则。

第一，民众武装不宜对抗敌军的主力，只能从外部和边缘蚕食敌军。

第二，民众武装不宜凝结成反抗的核心，但必要时可相对集中。

第三，民众武装的作战应与正规军的作战结合起来，正规军可派一些小部队带领民众武装活动，提高他们的信心和力量。

第四，民众武装是一种巨大的防御力量，只适于战略防御，但不适于战术防御。

（3）应该永远打击敌人的重心。

克劳塞维茨的进攻理论内容也是十分丰富的，他吸收拿破仑"多兵之旅必获胜"的思想，主张集中兵力，争取数量上的优势，形成快速机动部队，力求速战速决。

在如何打击敌人重心问题上，克劳塞维茨提出了两条必须遵循的原则：首先，不管打击的敌人重心是什么，"战胜和粉碎敌人军队始终都是最可靠的第一步，并且在任何情况下都是极为重要的"。其次，要"尽可能集中行动"。打击重心理论对于美军作战理论影响至深，至今仍是美军作战纲要中的重要原则，精确打击、斩首行动显然都渗透着这一理论。

（4）不能超越进攻的顶点。

所谓"进攻的顶点"，指的是适时停止进攻的时刻。即是说，"大多数战略进攻只能进行到它的力量还足以进行防御以等待媾和的那个时刻为止。超过这一时刻就会发生剧变，就会遭到还击，这种还击的力量通常比进攻的力量大得多"。这段定义主要有两个要点：一是进攻要适可而止。二是确定进攻的顶点要以进攻者的力量足以进行防御为标志。

正确判断进攻顶点对防御者也有重要意义。当敌军超越顶点之后，能及时利用对自己有利的形势发起反攻；当敌人还没有超过顶点时，采取措施诱惑敌人前进，迫使敌人犯错误。

（二）《战争论》的深远影响

《战争论》问世以来，在世界上流传很广，特别是在资本主义国家，被奉为军事经典，公认为军人必读之书，克劳塞维茨则被誉为"兵学大师"、西方的"兵圣"。西方军事理论家们在面临现实难题时总是到《战争论》中去寻找灵丹妙药，因而，在近现代西方军事理论中处处可以看到《战争论》影响的痕迹。概略而言，《战争论》的深远影响主要有两方面。

（1）《战争论》为机械化战争理论奠定了基石。

（2）《战争论》为信息化战争理论提供了依据。

在人们进入信息时代的今天，《战争论》的思想精华在新军事革命中仍然具有生命力，仍将发出熠熠光辉，为当代军事家探索新思想、新理论提供参考和借鉴。《战争论》中的战争观仍可作为研究信息化战争的出发点。《战争论》中的作战指导思想仍可为研究信息化战争的作战方法和作战原则提供参考。

我们也应当看到，任何军事理论都是一定历史条件下的产物，必然带有阶级烙印和时代特征。克劳塞维茨毕竟是资产阶级的军事理论家，他的思想观点中尽管有许多具有生命力的精华，但是难免夹杂一些唯心的、片面的东西。

# 第三节　中国古代军事思想

中国古代军事思想，是指我国在奴隶社会、封建社会时期，各阶级、集团及其军事家和军事论著者对于战争与军队问题的理性认识。它随着社会的前进、战争的发展而不断深化，经历了发生、发展的沿革过程。

# 一、中国古代军事概况

## （一）夏、商、西周的军事概况

原始社会末期，随着私有制和阶级的确立，我国开始进入奴隶社会。约从公元前 21 世纪到前 8 世纪，夏、商、周三个奴隶制王朝依次更替，中国奴隶社会经历了从确立、发展到鼎盛的整个历史过程。在此过程中，战争连绵不断。甲骨文中有关战争的记载达上万条，但由于年代久远，有史料明确记载的仅 38 次，其中最为著名的则是商灭夏的鸣条之战和周灭商的牧野之战。频繁的战争使三代统治者们对战争和军事问题高度重视，他们逐步建立起军政合一的统治机构，在城市设立军事防御系统，这也标志着现代意义上的国家已经形成，同时还组建起由奴隶主贵族为骨干的兵民一体制军队、由国王亲自率领本族成员组成的王室军以及由部分近亲家族成员组成的指挥系统。车战与步战是这一时期的主要作战形式。夏代以步兵为主，车兵为辅；商代车、步兵并兴；西周车兵为主，步兵居次。这一时期，国家已经有了常设的军事机构，研究军事成为一些奴隶主的职责，军事思想史上的最初成果随之产生，并被记录在各种文献上。我国早期文献《尚书》、《易经》、《诗经》中，均记述了大量战争史实。专门性兵书的问世是军事思想萌生的重要标志。约前 8 世纪，产生了三部兵书，即《令典》、《军政》和《军志》（均已亡佚）。从其他典籍中保留的遗文看，当时的指导战争已由依靠直感经验上升成为思想性、观念性的一些原则了，强调政治因素在战争中的决定作用，如"有德不可敌"（《左传·嘻公二十八年》）等。

## （二）春秋战国时期的军事概况

春秋战国（公元前 770 年—前 221 年）是中国由奴隶社会向大一统的封建社会过渡的时期，是政治、经济、文化、科技大发展的时期，也是古代军事大发展的时期。这一时期，随着铁器、牛耕、灌溉等技术的发明和推广，农业获得了大发展，同时也促进了手工业和商业的发展，带来了经济上的空前繁荣。技术的进步使一家一户的个体农业生产成为可能，这在当时代表了更加先进的生产力，以"井田"制下集体劳动为基本生产方式的奴隶制生产关系渐渐破产，封建制生产关系逐渐确立，地主阶级开始登上历史舞台，并向没落的奴隶主阶级抢班夺权。二者之间的斗争十分激烈，这些斗争直接表现为日益频繁、残酷的战争。整个春秋战国时期，战争连绵不断，仅鲁史《春秋》记载的军事行动就有 480 余次（有较详细记载的 384 次），战国时期大规模战争有 230 次。战争规模不断扩大，春秋时期"兴师十万"已是一般的规模。战国时期，各国拥有更加雄厚的武装力量，韩、赵、魏、齐、燕各有"带甲之士"数十万，秦、楚两国各有"奋击百万"。战争的主舞台也由平坦的中原地区，渐次向山地、丛林、丘陵、湖沼等复杂地形拓展。这种情况使军队的兵种构成发生变化，受地形限制较小、机动灵活的步兵渐渐取代笨重的车兵成为主要兵种。春秋战国之交，游牧民族骑战之法传入中原，骑兵开始出现，到战国时已经发展成一个重要兵种。南方各诸侯国则普遍组建了"舟师"。随着军队机动能力的增强，产生了战略机动和战术机动，迂回、包围、伏击等战法也成为战争中的常用手段。这些变化使得步、车、骑等兵种的协同日益复杂，西周以来军政合一、平战结合、寓兵于农的传统训练方法已不能满足需要，代之而起的是专业化训练。这就进一步使将帅专业化成为必然，春秋以降，指挥军队作战的都是经过专门训练的职业人员，并已有了明确的选将标准。春秋时期国君亲征，命卿出将入相的情况逐渐减少，战国时代则再也见不到了。该时期，武器装备初步实现了系统化和制式化，基本形成了冷兵器时代兵器的结构体系。武器装备的质量、性能有了较大提高，在杀伤力、射远力、防护力和攻城能力上，都达到了相当的水平。军制发生了根本性变化，到战国时期，各诸侯国普遍实行了以郡县为单位的征兵制，大批农民得以参军，扩大了兵源，夏商周时期只有"国人"才能当兵的"国人"兵役制度被历史抛弃。春秋战国时期军事学术非常活跃，军事思想蓬勃发展。频繁的战争，既是孕育新军事理论的实践沃土，也培养造就了一大批兵家名将，他们积极从事军事理论研究，极大地推动了军事思想的发展。意识形态领域"百家争鸣"局面的出现，为军事理论研究提供了宽松的学术环境，创造了浓厚的学术氛围，造就了像孙武这样的军事人才群体。兵家以外，儒家、法家、道家、墨家诸学派的思想家们也从不同角度论述军队和战争问题，为军事理论研究提供了大量思想资料。

### （三）秦至五代时期的军事概况

秦至五代（公元前 3 世纪末至公元 10 世纪中叶）时期军事技术有了新的进步。秦、汉、隋、唐时期，长期的和平统一促进了社会生产力的发展，为军事领域的进步奠定了物质基础；而三国两晋南北朝以及五代十国时期的战争与分裂，又刺激着社会领域科学技术成果向军事领域渗透，从而使军事技术特别是军队装备发生了新的变化。秦以后进入了以铁兵器为主的时代，至东汉则完全淘汰了铜兵器。骑兵装具有了改进，不仅有了马镫、马鞍，而且南北朝时，战马也装上了防护铁甲。军事交通运输、工程设施进一步发展。从秦始皇广修驰道开始，形成了以长安为中心的辐射形交通干道。筑城技术有新发展，城防能力不断提高。骑兵在这一时期蓬勃发展，成为主要兵种，大规模骑兵集团作战成为一种新的作战样式。汉匈百年战争，两军主力都是骑兵，双方都以几万到几十万的大骑兵集团相对抗。魏、晋、南北朝到隋，重装甲骑兵一度成为战场上胜负的决定力量。唐代以后轻骑兵重新兴起。步兵仍然发挥着重要作用，特别在汉族内部战争中，仍经常大量使用步兵。车兵在西汉以后，基本上不再担负作战任务，而逐渐成为运输工具或者在宿营扎寨时作为简易的防护设施，事实上已担负起保障任务。这一时期，军事思想在全面继承先秦军事思想的基础上，缓慢而持续地得到充实和提高。总的来看，当战乱时期封建势力需要靠战争手段解决问题时，便重视对军事思想的学习研究，军事理论便得到一定的发展；在和平时期统治者们往往垄断军事学术，禁止兵书在民间流传，在宣传上诋毁兵家，甚至销毁兵书，军事理论研究自然陷入一片萧条。

### （四）北宋至清中后期的军事概况

北宋至清中后期（公元 960—1840 年）是中国封建制进一步发展时期。随着物质和文化条件的提高、封建专制主义中央集权的强化、民族和阶级矛盾的激化、战争方式的变革等一系列的矛盾运动，这一时期的军事思想经历了由复兴到完善的过程。北宋神宗时期，为培养军事人才，宋廷确立了武学与武举制度，并颁布《武经七书》作为军事学的统一教材，从而确立了兵书正统的地位，使军事思想的发展开始走出中唐以后的低谷，逐渐复兴。辽、西夏、蒙古等少数民族在实战中的积累了丰富的军事思想，与两宋兵书中的古典军事思想相互补充，共同为古代军事思想走入第二个高潮创造了有利条件。宋以后，随着北方少数民族的迅猛崛起，中华民族内部矛盾逐渐扩大，战争空前频繁。宋辽、宋夏、金辽、金宋、蒙宋、金元、明元、明与后金及元末农民起义、明末农民起义等战争，推动着王朝的更迭和民族的融合，也促进了中国古代军事思想的复兴。这一时期，火器发明并逐渐得到广泛运用。火器的发展引起了作战方法的改变，在作战指挥上增强了组织运用火力、组织枪炮与冷兵器之间的协同和不同兵种之间的协同。战术的创新又带来编制体制的变革，主要表现在军队使用火器与冷兵器士兵之间的比例调整及火器兵种的建立等方面。技术与战术的发展推动了军事思想的发展。这一时期兵家开始注重探讨适应冷热兵器并用作战的新方法与新规律。另外，火器技术直接催生了一批侧重实用技术和具体问题的新型兵书，如《火龙神器阵法》、《火龙经》等，充实了古代军事思想宝库。元末明初，日本海盗开始侵入我国东南沿海，沿海地区军民与倭寇进行了长期的斗争。这些斗争暴露了中国边海防的缺陷，从而激起了有识之士的深刻思考。戚继光先后写出了《纪效新书》和《练兵实纪》，分别总结东南沿海抗倭和北部边境御寇斗争的经验教训。郑若曾也写出了《筹海图编》、《海防图论》等著作，着重论述东南沿海的地理形势、海防设置、海防方略。这些兵书弥补了以往兵学领域边海防思想薄弱的缺陷，使边海防成为当时兵家共同关注的热点问题。中国古代军事思想从北宋后期开始，经过持续的发展，至明清时期形成了继春秋战国之后第二个发展高潮。

## 二、中国古代军事思想的形成与发展

### （一）我国古代军事思想的初步形成（夏、商、西周时期）

公元前 21 世纪至公元前 8 世纪，我国先后建立了夏、商、西周三个奴隶制王朝。这是中国奴隶社会从确立、发展到鼎盛的整个历史阶段，也是我国古代军事思想的初步形成时期。由于对战争客观规律认识的局限，战争受迷信的影响极大，经常以占卜、观察星象等来决定战争行动，产生了以靠天命观为中心内容的战争指导思想。军队的治理以"礼"和"刑"为基础。西周时期已出现《军志》《军政》等军事著作，虽早已失传，但这是我国古代军事思想形成的重要标志。

### （二）中国古代军事思想趋向成熟（春秋、战国时期）

公元前 8 世纪初到公元前 3 世纪末，即春秋战国时期，它是我国从奴隶制向封建制的过渡时期。是我国古代政治、经济、文化、科技大发展的一个历史阶段，也是古代军事大发展的时期。阶级矛盾的不断深化，使战争连绵不断，战争规模扩大，战争频繁而形式多样。许多代表新兴地主阶级的军事家和兵书著作不断涌现，从战争论、治兵论、用兵论及研究战争的方法论等方面，全面奠定了我国古代军事思想的基础，标志着我国古代军事思想已基本成熟。现存最早，影响最大的就是春秋末期孙武所著《孙子兵法》。它是新兴地主阶级军事理论的奠基之作，标志着封建阶级军事思想的成熟，成为后世兵书的典范。

### （三）中国古代军事思想进一步的丰富和发展（秦—五代时期）

公元前 3 世纪初至公元 10 世纪中叶，是中国封建社会发展的上升阶段。这期间主要经历了秦、汉、晋、隋、唐等几个大的王朝。其中汉、唐两代是中国封建社会的盛世，军事思想也进一步得到了丰富和发展。秦以后进入了以铁兵器为主的时代，骑兵成为战争力量的主角，舟师水军参战也更多了。这就要求作战指挥必须加强步、骑、水军的配合作战。从汉到隋曾多次发生如赤壁之战、淝水之战等这样大规模、多兵种大集团的配合作战。在这些战争中，政治斗争与军事斗争的结合，谋略与决策的运用，以及作战指挥艺术都达到了相当高的水平。战争的发展使得战略战术的运用和指挥艺术都得到高度发展，战略思想也日臻成熟。诸葛亮的《隆中对》成为当时战略决策的典范。

这个时期出现了许多总结军事斗争经验的兵书。其中汉初出现的《黄石公三略》和后来的《李卫公问对》等，是传世的重要著作。《三略》是一部从政治与军事关系上论述战争攻取的兵书，它进一步阐述了"柔能制刚，弱能制强"的朴素的军事辩证法思想，并指出最高统治者必须广揽人才，重视民众与士卒的作用。《李卫公问对》一书，联系唐代初期的战争经验，对以往的兵书进行了探讨，对《孙子》提出的虚实、奇正、攻守等原则及其内在联系作了论述，而且在某些方面提出了更新的见解，发展了前人的思想，深化了先秦某些用兵原则的内涵。特别是论从史出，以史例论兵的研究方法，开创了结合战例探讨兵法的新风，受到历代兵家的高度赞赏和效仿。

### （四）中国古代军事思想形成体系化（宋—清前期）

公元 960 年到 1840 年，历经宋、元、明、清（前期）四个朝代。这期间，中国封建社会已进入后期。火器逐渐普遍使用使战争进入了冷、热兵器并用的时代。宋朝从建国之初，就面临着民族矛盾扩大、阶级矛盾激化和统治阶级内部矛盾加剧的局面。因此，当政者为了维护统治，确立了兵书在社会的正统地位，武学开始纳入国家教育体系。北宋中叶开始重视武事，开办武学，设立武举，发展军事教育。统治者为了教习文臣武将熟悉军事，命曾公亮等编纂《武经总要》，总结古今兵法和本朝方略，并颁布《孙子》、《吴子》、《司马法》、《六韬》、《尉缭子》、《三略》和《李卫公问对》为《武经七书》，官定为武学教材。武举的设立，武学的兴办，武经的颁布，培养了大批军事人才，繁荣了军事学术。

这个时期，是中国古代军事思想历经漫长的丰富和发展之后，走上体系化的时期。其主要表现是兵书数量繁多，门类齐全；兵书概括性强，自成体系。

## 三、中国古代军事思想的基本内容

### （一）战争观

中国古代军事思想最早体现出了人类战争意识的觉醒和对战争问题的关注，并就战争起因、战争性质、对待战争的态度、战争与相关因素的内在联系等问题，形成了朴素的观点。

#### 1. 兵者，国之大事

孙子开宗明义指出："兵者，国之大事，死生之地，存亡之道，不可不察也。"这个科学的论断，打破了天意主宰人世的唯心论战争观。由此出发，中国古代兵家在如何看待战争问题上，提出了许多有价值的思想。《吴子》把战争起因归纳为："一曰争名，二曰争利，三曰积恶，四曰内乱，五曰因饥。"《淮南子》指出战争目的是为了"平天下之乱，而除万民之害"。《明太宗宝训》强调"武有七德，禁暴诛乱为首"，"发兵为诛暴，诛暴为保民。"《吕氏春秋》指出："兵苟义，攻伐亦可，救守亦可。兵不义，攻伐不可，救守不可。"认为战争性质有"义"与"不义"之别。对待战争的态度是，支持正义战争，反对穷兵黩武。上述观点，只反映出古人对战争朴素的认识，还没有上升到阶级本质高度认识战争。

#### 2. 兵之胜败，本在于政

战争作为阶级社会的一种特殊活动形态，总是与一定阶级的政治紧密关联的。战争与政治究竟是怎样的关系，古代兵家着重从以下几个方面进行了回答。一是军事与政治为表里关系。认为战争问题，以军事为骨干，以政治为根，军事是表象，政治是本质。二是加强军政建设，是治国安邦的根本之策。认为政治是观察利害、辨别安危的，军事是打击强敌、致力于攻守的。《司马法·仁本》指出：治国是以实行仁政为正常的措施，而一旦正常的措施达不到目的时，就要采取特殊的战争手段，这一认识肯定了战争是由政治斗争升级的产物。军事上的胜败，从根本上说取决于政治。孙子把"道"列为决定胜负的"五事"之首，并强调"修道而保法，故能为胜败之政"。这些观点深刻阐明了良好的政治是国固兵强的根本，战争的胜负从根本上取决于政治优劣的道理。三是政胜的核心是取得民众的支持。《孟子》指出，"得道者多助，失道者寡助。寡助之至，亲戚畔之；多助之至，天下顺之。以天下之所顺，攻亲戚之所畔，故君子有不战，战必胜矣。""天时不如地利，地利不如人和。"《三略》指出："治国安家，得人也，亡国破家，失人也。"由此可见，治国安邦，取决于民心的向背；战胜攻取，也取决于民心的向背。

### 3. 安不忘战，富国强兵

古人深刻认识到忽视战备的危害性。《周易·系辞》提出："危者，安其位者也，亡者，保其存者也；乱者，有其治者也。是故君子安而不忘危，存而不忘亡，治而不忘乱。是以身安而国家可保也。"《吴子》指出："夫安国家之道，先戒为宝。"这些观点都反映出重视战备的思想，只有常讲武事，在和平时期保持常备不懈，才能使国家立于不败之地。

同时也认识到经济条件是进行战争的重要物质基础，把富国看做强兵之本。相反，国家一旦经济贫弱、财政困难，就没有巩固的国家防卫，不能赢得战争的胜利。正如《管子》所说："国贫而用不足，则兵弱而士不厉；兵弱而士不厉，则战不胜而守不固；战不胜而守不固，则国不安矣。"因此，在中国古代凡是有作为的王朝、政治家、军事家，都非常重视富国强兵这一军事思想。

### （二）战略思想

中国古代战略思想的主体内容，大致可分为先胜思想、全胜思想和战胜思想三大部分。

### 1. 先胜思想

先胜思想是指在战争之前就使自己具备取得战争胜利的条件，是关于进行战争准备的战略思想。《孙子兵法·形篇》指出："昔之善战者，先为不可胜，以待敌之可胜；不可胜在己，可胜在敌。"作战没有必胜的条件，就不要轻易交锋，进攻没有必胜的把握，就不要轻易发动。所以，要先操胜算而后作战，权衡利弊而后行动。由此可见，"先为不可胜"既是军事上的一条重要原则，也是全局上"立于不败之地"的战略思想。

### 2. 全胜思想

全胜思想是关于以万全之策，力争用最小的代价获取全局胜利的战略思想。它要求决策者利用"全"与"破"的辩证关系，最大限度地使敌人屈服，而把敌我双方的损失减少到最小。《孙子兵法·谋攻篇》指出："凡用兵之法，全国为上，破国次之……是故百战百胜，非善之善者也，不战而屈人之兵，善之善者也。"《六韬》中说，"全胜不斗，大兵无创，与鬼神通，微哉！微哉！"战争取得全胜而不须经过直接交战，军队没有伤亡，这才叫用兵如神。《清太祖武皇帝实录》卷之二指出："夫不劳兵力而克敌者，是擅知巧谋略，诚为三军之主帅；若劳兵力，虽胜何益？"达成全胜战略思想的手段主要有伐谋、伐交与伐兵相结合，以及实施攻心战、经济战、联盟战等。

### 3. 战胜思想

战胜思想是通过战争手段夺取战争胜利的战略理论，是中国古代战略思想中最精彩的部分。强调"致人而不致于人"，即调动敌人而不被敌人所调动，实质上是掌握战争和作战主动权的问题。主动权是军队行动的自由权。两军相斗，谁失去行动自由，谁就面临着失败的危险。故此，中国古代兵家把战争中一切有关主动权的问题，诸如致敌劳、致敌乱、致敌害、致敌虚、致敌误、致敌无备等，都列入"致人而不致于人"的范畴，主张在一定的客观物质基础上，充分发挥主观能动性，示形动敌，造势任势。

先胜思想、全胜思想和战胜思想，三者是一个密切关联的有机整体。从实际操作看，先胜是全胜、战胜的基础和前提，全胜策略不成功，就付诸战胜。战而胜之，又可反过来成为实施全胜战略的筹码，亦可增强国家或政治集团先胜的力量，即所谓"胜敌而益强"。

### （三）作战思想

中国古代作战思想极其丰富，主要作战思想有：

### 1. 知彼知己，百战不殆

孙子首先提出了"知彼知己，百战不殆"的命题。他说："知彼知己者，百战不殆，不知彼而知己，一胜一负，不知彼，不知己，每战必殆。"这个命题是历代兵法所公认的一条极其重要的作战指导原则。

### 2. 先计后战，诡道制胜

战争是关系生死存亡的大事，因此，古代兵家尤为强调"先计后战"。孙子把"计篇"放在其兵法十三篇之首，《管子》强调"计必先定于内"；《尉缭子》主张计要"先定"，虑要"早决"，指出"若计不先定，虑不早决，则进退不定，疑生必败。"秦汉以后，也都强调"用兵之法，先谋为本"，"欲谋行师，先谋安民，欲谋攻敌，先谋通粮，欲谋疏阵，先谋地利，欲谋胜敌，先谋人和，欲谋守据，先谋储蓄，欲谋强兵，先谋正其赏罚，欲谋取远，先谋不失其迹。"可见，"先计而后战"是传统的谋略用兵方法。

古代兵家论述实施诡道的方法很多，如"示形"（欺骗、佯动、制造假象）、用间、反间等。其中"示形"为主要，大至于战略范围，小至于战术范围，无不要求竭尽"示形"之能事。孙膑在马陵之战中施用"减灶"的办法击败庞涓的战例，是"能而示之不能"的示形诱敌战术运用的典范。

### 3. 活用奇正，批亢捣虚

"奇正"是我国古代兵法中的一个重要范畴。一般来说，常法为正，变法为奇。在兵力使用上，担任守备、钳制的为正兵，机动、突袭的为奇兵；在作战方式上，正面进攻、明攻为正，迂回、侧击、暗袭为奇；在作战方法上，按一般原则作战为正，采取特殊战法为奇。《孙子兵法·势篇》指出："战势不过奇正，奇正之变，不可胜穷也。""历观前志，连百万之师，两敌相向列阵以战，而不用奇者，未有不败亡也。故，兵不奇则不胜。凡阵者，所以为兵出人之计；而制胜者，常在奇也。"可见古代兵家强调出奇制胜。汉高帝三年（公元前214）十月井陉之战中，韩信针对赵将陈余"不用诈谋奇计"的特点，以背水列阵诱敌出击，以奇兵偷袭赵营，因而收到以寡胜众的奇效。

"虚实"是古代兵法中的一个重要命题。有利的方面为"实",不利的方面为"虚"。"虚"是指怯、弱、乱、饥、劳、寡、不备;"实"是指勇、强、治、饱、逸、众、有备等。《孙子》的"避实而击虚",《管子》的"乘瑕则神",《吴子》的"用兵必须审敌虚实而趋其危",孙膑的"必攻不守",等等,其核心就是攻虚击弱。对这一作战原则最好的概括莫过于"批亢捣虚"四个字。

### 4. 我专敌分,以众击寡

集中兵力,以众击寡是我国古代兵家作战指导的一条重要战术原则。孙子最早突出强调,在作战时要"我专而敌分","以众击寡"。后世兵家在继承孙子这一作战思想的基础上,加以丰富和发展。《百战奇法·形战》指出:"凡与敌战,若彼众多,则设虚形以分其势,彼不敢不分兵以备战。敌势既分,其兵必寡;我专为一,其卒自众。以众击寡,无有不胜。"应该注意到,古代兵家既重视"我专敌分",以众击寡,但又强调"分合为变",灵活指挥。如:"兵之胜负,不在众寡,而在分合。夫有分则有条理,有合则有联络。然分常患其疏,而合常防其混。故合而不分,分而不合,非善也;合而有分,分而有合,非善之善也;即分为合,即合为分,乃善之善也。"明神宗万历四十七年(1619 年)萨尔浒之战,明军的惨败皆因兵力分散,行动不一,有分无合,后金的胜利全在于兵力高度集中,机动神速,五天连打四仗,实为战史中各个击破的一个范例。

### 5. 先发制人,进攻速胜

古代兵家认为,"先发制人"可以获得先机之利,特别是易于夺取初战的胜利。因此,《尉缭子·战权第十二》主张"敌兵贵先。"认为"先人有夺人之心",可以震撼敌军士气。但"先发制人"必须正确地判断战略形势和实施正确的战略指导。在战役战斗上,古人则要求"着着求先",要乘敌之隙,在"敌人初来、阵势未定、行阵未整、劳且未定、沟垒未成、禁令未施,大众未合、锐气未张、备御未严、地利未得"时"先发制人"。

进攻速胜,是我国古代兵家传统作战思想,也是军事上带有普遍性的一条重要原则。但凡实施进攻的一方,无不主张速战速决,"一决取胜,不可久而用之"。因为"带甲十万",越境而师,要"日费千金",久战不仅会造成"国用不足",而且会造成"诸侯乘其弊而起",陷入两面乃至多面作战的不利境地。当然,战争中的攻守、速久,归根结底是双方的力量对比决定的,当速则速,宜久则久,不可拘定。

### (四)治军思想

在长期的建军实践中,中国古代兵家注重对军队的地位作用、建军指导、军队管理等问题的思考,形成了诸多颇有借鉴价值的治军思想。

### 1. 国以军为辅,军以民为本

古代兵家深刻认识到,军队建设是强国的根本。《便宜十六策·治军》中说:"国以军为辅,辅强则国安",这是古人对军队与国家关系的深刻揭示。军队的基本职能是"外以除暴,内以禁邪"。建军的宗旨是"诛暴讨逆","存国家安社稷"。因此,国重主尊,关键在于加强军队建设。

正确认识和处理军队和民众的关系,对于加强军队建设至关重要。《将略要论》中说:"民为兵之源,兵无民不坚";"兵为民之卫,民无兵不固"。只有"兵民相洽,倚民养兵,倚兵护民,兵坚民固,和衷共济",才能真正成为捍邦卫国的长城。

### 2. 定制，军之要；备具，胜之源

古代兵家认为，治理军队靠好的制度，克敌制胜靠精良的武器。《论语·卫灵公》指出："工欲善其事，必先利其器。"《管子·参患》中说："凡兵有大论，必先论其器，论其士，论其将，论其主。"由此可见，"精兵"与"精器"是决定战争胜负的两个最基本的因素，对战争的胜负起着最直接的作用。

### 3. 以治为胜，教戒为先

"以治为胜"是吴起最早提出的治军原则。他说："以治为胜。……所谓治者，居则有礼，动则有威，进不可当，退不可追，前却有节；左右应麾，虽绝成陈，虽散成行。""以治为胜"作为封建军队的治军原则，最重要的就是恩威并举，赏罚严明。"教戒为先"也是吴起最早提出。认为军人的素质只有通过严格的"教戒"，即教育训练才能获得。"然而不教诲，不调一，人不可以守，出不可以战"；若"教戒"得当，训练有素"则兵劲城固，敌国不敢婴也"。

### 4. 总文武者，军之将也

中国古代兵家认为将帅乃"生民之司命，国家安危之主也"。吴子指出："夫总文武者，军之将也；兼刚柔者，兵之事也。"孙子强调将帅应具备"智、信、仁、勇、严"五种德行，《司马法》提出"礼、仁、信、义、勇、智"六种德行。总起来就是要德才兼备，智勇双全，能文能武，具有全面的素质。

## 四、中国古代军事思想的主要特点

中国古代军事思想，除具有军事思想所共有的阶级性、时代性和实践性等特征外，由于它根植于中国特有的社会土壤，吸吮着中国特有的文化营养，反映了中国特定历史时期的战争实践，因而相对于一般而言，又具有自己的基本特征。

### (一) 军事思想的早熟与缓慢发展

在古典军事理论发展史上，中国古代军事思想的早熟是举世公认的。当中国社会还处在早期文明发展时，我们的祖先就把战争智慧视为生命的一体，用自己的生命和鲜血浇灌着古老的兵学之花。我国有史可查的最早的兵书大约初始于西周，《周礼》中的《夏官司马》就具有军事著作的内容特征。《尚书》中的"誓"，则类似后代的战争动员令。举世公认的世界最辉煌的古代兵法名著《孙子兵法》，是中国现存最早、影响最大、流传最广的兵书，被公认为是"世界第一兵书"。

相对于以《孙子兵法》为代表的中国兵学而言，西方兵学的成熟要晚得多。古罗马人韦格蒂乌斯《论军事》一书的问世，才结束了军事著述与史学著述不分的现象。美国国防大学战略研究所所长柯林斯所说："19世纪以前的西方，军事著作的任务大多留给了历史学家，而且只含着一鳞半爪的战略知识。"而能与《孙子兵法》相媲美的，唯《战争论》而已。

然而，纵观中国古代军事思想的发展历史，成熟之早与缓慢发展成为其运行的主要特点之一。在中国古代军事思想走过了第一个发展高峰后，中国即进入了漫长的封建社会，各封建王朝为了加强中央集权制，防止皇权旁落，适应封建统治的需要，或"罢黜百家，独尊儒术"；或"飞鸟尽，良弓藏；敌国灭，谋臣亡"；或"杯酒释兵权"，从根本上削弱了兵家在社会政治生活中的地位。与此同时，封建王朝的统治者唯恐兵书流落民间，或焚书禁书，

收归官有；或诋毁淘汰，严审苛选；或以文设狱，大兴讨伐，窒息了学术研究的空气，加上封建王朝的频繁更替，在学术氛围上形成了一种恶性循环，从而使兵学的研究和军事思想的发展呈现出曲折缓慢的特点。

### （二）非兵家论兵与舍事言理的论兵传统

非兵家论兵是中国军事思想在发展过程中呈现出的又一个特点。其主要表现为：

（1）论兵者非止兵书。中国古代军事思想的产生并不是一开始就以兵书的形式出现，它最初散见于国家的典章法令和其他文献中。这些非兵书中的军事思想，反映了当时社会对军事问题的普遍认知，是中国军事思想的重要组成部分。

（2）言兵者非止兵家。兵家是古代军事家和军事著述家的总称，是专门研究军事问题的一个学术流派。除兵家之外，在中国历史上还有儒家、道家、阴阳家、法家、名家、墨家、纵横家、杂家、农家、小说家十类。这些不同的学术流派，都有各自完整独立的研究方向和思想体系，然而，他们以各自学派的研究方向为主的同时，又都兼论军事，并且围绕当时社会的军事、政治、经济、哲学、道德、法律诸多领域的问题，相互争鸣，各抒己见，不仅活跃了学术研究的气氛，也推动着古代军事思想向着广度和深度发展。

（3）言兵却不限于兵。在中国古代不论是兵家言兵，还是非兵家言兵，并不是就军事研究军事，而是将军事与政治、经济、人文、自然、心理、艺术等有关因素摄于一体，以"欲明兵法，先明方略；欲明方略，先明史事，取古今战争得失之数，设身处地以求之，博习其故，可以得实理"的严肃的史学态度和很高的军事哲学修养，从哲学的高度观察、评论战争，解释战争运动的条件，揭示战争规律和战争指导规律，形成"舍事言理"论述军事问题的传统，从而使中国古代军事思想具有较强烈的哲学思辨性、较高的理论概括性、较深远的宏观超前性和较广泛的社会通用性。

### （三）崇尚道义与追求和平的价值取向

中国古代军事思想从来就把崇尚道义，追求和平作为研究军事问题的价值取向。这是中华民族长期以来反对扩张、知足戒贪传统思想文化的积淀及其在军事思想中的反映。早在先秦时期，兵家就把"止戈为武"作为思考战争问题的逻辑起点。《司马法》中指出："杀人安人，杀之可也；攻其国，爱其民，攻之可也；以战止战，虽战可也。"明确把"安人"、"爱其民"、"止战"作为进行战争的目的。《孙子兵法》中则把"道"作为战争取胜的首要因素，把"不战而屈人之兵"作为军事战略的最高境界。秦统一后，繁衍、生息在多民族共同体之中的中国人民，不论朝代如何更替，信仰如何不同，都始终保持一种对和平的热切向往和不懈追求，对统一国家的高度认同和极力维护，这种传统思想文化经过长期的积淀和升华，逐渐形成了一种独具特色的传统观念，即"先王之道，以和为贵，贵和重人，不尚战也"。这种传统观念代代相因，发扬光大，从而成为中国古代军事思想的一个基本特征。

### （四）贵谋贱战与以智驭力的战争制胜模式

在中国古代军事理论宝库中，丰富多彩的奇谋方略最引人注目。翻开中国古代的历史典籍，其中对战争的记述，无不在运筹帷幄的谋略上浓墨重彩，精雕细刻，而在战争经过的描写上则是惜墨如金，语焉不详。孙武及其他历代兵学家，对千百年积累下来的战争经验和重视谋略运用的传统思维进行了系统的理论总结，《孙子兵法》中所提出的"十二诡道"，《百战奇法》和《三十六计》中所概括出的130多条战争法则，都是熔炼中国传统谋略思想而形成的军事智慧的结晶。这些耳熟能详、出口能诵的奇法妙计，是中国传统战争智慧得以存在并不断深化的思想和社会基础。

## 五、《孙子兵法》简介

《孙子兵法》，史记为82篇，图9卷，现存仅为13篇，6076字，其他的如八阵图、战斗六甲法等已失传。13篇可分为3个部分：第一部分由《计》、《作战》、《谋攻》、《形》、《势》和《虚实》组成，侧重论述军事学的基础理论和战略问题；主要强调战略速决和伐谋取胜，另外包含对战争总体、实力计算和威慑力量的深刻认识。第二部分由《军争》、《九变》、《行军》、《地形》和《九地》组成，侧重论述运动战术、地形与军队配置，攻防战术和胜败关系；具体包括奇正、虚实、勇怯、专分、强弱、治乱、进退、动静和死生等辩证关系。第三部分由《火攻》和《用间》组成，论述了战争中的两个特殊问题。以下从三个方面对《孙子兵法》作简要介绍。

《孙子兵法》简介

### （一）《孙子兵法》的作者

据史书记载，《孙子兵法》是我国古代大军事家孙武所著。据现实考证，1972年山东临沂银雀山汉墓出土的《孙子》竹简和1978年7月青海大通县上孙家寨西汉木简《孙子》的出土，进一步肯定了孙武编有兵法13篇。孙武字长卿，为春秋末期齐国乐安人（今山东惠民县）。孙武出生在一个精通军事的世袭贵族家庭，从小就受到家庭的熏陶。当时齐国是春秋时代的五霸之一，一度成为政治、经济、文化、外交和军事活动的中心，豪杰荟萃（孔子、管仲、姜子牙等）。社会环境和家庭影响为孙武的成长提供了优越的条件，加之勤奋好学，青年时代的孙武就显露出卓越的军事才华。后来，齐国发生了"四姓（田、鲍、栾、高）之乱"，孙武出奔吴国。他一边潜心研究兵法，观察吴国的政治动向，一边过着半自耕农式的生活。公元前512年，经大臣伍子胥7次推荐，吴王阖闾会见了孙武并细读了孙武兵法的13篇，聆听了孙武对战争和时局惊世骇俗的见解，观看了孙武演兵，亲身感受到他的才华横溢，即委任孙武为将。

孙武在近30年的戎马生涯中，为吴国的崛起和扩张立下了赫赫战功。如：公元前506年，吴楚柏举之战，吴军对楚国实施千里奔袭，以3万精兵破楚20万大军，连续五战五捷，攻入楚国都郢城，把一个长期雄踞江汉、称霸中原的头等大国打得落花流水；公元前484年，艾陵战役，吴军重创齐军，使10万齐兵几乎被全歼；公元前482年，黄池会盟，吴国威逼晋国，取代其霸主地位。这些都有孙武的重大战功。

对孙武晚年的考证不详，据《越绝书》的记载，江苏吴县东门外有孙武的坟墓。《吴县县志》也有"孙子祠"的记录。由此推断，孙武最终可能隐居民间，老死于山林之中。

### （二）《孙子兵法》的影响

《孙子兵法》是我国奴隶制向封建制过渡的社会大变革时代的产物，也是孙武革新进步的军事思想所结出的硕果。它被誉为古今中外现存古书中最有价值、最有影响的古代第一兵书。

#### 1. 中国历代兵家名将无不重视对其研究与应用

我国历史上曾有200多位注释家拟文著书，注解赞崇《孙子兵法》。三国时代著名军事家曹操说，"吾观兵书战策多矣，孙武所著深矣"。宋朝将《孙子兵法》列为《武经七书》之首，成为习武必读的教科书。中国革命的先驱者孙中山对《孙子兵法》评价极高："就中国历史来考究，两千多年的兵书有十三篇，那十三篇兵书，便成为中国的军事哲学。"毛泽东称孙武是"中国古代大军事学家"，并在他的著作中系统引用《孙子兵法》的一些原理原则说明问题。中华人民共和国成立后，《孙子兵法》一书曾多次再版，有些原则还列入了我军的战斗条令之中，并且在军事科学院及其他军事院校建立专门机构，组织人员进行研究。同时，《孙子兵法》一直作为军队院校中高级干部的必修课。刘伯承元帅在担任军事学院第一任院长时，就亲自讲授过《孙子兵法》。

### 2.《孙子兵法》在国外久负盛名

在唐朝初期，《孙子兵法》传入日本，18世纪下半叶传入欧美等国，成为近代资产阶级军事理论的一个重要思想来源。现在世界上有许多种《孙子兵法》文字译本流传，并一致受到高度赞扬。公元735年，日本学者将《孙子兵法》带回日本，并在其国内讲授。从那时开始，日本皇室贵族都非常重视对《孙子兵法》的学习研究，他们把孙武推崇为"百世兵家之师"、"东方兵学的鼻祖"，称《孙子兵法》为"兵学圣典"和"世界古代第一兵书"，并说，"孔夫子者，儒圣也，孙夫子者，兵圣也。后世儒者不能外于孔夫子而他求，兵家不得背于孙夫子而别进矣。"《孙子兵法》流传到欧洲晚于日本、朝鲜和越南等亚洲国家，起初只是由少数精通汉语的欧洲军官用口语进行传播。到18世纪后半叶，第一个用欧洲文字翻译《孙子兵法》的是曾在中国居住43年的法国神父阿米奥（中文名叫王若瑟），他把《孙子十三篇》、《吴子六篇》等中国兵书翻译成法文，以《中国军事艺术》为书名于1772年出版。该书在欧洲非常畅销，流传很广，影响巨大。如，叱咤风云的军事家拿破仑，在作战间隙，手不释卷地批阅《孙子兵法》。德皇威廉二世发动第一次世界大战失败后，在没落的侨居中，不禁兴叹："早二十年读《孙子兵法》，就不至于遭受亡国之痛苦了。"著名的资产阶级军事理论家克劳塞维茨也受到《孙子兵法》的影响。在美国，《孙子兵法》中的有些原则，如"知彼知己，百战不殆"，"攻其不备，出其不意"等被列入《美军作战纲要》之中，以指导美军的作战训练。美国著名战略家利德尔·哈特指出，在导致人类自相残杀、灭绝人性的核武器研制成功后，就更需要重新而且更加完整地翻译《孙子兵法》这本书了。他称《孙子兵法》"深邃的军事思想是不朽的"，对于核时代战争是很有帮助的。

### 3.《孙子兵法》在许多社会领域有着广泛的影响

在哲学界，《孙子兵法》被公认为是一部有价值的著作，因为它全书充满了朴素的唯物主义和辩证法的色彩。正如日本军事理论家小山内宏所称，"是一部有深刻含意的战争哲学"。在文学上，它也有很高的水平。它结构严谨，逻辑严密，语言生动、准确、简练，修辞方式丰富多彩，文意精辟，是一部难得的优秀文学作品。近年来对《孙子兵法》的研究与应用几乎遍及各个领域。它极大地吸引着一些政治家、哲学家、文学家、历史学家，甚至连企业家、商人等也争相拜读。《孙子兵法》俨然成了取之不尽、用之不竭的百科宝库。军事家称之为"兵学圣典"；文学家评之为"不朽不灭的大艺术品"；哲学家颂之为"人生的哲学"；政治家视之为"政治秘诀"，"外交教科书"；医学家赞之为"治病之法尽之矣"。商人和管理学家则把《孙子兵法》定为企业管理和市场竞争的必读教材。日本企业家大桥武夫所著《兵法经营全书》，对如何在经营管理中进行"庙算"、"料敌"、"任将"、"出奇"等问题，作了详细的论述，并指出，采用中国兵法思想指导企业经营管理，比美国的企业管理方式更合理、更有效。美国的著名管理学家乔治在《管理思想史》一书中指出,《孙子兵法》在用人方面的论述,对今天的企业管理有很大的价值,甚至说:"你想成为管理人才吗?必须去读《孙子兵法》"。

总之,《孙子兵法》是古今中外军事学术史上一部出类拔萃的兵书,是几千年来一直为人们所尊崇,并且现在仍享有巨大声誉和具有极高科学价值的军事理论名著。因此,无论从继承、发扬我国民族历史遗产的角度,还是从学习研究现代军事思想的角度,《孙子兵法》都是值得认真钻研和必修的军事教科书。

### (三)《孙子兵法》的主要军事思想

#### 1. 重战、慎战、备战思想

(1)重战思想。《孙子兵法》开篇就指出:"兵者,国之大事,死生之地,存亡之道,不可不察也。"战争是国家的大事,关系到军民生死,国家存亡,是不可不认真研究的。这段关于战争的精辟概括,是孙武军事思想的基本出发点。春秋末期,诸侯兼并,战乱频繁,战争不仅是各国维持其政治统治,向外扩张发展的主要手段,而且关系到国家的存亡。孙武总结了一些国家强盛,一些国家灭亡的经验和教训,提出"兵者,国之大事"的著名论断,这对于人类认识战争的实质,无疑是一个巨大的贡献。

(2)慎战思想。"亡国不可以复存,死者不可以复生,故明君慎之,良将警之"。国家灭亡了就不能再存在,人死了就不能再活。所以,对待战争问题,明智的国君要慎重,贤良的将帅要警惕。从这点出发,孙武主张,"非利不动,非得不用,非危不战"。不是对国家有利的,就不要采取军事行动;没有取胜把握的,就不能随便用兵;不处在危急紧迫情况下,就不能轻易开战。

(3)备战思想。"用兵之法,无恃其不来,恃吾有以待也;无恃其不攻,恃吾有所不可攻也"。用兵的原则,不要寄希望于敌人不会来,而要依靠自己有充分的准备;不要寄希望于敌人不会来攻,而要依靠自己有使敌人无法攻破的条件。战争的立足点要放在事先做好充分准备,严阵以待,使敌人不敢轻易向我发动进攻的基点上。

#### 2. "知彼知己,百战不殆"的战争指导思想

"知彼知己,百战不殆;不知彼而知己,一胜一负;不知彼,不知己,每战必殆。"了解敌人又了解自己,则百战不败;不了解敌人而了解自己,可能胜也可能败;既不了解敌人,又不了解自己,那就会每战必败。孙武用简明扼要的语言,指明了战争指导者了解敌我双方情况与战争胜负的关系,从而揭示了指导战争的普遍规律。这一思想是极富科学价值的。自有战争以来,古今中外的战争指导者,都不能违背这一规律。毛泽东对此曾有高度评价,在《论持久战》一文中指出:"战争不是神物,乃是世间的一种必然运动,因此,孙子的规律'知彼知己,百战不殆'乃是科学的真理。"这条规律,从哲学意义上讲,是实事求是的朴素的唯物主义思想;从战争理论上讲,是分析判断情况的根本规律;从指导战争的意义上讲,是先求可胜的条件,再求必胜之机的重要抉择。

#### 3. 以谋略制胜为核心的用兵思想

谋略,是指用兵的计谋。《孙子兵法》军事思想的核心是谋略制胜。它认为军事斗争不仅仅是军事力量的竞赛,而且是敌我双方政治、经济、军事和外交等的综合斗争,也是双方军事指导艺术的较量,即斗智。孙武谋略制胜思想突出体现在以下几个方面。

（1）"庙算"制胜。"多算胜，少算不胜，而况于无算乎！吾以此观之，胜负见矣。"战前，计算周密，胜利条件多，可能胜敌；计算不周，胜利条件少，不能胜敌；而何况于根本不计算，没有胜利条件呢！我们从这些方面来考察，谁胜谁负就可以看出来。庙算制胜，主要是指战前要从战争全局上，对战争诸因素进行分析对比，决定打不打？怎么打？用什么部队打？在什么时间、地点打？打到什么程度？如何进行战争准备和后方保障？做到有预见、有计划、有保障，心中有数，打则必胜。也就是说先求"运筹于帷幄之中"，然后才能"决胜于千里之外"。

（2）诡道制胜。"兵者，诡道也"，"兵以诈立"。用兵打仗是一种诡诈行为，要依靠诡诈多变取胜。军事上的诡道是指异于常规的一些做法。"兵不厌诈"，古今常理。在战争的舞台上，如果对敌人讲"君子"之道，就必然被敌所制；如果能较好地运用诡道，造成敌人的过失，创造战机，那就会陷敌于被动。这种战例举不胜举，如马陵道之战，诸葛亮的"空城计"，日本偷袭珍珠港，诺曼底登陆等等。孙武将诡道归纳为十多法，"能而示之不能，用而示之不用，近而示之远，远而示之近，利而诱之，乱而取之，实而备之，强而避之，怒而挠之，卑而骄之，佚而劳之，亲而离之，攻其无备，出其不意，此兵家之胜，不可先传也"。

（3）"不战而屈人之兵"。"故百战百胜，非善之善者也；不战而屈人之兵，善之善者也"。在战争中，百战百胜，并不是好中最好的，不战而使敌人屈服才是好中最好的。所以，孙武主张"上兵伐谋；其次伐交；其次伐兵；其下攻城"。最好的是以谋制胜，使敌人屈服。其次是通过外交途径，分化瓦解敌人的同盟，迫使敌人陷入孤立，最后不得不屈服。例如，战国时，秦国采取"远交近攻"的政策，逐步灭了六国，就是以外交手段配合军事进攻而取得胜利的。再次是伐兵，即用武力战胜敌人。最下策是攻城，硬碰硬的攻坚战。孙武指出："善用兵者，屈人之兵而非战也，拔人之城而非攻也，毁人之国而非久也，必以全争于天下。故兵不顿而利可全，此谋攻之法也。"善于用兵的人，使敌人屈服不用直接交战，一定要用全胜的计谋争胜于天下，这样军队就不至于疲惫受挫，而又能获得全胜的利益。这就是以计谋攻敌的原则和孙武全胜的思想。当然，"全胜"的思想，不战而胜，是要以强大的武力作后盾的，如果没有强大的军事力量，就不可能达到不战而胜的目的。

### 4."文武兼施，恩威并用"的治军思想

"卒未亲附而罚之，则不服，不服，则难用；卒已亲附而罚不行，则不可用。故令之以文，齐之以武，是谓必取"。"令素行者，与众相得也"。将帅还没有取得士卒的爱戴和拥护就去惩罚他们，他们就不会心服，心不服就很难使用他们去作战。将帅已经取得了士卒的爱戴和拥护，而纪律不能严格执行，也不能使用他们去作战。因此，一方面要用体贴和爱护使他们心悦诚服；另一方面要用严格的纪律使他们行动整齐。这样才能战必胜。平素命令之所以能贯彻执行，都是由于将帅与士卒相互信赖的缘故。

### 5.朴素唯物论和原始辩证法思想

《孙子兵法》之所以具有极大的时空跨度，经久而不衰，与它反映的朴素唯物论和原始辩证法思想是分不开的。兵法中反映的唯物论，主要包括三个方面：一是对战争的认识，冲破了"鬼神论"和"天命论"；二是把客观因素作为决定战争胜负的基础；三是注意到时间和空间在军事上的作用。原始辩证法思想主要表现在能够正确认识战争中各种矛盾的对立统一及相互转化的关系。《孙子兵法》中的辩证概念和范畴有 85 对，使用 260 次之多。如敌我、攻守、胜负、迂直、强弱、勇怯、奇正、虚实、分合、久速等，并充分论述了它们在一定

条件下是可以转化的。

# 第四节　当代中国军事思想

## 一、毛泽东军事思想

### （一）毛泽东军事思想的科学含义

毛泽东军事思想的
科学含义

毛泽东军事思想是毛泽东关于当代中国革命战争和军队问题的科学
理论体系，是马克思列宁主义普遍原理与中国革命战争具体实践相结合的产物，是中国革
命武装斗争历史经验的总结，是中国共产党集体智慧的结晶，是毛泽东思想的重要组成。
这一定义不仅科学地揭示了毛泽东军事思想的基本内涵，而且充分反映了毛泽东军事思想
的本质特征。

#### 1. 马列主义原理与中国革命实际相结合

列宁、斯大林开创了工人武装通过城市起义取得政权的先例。以毛泽东为代表的中国
共产党人根据中国大革命夭折的教训，建立了我党领导的以农民为主体的新型人民军队，
开辟了以农村为根据地、走农村包围城市的革命道路，从而将马列主义的普遍原理与中国
革命战争的具体实践科学地结合起来，形成了具有中国特色的完整科学的军事思想体
系——毛泽东军事思想。因此，毛泽东军事思想可以说是马克思列宁主义普遍原理与中国
革命战争具体实践相结合的第一次历史性飞跃的产物，是马克思列宁主义军事理论在中国
革命战争实践中的具体运用和发展。

#### 2. 军事实践经验的科学总结

中国的革命战争主要包括国共合作的北伐战争、土地革命战争、抗日战争、解放战争。
中国革命战争规模之巨大、情况之复杂、道路之曲折、形式之多样、内容之丰富，不仅在中
国历史上是空前的，在世界历史上也是罕见的。通过这些战争和武装斗争，我党领导中国
人民推翻了旧中国的反动政权，粉碎了外敌入侵，捍卫了民族独立，建立了新中国，并通
过抗美援朝战争和边境自卫反击作战，巩固了国防，维护了国家安宁和世界和平。来源于
实践，而又被实践检验证明是正确的理论，才是科学的理论。毛泽东军事思想是以毛泽东
为代表的中国共产党人对中国革命战争实践经验的科学总结，它来源于中国革命战争实
践，而又被中国革命战争实践证明是正确的科学理论。

#### 3. 毛泽东军事思想是毛泽东思想的重要组成部分

党的十一届六中全会通过的《关于建国以来党的若干历史问题的决议》指出，毛泽东思
想主要内容的基本点：一是关于新民主主义革命的理论；二是关于社会主义革命和社会主
义建设的理论；三是关于革命军队的建设和军事战略的理论；四是关于政策和策略的理
论；五是关于思想政治工作和文化工作的理论；六是关于党的建设的理论。其中第三点就
是军事思想。在取得全国政权前的 22 年，军事斗争是我们党的工作重心，占有最突出的地
位。毛泽东和他的战友们以极大的精力研究军事以指导战争，因而军事著作很自然地在他

的著作中占有大量篇幅和重要地位。毛泽东在指导战争的过程中，将军事、政治、哲学、经济、文化、党的建设等熔于一炉，因而在他的其他部分论著中，也不可避免地大量联系军事斗争问题。蕴藏在毛泽东军事思想中的许多原理，也经常被毛泽东引申到重大的政治、经济等理论著作中。

### 4. 集体智慧的结晶

毛泽东军事思想虽然是以毛泽东命名的，但它不是毛泽东一个人智慧的产物，而是中国共产党人集体智慧的结晶。这是因为，中国革命战争及其人民军队的创建是在以毛泽东为代表的中国共产党人共同领导下进行的，加之毛泽东在指导中国革命战争的过程中不仅能听取各战略区指挥员的意见，而且善于把各战略区作战、建军的经验教训上升到理论高度加以认真的总结，所以毛泽东在1942年延安整风时说，毛泽东思想这不是我一个人的思想，是千百万先烈用鲜血写出来的，是党和人民的集体智慧。如同用马克思的名字来命名马克思主义这一科学理论一样，中国共产党也以毛泽东的名字来命名这一中国化的马克思主义军事理论——毛泽东军事思想。

### （二）毛泽东军事思想的主要内容

毛泽东军事思想是一个内容极为丰富的科学体系，基本内容主要包括战争观和军事问题方法论、人民军队建设思想、人民战争思想、人民战争的战略战术思想、国防建设思想五个方面。

### 1. 战争观和军事问题方法论

毛泽东运用辩证唯物主义和历史唯物主义，研究并指导中国革命斗争问题而形成的战争观和方法论，是毛泽东军事思想的理论基础。毛泽东军事思想对战争起源、战争性质、战争目的、现代战争根源，以及对战争的态度、作战指导、国防与军队建设等问题，都作了唯物辩证的论述。

（1）在阶级社会中，战争是用以解决阶级和阶级、民族和民族、国家和国家、政治集团和政治集团之间在一定发展阶段上的矛盾的一种最高的斗争形式。战争是政治性质的行动，自古以来没有不带政治性质的战争。然而，战争不等于一般的政治，而是流血的政治。政治发展到一定的阶段，再也不能前进了，于是利用战争以扫清政治道路上的障碍。历史上的战争分为正义的和非正义的两大类。一切进步的符合人民利益、推动社会向前发展的战争是正义战争；一切违背人民根本利益、阻碍社会向前发展的战争是非正义战争。共产党人反对一切阻碍进步的非正义战争，支持进步的正义战争，根本目的是最终消灭一切战争，实现人类永久和平。

（2）战争同其他客观事物一样，存在着内部矛盾运动发展的规律。战争规律分为一般规律和特殊规律。存在于一切战争之中的诸如敌我、攻防、进退、胜败等相互联结又相互斗争的矛盾运动发展的本质性规律，是战争的一般规律。不同时间、地域和性质的战争，又各有其特殊性，存在着不同于其他战争的特殊规律。一般战争规律寓于特殊战争规律之中。战争规律不是一成不变的，随着客观物质条件的发展，战争规律也不断发展。

（3）认识和掌握战争规律是为了解决指导战争的问题，使主观指导和客观实际相符合是正确地指导战争的前提和基础。熟识敌我双方各方面的情况，找出其行动规律，并且将这些规律运用于自己的行动，是正确进行作战指导的基本方法。

　　此外，毛泽东的战争观和方法论，还运用于正确处理国防建设和军队建设中的各种矛盾关系。经济建设是国防建设的物质基础。在相对稳定的和平时期，国防建设必须服从经济建设，国防建设与经济建设之间也需要正确解决需要与可能、战时与平时、军用与民用等方面的矛盾关系。这是搞好国防建设，促进国民经济协调发展的重要前提。

### 2. 人民军队建设思想

　　人民军队建设思想是以毛泽东为代表的老一辈无产阶级军事家作为进行武装革命的首要问题提出来的。毛泽东从中国革命战争的实际需要出发，提出必须把建立一支人民的军队作为武装斗争的首要问题。要建设一支无产阶级性质的新型人民军队，必须确立和坚持一系列基本的建军原则。

　　(1) 紧紧地和人民站在一起，全心全意为人民服务是人民军队的唯一宗旨。在建立全国政权之后，人民军队既是保卫社会主义制度的钢铁长城，又是建设社会主义物质文明和精神文明的重要力量。

　　(2) 党对军队的绝对领导是人民军队建军的根本原则。中国人民解放军是中国共产党缔造和领导的执行革命政治任务的武装集团，在党与军队的关系上只能是党指挥枪，而绝不允许枪指挥党。

　　(3) 强有力的革命政治工作是人民军队的生命线。政治工作应坚持以马克思列宁主义为指导，根据中国共产党在不同历史时期的总任务，以及由此规定的军队的具体任务而展开。政治工作应服务于军队的革命化、现代化、正规化建设，从思想上、政治上、组织上保证党对军队的绝对领导，保证军队内部的团结和军政、军民团结，保证军队战斗力的提高和各项任务的完成。

　　(4) 加强军事建设是人民军队履行自身职责的重要保证。毛泽东强调，人民军队要由低级阶段不断向高级阶段发展。革新军制离不开现代化，要贯彻精兵的原则，以精简、统一、效能、节约和反对官僚主义为目的，使体制编制从带游击性的旧阶段逐步发展到更带正规性的新阶段；要高度重视武器装备的发展，适时进行整训，努力提高军队的文化素质以及指挥员的军事理论和作战指挥水平，不断提高战斗力。

### 3. 人民战争思想

　　毛泽东把马克思主义的历史唯物主义原理，创造性地运用于中国革命战争实践，创立了一整套具有中国特色的人民战争理论。

　　(1) 依靠人民群众进行战争。毛泽东指出，革命战争是群众的战争，只有动员群众才能进行战争，只有依靠群众才能进行战争。

　　(2) 建立农村革命根据地。毛泽东认为，在半殖民地半封建的中国，帝国主义、封建地主阶级和官僚资产阶级在很长一个时期里势力非常强大，并且控制着中心城市，实行法西斯统治，因此，中国革命的武装斗争首先从城市开始是不能取得胜利的。中国革命应当走先占领农村，以农村包围城市，最终夺取城市的道路。

　　(3) 建立三结合的武装力量体制。人民军队是实行人民战争的骨干力量，必须按照无产阶级的建军原则，建立一支强大的人民军队。同时，根据不同的任务特点和要求，将人民军队划分为野战军和地方军，并同游击队与民兵有机地结合起来，形成三结合的武装力量体制。

　　(4) 把武装斗争同其他斗争形式结合起来。只有武装斗争，而无其他斗争形式相配合，还不是全面的、彻底的人民战争，因此要在进行武装斗争的同时，在政治、经济、思想、文化、外交等多条战线上，以各种形式广泛、全面地展开对敌斗争。

### 4. 人民战争战略战术思想

毛泽东根据中国革命战争的规律和特点，领导人民军队和人民群众，在同强大敌人进行长期革命战争的实践中，为达到以弱胜强、克敌制胜的目的，创建了极具中国特色的、从实际出发、以机动灵活为主要特点的战略战术理论，其内容极为丰富精彩。

(1) 战争的目的是保存自己，消灭敌人。毛泽东认为，保存自己，消灭敌人是战争的最高目的，古今中外，概莫能外。在二者的关系中，消灭敌人是主要的，保存自己是第二位的，只有大量地消灭敌人，才能有效地保存自己；保存自己的目的在于消灭敌人，而消灭敌人又是保存自己的最有效手段。

(2) 战略上藐视敌人，战术上重视敌人。毛泽东指出，在战争中，要认识到反动势力是反人民的、落后的、腐朽的力量，是纸老虎，终究要走向灭亡，因而在战略上、在全局上藐视它，树立斗争的勇气和胜利的信心；但同时也要看到反动势力又是活生生的真老虎，暂时是强大的，并且不会自行灭亡，因而在战术上又要重视它，对每一个局部、每一场作战都要采取谨慎的态度，讲究斗争艺术，运用适当的战法，集中全力战胜它。

(3) 实行积极防御，反对消极防御。毛泽东指出，积极防御又叫攻势防御、决战防御；消极防御又叫专守防御、单纯防御。消极防御实际上是假防御，只有积极防御才是真防御，才是为了反攻和进攻的防御。中国革命战争应当采取积极防御的战略方针，在战略上把防御和进攻辩证地统一起来。

(4) 集中优势兵力，各个歼灭敌人。毛泽东强调，在战略上敌强我弱、敌优我劣的条件下，为了改变敌我进退、攻防和内外线的形势，将被动转为主动，要贯彻在战略上"以一当十"，在战术上"以十当一"的思想，实行集中优势兵力，各个歼灭敌人的作战原则。

(5) 适时进行战略转变，灵活运用各种作战形式。毛泽东指出，适时进行军事战略的转变，对于战争的坚持、发展和胜利具有重要意义。战略转变通常反映在运动战、阵地战、游击战三种作战形式的转换上。他强调，运用作战形式必须适时得体、巧妙结合，根据战争各时期、各阶段、各地区敌我力量的不同情况，灵活地选择主要作战形式，并且把三种作战形式有机地结合起来。

(6) 不打无准备之仗，不打无把握之仗。毛泽东从中国革命战争敌强我弱的客观条件出发，把不打无准备之仗、不打无把握之仗作为一条重要的军事原则，强调每仗均应力求有充分的准备，力求在敌我条件对比上确有胜利的把握。

(7) 执行有利决战，避免不利决战。毛泽东指出，决战是解决两军之间胜负问题的根本方式，也是战争或战役中最激烈、复杂、多变的时节，要选准决战的时机，一切有把握的战役和战斗应坚决地进行决战，一切无把握的战役和战斗则应避免决战。

(8) 力争战争的主动权，正确把握灵活性和计划性。主动权是军队的自由权，军队如果处于被动，不恢复主动，就要失败。因此，要力争主动、力避被动。

### 5. 国防建设思想

中华人民共和国成立以后，毛泽东在领导党和人民进行社会主义革命和社会主义建设的过程中，在正确分析国际战略形势和国家安全环境的基础上，提出了一系列关于加强国防建设和保卫国家安全的原则、目标、计划和措施等，逐步形成了关于建设现代化国防和保卫国家安全的理论，有力地指导了国防现代化建设和多次自卫反击作战。

(1) 必须建立巩固的国防。为了有效地抵御外来反动势力的侵略，保卫人民的胜利果实，保证社会主义革命和社会主义建设事业的顺利进行，获得了胜利的中国人民不能不建立巩固的国防，在英勇的、经过考验的人民解放军的基础上，人民武装力量必须保存和发展起来，不仅要有强大的陆军，而且要有强大的海军和空军。

(2) 实行积极防御的战略方针。我国是社会主义性质的国家，不会侵略别国。我国奉行和平外交政策，主张与不同社会制度的国家和平共处，以和平共处五项原则来建立国与国之间的关系，以谈判的方式而不是战争的方式来解决国际争端。据此，我们的国防执行的是积极防御的战略方针。

(3) 建设强大的国防军。建设一支强大的国防军以保卫我国社会主义建设，抵御外来侵略，是和平时期人民军队建设的总方针和总任务。相对稳定和平时期的军队建设，必须继承和发扬我军的优良传统，全面加强军队的现代化建设。建立正规化制度，发展现代军事理论，培养适应现代战争的合格人才。

(4) 建立独立、完整的国防科技和国防工业体系。为了给军队现代化建设提供强大的技术和物质基础，必须建立独立、完整的国防科技和国防工业体系。

(5) 建设强大的国防后备力量。从总体上加强国防后备力量建设，以适应未来战争的需要；民兵是巩固国家政权的重要力量之一，将民兵同预备役结合起来；大力开展国防教育，抓好对青少年的军训工作。

### (三) 毛泽东军事思想的历史地位和现实意义

毛泽东军事思想深刻地揭示了战争的本质和基本规律，全面回答和解决了当代面临的一系列重大军事问题，创造性地丰富和发展了马克思列宁主义军事理论，指导中国革命战争取得了伟大的胜利。毛泽东军事思想在中国乃至世界军事史上独树一帜，占有极其重要的历史地位。

#### 1. 创造性地丰富和发展了马克思主义军事理论

中国革命战争是中外历史上最宏伟的一场人民革命战争，以毛泽东为代表的中国共产党人为了正确指导这场战争，一方面忠实于马克思列宁主义的基本原理，用它的立场、观点、方法认识和解决革命战争中的实际问题；另一方面又从中国的实际情况出发，独立地、创造性地解决革命战争中的实际问题。因而，毛泽东军事思想是对马克思主义军事理论创造性的运用和发展，极大地丰富和发展了马克思主义军事理论。

#### 2. 中国革命战争胜利的理论指南

先进的军事思想一旦被群众所掌握，就会产生巨大的物质力量。毛泽东军事思想是中国革命战争的光辉记录，中国革命战争的胜利，正是在它的指引下取得的。发生在 20 世纪前叶的中国革命是中国历史上的一个伟大事件，要在这一场史无前例的革命战争中取得胜利，如果没有先进的军事理论作指导，那是不可能的。正如邓小平所说："没有毛主席，至少我们中国人民还要在黑暗中摸索更长的时间。毛主席最伟大的功绩是把马列主义的原理同中国革命的实际结合起来，指出了中国夺取革命胜利的道路。"

#### 3. 毛泽东军事思想在世界上具有广泛影响

由于毛泽东军事思想科学地揭示了革命战争的客观规律，因而受到了为民族独立和解放而斗争的第三世界国家人民的重视，他们十分注意吸取和运用毛泽东军事思想。国外一些军事理论家、评论家对毛泽东军事思想给予了高度评价。美国前国务卿基辛格在《核武器与外交政策》一书中说："关于共产党军事思想的最好阐述，不见诸苏联的著作，而见诸中国的著作"，"毛泽东基于大家熟悉的列宁主义学说，即战争是斗争的最高形式，研究出一套军事理论。这套理论表现出高度的分析力、罕有的洞察力……"英国军事评论家巴特曼在《在东方的失败》一书中指出："毛泽东是掌握打开这个时代军事奥秘之锁的全套钥匙的一个时代的人物。"毛泽东军事著作已成为各国军事家必读的经典。毛泽东军事思想在世界军事思想史上占有重要的地位，是当代世界具有重大影响的军事思想。

在新的历史条件下，学习毛泽东军事思想，掌握它的科学原理，对于加强我军新时期国防和军队建设，作好新时期军事斗争准备，打赢未来可能发生的信息化条件下的局部战争，无疑是一项根本性大计。

## 二、邓小平新时期军队建设思想

邓小平新时期军队建设思想是毛泽东军事思想发展的一个新阶段，反映了新时期军事斗争的客观规律，抓住了新时期军队建设的关键，指明了新时期军事工作的方向，回答了新形势下军事实践迫切需要解决的理论问题，对于新时期军队建设和军事斗争准备，具有极其重要的现实意义和深远的历史意义。

### （一）邓小平新时期军队建设思想的主要内容

邓小平新时期军队建设思想是建立在毛泽东军事思想科学体系基础之上的，几乎涵盖了毛泽东军事思想体系的各个组成部分和基本内容，并有所创新和发展。

#### 1. 战争与和平的思想

如何看待战争与和平问题，是马克思主义军事理论的一个重大问题。邓小平新时期关于战争与和平的思想是其军事思想的理论基础，只有对战争与和平的形势作出科学的判断，才能正确确立我国国防和军队建设的指导思想，制定我军的军事战略。邓小平根据国际形势的发展，运用毛泽东研究和指导战争的认识论和方法论，正确指出战争的威胁依然存在，但推迟或制止世界战争的爆发已成为可能。对于采取什么手段才能赢得和平的问题，邓小平作出了富有创新性的论述，提出了稳定世界局势的新途径和新办法，这就是以"和平方式"和"共同开发"的办法解决国际争端。

#### 2. 国防建设思想

正确处理现代化建设各方面的关系，把国防建设摆在一个恰当位置上，有计划、有步骤地实现国防现代化的宏伟目标，这是邓小平新时期军事思想体系中的一个极为重要的内容。党的十一届三中全会以后，随着全党工作重点的转移，邓小平全面分析了当时的国际环境和我国建设所面临的矛盾及关系，逐步形成了建设中国特色社会主义现代化国防的思想。这一思想内容主要包括：国防建设指导思想从长期以来立足于"早打，大打，打核战争"的临战状态，转变到和平时期现代化建设的轨道上来；正确处理国防建设和经济建设的关系；国防建设要与经济建设协调发展。

#### 3. 军队建设思想

军队建设思想是邓小平新时期军事思想的核心和重点内容。它总结了党的十一届三中全会以来军队建设的新经验，创造性地回答了新形势下军队建设亟待解决的重大问题，成为和平时期我军现代化建设的纲领。邓小平新时期军队建设思想的内容十分丰富，主要包括：关于革命化为前提、现代化为中心、正规化为重点，全面建设军队的思想；关于把教育训练摆到战略地位，努力提高部队战斗力的思想；关于搞好体制改革和精简整编，建立科学的体制编制的思想；关于实现军队正规化，以法治军，科学化管理的思想；关于实现干部队伍革命化、年轻化、知识化、专业化的思想；关于加强和改进新时期政治工作，保证党对军队的绝对领导，保证军队的高度稳定和集中统一的思想。

### 4. 现代条件下的人民战争思想

在新的历史时期，邓小平根据现代战争的特点，结合我国的实际情况，在继承毛泽东人民战争思想的基础上，提出了"现代条件下人民战争"的思想。围绕这一思想，邓小平特别强调了人民战争的形式要与现代战争的特点相吻合；强调现代条件下从事人民战争的人必须具有很高的素质；强调在军队精简整编的情况下，尤其要搞好民兵和预备役的建设。邓小平关于现代条件下的人民战争思想，不仅符合我国的国情和军情，而且符合社会主义国防现代化建设的基本规律。正因为如此，现代条件下的人民战争思想是邓小平新时期军事思想体系的重要组成部分。

### 5. 军事战略思想

军事战略是军事斗争实践的客观反映，是基于对战略环境的科学分析而作出的判断和指导。战略环境发生了变化，必然导致战略指导的改变。20 世纪 80 年代以后，国际战略形势发生了历史性变化，邓小平依据马克思主义和毛泽东军事思想的基本原理，对国际战略格局和世界战略形势的发展趋势作出了正确判断，提出了一整套适应当今世界发展的战略思想。主要包括：实行积极防御战略方针，把立足点放在遏制战争的爆发上；注重研究现代战争，把着眼点放在打赢现代条件下的局部战争上；军事战略要从维护国家安全利益出发，创造和平方式解决对抗性争端和矛盾；注重发展综合国力，从根本上增强军事实力，提高威慑能力。

在新的历史时期，邓小平根据国际形势和敌我双方政治、经济、军事、地理多方面的情况分析，科学预见现代战争的发生、发展，并深刻揭示了其特点和规律，提出了我国在和平时期和战争条件下的许多新的军事战略指导，赋予军事战略新的内涵，充实和完善了军事战略理论体系，为我军建设指导思想实行战略性转变和国防建设指明了正确的发展方向。

### （二）邓小平新时期军队建设思想的地位作用

邓小平新时期军队建设思想指引我们党正确解决了在和平与发展成为时代主题、我国进行改革开放的历史条件下走中国特色精兵之路，建设强大的现代化、正规化革命军队的重大课题。

### 1. 新时期继承和发展毛泽东军事思想的典范

在新的历史条件下，邓小平新时期军队建设思想为毛泽东军事思想的继承和发展作出了历史性贡献。邓小平作为我党第二代领导集体的核心和我军统帅，不仅是毛泽东军事思想的创建者之一，也是毛泽东军事思想在新的历史条件下的主要坚持者和发展者。首先，强调要坚持和发展毛泽东军事思想，必须采取正确的态度，反对错误的态度。其次，强调要坚持和发展毛泽东军事思想,必须完整准确地理解毛泽东军事思想的科学体系。第三,强调要坚持和发展毛泽东军事思想,必须运用毛泽东军事思想的立场、观点和方法。因此,邓小平新时期军队建设思想,是新时期继承和发展毛泽东军事思想的典范,也是新时期发展了的毛泽东军事思想。

### 2. 新时期我军军事理论的集中体现

邓小平对新时期军队建设和军事斗争中许多重大问题的研究与探讨,都是以新的认识、新的理论深度,在总结我军历史经验的基础上来探索新的建军经验。邓小平继承和发展了毛泽东军事思想,比较系统地回答了在当代中国如何建设一支现代化革命军队的重大问题,提出了新时期我军建设中一系列重大方针和原则,形成了新时期我军军事理论的主体。

### 3. 新时期我军建设的强大思想武器

伟大的实践需要科学理论的指导,科学的理论只有在指导实践中才能发挥巨大的作用。坚持运用科学的军事理论去指导新时期的军事实践,不仅关系到军队建设和国防建设的前途与命运,而且关系到整个国家的盛衰和兴亡。如今,我军与过去相比,有了令人瞩目的变化,然而实现现代化、正规化革命军队的目标,还需要我们不断地实践和探索。邓小平新时期军队建设思想为我们完成这个伟大的实践和探索提供了世界观和方法论的指导,它将有效地保证我军建设沿着正确的轨道前进。

## 三、江泽民国防和军队建设思想

江泽民主持中央军委工作后,创造性地坚持和运用毛泽东军事思想和邓小平新时期军队建设思想,研究新情况,解决新问题,科学地揭示了新的历史条件下战争与和平的特点和规律、国防与军队建设的特点和规律,形成了具有鲜明时代特色的国防和军队建设思想。

### (一) 江泽民国防和军队建设思想的主要内容

江泽民国防和军队建设思想,着眼于时代的发展变化,立足于我国的国情、军情,科学地阐明了国防和军队建设的地位作用、目标任务、指导方针、总体思路、根本途径、战略步骤、发展动力和政治保证等,提出了一系列新思想、新观点、新论断,形成了一套完整的军事理论体系。江泽民国防和军队建设思想内容丰富,涵盖了对国际形势和我国安全环境的战略判断、国防和军队建设与改革、高技术局部战争及其战略战术等方方面面。既提出了未来打什么样的仗的问题,又回答了怎样打仗的问题;既提出了新形势下建设一支什么样的军队的问题,又回答了怎样建设这支军队的根本性问题。

第一,在国防与军队建设的地位和作用问题上,强调虽然世界大战打不起来,但世界并不太平,国内外还面临许多不安全不稳定因素,尤其我国还未完全实现统一大业,因此加强国防和军队建设、履行其根本职能,还任重道远;强调我军是人民民主专政的坚强柱石,是保卫社会主义祖国的钢铁长城,是建设社会主义物质文明和精神文明的重要力量;要为国家改革开放和现代化建设提供坚强有力的安全保障,要为实现祖国统一大业而努力奋斗,国防和军队建设只能加强,不能削弱。

第二,在国防和军队建设的领导力量和政治保证问题上,强调始终不渝地坚持党对军队的绝对领导，坚持以毛泽东军事思想和邓小平新时期军队建设思想为根本指导，把思想政治建设摆在全军各项建设的首位，坚持和发扬优良传统，高度重视建设高素质的干部队伍，加强廉政建设，拒腐蚀、永不沾，从组织、思想、政治上确保人民军队的性质和本色不变。

第三，在国防和军队建设的根本任务问题上，强调围绕"打得赢""不变质"和履行维护社会稳定、推进祖国统一、保卫国家安全的神圣使命，以新时期军事战略方针指导和统揽全局，提出"政治合格、军事过硬、作风优良、纪律严明、保障有力"五句话的总要求，全面推进军队革命化、现代化、正规化建设；强调坚持精干的常备军与强大的后备力量相结合的方针，在加强常备军建设的同时，加强人民武装警察部队建设和民兵、预备役部队建设，加强国防教育，提高国防观念，搞好军政军民团结；强调居安思危，加强战争准备，研究打赢现代技术特别是高技术局部战争条件下的人民战争的战略战术。

第四，在国防和军队建设发展道路问题上，强调从中国的国情军情和时代形势的战略要求出发，走有中国特色的精兵之路；鉴于我国尚处于社会主义初级阶段、国防投入不足的情况，强调走出一条投入较少、效益较高的路子；强调要在坚持全面发展的同时，突出应急机动作战部队建设，海军、空军、第二炮兵等军兵种建设，高素质的复合型军事人才建设和"杀手锏"武器的科技装备建设。

第五，在国防和军队建设动力问题上，强调认真研究时代和世界战略格局的发展变化及其对我国国防和军队建设带来的机遇与挑战，切实把握世界军事变革发展的特点和趋势，认真研究海湾战争、科索沃战争和台海局势的发展趋向及对我们的启示，增强责任感和使命感；强调国防和军队建设要服从经济建设大局，随着经济建设的不断发展而发展，使国防建设与经济建设协调发展；强调加强军事科学研究，积极探索新形势下国防与军队建设的特点和规律，以先进的军事理论引导国防与军队建设；强调深化改革，扩大开放，在坚持自力更生的基础上，注重引进先进技术和有益经验，以军事斗争准备为龙头，加紧研究和制定克敌制胜的方针对策，并落实各种举措。

第六，在国防和军队建设发展战略步骤问题上，强调与国家三步走的发展战略相适应，坚持科技强军、勤俭建军、依法从严治军的方针，逐步实现国防和军队建设三步走的发展目标。鉴于我国国防和军队建设尚处于机械化和信息化两大历史任务并举的阶段，为了加速国防和军队建设的前进步伐，要贯彻科技强军战略，实行跨越式发展。在指导思想上，"由应付一般条件下的局部战争，向打赢高技术条件下的局部战争转变"；在军队建设上，实现"由数量规模型向质量效能型、由人力密集型向科技密集型的转变"。这"两个转变"的实质，就是把提高战斗力的重点转到依靠科技进步的轨道上来。

第七，在国防和军队建设基本经验规律问题上，强调认真总结改革开放以来我国国防和军队建设的基本经验，对于实现国防和军队现代化跨世纪发展的宏伟目标具有重要意义；指出这些历史经验主要体现在正确认识和处理七个方面的基本关系上，即战争与和平的关系，国防建设与经济建设的关系，革命化、现代化、正规化建设之间的关系，军队数量与质量的关系，常备军与后备力量的关系，继承优良传统与改革创新的关系，学习外军有益经验与保持我军特色的关系；强调要在新的实践中进一步丰富和发展这些经验，使之充分发挥继往开来的作用。

### （二）江泽民国防和军队建设思想的地位作用

江泽民国防和军队建设思想，深刻揭示了新的历史条件下国防与军队建设的特点和规律，为认识和把握军事运动发展提供了强大的思想武器。其科学价值就在于它在空前的深度和广度上展现了现实军事运动的本质联系，揭示了当代中国国防建设的特点和规律，揭示了中国特色军事变革的特点和规律，揭示了未来战争与军事斗争准备的特点和规律，揭示了改革开放和发展社会主义市场经济条件下建军治军的特点和规律。

江泽民国防和军队建设思想科学地回答了新的历史条件下国防和军队建设的一系列重大现实问题，为做好各项工作提供了根本依据。江泽民主持军委工作，国防和军队建设经历了许多从未遇到过的复杂情况和考验。他审时度势，理乱驭繁，总揽全局，协调各方，作出了一系列重大战略决策，解决了一系列带根本性、全局性、方向性的问题，从而保证了我军建设始终沿着正确航向前进。

江泽民把创新作为引导我军走在世界军事发展前列的不竭动力，坚持用发展的办法解决国防和军队建设遇到的问题，从变革中寻找我军跨越式发展的道路。他注重运用系统思维、综合集成的方法解决军事问题，坚持把国防和军队建设作为一个复杂的系统工程来谋划，放在国际战略全局和国家发展大局中来运筹。他把政治与科学有机结合起来，既注重从政治高度观察和思考军事问题，又注重把现代科学方法应用于军事领域。

## 四、胡锦涛国防和军队建设思想

胡锦涛担任军委主席以来，坚持把毛泽东军事思想、邓小平新时期军队建设思想、江泽民国防和军队建设思想与新的实际相结合，对国防和军队建设作出了一系列重要论述，提出了关于军事问题的诸多新论断、新思想、新观点、新结论，初步形成了具有鲜明时代特征的军事思想，丰富和发展了党的军事指导理论，为新世纪新阶段国防和军队建设及军事斗争准备提供了强大思想武器，也为推进马克思主义军事理论中国化的历史进程作出了杰出贡献。

### （一）胡锦涛国防和军队建设思想的主要内容

#### 1. 把科学发展观作为国防和军队建设的重要指导方针

科学发展观是国防和军队建设的重要指导方针。这是胡锦涛对我党关于国防和军队建设指导理论作出的新概括，是对马克思主义军事理论中国化的重大创新，也是对马克思主义发展观的成功运用和发展。以胡锦涛为总书记的中央领导集体，从新世纪新阶段党和国家事业发展全局出发，创造性地提出了坚持"以人为本、全面、协调、可持续"的科学发展观。新世纪新阶段，国家安全和发展形势的新变化、新特点，要求我们必须坚持以科学发展观为指导，自觉从国际国内大局出发统筹国家安全与发展，以科学的思路、模式和方法推动军队建设全面协调可持续发展，不断提高应对危机、维护和平与遏制战争、打赢战争的能力，确保我军在日益激烈的世界军事竞争中赢得主动，在复杂多样的军事斗争中立于不败之地。

胡锦涛强调，国防和军队建设要以科学发展观为指导，自觉地把科学发展观贯彻落实到国防和军队建设的各个领域和全过程，实现国防和军队建设全面协调可持续发展；适应新的形势，积极探索军民结合、寓军于民的新途径新方法，全面推进经济、科技、教育、人才等方面的军民结合；按照革命化、现代化、正规化相统一的原则加强全面建设，协调推进军事、政治、后勤、装备等各领域的工作；始终把革命化建设放在第一位，更加有力、更加扎实、更加富有成效地推进思想政治建设；坚持以现代化建设为中心，科学统筹军队建设和改革的全局，努力发展应对多种安全威胁、完成多样化军事任务的能力；深入研究信息化条件下和社会主义市场经济环境中建军治军的特点规律，贯彻依法治军、从严治军的方针，推动正规化建设向更高水平发展。总之，必须努力实现国防和军队现代化建设又好又快发展。

### 2. 有效履行新世纪新阶段我军的历史使命

新世纪新阶段，胡锦涛着眼于维护国家和民族的根本利益，提出了"三个提供、一个发挥"的历史使命：为党巩固执政地位提供重要的力量保证，为维护国家发展的重要战略机遇期提供坚强的安全保障，为维护国家利益提供有力的战略支撑，为维护世界和平与促进共同发展发挥重要作用。这一新的科学概括，开阔了国防和军队建设的战略视野，拓展了我军历史使命的科学内涵，是具有鲜明时代特征和中国特色的新的军队使命观。全军把捍卫国家主权、安全、领土完整，保障国家发展利益和保护人民利益放在高于一切的位置，全面加强部队建设，抓紧作好军事斗争准备，确保能够有效应对危机、维护和平、遏制战争、打赢战争，努力完成好维护国家主权和领土完整，反对民族分裂、捍卫国家边防安全、保护国家海洋权益等传统作战任务；努力适应国家利益拓展，在国际军事合作以及开放性的复杂的社会环境中，完成好保护我国外贸陆海战略通道安全、处置重大突发事件、参与维护世界和平等多样化的作战任务。

### 3. 努力建设一支听党指挥、服务人民、英勇善战的革命军队

胡锦涛指出："建设一支听党指挥、服务人民、英勇善战的革命军队，是革命的依托、民族的希望。""人民解放军的优良革命传统，集中起来就是听党指挥、服务人民、英勇善战"。这是对我军发展壮大历史经验的精辟概括，是对马克思主义建军学说的创新发展。听党指挥，是党和人民对人民军队的最高政治要求，服务人民，是人民军队一切奋斗发展的出发点和归宿，是人民军队必须永远坚持的根本宗旨；英勇善战，是人民军队的鲜明特征，是人民军队履行职能使命的根本要求，是我军作为"威武之师""胜利之师"的重要标志。

### 4. 科学统筹推动国防和军队建设全面发展

胡锦涛指出，坚持国防建设与经济建设协调发展的方针，是保证国家经济建设大局，为国家发展提供可靠安全保障的正确选择。我们必须始终不渝地坚持国防建设与经济建设协调发展的方针，在全面建设小康社会的历史进程中实现富国与强军的统一。坚持国防建设与经济建设协调发展，要按照科学发展观的要求，坚定不移地走投入较少、效益较高的国防和军队现代化建设路子；要使国防和军队发展战略与国家发展战略相适应，站在国家发展战略的高度，考虑和设计国防和军队发展战略，合理确定国防和军队建设布局，把国防和军队现代化建设融入到国家现代化建设的战略全局之中，使国防和军队现代化进程与国家现代化进程相一致；要进一步完善国防动员体制和机制，大力加强民兵预备役部队建设，充分发挥我们的政治优势，巩固军政军民团结，切实增强信息化条件下人民战争的整体实力；要积极探索军民结合、寓军于民的发展路子，统筹国防资源与经济资源，注重国防经济和社会经济、军用技术和民用技术、军队人才和地方人才的兼容发展。

### 5. 以军事斗争准备为龙头带动军队现代化建设整体发展

胡锦涛指出，把军事斗争准备作为军队现代化建设的龙头，抓住发展重点，统筹发展全局，通过局部跃升促进整体提高，既是积极适应国家安全形势发展变化的需要，也是加快推进我军现代化建设的需要。一方面，要深刻认识军事斗争准备在我国安全、统一和发展全局中的重要地位，作为当前我军最重要、最现实、最紧迫的战略任务，集中资源和力量，紧抓不放、扎实推进，形成并保持强大的信息化条件下防卫作战能力。另一方面，在加紧做好现实军事斗争准备的同时，统筹军队现代化建设全局，着眼维护国家安全统一的长远需要，瞄准世界军事发展前沿，科学合理地确定军队现代化建设资源的投向和投量，长期经营，突出核心军事能力建设，以局部跃升带动国防和军队建设的长远发展，稳步推进中国特色军事变革，实现建设信息化军队、打赢信息化战争的战略目标。

### 6. 积极推动军事训练向信息化条件下转变

胡锦涛指出，要积极适应我军军事训练面临的新形势新任务新环境，从战略全局和时代发展的高度深刻认识加强新世纪新阶段军事训练的重要意义，把军事训练切实摆到战略地位。加强新世纪新阶段军事训练，要着眼于有效履行新世纪新阶段我军历史使命，以新时期军事战略方针为统揽，围绕推进机械化条件下军事训练向信息化条件下军事训练转变的主题，坚持从实战需要出发从难从严训练，坚持全面提高官兵素质，坚持走科技兴训之路，坚持以改革创新推动训练发展，为确保我军打得赢、不变质服务；要把联合训练作为有机融合诸军兵种作战能力的高级训练形式，作为战斗力生长链条中的关键环节，贯穿于战略战役战术训练的各个层次；要坚持把军事训练的根本着眼点放在提高官兵综合素质上，促进官兵知识和能力结构的转变，努力把他们培养成适应信息化条件下局部战争要求的军人；要通过学科技、用科技，不断增大军事训练的科技含量，努力提高军事训练的质量和效益，特别要推进网络化建设；要围绕构建信息化条件下军事训练的科学体系深化改革创新；要正确认识和把握军事训练与军队各项建设的辩证关系，通过大抓军事训练培养官兵的革命精神和优良作风，推动部队建设又好又快发展。

### 7. 走中国特色军民融合式发展路子

胡锦涛敏锐把握世界军事发展的新趋势和我国发展的新要求，提出必须坚持军民结合、寓军于民，把国防和军队现代化建设深深融入经济社会发展体系之中；积极探索新形势下实现军民结合、寓军于民的新途径新方法，全面推进经济、科技、教育、人才等各个领域的军民融合，建立和完善军民结合、寓军于民的武器装备科研生产体系、军队人才培养体系和军队保障体系，在更广范围、更高层次、更深程度上把国防和军队现代化建设与经济社会发展结合起来。国防动员是实现军民结合、寓军于民的重要组织形式和桥梁，要进一步完善国防动员的体制和机制，大力加强民兵预备役部队的建设。

### 8. 大力培育当代革命军人核心价值观

胡锦涛指出，要围绕强化官兵精神支柱，大力培育"忠诚于党、热爱人民、报效国家、献身使命、崇尚荣誉"的当代革命军人核心价值观。这一重要指示为我军提高应对多种安全威胁，完成多样化军事任务能力提供了强大的精神动力。忠诚于党，就是要自觉坚持党对军队的绝对领导；热爱人民，就是要忠实践行全心全意为人民服务的根本宗旨；报效国家，就是要大力弘扬爱国主义精神，坚决捍卫国家主权、安全、领土完整和人民民主专政的国家政权；献身使命，就是要履行军人神圣职责，爱军精武，爱岗敬业，不怕牺牲，英勇善战；崇尚荣誉，就是要自觉珍惜和维护国家、军队、军人的荣誉，自觉践行社会主义荣辱观。

### （二）胡锦涛国防和军队建设思想的地位作用

胡锦涛关于国防和军队建设重要论述，深刻揭示了新世纪新阶段国防和军队建设的特点和规律，把科学发展观作为加强国防和军队建设重要指导方针的论述，指明了国防和军队建设贯彻落实科学发展观的大方向、大思路，为谋划和指导军队建设提供了新的起点、新的思路、新的标准。新世纪以来，随着我国改革开放和社会主义市场经济的深入发展，军队建设面临着许多新情况、新问题和新要求。胡锦涛根据国际战略格局和世界军事形势的发展变化，立足于我国国情和军情，运用马克思主义的世界观和方法论，深刻总结新时期国防和军队建设的基本经验，明确提出用科学发展观指导国防和军队建设，科学统筹国防建设与经济建设，统筹中国特色军事变革与军事建设，统筹国防和军队建设与军事斗争准备，统筹机械化建设与信息化建设，统筹各种武装力量建设，统筹军事力量与民众力量，统筹当前建设与长远发展，统筹各战略方向建设。

胡锦涛关于国防和军队建设的重要论述，丰富和发展了马克思主义的军事认识论和方法论，为不断开创国防和军队建设新局面提供了科学的思维方法。胡锦涛主持军委工作以来，根据时代发展和军事实践的新要求，创造性地提出了在国防和军队建设中贯彻落实科学发展观、履行新世纪新阶段我军历史使命、贯彻以人为本建军治军理念、科学统筹军队建设和改革全局等一系列新思想新观点新论断，明确了新世纪新阶段国防和军队建设的发展目标、发展模式、发展动力、发展道路和发展保证，进一步回答了建设什么样的军队、怎样建设军队的根本问题。

胡锦涛运用唯物辩证法的基本理论和方法，科学揭示了我军目前建设和军事斗争准备的基本矛盾，即我军的现代化水平与打赢信息化条件下局部战争的要求还不相适应、军事能力与有效履行新世纪新阶段我军历史使命的要求还不相适应，明确提出"军事训练是军队和平时期最基本的实践活动，是战斗力生成的基本途径"，"加强军事训练，不仅是打仗的需要，也是一种重要的治军方式和管理方式"，"以军事训练为抓手和切入点，可以带动部队的全面建设"。胡锦涛关于国防和军队建设的重要论述，使我军对新形势下军事训练的特点和规律、军事斗争准备的特点和规律、国防建设的特点和规律的认识达到了一个新的水平。

## 五、习近平强军思想

党的十八大以来，以习近平同志为核心的党中央，着眼于实现中华民族伟大复兴的中国梦，带领全军深入进行理论探索和实践创造，形成习近平强军思想并不断丰富和发展，引领人民军队在中国特色强军之路上续写新的时代篇章。在党的二十大后军队一次重要会议上，习主席紧密结合新的时代特征和实践发展，对这一思想进一步作出系统阐发，深化了我们党对军事领域一些基本问题的规律性认识，集中反映了新时代建军治军的实践经验和智慧结晶。新时代新征程上，我们必须全面准确学习领会、毫不动摇贯彻落实习近平强军思想，不断汇聚起强军兴军的磅礴力量，把强军事业更好推向前进。

### （一）习近平强军思想的重大意义

人民军队之所以不断发展壮大，关键在于始终坚持先进军事理论的指导。习近平强军思想本质上就是新时代党的军事思想。面对世界之变、时代之变、历史之变，这一思想准确把握强国对强军的战略需求，创造性回答了新时代建设一支什么样的强大人民军队、怎样建设强大人民军队的时代课题，实现了马克思主义军事理论中国化时代化的新飞跃，为我军始终在党的旗帜下有效履行使命任务提供了根本遵循、指明了前进方向。

习近平强军思想的精神
实质和丰富内涵

**开辟了马克思主义军事理论中国化时代化的新境界。**勇于推进军事实践基础上的军事理论创新，是我们党建军治军的重要优势。习近平强军思想一系列新的重大判断、新的理论概括、新的战略安排，阐明了新时代人民军队如何赓续传统、保持本色，锚定什么目标奋进、沿着什么道路前行，如何赢得军事斗争主动、怎样打赢现代战争等带根本性、方向性、全局性的重大问题，揭示了人民军队的强军胜战之道，为指导军事实践提供了锐利思想武器。习近平强军思想以体系性创新，把我们党对国防和军队建设规律、军事斗争准备规律、战争指导规律的认识提升到新高度，使马克思主义军事理论在强军实践中彰显出强大真理力量。

**擘画了全面建成世界一流军队的宏伟蓝图。**善治者谋局，善谋者致远。习主席把国防和军队建设放在实现中华民族伟大复兴的战略全局下来运筹，提出党在新时代的强军目标，确立新时代军事战略方针，明确国防和军队现代化新"三步走"战略，推进政治建军、改革强军、科技强军、人才强军、依法治军，加快军事理论、军队组织形态、军事人员、武器装备现代化，确定和实施建设强大人民军队的目标图、路线图、施工图；深刻洞察我国发展由大向强的安全挑战，提出新时代人民军队使命任务，与时俱进创新军事战略指导，要求我军坚持边斗争、边备战、边建设，加快提高打赢能力，指明了我军建设的根本指向和能力标准；着眼牢牢把握军事竞争主动权，强调加快机械化信息化智能化融合发展，加强新兴领域军事布局，确保抓住窗口期、跑出加速度、建出高质量，明确了推动我军建设发展的战略路径和着力重点。习近平强军思想立足中国、放眼世界，贯通当前和长远，既有目标上的顶层设计、任务上的战略部署，也有推进中的指导原则、落实上的思路举措，使中国特色强军之路越走越宽广。

**引领了新时代人民军队的伟大变革。**党的十八大以来，习主席带领全军直面问题、勇于变革、攻坚克难，在新时代挽救、重塑、发展了人民军队，强军事业取得历史性成就、发生历史性变革。这十年，牢牢扭住坚持党对人民军队绝对领导，坚定不移推进政治整训，召开古田全军政治工作会议，把4个带根本性的东西立起来，全面深入贯彻军委主席负责制，坚决查处郭伯雄、徐才厚、房峰辉、张阳等严重违纪违法案件并全面彻底肃清其流毒影响，匡正选人用人风气，持之以恒纠治"四风"，坚定开展反腐败斗争，全面停止军队有偿服务，我军政治生态根本好转，新风正气不断上扬。这十年，全面加强练兵备战，积极主动开辟军事斗争新格局，归正备战打仗工作重心，构建完善联合作战指挥体系，大抓实战化军事训练，坚定灵活开展军事斗争，有效应对外部军事挑衅，震慑"台独"分裂势力，加强边境管控和反蚕食斗争，遂行海上维权、反恐维稳、抗击疫情等重大任务。这十年，大刀阔斧深化国防和军队改革，打好领导指挥体制改革、规模结构和力量编成改革、军事政策制度改革三大战役，形成军委管总、战区主战、军种主建新格局，构建中国特色现代军事力量体系，构建中国特色社会主义军事政策制度体系，统筹加强跨军地改革，我军体制一新、结构一新、格局一新、面貌一新，实现整体性革命性重塑。这十年，创新加强国防和军队现代化建设，推动我军高质量发展，全力抓好规划任务落实，壮大战略力量和新域新质作战力量，建设一切为了打仗的后勤，加快主战武器装备更新换代，全面推进国防科技创新，构建新型军事人才培养体系，我军现代化水平和实战能力上了一个大台阶。正是在习主席坚强领导下，在习近平强军思想科学指引下，我们这支党领导的人民军队守住了根和魂，走开了快速发展的步伐，赢得了迈向世界一流的主动。

**强固了全军官兵奋斗强军的精神支柱。**唯有精神上站得住、站得稳，一个民族、一支军队才能在历史洪流中挺立潮头。习近平强军思想立起坚定的信仰信念，坚守不忘初心、牢记使命的价值追求，彰显爱党、忧党、护党、兴党的忠诚品格，激励广大官兵向党看齐、向心凝聚，当好红色血脉的时代传人；饱含强烈的历史担当，满怀为人民扛枪、为人民打仗的为民情怀，宣示坚决捍卫国家主权、安全、发展利益的决心意志，激励广大官兵厚植家国情怀、矢志奋斗强军，真抓实干、埋头苦干，不负时代、不负人民；贯穿无畏的斗争精神，彰显越是艰险越向前的坚韧勇毅，激励广大官兵面对风险挑战和强敌对手敢于斗争、敢于胜利。坚持用习近平强军思想铸魂育人，人民军队就能团结成"一块坚硬的钢铁"，战胜一切艰难险阻、打败一切来犯之敌。

### （二）习近平强军思想的主要内容

强军实践永不止步，理论创新没有止境。习近平强军思想，立足新时代强军兴军实践，提出一系列标志性引领性的新理念新思想新战略，形成一个内涵丰富、思想深邃、与时俱进的科学军事理论体系。这一思想的主要内容，集中体现在"十一个明确"的新概括，充分彰显了党的军事指导理论的时代性、开放性和创造性。

**明确党对人民军队的绝对领导是人民军队建军之本、强军之魂，必须全面加强军队党的领导和党的建设，贯彻党领导军队的一系列根本原则和制度，确保部队绝对忠诚、绝对纯洁、绝对可靠。**坚持党指挥枪、建设自己的人民军队，是党在血与火的斗争中得出的颠扑不破的真理，关系我军性质和宗旨、关系社会主义前途命运、关系党和国家长治久安。坚持党对人民军队的绝对领导，首先全军对党要绝对忠诚。必须从思想上政治上建设和掌握部队，全面深入贯彻军委主席负责制，深化党的创新理论武装，锻造坚强有力的党组织，推进政治整训常态化制度化，充分发挥政治工作对强军兴军的生命线作用，培养"四有"新时代革命军人，锻造"四铁"过硬部队，确保枪杆子永远听党指挥。

**明确强国必须强军，巩固国防和强大人民军队是新时代坚持和发展中国特色社会主义、实现中华民族伟大复兴的战略支撑，人民军队必须有效履行新时代使命任务。**没有一支强大的人民军队，就不可能有强大的祖国。我们捍卫和平、维护安全、慑止战争的手段和选择有多种多样，但军事手段始终是保底手段，必须对战争危险保持清醒头脑。在全面建成社会主义现代化强国、实现第二个百年奋斗目标的历史进程中，必须把国防和军队建设摆在更加重要的位置，加快国防和军队现代化，为巩固中国共产党领导和我国社会主义制度提供战略支撑，为捍卫国家主权、统一、领土完整提供战略支撑，为维护我国海外利益提供战略支撑，为促进世界和平与发展提供战略支撑。

明确党在新时代的强军目标是建设一支听党指挥、能打胜仗、作风优良的人民军队，到 2027 年实现建军一百年奋斗目标，到 2035 年基本实现国防和军队现代化，到本世纪中叶把人民军队建成世界一流军队。听党指挥、能打胜仗、作风优良是建军治军的要害，决定着军队发展方向，也决定着军队生死存亡。实现强军目标，必须同国家现代化进程相一致。到 2027 年实现建军一百年奋斗目标，全面提高捍卫国家主权、安全、发展利益战略能力，是未来 5 年我军建设的中心任务，必须全力以赴、务期必成；到 2035 年基本实现国防和军队现代化，机械化高度发达，信息化基本实现，智能化取得重大进展，基于网络信息体系的联合作战能力、全域作战能力全面提高；到本世纪中叶全面实现国防和军队现代化，把人民军队全面建成同我国强国地位相称、能够全面有效维护国家安全、具备强大国际影响力的世界一流军队。

明确军队是要准备打仗的，必须聚焦能打仗、打胜仗，扭住强敌对手，创新军事战略指导，发展人民战争战略战术，全面加强练兵备战，坚定灵活开展军事斗争，有效塑造态势、管控危机、遏制战争、打赢战争。能打胜仗是党和人民对人民军队的根本要求。必须深入贯彻新时代军事战略方针，坚持战斗力这个唯一的根本的标准，全部精力向打仗聚焦，全部工作向打仗用劲。深化战争和作战筹划，研究掌握信息化智能化战争特点规律，打造强大战略威慑力量体系，增加新域新质作战力量比重，优化联合作战指挥体系。深入推进实战化军事训练，大力培育战斗精神，扎实做好军事斗争准备，加强军事力量常态化多样化运用，确保召之即来、来之能战、战之必胜。

明确推进强军事业必须坚持政治建军、改革强军、科技强军、人才强军、依法治军，坚持边斗争、边备战、边建设，更加注重聚焦实战、创新驱动、体系建设、集约高效、军民融合，加强军事治理，推动高质量发展，全面提高革命化现代化正规化水平。国防和军队现代化建设是一项系统工程，必须坚持用全面的观点抓建设。边斗争、边备战、边建设是今后一个时期的突出特点，要坚持以战领建、抓建为战，形成战建备一体推进的良好局面。我军建设进入提质增效的关键阶段，必须牢牢把握军队建设发展战略指导，转变发展理念、创新发展模式、增强发展动能，实现更高质量、更高效益、更可持续的发展；必须全面加强军事治理，着力构建现代军事治理体系，以高水平治理推动我军高质量发展，改进战略管理，提高军事系统运行效能和国防资源使用效益。

明确改革是强军的必由之路，必须推进军队组织形态现代化，构建中国特色现代军事力量体系，完善中国特色社会主义军事制度。深化国防和军队改革是为了设计和塑造军队未来。要坚持改革正确方向这个根本、能打仗打胜仗这个聚焦点、军队组织形态现代化这个指向、积极稳妥这个总要求，着力解决制约国防和军队建设的体制性障碍、结构性矛盾、政策性问题，进一步解放和发展战斗力，进一步解放和增强军队活力。这一轮国防和军队改革任务基本完成，要巩固拓展改革成果，推进改革既定任务落实，搞好后续改革筹划论证，完善军事力量结构编成，体系优化军事政策制度，奋力开创改革强军新局面，为实现建军一百年奋斗目标提供强大动力。

明确科技是核心战斗力，必须坚持自主创新战略基点，推进高水平科技自立自强，统筹推进军事理论、技术、组织、管理、文化等各方面创新，建设创新型人民军队。科技是军事发展中最活跃最具革命性的因素。赢得军事竞争主动，必须充分发挥科技创新对我军建设的战略支撑作用，加快关键核心技术攻关，加强科技创新管理机制和运行模式探索，增强科技认知力、创新力、运用力，加速科技向战斗力转化。全面实施创新驱动发展战略，加强军事理论创新，大力弘扬创新文化，推动我军建设发展质量变革、效能变革、动力变革。

明确强军之道要在得人，必须贯彻新时代军事教育方针，推动军事人员能力素质、结构布局、开发管理全面转型升级，锻造德才兼备的高素质、专业化新型军事人才。人才是第一资源，是推动我军高质量发展、赢得军事竞争和未来战争主动的关键因素。要坚持党管干部、党管人才、组织选人，坚持从政治上培养、考察、使用人才。坚持为战争准备人才，把能打仗、打胜仗作为人才工作出发点和落脚点，提高备战打仗人才供给能力和水平。坚持走好人才自主培养之路，落实院校优先发展战略，建强新型军事人才培养体系。创新军事人力资源管理，形成激励担当作为的工作导向、政策导向、舆论导向，充分调动广大官兵积极性、主动性、创造性，把优秀人才集聚到强军事业中来。

明确依法治军是我们党建军治军的基本方式，必须构建中国特色军事法治体系，推动治军方式根本性转变，提高国防和军队建设法治化水平。军队越是现代化，越是信息化，越要法治化。要把依法治军着力点放在服务备战打仗上，形成系统完备、严密高效的军事法规制度体系、军事法治实施体系、军事法治监督体系、军事法治保障体系，实现从单纯依靠行政命令的做法向依法行政的根本性转变，从单纯靠习惯和经验开展工作的方式向依靠法规和制度开展工作的根本性转变，从突击式、运动式抓工作的方式向按条令条例办事的根本性转变。强化全军法治信仰和法治思维，突出依法治官、依法治权，依靠官兵共同建设法治、厉行法治、维护法治。

明确军民融合发展是兴国之举、强军之策，必须巩固提高一体化国家战略体系和能力。随着科学技术快速发展，国家战略竞争力、社会生产力、军队战斗力的耦合关联越来越紧，国防和军队现代化必须融入国家现代化。加强军地战略规划统筹、政策制度衔接、资源要素共享，促进国防实力和经济实力同步提升。我们的国防是全民的国防，要深化全民国防教育，加强国防动员和后备力量建设，推进现代边海空防建设。大力弘扬军爱民、民拥军的光荣传统，深入做好双拥工作，巩固发展军政军民团结。

明确作风优良是我军的鲜明特色和政治优势，必须全面从严治党、全面从严治军，全面锻造过硬基层，坚定不移正风肃纪反腐，大力弘扬我党我军光荣传统和优良作风，永葆人民军队性质、宗旨、本色。作风优良才能塑造英雄部队，作风松散可以搞垮常胜之师。要自觉弘扬伟大建党精神，牢记初心使命，加强党史军史和光荣传统教育，推进红色基因代代传工程。勇于自我革命，持续深化纠治"四风"特别是形式主义、官僚主义，一体推进不敢腐、不能腐、不想腐，坚决打赢反腐败斗争攻坚战持久战。坚持严的基调不动摇，严字当头、全面从严、一严到底，用铁的纪律凝聚铁的意志、锤炼铁的作风、锻造铁的队伍，全面锻造听党话、跟党走，能打仗、打胜仗，法纪严、风气正的过硬基层。

**（三）习近平强军思想蕴含的当代中国马克思主义军事观和方法论**

习近平强军思想，坚持用马克思主义审视当代中国军事问题，敏锐洞察新时代军事领域的矛盾运动，深刻阐发军事与政治、战争与和平、稳局与塑势、威慑与实战、人与武器等重大关系，为强军打赢提供了"伟大的认识工具"。

**坚持政治引领**。习主席指出，军事服从政治，政治性是军队的本质属性。这一重要论断深刻阐明了军事力量的政治本质。当今时代,军事和政治联系更加紧密,在战略层面上的相关性和整体性日益增强,政治因素对战争的影响和制约愈发突出,军事斗争的政治性、政策性、敏感性显著增强。我军是执行党的政治任务的武装集团,坚持党指挥枪是人民军队的方向所在、力量所在、优势所在。历史和现实启示我们,抓军队建设首先要从政治上看,筹划和指导战争必须深刻认识战争的政治属性,把战争问题放在实现中华民族伟大复兴这个大目标下来把握,把军事斗争作为进行伟大斗争的重要方面来运筹。新时代人民军队坚持政治引领,就是要毫不动摇地坚持党对人民军队的绝对领导,全心全意为人民服务,始终从政治高度思考和处理军事问题,忠实履行党和人民赋予的使命任务,永远听党话、跟党走,永远做人民子弟兵。

**坚持以武止戈**。习主席通过对古今中外战争与和平规律的总结,特别是近代以后我国遭受列强战争蹂躏的历史教训,深刻指出能战方能止战,准备打才可能不必打,越不能打越可能挨打,这就是战争与和平的辩证法。当前,世界又一次站在历史的十字路口,冷战思维和强权政治阴霾不散,实力政治、丛林法则依然大行其道,我国安全形势不稳定性不确定性增大。天下并不太平,和平需要保卫,面对可能强加到我们头上的战争,必须用敌人听得懂的语言同他们对话,用胜利赢得和平、赢得尊重。新时代人民军队坚持以武止戈,就是要对可能发生的战争风险始终保持战略清醒,随时准备打仗,立足现有条件打仗,不打无准备无把握之仗,有力慑止战争,坚决打赢战争。

**坚持积极进取**。习主席强调,军事领域是竞争最为激烈的领域,积极进取才能掌握先机和主动。当前,新一轮科技革命和军事革命日新月异,战争制胜观念、制胜要素、制胜方式都在发生重大变化,科技之变、战争之变、对手之变愈发凸显。百舸争流,奋楫者先。这些年,我们增强军事战略指导的进取性和主动性,丰富完善积极防御战略思想的内涵,调整优化军事战略布局,塑造于我有利的战略态势;加快战略性、前沿性、颠覆性技术发展,加大军事智能化发展力度,为赢得发展优势创造良好条件。今后一个时期,是我国国家安全的高风险期,也是我军跨越式发展的关键窗口期,机遇和挑战前所未有,必须准确识变、科学应变、主动求变。新时代人民军队坚持积极进取,就是要坚持以我为主,从实际出发,充分发挥自觉能动性,因势而谋,应势而动,顺势而为,善于下先手棋、打主动仗,善于危中寻机、化危为机,力争主动、力避被动,在稳当可靠的基础上争取一切可能的胜利。

**坚持统筹兼顾**。军事实践充满各种复杂矛盾运动,把握关联性、驾驭复杂性是推动军事发展的基本要求。习主席在领导强军事业中,始终坚持和运用系统观念观察形势、分析问题、推动工作,把国防和军队现代化放在国家现代化进程中来运筹,在强国复兴全局下形成了强军兴军的战略设计。在推进我军现代化建设上,加强全局统筹、系统抓建、体系治理,既注重牵住牛鼻子,又注重全面建设;在深化国防和军队改革上,扭住牵一发而动全身的改革任务紧抓不放,把握好各项改革任务的关联性和耦合性;在军事斗争准备上,整体运筹各方向各领域军事斗争,维护战略全局稳定;等等。这些战略谋划总揽全局、抓纲举要,为我们应对复杂局面、全面推进各项建设提供了科学遵循。新时代人民军队坚持统筹兼顾,就是要贯彻总体国家安全观,统筹经济建设和国防建设,统筹军事斗争和其他方面斗争,统筹战建备重大任务,以重点突破带动整体推进,以协调联动提高综合效能。

**坚持敢打必胜**。习主席指出,战争是物质的较量,也是精神的比拼。我军素以能征善战、有强大战斗精神闻名于世,以小米加步枪打败了美式装备的国民党军队,在朝鲜战场打败了武装到牙齿的世界头号强敌，演出了一幕幕威武雄壮的战争活剧，创造了一个个惊天地、泣鬼神的英雄壮举。敢于斗争、敢于胜利始终是我军血性胆魄的生动写照，过去我们钢少气多，现在钢多了，气要更多，骨头要更硬。这些年，在一系列重大斗争中，广大官兵坚持有理有利有节，敢于斗争、善于斗争，以赤胆忠诚和铮铮铁骨誓死捍卫国家主权、安全、发展利益，谱写了荡气回肠的英雄壮歌。胜利的信念是在斗争中取得的，强军事业是在斗争中前进的。新时代人民军队坚持敢打必胜，就是要发扬一不怕苦、二不怕死的战斗精神，敢于战胜一切困难，敢于压倒一切敌人，善于根据斗争目的选择合理斗争方式，把握好斗争的时、度、效，依靠顽强斗争打开新天地。

理论创新开辟新境界，理论武装必须达到新高度。在新征程上开创强军事业新局面，要更加牢固确立习近平强军思想这一根本指导，坚持不懈用以武装全军、教育官兵，深刻领悟"两个确立"的决定性意义，增强"四个意识"、坚定"四个自信"、做到"两个维护"，贯彻军委主席负责制，把精神状态激发出来，把奋进力量凝聚起来，实现全军在新的历史条件下的空前团结统一。要深入抓好党的创新理论武装和党的二十大精神学习宣传贯彻，扎实开展"学习强军思想、建功强军事业"教育实践活动，引导官兵读原著、学原文、悟原理，深刻领会核心要义、精神实质、丰富内涵、实践要求，全面把握贯穿其中的立场观点方法，做到学思用贯通、知信行统一。要发扬理论联系实际的优良学风，以正在做的事情为中心，找准贯彻落实的结合点和着力点，真正把学习成效转化为聚焦备战打仗、推动国防和军队现代化建设的思路举措，转化为奋力实现建军一百年奋斗目标的生动实践，用实际行动向党和人民交出新的合格答卷。

# 思　考　题

1. 从社会历史发展的角度来看，军事思想的发展可以划分为哪三个阶段？
2. 中国古代军事思想的形成与发展经历了哪几个阶段？
3. 外国当代军事思想中最具代表的几种作战理论是什么？
4. 外国军事思想的基本特点有哪些？
5. 毛泽东军事思想的主要内容是什么？
6. 习近平强军思想的精神实质和丰富内涵有哪些？
7. 习近平强军思想的重大意义是什么？

# 第四章  现代战争

☞【学习目标】

1. 了解战争的内涵、要素、发展历程；

2. 理解新军事革命的内涵和发展演变；

3. 掌握机械化战争、信息化战争的形成、主要形态、特征、代表性战例和发展趋势，树立打赢信息化战争的信心。

## 第一节  战争概述

社会进步有两种形式，社会的维护和缔造也有两种形式，一是战争，另一是和平。战争是人类历史发展到一定阶段的产物，当社会矛盾激化到一定程度，和平手段难以调和解决的时候，就需要一种强制的暴力形式出场，这就是战争。所以，战争的出现是社会发展的正常现象。某种意义上，它是和平的延续，是矛盾的延续，也是矛盾即将解决的黎明，二者相辅相成。马克思主义认为，阶级是战争产生的基础，只有消灭阶级，才能消灭战争。和平发展虽说是新时代的主题，但战争风险依然存在，我们只有认识战争、把握战争的特点规律，建设强大的武装力量，增强国防实力，才能赢得战争，实现以战止战，为实现中华民族伟大复兴的中国梦，提供一个安全和平的发展环境。

### 一、战争的内涵

战争是国家或政治集团之间为了一定的政治、经济等目的，使用武装力量进行的大规模激烈交战的军事斗争。是解决国家、政治集团、阶级、民族、宗教之间矛盾冲突的最高形式，是达成政治目的的一种特殊手段。战争是流血的政治，是解决阶级矛盾、社会政治矛盾和集团利害冲突的最高的、最后的，也是最残酷、最野蛮的斗争形式。

人类社会出现过多种类型的战争。按战争性质分，有正义战争和非正义战争；按社会形态分，有原始社会后期的战争，奴隶社会、封建社会和资本主义社会的战争等；按战争形态分、有冷兵器战争、热兵器战争、机械化战争以及正在形成中的信息化战争；按是否使用核武器分，有常规战争和核战争；按战争规模分，有世界大战、全面战争和局部战争；按作战空间分，有陆上战争、海上战争和空中战争等。战争对人类的安危、民族的兴衰、国家的存亡、社会的进步与倒退产生直接的重要影响。战争将长期存在于人类社会，并对人类社会历史的发展继续发挥重要作用。战争的消亡是有条件的，将经历一个久远的、逐步的过程。只有随着生产力的高度发展和社会的极大进步，随着私有制和阶级的消亡，随着国家或政治集团间根本利害冲突的消失，战争才会最终失去存在的土壤和条件，退出人类历史的舞台。

## 二、战争的主要特点

任何事物都有自己的基本特性，如果这些特性消失了，一个事物也就随之消失或转化为其他事物了。战争也是如此。战争之所以是战争，是因为它有它自己的基本特性。纵观古往今来，任何时代的战争都具有政治性、暴力性、集团性这三个基本特性。战争之所以为战争，及其所具有的特殊社会历史功能，正是基于这三个基本特性。只不过，不同的时代条件，决定了战争的政治性、暴力性和集团性具有不同内容和形式。

### （一）政治性

物质经济利益的对抗集中表现为政治对抗，而政治对抗的最高形式就是战争。如果说物质经济利益的对抗播种下战争种子的话，那么政治对抗则是孕育战争种子的母体。战争是政治的继续，这是战争发生和发展的基本规律。这个由克劳塞维茨提出、被列宁充分肯定并加以深化的经典论断，至今还是马克思主义战争理论的基石。有人曾经试图借核战争的毁灭效应来摧毁这块基石，鼓吹战争将不再是政治的继续，然而终究是徒劳的。但是，这并不等于这一经典论断在当代没有遇到新的问题。坚持真理的最好方法，就是依据时代变化不断地发展真理。坚持运用"战争是政治的继续"的观点来认识当代战争，就必须正视孕育当代战争的政治所发生的新变化。当前，需要马克思主义军事理论作出回答的重要问题是，霸权主义是当今世界和平的"支柱"，还是孕育当代战争的政治母体？这是关系和平与发展的重大问题。科学而严肃地回答这个问题，对于中国这样一个坚持社会主义制度的发展中大国是十分必要的。

霸权主义是帝国主义政治的内容，因而也就是孕育帝国主义时代战争的政治母体。当代霸权主义的基本特征是规制霸权。规制霸权主义仍然具有暴力性特征，是孕育当代战争的主要政治母体。决定当代世界战争与和平全局的，仍然是霸权主义和反对霸权主义的斗争。作为世界上最大的发展中国家和坚持社会主义制度的大国，中国的战争危险主要来自霸权主义。反对霸权主义、维护和平的国际环境，是中国在 21 世纪为实现和平发展必须践行的历史任务。

### （二）暴力性

暴力性是战争的本质属性。战争是政治的继续，是流血的政治，这说的是战争的政治从属性。然而，战争虽然在本质上就是政治，是实现政治目的的工具和手段，但这一工具和手段具有特殊性。毛泽东曾经指出："战争有其特殊性，在这点上说，战争不等于一般的政治。'战争是政治的特殊手段的继续'。"它特殊就特殊在以剑代笔，以暴力作手段，是武装斗争，是"流血"的政治，具有暴力性。

战争的暴力性应从下列三个方面去认识。一是从目的上看，战争是迫使敌人服从我们意志的暴力行为，具有强制性。这一点，使战争与政治斗争、经济斗争、外交斗争等初步区别了开来。因为后者虽然也是为了达到自己的最大利益，但通常是通过谈判、斡旋、讨价还价进行，并不具备强制性。二是从手段上看，战争有一套特殊的组织、特殊的方法、特殊的过程，具有特殊性。在这点上，毛泽东表述得最清楚。他说，战争有其特殊性，有一套特殊组织、特殊方法、特殊过程。"这组织，就是军队及其附随的一切东西。这方法，就是指导战争的战略战术。这过程，就是敌对的军队互相使用有利于己不利于敌的战略战术从事攻击或防御的一种特殊的社会活动形态。"可见，战争这种暴力是有军队、有武器装备、有战略战术、有攻防的活动形态，这一特殊性，进一步把战争与其他社会现象和斗争方式区别开来；三是从结局来看，战争要带来人员伤亡、造成大量物力、财力的损失，具有残酷性和破坏性。

### （三）集团性

集团性历来是战争区别于非战争的基本特性之一。随着信息化时代的悄然降临，经济全球化的迅猛发展，国际政治格局的剧烈变动和世界矛盾的错综复杂，出现了某些新的暴力对抗形式，战争暴力的"频谱图"趋向宽泛化，战争集团性的表现形式也由此而发生了某种变化。这些新变化，对战争的集团性提出了新挑战，同时也给区分战争与非战争，以及战争的战略指导提出了新问题。

战争作为民族、国家、阶级和政治集团为解决无法调和的对抗性矛盾所采取的最高斗争形式，势必是一种高度组织化的集团性暴力行为，以军队或民众武装为基本工具。在当代历史条件下，出现了某些新的暴力对抗形式，并不能从根本上颠覆战争的集团性，战争与非战争之间还有着确定的分界线，战争及战争准备仍然以军队或民众武装为主体。无视战争集团性的新变化，不是科学的态度；同样，根据某些新情况而轻易否定战争的集团性，也不是科学的态度。可以说，集团性仍然是当代战争的基本特性，但当代战争集团性的表现形式趋向于多样化、复杂化。应该在"变"与"不变"的辩证统一中把握当代战争的集团性。

## 二、影响和制约战争的主要因素

战争既与敌对双方的政治、经济、军事科学技术等因素密切相关，又是在一定的时间和地理环境等自然条件下进行的。这些因素和条件加上人们的主观能动性，构成战争的整体，推动战争的发展，导致一定的结局。

### （一）政治因素

战争是政治的继续。政治规定战争的最终目的，战争为一定的政治目的服务。敌对双方政治上的矛盾斗争尖锐到用和平方式不能解决时，便诉诸武力，即用战争方式实现各自的政治目的。战争的政治目的规定和体现着战争的性质，影响着人心的向背，制约着战争的胜负。政治对战争的制约作用还体现在战争的规模、强度、持续时间及战略目标、作战方针、作战方法等方面。战争中的精神力量也来自政治，革命的政治工作是革命战争的生命线，但战争不等于一般的政治，它是流血的政治；战争不等于一般性的政治行动，它是政治斗争的最高形式。

### （二）经济因素

政治是经济的集中表现，战争的政治目的的基础在于经济利益。经济因素是人类社会发展的最基本动因，也是战争这种社会矛盾的最基本动因。战争的产生、发展和消亡，植根于生产力和生产关系的矛盾运动。一场具体的战争，往往是由经济利益的冲突所引起，最终追求的还是经济利益。经济力量是战争的物质基础。兵员的数量与质量，武器装备的种类和水平，军队的组织结构和作战方式，军队的费用和物资消耗，战争的进程和结局等，都依赖于经济条件，依赖于人力、物力和财力的支持。战争越现代化，对经济的依赖性就越大。

### （三）军事因素

战争是敌对双方军事力量的较量，军事力量是直接决定战争胜负的因素。军事力量包括军事实力和军事潜力。军队是主要的军事力量，战争是由军队和其他武装力量进行的。军队建设水平的高低、战斗力的强弱，是影响和制约战争胜负的最基本、最直接的因素。兵员素质高、武器装备精良、体制编制合理、组织指挥得当，就易于取得战争的胜利。强胜弱败是战争的一般规律。军队的组成因素主要是人和武器装备，而人又是决定因素，弱者要战胜强者，必须充分发挥人的因素的作用，掌握先进的军事思想和实施正确的战争指导，扬长避短，以便战胜对方。战争随着武器装备的发展而发展，军队进行现代战争，必须加强自身的现代化建设、不断提高信息化条件下的作战能力，以适应信息时代战争的要求。

### （四）科学技术因素

战争形态的演变与战争力量的强弱都受到科学技术的制约。科学技术是战争发展变化的重要推动力量。科学技术的重大突破并优先运用于战争，必然引起武器装备、军队组织结构和作战方式的变革，战争的形态、规模、强度、范围等随之发生变化。科学技术是决定战斗力强弱并影响战争胜负的重要因素，在军队战斗力诸要素中，武器装备是军事技术的物化形式，武器与人员的结合方式也受到科学技术发展水平的制约。特别在信息化条件下，科学技术在战争中的含量越来越大，在构成战斗力的诸要素中所占比例越来越高，对战斗力诸要素的提升作用越发突出，军队战斗力的增长在很大程度上正是通过科学技术的进步并运用于军事实现的。

### （五）地理环境因素

地理环境是战争的一种客观条件。战争都是在一定的时间、空间进行的，不仅受到地貌、气候、水文、植被等自然地理环境的制约，而且受到人文地理环境的影响。地理环境可影响到作战的形式、规模、效果等。战争受到地理环境的制约，人们也可在战争实践中对地理环境加以利用或改造。现代科学技术和武器装备的发展，特别是全天候、全方位、机动能力强的高效能新式武器装备的出现，使地理环境对战争的影响出现了弱化的趋势，但战争受地理环境的制约仍是客观规律。

### （六）主观因素

战争是客观的物质力量较量，又是主观的精神力量抗争。军事、政治、经济、科技、地理，国际关系等诸条件的优势，为战争的胜利提供了客观的物质基础，但要把可能变为现实，必须把客观因素与主观努力结合起来，充分发挥主观因素即人的主观能动性，才能引导战争向着有利于己方的方向发展，争取战争的胜利。在战争中，人们不能超越客观条件许可的限度企求战争的胜利，但可以在客观条件许可的范围内充分发挥主观能动性的作用，为克敌制胜创造条件。发挥主观能动性作用的关键在于对战争的主观认识要与战争的客观实际相符合，科学地认识战争，驾驭战争的发展变化，正确地指导和实施战争。要正确地指导战争，就要正确地发挥主观能动性，使战争的主观指导始终和战争的实际情况相一致，才能将战争引向胜利的彼岸。

## 四、战争的发展历程

### （一）原始社会后期的战争

人类在原始社会母系氏族时期已出现原始形态的部落与部落之间的战争。那时，人们在以血缘关系为纽带的共同体组织内生产和生活。在部落组织外部，人们在从事采集狩猎或原始农业活动中，或由于天灾，人口增殖等原因引起的部落迁徙过程中，为了争夺赖以维持生存的土地、河流、山林等自然资源，出现了部落组织之间的冲突乃至战争。进入父系氏族时期，战争越来越多地嬗变为掠夺土地、财物和奴隶的手段。战争加速了原始社会的瓦解，促进了私有制、阶级和国家的形成。

### （二）奴隶社会时期的战争

战争伴随着国家的形成与完备得到了发展。奴隶社会既有奴隶与奴隶主的尖锐对立，又有新生的奴隶制政权与旧氏族部落势力的对抗，还有奴隶主之间的斗争，后期则出现了新兴封建势力与维护奴隶制旧势力的冲突。这些矛盾的发展，便形成了奴隶制时代的众多战争。奴隶社会进行战争的军队主要有车兵和步兵，后期出现了水军。战争样式主要是车战和步战，也有水战或海战。野战主要是敌对双方组成密集阵形，依靠冲杀格斗决定胜负。筑城技术在战争中得到一定发展。城池、关隘要塞的攻防作战已相当普遍。

奴隶社会出现了许多总结战争经验的理论著述，中国商代的甲骨文已有较多战争活动的记载。西周及春秋时期的古籍《尚书》《周易》《诗经》《军政》《军志》《左传》等都记述了战争活动，提出了一些反映战争规律的理论。特别是孙武所著的《孙子兵法》，提出了许多至今仍具有强大生命力的驾驭战争的理论原则，被后人誉为"兵学圣典"。古希腊和古罗马的一些历史著作，记载了希波战争、伯罗奔尼撒战争、亚历山大东征等战争情况，蕴涵着一定的战争理论。

### （三）封建社会时期的战争

封建社会的主要矛盾是地主阶级和农民阶级的矛盾，同时还存在地主阶级内部的矛盾，以及国家之间、民族之间的矛盾。这些矛盾的发展便导致了这一时期的各种战争。封建社会的战争规模已有很大发展，这既是社会经济和人口发展的结果，同时还与兵源的扩大有关。军队的构成有陆军和水军（海军），陆军中除车兵被逐步取代外，主要是步兵和骑兵，铁制的冷兵器长期是军队的基本装备。10世纪，中国将火药应用于军事以后，战争即进入了火器与冷兵器并用的时代。作战方式主要有围绕攻城略地或守疆卫土而进行的骑战和步战，快速机动、远程奔袭、迂回包围等战法都有很大发展。筑城守备、攻城技术战术及工程部队也都有所发展。

中国封建社会战争频繁，积累了丰富的战争经验，推动了战争理论的繁荣。兵学著作有《吴子》《孙膑兵法》《尉缭子》《司马法》《六韬》《黄石公三略》《唐太宗李卫公问对》等，重点阐述战争观、战争指导法则及战争力量建设，提出了许多至今仍具有重要价值的理论观点，丰富和发展了战争理论。中世纪欧洲的战争理论著作为数不多，《将略》和《战争艺术》内容涉及战争力量建设、编成及战法运用等。

### （四）资本主义社会时期的战争

17 世纪中叶以来，随着生产力的发展和资产阶级革命的发生，欧洲、美洲一些国家打破了封建制度的束缚，先后进入资本主义社会。资本主义在确立和发展过程中出现了一系列社会矛盾，如资产阶级要求打破旧制度旧秩序与封建主维护旧制度旧秩序的矛盾，资产阶级国家对外侵略和殖民掠夺同被侵略被掠夺国家的矛盾，资产阶级国家之间为争夺世界势力范围而产生的矛盾等。这些矛盾的发展经常会导致战争。随着封建制度的瓦解，资本主义机器大工业的建立和发展，加速了社会经济和科学技术的发展，推动了军事技术的进步，为战争的发展变化提供了必要条件。铁路、轮船的出现，增强了军队的后勤补给和机动能力；枪炮等武器装备的不断改进，增大了射程和毁伤力；装甲列车、装甲战舰的出现和工程技术的发展，促进了军队作战能力的增强。资本主义国家实行义务兵役制，采用正规的军、师、旅、团、营、连编制，制定统一的操典、教范和号令，建立起庞大的陆军和海军。陆军中有步兵、骑兵、炮兵、工兵等。军队还建立了各级司令部和总参谋部。海军由舰队、基地、陆战队组成独立进行海上作战的体系，蒸汽铁甲舰逐步取代木帆船，并开始装备大口径远射程线膛火炮。战争形态由此演变为热兵器战争。一些战略家从不同侧面对战争力量建设和运用进行了阐述，初步探索了新的战争理论，并在着重总结拿破仑战争经验的基础上，提出了较为系统的战争理论。

19 世纪末至 20 世纪初，各主要资本主义国家先后从自由资本主义发展到垄断资本主义，进入帝国主义阶段。垄断资产阶级对广大劳动人民剥削的加深，帝国主义列强对殖民地人民掠夺和压迫的加剧，国际垄断资本集团之间争夺的激化，帝国主义国家经济、政治发展的不平衡和重新瓜分世界的斗争，使资本主义世界矛盾重重，阶级、民族和国家之间矛盾尖锐复杂，因而爆发了一系列战争。其中，第一次世界大战和第二次世界大战的规模、强度和影响，在世界战争史上是空前的。第二次世界大战中，不但使用了大量的火炮、坦克、飞机、军舰等现代武器装备，还首次使用了导弹、原子弹和雷达技术。战争从热兵器战争发展到机械化战争，战争理论也获得了长足发展，出现了空中战争论、机械化战争论以及总体战、闪击战等新的战争理论。

第二次世界大战后，形成了分别以美国、苏联为首的两大集团相互对抗的国际战略格局。两大政治军事集团的对抗与争夺，使人类社会笼罩在世界大战乃至核战争的阴影下。世界大战、核战争虽未发生，但局部战争和武装冲突频繁。20 世纪 50 年代至 70 年代中期，与工业时代的大规模和集约化生产方式相适应，战争形态仍表现为机械化战争，但火力战的强度、机动战的速度、攻坚战的能力等都较第二次世界大战有了明显提高，战争的立体性、总体性和破坏性等有了很大增强。70 年代中期以来，随着新技术革命在世界范围内蓬勃兴起，计算机技术、精确制导技术、航天技术、生物技术、新材料技术和海洋技术等愈来愈广泛地运用于军事领域，推动着战争形态新的演变。其主要特点是战争行动节奏加快，战争力量的对抗表现为敌对双方体系与体系的较量，战争空间由陆地、海洋、空中向外层空间、电磁领域延伸和发展，前方后方界线模糊，军事和非军事融为一体，制陆权、制海权、制空权、制信息权和制天权交互为用，空地海天一体的机动战、电子——火力瘫痪战、海空封锁战、特种作战、精确作战等成为主要作战方式。这些特点集中地反映在海湾战争、科索沃战争、阿富汗战争和伊拉克战争中。显示出战争已由机械化战争开始向信息化战争过渡和嬗变。在战争理论上，一些军事大国提出了核战争理论、特种战争理论、低强度冲突理论、高技术局部战争理论、信息化战争理论等，代表作有 H. A. 基辛格的《核武器与对外政策》、D. O. 格雷厄姆的《高边疆——新的国家战略》、V. D. 索科洛夫斯基的《军事战略》等。

### （五）无产阶级革命战争

无产阶级和资产阶级是同时产生、利益根本对立的阶级，资产阶级的残酷经济剥削和政治压迫，迫使无产阶级多次发动武装起义。1871 年的巴黎公社起义，是无产阶级用武力推翻资产阶级统治、建立无产阶级专政的首次尝试。无产阶级登上政治舞台，在战争理论上同样有自己的卓越表现。马克思和恩格斯运用辩证唯物主义和历史唯物主义研究战争，探索战争的本质和规律，深刻地阐明了无产阶级的战争观，阐述了无产阶级关于军队的学说和武装起义的理论，为被压迫阶级、被压迫民族的革命战争创立了科学的理论，为人类科学地研究和解决战争与军队问题奠定了坚实的理论基础。列宁深刻地分析了帝国主义的特点及其发展不平衡的规律，指出帝国主义是现代战争的根源，科学地阐明了战争与革命、战争与和平的基本原理，论述了无产阶级对待正义战争和非正义战争的态度，提出并实现了利用帝国主义链条上的薄弱环节，变帝国主义战争为国内战争、进而实现社会主义革命胜利的新论断。列宁发展了马克思主义的战争理论，在实践上为无产阶级依靠革命战争取得并巩固国家政权提供了成功的范例。斯大林继承和实践了列宁关于无产阶级革命战争的理论，在领导苏联人民反法西斯的卫国战争中作出了重大贡献。

### （六）中国人民革命战争

中国共产党领导的新民主主义革命的胜利，结束了中国半殖民地半封建社会的历史。以毛泽东为代表的中国共产党人，把马克思列宁主义普遍原理与中国革命的实际情况相结合，选择了在农村发动革命，以农村包围城市，最后夺取全国政权的道路，先后进行了土地革命战争、抗日战争和解放战争。中国人民革命战争是一场新型的人民战争，在广度和深度上超过了以往所有的革命战争。经过长期的革命战争，中国共产党领导人民，以劣势装备打败了优势装备的敌人，赢得了战争的胜利。中华人民共和国建立后，中国人民又进行了抗美援朝战争和历次边境自卫反击战，保卫了社会主义建设，并为维护世界和平作出了积极贡献。在长期的革命战争中，中国共产党人以马列主义的战争理论为指导，吸取了中华民族丰富的战争理论遗产和西方资产阶级战争理论精华，集中人民群众的智慧，创立了符合中国革命战争规律的、以人民战争理论为核心内容的毛泽东军事思想，为取得中国革命的胜利提供了科学的思想武器，成为 20 世纪最具特色最有影响的革命战争理论。

## 第二节　新军事革命

当今世界，在以信息技术为核心的高技术推动下，军事领域正在发生着一场新的军事变革。这场军事变革的实质，是一场以信息化为主要特征的军事信息化革命。其产生的主要动因与高技术的发展密切相关。随着高技术的进一步发展，当前这场新军事革命已进入到一个新的质变阶段，并将发展成为一场遍及全球、涉及所有军事领域的深刻革命，将对世界军事形势、国际战略格局乃至战争形态的演变产生深刻影响。

## 一、新军事革命的内涵

自 20 世纪 80 年代末至 90 年代初，世界军事领域兴起了一场新的深刻变革，被称之为"新军事革命"。它是在信息技术、精确制导技术、航天技术、新能源技术、生物技术以及隐形技术的推动下发生的，其本质是更新武器装备、革新军队体制、创新军事理论、转变战争形态。

20 世纪 70 年代末，苏军总参谋长奥加尔科夫元帅发现当时的军事技术出现了跨时代的进步——信息技术介入军事领域，于是在 1979 年提出了"新军事技术革命"的概念。后来，美国国防部资深分析专家马歇尔提出奥加尔科夫说的并不完全，这次军事变革，所带来的不仅仅是技术革命，它所带来的还有战争模式、战争总体的变化，于是在 1993 年 8 月提出了"新军事革命"这个概念。

## 二、新军事革命的发展演变

新军事革命的主要动因是科学技术的迅猛发展、军事需求的强力拉动和军事理论的有力牵引等，其中，科学技术的迅猛发展是新军事革命产生的重要因素。

### （一）科学技术的迅猛发展是新军事革命产生的强大动因

当今以信息技术为核心的高新技术的迅猛发展，特别是诸多成熟的高新技术在军事领域的广泛应用，催生了军事变革。这次军事变革的驱动力不是个别的传统领域的单一技术进步，而是以信息技术为核心的一批高技术群的进步发展推动了这场军事变革。

### （二）军事需求的强力拉动是新军事革命产生的内在动因

当前这场军事变革开始于美苏冷战时期，这正是冷战时期美苏两国对抗的需要。冷战结束了两级对抗的局面，意味着爆发世界大战的可能性减小。与此同时，地区性冲突、战乱则相继爆发，可以说国际恐怖主义成为当今世界的重要威胁，国际安全态势出现了大战不打、小战不断的新局面。这种新的军事需求使得军事斗争的形式和手段发生了新的变化，它使冷战时期那种建立在机械化战争基础上、准备打大规模战争，甚至打核战争的军事斗争形式难以适应新的安全需求。此外，美国超级大国的地位不断增强，其他国家为了自身的利益，必然加大对国防和军队建设的投入，研制新的武器装备，追求新的、更有效的军事能力。正是这种国际安全形势和军事战略环境的内在需要，引发了新的军事变革。

### （三）军事理论的创新牵引新军事革命的产生与发展

在这场军事变革中，军事理论率先变革，引领了军事变革的发展方向。比如，军队建设理论的创新推动了军队组织结构和编制体制的变革与发展。作战理论的创新引导了作战方式的变革，并极大地改变了现代战争的形态。

### 三、新军事革命的基本内容

新军事革命的本质和核心是信息化，其目的是建设信息化军队、打赢信息化战争。基本内容可概括为"四创新一转变"，即：创新军事技术；创新编制体制；创新军事理论；创新作战方式；转变战争形态。

#### （一）创新军事技术

创新军事技术主要是实现武器装备的信息化。

从近期几场局部战争的实践看，武器装备的信息化可概括为"八化"，即：侦察立体化、打击精巧化、反应高速化、防护综合化、夜幕单向化、武器电子化、指挥控制智能化、现装新型化。

##### 1. 侦察立体化

侦察立体化，通俗地讲就是"眼观六路、耳听八方"。在未来战争中，新型信息化装备将使战场更透明。从大洋深处到茫茫太空，布满了天罗地网式的侦察监视系统。水下有声呐，地面有传感器，空中有侦察飞机，太空有侦察卫星。侦察卫星可以说是"站得高，看得远"，其侦察效果更加显著。如果把侦察卫星定位到地球同步轨道上，则一颗卫星就能同时看到太平洋两岸，监视地球表面 42% 的面积。

在现代战争战场范围广、情况变化快、地面防空火力强的情况下，其他侦察手段均受到一定的限制，可能唯有侦察卫星仍可畅行无阻。美国人说，"谁能控制太空，谁就能控制地球"。侦察是打击的前提，从一定意义上讲高水平的侦察监视技术本身就是一种威慑力。美国参联会原副主席欧文斯曾对美伊两军的侦察监视能力做过一番比较，得出的结论是："如果交战的一方可以一天 24 小时，仅以 30 秒钟的延迟，在各种气象条件下，透过云层，在 10 厘米的误差以内非常精确地看到另一方，而他的对手则不能，他一定会赢"。换言之，战争尚未开始，胜负已见分晓。侦察能力的差异性，决定了交战双方的不对称性。

##### 2. 打击精巧化

高技术武器装备强调在"精巧"二字上做文章。所谓"精"，就是要能够"攻其一点，不及其余"，尽量不引起不必要的附带毁伤。说通俗一点，就是"指到哪儿打到哪儿"。

精确打击在现代战争中的地位日益重要。根据推算，就杀伤破坏效果而论，爆炸威力提高 1 倍，杀伤力只能提高 40%；而命中概率提高 1 倍，杀伤力却能提高 400%。如在海湾战争中，当美国空军投下的制导炸弹在伊拉克电讯大楼爆炸时，紧挨电讯大楼的希拉德饭店却安然无恙，CNN 的电视记者，透过饭店玻璃窗，向全世界进行实况报道。这种情况，在狂轰滥炸的传统战争中，简直是不可思议的事情。统计显示，越南战争中，所用精确制导弹药占总弹药数的比例仅为 0.02%，海湾战争达 8%，科索沃战争为 35%，阿富汗战争为 56%，伊拉克战争达 68%。

但在"求精"的同时，人们也在琢磨怎么借助高技术的帮助，在"巧"字上下工夫。美国人认为，要想最有效地削弱敌人的战斗力，致死不如致伤，致伤不如使其失能。这里讲的"失能"，既可以指武器；也可以指人员。这样的战争，效费比更高，副作用更小，后遗症更大。常用的方法有，用脆化剂使桥梁解体，用阻燃剂使汽油变稠，用特种胶把人员、车辆粘在地上，用超级润滑剂使飞机不能起降、车辆不能行驶，用碳纤维弹让电网短路，用计算机病毒让敌指挥系统瘫痪等。这样既能够达到军事目的，又不易受政治谴责。

### 3. 反应高速化

"兵贵神速"历来是兵家所追求的情形，但传统武器装备因受技术条件限制，常常"欲速不达"。高技术武器装备在现代战争中的应用，才使"兵贵神速"成真。

在部队机动速度大大加快的同时，现代武器从发现目标到攻击目标的反应时间，也大为缩短。过去高射炮瞄准发射靠眼神靠手摇；当前，计算机控制的火控系统，能在 96 秒内操纵 4 门火炮摧毁 35 个分离的目标，而传统武器摧毁这些目标需要 2 个小时。

当前，在信息化战争中，"被发现就意味着被命中"。如美国的"爱国者"、俄罗斯的"S—300"地空导弹系统的反应时间为 15 秒，我国的"红旗"系列地空导弹的反应时间也为 15～20 秒。从一定意义上讲，反应的加快相当于距离的缩短，效能的提高，所以，谁的反应速度更快，谁就更易于发挥火力，撤离现场，消灭敌人而不被敌人所消灭。

### 4. 防护综合化

"保存自己，消灭敌人"是一切战争的共同原则。在现代战争中，进攻一方如果不能有效地保护自己，就可能出现"发难者先遭难"的结局。

现在，当一架战斗机在重要地区 300 米以上高度飞行时，可能受到 800～900 部雷达的照射。其中可能有 300～400 部雷达以 600～700 个不同频率的波束进行搜索，有 30～40 部雷达跟踪飞机。在这种情况下，防护的地位显得特别重要。海湾战争中，F—117A 隐身战斗轰炸机大出风头，且无一损伤，其奥妙之处，便是借助于外形设计和表面涂料，有效地实现了隐身要求，其雷达反射面只有 0.1 平方米，和一顶钢盔差不多。

而且，对于武器装备处于相对劣势的一方而言，搞好防护和伪装隐蔽，直接关系到战争的胜败与存亡。科索沃战争中，南斯拉夫人民和军队敢打善藏，在北约进行的 78 天的空袭轰炸中，巧妙地保存了自己的军事实力。由此可见，那种认为"高技术侦察监视手段发展了，伪装隐蔽没有意义了"的观点是错误的。

### 5. 夜幕单向化

长期以来，夜幕是军事行动的天然障碍，是弱方偷袭强方的天赐良机。但是，由于夜视技术的迅速发展，这种情况发生了根本变化。目前一些发达国家军队的战斗分队，已经普遍配备了高技术夜视器材。在高技术战争中，对于夜视器材水平不同的交战双方而言，"实际的明暗程度"是不一样的，其中水平高的一方拥有对夜暗的"单向透明"：你看不到他，他却可能看到你；你打不着他，他却可能打着你。有人甚至认为，没有夜战能力的武器装备是"残缺不全"的武器装备。近期几场带有高技术特征的战争，大都从夜间开始，已引起世界各国的注意。

### 6. 武器电子化

在军事变革当中，各种武器装备向电子化方向发展，不仅战斗力大大提高，而且生存能力也更强了。例如：带电子战分系统的轰炸机的作战生存概率可高达 70％，不带者仅为 15％；带电子战设备的作战飞机的损失概率仅为 2％～3％，不带的为 20％；水面舰艇装不装电子战设备，其损失概率相差 3 倍。但是也应该认识到，现代战争双方对电子系统的依赖性很高，一旦电子系统遭受干扰或破坏，先进的武器也可能会沦为一堆废铁。

### 7. 指挥控制智能化

现代军事高技术的发展和应用，使武器装备的射程、威力、精度都几乎达到了各自的极限，交战双方的差别，在很大程度上取决于其对作战力量的指挥控制水平。

尤其是自动化的指挥控制系统的应用，就使得军队指挥既快速又准确，它可以提出决策建议和行动方案供指挥员选择参考。以高技术为支撑的 C4I 系统，可供战略指挥（全国、全球，甚至外层空间）使用，也可供战役、战斗指挥使用，甚至单舰、单机、单车、单兵都可使用。

以海湾战争为例，在整个 38 天空袭期间，多国部队的空域管制人员必须根据空中任务分配指令，每天管理数千架次飞机的飞行活动，涉及 122 条空中加油航线、600 个限航区、312 个导弹交战空域、78 条空中攻击走廊、92 个空中战斗巡逻点、36 个训练区和 6 个国家的民航线，总航线长达 15 万千米，要完成如此复杂的指挥控制任务，没有一个性能良好的计算机网络指挥控制智能化系统，简直是不可思议的事情。当然，这里所讲的"控制智能化"，是一个人机结合的概念，是让计算机"帮助"人进行控制，而不是"代替"人进行控制。

### 8. 现装新型化

高技术武器装备的性能虽然强大，但其售价也是相当昂贵的。因此，即使是发达国家，也不能随心所欲地研发和购置一切新型武器，而不得不把眼光转向那些现正服役甚至已经退役但尚有潜力可挖的武器装备，力求通过高新技术的改造，使之返老还童。比如，以美国的 B—52 战略轰炸机为例，从开始服役到现在，历时半个世纪，其间机载武器和电子设备改装过六次。研制 B—52 飞机的时候，着眼点是载弹量大，一次可装弹 27 吨，也可挂装核弹头。到越战时，对其进行了改装，实现了地毯式轰炸；现在经进一步改装，使该机能够装载 24 枚巡航导弹。另外，美国的"密苏里"号和"威斯康星"号战列舰，先后参加过第二次世界大战和朝鲜战争，两起两落之后，又于 1981～1988 年间进行了现代化改装，拆除了四座双联装的 127 毫米火炮，增设了八座"战斧"巡航导弹发射装置及其他现代武器系统，并将舰尾调整得可以起降直升机。1991 年 1 月 17 日，对伊拉克实施攻击的第一枚"战斧"巡航导弹便是从"威斯康星"号战列舰上发射的。

### （二）创新编制体制

创新编制体制就是要求军队组织结构重组，编制体制精干化。建立与信息化军队相协调的体制编制，压缩常备军规模，裁减一般部队，增编高技术军兵种部队，使军队向小型化、多能化、一体化方向发展。

#### 1. 军队的规模将缩小

现代战争中，由于作战效能的大小主要取决于武器系统的高技术含量和作战人员的军事高科技素质，军队的数量、质量与战斗力之间的关系将发生根本性变化，质量将上升至主导地位，数量将逐渐减少，战斗力反而将大幅度提高。

#### 2. 军队结构将不断优化

军兵种之间将出现新的划分，组成新的军兵种和部队，如计算机防护兵、天军、深海部队、机器人部队、飞行器分队等。军兵种的比例也将发生变化，天军、空军的比例将逐渐增大，陆军的比例将缩减。海军中深海部队的比例也将加大。

#### 3. 军队人员构成和素质将大幅度改善

为适应操纵高技术武器装备的需要，军官、士官、士兵的科学技术水平和操作技能必将相应提高，对军人品格、素质、能力、学历要求将有新的标准。在人员比例上，军官的比例将上升，士兵的比例缩小；技术军官的比例上升，其他军官的比例缩小；技术保障，尤其是信息技术保障人员增多，勤务保障人员减少，等等。军队将成为人才密集型群体。如《解放军报》在 2008 年 2 月 28 日报道，退伍的四级士官李帅，离开军营两年后，由于其精通装甲机械，竟被特招入伍，还当上了军官！任命为专业技术九级工程师，授予中校军衔。由此可见，能熟练维护高技术装备的专业士官是军队不可多得的宝贝。

### 4. 信息化条件下作战部队的特点

（1）**作战规模小型化。**信息化条件下，陆军将不再是执行攻击任务的主角，攻击任务主要由空中精确打击来完成。陆军将改建为规模更小的、易于部署的"战斗群"，战斗力接近特种部队，配合空中打击，引导精确制导武器突击重要目标，迅速完成战斗任务。

（2）**力量结构集成化。**在特种部队中，每个战斗成员都是一专多能。以前打仗几个士兵才能操作一门迫击炮，现在一支小分队中，有的人负责侦察、有的人负责数字化通信、有的人携带激光引导器负责指引精确制导武器等。一支小分队，就体现了力量的集大成。

（3）**指挥体制多能化。**这种先进的编制体制，更加适应现代化的指挥体系。传统的自上而下的高度集中的"树状"指挥体系已经过时，也就是说，传统的军、师、旅、团、营、连、排、班，这种逐级向下指挥的方式，已经不适于现代高技术条件下的战争要求，取而代之的将是扁平型"网状"指挥体系。减少指挥层次，缩短信息流程，充分发挥横向网络的作用，使尽可能多的作战单元同处于一个信息流动层次。这也就是说，从一个军的指挥部通过自动化指挥系统和先进的通信手段，可以直接指挥到最小的作战单位，实现了越级指挥。

（4）**后勤保障社会化。**三军联勤，实现了三军一体的保障，而且后勤保障开始社会化。这不是单纯花钱雇用地方人员来为部队服务，而是要依托社会技术力量，减少部队开支，提高服务质量。

### （三）创新军事理论

创新军事理论实质就是用打信息化战争的思维方式取代以往打机械化战争的观念，以新的战争理念谋划未来作战和军队建设。美军在伊拉克战争中，用的就是全新的"快速决定性作战"理论。这种理论强调，作战行动必须充分利用信息化装备优势，采取"远程精确打击＋小规模地面快速突击"的新战法，尽快达成战略目的。除此之外，还有震慑战理论、计算机空间战理论、第六代战争理论、特种作战理论、空天一体战理论等。这些理论都是伴随新军事革命所诞生的，与当今时代相适应的战争理论。

### （四）创新作战方式

科学技术的发展，全新武器的应用，必须创新作战方式和方法，以适应军事变革的需要，确保战争的主动权。新的作战方式主要体现在由机械化战争时代的接触式、线式等正规的作战方式，转变为非接触、非线式作战等更加灵活的作战方式。

非线性作战就是没有战线，没有前后方可言，不再以线性排兵布阵，因为未来的战争可能出现在世界的任何一个地方、任何一个角落、任何一个位置。2010 年 4 月 22 日美国的第一架空天飞机 X37B 进行了首飞，它是一种小型航天飞行器，飞行速度可达到30000 公里/小时以上，这种速度别说拦截，就是雷达都很难看到它，它既可在太空中巡航，又可进入大气层执行攻击任务，它能在 2 小时以内飞行 1.6 万公里，携带约 5.4 吨炸弹或巡航导弹，从美国本土出发轰炸全球任何一个地方的目标。这就体现了非线性作战的特点。

非接触性的作战方式使用高技术远程火力对敌方军队进行间接打击，在脱离和避免与敌军直接短兵相接的情况下，杀伤敌方有生力量的作战方式。常见的用于非接触作战的现代武器主要包括航空兵的战机和导弹武器。

此外，还将出现信息战、控制战、瘫痪战、隐形战、计算机病毒战、"虚拟现实"战、网络中心战、太空攻防战等许多新作战样式。

### （五）转变战争形态

战争形态的转变，即从机械化战争向信息化战争的方向转变，表现为六个方面：

#### 1. 战场空间日益扩展

由之前的陆、海、空三维空间拓展到陆、海、空、天、电、网（计算机）、心（认知）七维空间。

#### 2. 战争节奏日益加快

第一次世界大战打了 4 年，第二次世界大战打了 6 年，而当代最近的几次战争，海湾战争 42 天（地面战争仅 4 天），科索沃战争 78 天，阿富汗战争 61 天，伊拉克战争 44 天。所以，战争节奏越来越快，所用时间越来越短。

#### 3. 战略、战役、战术行动融为一体

例如美国的斩首行动，既是战略性的又是战役性的。2011 年，基地组织的头目拉登被美军袭杀，可以说美国从某种程度上在战术、战役乃至战略上都取得了胜利。

#### 4. 制信息权成为争夺战场主动权的焦点

在战场上，谁掌握了信息优势，谁就掌握了话语权，就掌握了绝对的战场主动权。

#### 5. 军队作战一体化程度日益提高

如今作战，各军兵种横向联系非常紧密，普通士兵在信息化条件下可随时调动炮兵、空军，甚至海军对其进行支援。这种作战一体化程度的提高，使整个军队横向纵向成为网状，作战效益显著提高。

#### 6. 前方与后方的界线日趋模糊

航天航空技术、导弹技术的发展使前后方变得越来越模糊。

## 第三节　机械化战争

1803 年，年轻的美国发明家富尔顿在塞纳河上成功地试验了一艘蒸汽船，拿破仑很欣赏它的价值，感慨地说："这个事实可能会使世界的面貌为之一变。一个伟大的真理，千真万确的事实、已经摆在我的眼前。"事实证明，拿破仑的预感是十分正确的，19 世纪初，蒸汽动力在军事领域的运用确实揭开了一场新的军事变革的序幕，机械化战争形态的幼芽开始在热兵器战争形态的胚胎中悄然孕育，到第二次世界大战时发展成熟。

### 一、机械化战争的基本内涵

机械化战争指主要使用机械化武器装备及相应作战方法进行的战争。机械化战争具有

机动速度快、火力毁伤强、战场范围广、战争消耗大等特点，是工业时代战争的基本形态。

机械化战争是在内燃机出现以后，科学技术和经济迅速发展的基础上逐渐产生的。第一次世界大战期间，为打破敌对双方在阵地战中长期相持不下的僵局，英军自 1916 年起，先后在索姆河战役和康布雷战役中使用了具有突击能力的坦克，并取得初步成果。1918年，英国出现了装甲输送车，并组建机械化部队。随后，欧洲其他国家的军队也先后组建机械化步兵团、师和军。机械化武器装备的大量使用对军队的作战行动和军事学术的发展产生了重大影响。1918 年 5 月，英国的 J. F. C. 富勒提出了陆军以坦克为主体并辅之以飞机即可夺取战争胜利的思想。

第二次世界大战期间，坦克、装甲战车、自行火炮及其他机械化装备不断涌现并大量装备部队，使装甲兵成为陆军的主要突击力量；步兵也大量发展为机械（摩托）化部队。海军装备了航空母舰和潜艇，成为能在水下、水面、空中进行立体作战的合成军种。空军的发展极为迅速，许多国家陆续建立了空军联队、师、军和集团军。各主要军事强国将现代化的陆海空军及其具有高度机动力、突击力的机械化作战平台大量运用于战争，徒步步兵、骑兵和其他兵种逐渐退出历史舞台，作战方式逐步由线式作战向纵深作战发展。在作战理论上，出现了 G. 杜黑的"空军制胜论"、富勒的"机械化战争论"、E. 鲁登道夫的"总体战"等著名的机械化战争理论，特别是德国的"闪击战"理论，提出了以装甲部队在飞机和空降兵的协同下远程奔袭，实施高速进攻的新的作战观念，成为第二次世界大战中德军作战的理论基础。与之相对应的苏联"大纵深战役"理论，首次提出实施方面军、集团军战役的观点，强调以杀伤兵器同时压制敌整个防御，在选定方向上突破，尔后使用机械化部队迅速扩张战果，将战术胜利发展为战役胜利，达成预定目的。这些理论在战争中得到充分运用，并取得了显著的效果。

1945 年 8 月，美国在日本投下两颗原子弹，宣告核时代的到来。原子弹、导弹的出现，使机械化战争又发展到了一个新的阶段。这一时期。美军建立了战略空军司令部，苏联组建了战略火箭军，英、法等国家也建立了有限的战略核部队。在常规力量建设上，苏、美等强国的陆军装备了威力强大的战役战术导弹和高性能火炮；空军装备了可携带导弹的新型作战飞机；海军导弹舰艇、导弹核潜艇和海军航空兵成为主要突击力量。在常规战争理论方面，突出了局部战争对机械化部队运用理论的研究。20 世纪 70 年代中后期至 80 年代中期，进一步形成核威慑条件下的常规战争理论。80 年代，美军提出"空地一体作战"理论。苏军的"大纵深战役"理论又发展为"大纵深立体战役"理论，机械化战争理论进一步得到发展。

80 年代中后期，以信息技术为核心的高技术飞速发展并在军事领域广泛应用，引发了新的军事技术革命，使武器装备有了质的飞跃，也推动了军队体制编制、作战方法和军事理论的革命。以 1991 年海湾战争为标志，由精确制导武器、情报支援系统和电子战系统三者结合为主构成的信息作战系统及其他高技术在军事领域里的广泛运用，大大改变了机械化战争的面貌。统领战争舞台近一个世纪的机械化战争理论受到巨大冲击和挑战。

## 二、机械化战争的主要形态

机械化战争是使用机械化武器装备、按机械化作战要求编组、运用机械化作战理论及方法进行的战争。第一次世界大战中，飞机、坦克、航空母舰等机械化武器装备及相应的新兵种开始在战场上发挥作用，但由于性能和数量比较有限，其作用还局限于战术层面，地面作战的核心力量依然是步兵，海战仍是主力舰队的舰炮发挥作用，少量的坦克兵和航空母舰仍属于配合步兵或战列舰作战的辅助力量。随着机械化武器装备性能的提高和数量的增长，各主要国家对未来战争的内涵和性质进行了深入探讨，初步形成了在陆、海、空等各个领域实施机械化战争的认识。特别是第二次世界大战，为工业化战争形态向机械化战争形态的彻底转变提供了巨大的推动力和绝佳的试验场。战争期间，德国、苏联等大陆型国家完成了向机械化陆战模式的转变，英、美等海洋或海陆综合型国家则实现了海、空及登陆等领域作战样式的创新。

### （一）作战方式由传统陆战模式向机械化陆战模式的转变

德国和苏联是机械化陆战模式的创始者。第二次世界大战初期，按照机械化战争要求组织起来的德国军队利用"闪击战"战法，纵横欧洲大陆，显示出全新陆战模式的强大威力。在德国"闪击战"的示范下，各主要国家全力加强以装甲部队为核心的机械化军队建设，迅速完成了由传统陆战模式向机械化陆战模式的转变。在这个过程中，苏联借鉴德国"闪击战"的经验，建立完善了适应机械化战争需求的新的防御作战样式，补充、完善了"大纵深战役"理论，将机械化陆战模式推向一个新高度。

### （二）作战空间由平面作战向三维立体化的作战模式转变

在第一次世界大战萌发的各种空战形式的基础上，主要国家空军空中力量及其作战理论的创新发展，为在第二次世界大战中实施防空作战、战略轰炸、近距离空中支援和空降作战等全方位空中战役提供了理论和实践基础，大大丰富并完善了空中领域的作战形式。经过两次世界大战的磨炼，空军在作战理论、军队建设和技术战术等方面得到进一步的发展，真正实现了现代战争的三维立体化作战模式，完成了机械化战争的革命性变化。

### （三）海洋战场由水面向空中和水下立体化作战方向发展

随着两次世界大战科技和军事理论的进一步发展，在第一次世界大战时期已经初露端倪的海战立体化趋势，在第二次世界大战中得到了进一步的发展和完善。随着海军航空兵与潜艇部队的建立和扩大，海战的战场从水面扩展到了空中和水下。航空母舰取代战列舰成为海战主力，潜艇部队成为海上力量的重要组成部分，两栖登陆战发展成为陆海空军联合作战的立体战争形式。而随着以敌商船队为主要攻击目标的"狼群"战术的出现，非军事目标也同样成为海战打击的对象。由此，海战不再仅仅是一小群精英水手之间的战斗，而变成了交战双方人力、物力、生产能力等综合国力的较量。海战开始以一种与19世纪完全不同的模式出现在20世纪的战争舞台上。

### （四）合成军队和诸军兵种联合作战成为机械化战争的重要作战方式

第二次世界大战中，由于武器装备的发展和军兵种的增多，形成了现代意义的合成军队，并由此推动作战方式由合同作战向联合作战发展，诸军兵种的整体作战效能得以逐渐发挥，军队作战指挥方式出现重大变革。合成军队就是由诸军兵种共同组成的军队，是现代军队的基本组织形式，也是机械化军事革命中军事组织体制变革的主要内容。合成军队有四个基本特征，即有统一的编配比例和相对固定的建制、统一的军事领率机关、有共同遵守的条令和条例、运用联合作战理论原则指导和进行诸军兵种联合作战。合成化军队的发展必然引起诸军兵种联合作战的发展。由低层次的合同作战到高层次的联合作战,是第二次世界大战以来作战方式的一次重大变革。

### (五)电子战成为战斗、战役中发挥重要作用的一种新的作战样式

随着电子技术的飞速发展和在军事领域的应用,第二次世界大战时期的电子战获得了巨大发展。与第一次世界大战时期的电子战相比,第二次世界大战中的电子战形式日趋多样化。在战争中,由于大量无线电导航设备的应用,作战飞机可以在夜间或能见度很差的情况下飞向目标,引导飞机安全着陆和遂行轰炸任务,大大提高了飞机的作战效能。但与此同时,多种无线电导航对抗装备和系统也相继产生并得到运用,由此便产生了无线电导航对抗这一新的电子战形式。随着技术的发展和战争的需求,电子战的样式也得到相应发展,出现了无线电导航对抗、雷达对抗、制导对抗和光电对抗等新的电子对抗形式。电子战也不再仅出现于个别战役和战斗中,而是广泛应用于各种作战形式,并对一些战斗和战役进程发挥了重要影响和作用。

### (六)军队后勤系统的变革和发展

随着战争规模的扩大,往往会引起军队后勤系统的相应变革,特别是第二次世界大战这样人类战争史上规模最大的战争,必然会引起军队后勤系统的重大变革。与以往的军队后勤相比,军队后勤系统出现了后勤兵力规模明显扩大、军械和油料等专业勤务快速发展、后勤组织指挥机构的完善和统一、后勤保障方式的创新、后勤保障手段的改进等一系列前所未有的新变化和新发展,以满足机械化战争的巨大消耗,为赢得战争胜利奠定了坚实的物质基础。

## 三、机械化战争的主要特点

与热兵器战争相比,机械化战争有如下鲜明的特点:

(1)只有高速机动能力的飞机、坦克、军舰成为作战的主要装备。

(2)战争中军队的进攻能力大大增强,打破了防御的优势。由于坦克等装备的使用,使得依靠战壕进行坚守防御的优势不复存在,极大地改变了军队的作战方式。

(3)战场范围扩大,情况变化急剧。机械化装备的大量运用,军队的火力、突击力、机动力和整体作战能力空前增强,导致作战行动由陆地、海洋向空中扩展,前方与后方的界限模糊,战场情况瞬息万变,力量对比转化迅速,攻防转换频繁。

(4)立体作战、纵深作战成为重要作战方式。作战行动在多层次、全方位展开。陆空联合对战役布势全纵深的火力突击、大纵深迂回穿插和奔袭作战增多。

(5)合同作战、联合作战迅速发展。以陆军为主,诸军种、兵种协同配合的合同作战逐渐发展为诸军种联合作战,作战威力大为提高。

(6)破坏力强,消耗巨大。机械化武器装备对弹药、油料和其他物资的需求极大,武器装备损坏率高,人员伤亡增加,破坏严重,战争更加依赖于强大的经济、充足的人力物资、顺畅的交通运输和良好的后勤保障。

(7)对参战人员的素质要求不断提高,战场上保障人员大量增加。

## 四、代表性战例

### (一) 马恩河会战：“施利芬计划”对决“第十七号计划”

第一次世界大战爆发之后，协约国与同盟国展开激烈的争夺战。欧洲战场上，法国和德国一对宿敌再次站在了对立面上。

第一次世界大战之中，德国军队的统帅是小毛奇。小毛奇是德意志著名将领毛奇将军的后代，在大战开始之初，小毛奇决定承袭德国前总参谋长施利芬的指导思想，也就是著名的“施利芬计划”，具体来说是这样的：从历史情况考虑，施利芬认为，法国和德国之间长久以来一直存在着不可化解的矛盾，一旦大战开始，法国和德国势必为敌。

另一方面，施利芬敏锐地发现，自普法战争之后，法国就和俄国发展了良好的关系。而俄国称霸的野心和试图将势力渗透欧洲的想法使得它将德国这样一个欧洲强国视为眼中钉。

施利芬认为，法国和德国之间这种不可化解的矛盾使得法国成为德国最强大也是最永久的敌人，相较于俄国来讲，法国这个一直都对德国心怀恨意而又虎视眈眈的紧邻则更加危险。

因此，施利芬提议应该在法国一线积极主动地进攻，尽快地解决法国的威胁；在俄国一线以防守为主，在清除法国的障碍之后，再同俄国正面交锋。这样一个策略，从军事理论上来说，自然是有很强的优势的，但是，施利芬制订计划的时候，世界大战还只是一个预想。

在第一次世界大战开始时，世界局势要比施利芬所预想的复杂得多。那么，德军统帅小毛奇在决定承袭“施利芬计划”时，只根据实际情况做出了较小的改动，他可能未考虑到，有盟友支持的法国雪耻复仇的决心是多么强烈，也没有考虑到俄国对德国的戒备有多强，再沿袭旧的作战计划势必不会取得良好收效。

法国方面所采取的大战策略是“第十七号计划”，这个计划是由法军统帅霞飞制定的。霞飞制订这个计划的目的是希望能够应对德军各种有可能的攻势，并非预先规定的作战计划。霞飞的这种指导思想使他在第一次世界大战爆发之后的混乱局势中，从容有序地应对了德国的进攻。

法德两国分别以不同的作战计划为指导，在大战爆发之后投入战局，两军终于在马恩河进行了全面的对峙。

马恩河会战之前，法国在战场上的表现并不尽如人意。克鲁克率领的第一集团军位于德军最右翼，在轻取比利时之后入侵法国。霞飞面对德军来势汹汹的入侵不敢怠慢，及时调动格林战场上的兵力，组建新的集团军来牵制克鲁克的进攻。

如果克鲁克能够毫不犹豫地直取巴黎，那么也许世界历史就将要改写。但是，在克鲁克已经兵临巴黎城下之时，他选择了转向东方以配合比罗的军事行动。

但是克鲁克并没有意识到自己的决策存在一个重大的失误，或者说他没有料想到，法国人在首都即将失守的情况下仍然有调集军队主动进攻的勇气，他不顾远在柏林的上级命令，一路挥师向东，追赶比罗的军队，一路追至马恩河附近。

此时，法国人并没有立即行动抓住这个机会，好在将领加利埃尼敏锐地捕捉到了战机。他多次向霞飞建议出击攻打克鲁克部的后翼，最终霞飞痛下决心决定调集第六集团军去袭击克鲁克部。

一直跑在前面的克鲁克听到右后翼被法军袭击的消息时，立刻决定调遣第 3 军和第 9 军回去增援。这两部军队的撤退，使得德国军队的进攻出现了一个缝隙，也正是因为这个缝隙的存在，给了法国军队全面反击的机会。

法国第 3 集团军、第 4 集团军、第 5 集团军和第 6 集团军纷纷展开了进攻，原本处于撤退状态的法军转瞬之间就转变为猛烈进攻的状态。陷入法军围困的克鲁克和比罗最终不敌法国人的猛烈进攻，相继撤退。马恩河会战以法国人的胜利结束，德军兵力全部后退，法国亡国的危机被解除了。

马恩河会战拯救了岌岌可危的法国，同时使得德国人先取法国再战俄国的计划受阻，令第一次世界大战进入相持阶段。

### （二）凡尔登战役：“绞肉机之役”

德国人在第一次世界大战前期，丧失了快速攻克法国转而迎战俄国的机会，陷入了多面作战的僵持状态。1916 年，德意志军队认为还是应该遵循先取法国的战略，再次将作战中心进行转移。德国军队在这次针对法国的进攻中，选择凡尔登作为目标。

凡尔登一直以来都是法国一方着力防御的要地，它所处的地理位置是夺取巴黎，袭击法国后方阵线的要塞。德国之前对凡尔登发动过多次攻击，但是均以失败告终，最后迫不得已将进攻方向转向别处。正因为德国调整了作战重心，所以法国人放松了对凡尔登的防御，使德国看到夺取凡尔登的一线希望。

1916 年，德国总参谋部长法金汉运用声东击西的计谋误导了法国人的视线。法金汉一方面大张旗鼓地增兵香贝尼，使得法国人误以为德军要以香贝尼为突破口夺取巴黎。但实际上，法金汉是在“明修栈道，暗度陈仓”，他暗地里向凡尔登调集部队，希望趁法国人没有觉醒之前，一举夺下凡尔登。

德国军队丝毫不给对手以喘息的机会，迅速发起了对凡尔登的猛烈进攻。此时，德军以近 30 个师的武装力量进攻凡尔登，并且配备了千门先进的大炮。而法国驻守凡尔登的将领贝当以四个师的兵力与之抗衡。可以说，在凡尔登战前期，德军具备压倒性优势，千门大炮的轮番进攻使得凡尔登笼罩在炮声和火光之中。但是法国军队面对强敌，殊死抵抗，尤其是将领贝当，在己方处于明显劣势的情况下，不慌不忙，沉着应战，利用地形优势，激发士兵的爱国主义热情和战斗激情，在最危险的情况下守住了凡尔登，为援军的到来争取了时间。

待法国援军到来的时候，双方陷入了僵持阶段，双方都投入了大量军队，势要一决高下。战斗历时数个月，德国军队在占尽先机的情况下未能攻克凡尔登，但是双方仍然不断增兵，陷入长期的阵地战之中。法德均消耗了大量军事力量，这场战争已经从最初的速决战转变为一场消耗战。

凡尔登战役是一场双方都损失巨大的战役，无数的士兵丧命沙场。长期的战场相持，又使得凡尔登周边的人民群众被战争所困，不能进行正常的生产生活，给法国的经济带来巨大损失。

但是，从军事角度上讲，凡尔登战役对于法国来说是一场表现出色的战役。首先，法国在战争前期军事实力明显不敌德军的情况下仍然固守凡尔登，这可以说是战场上的一个奇迹。其次，法国军事将领在凡尔登被德军突袭的情况下能够准确及时地应对，迅速地支援了前线的法军，也可以说树立了一个战争典范。最后，在双方阵地相持阶段，法国军队以一种誓死捍卫家园的精神守卫凡尔登，数次抵挡了德国军队的猛烈进攻，不得不让后人为这种精神所钦佩。

在凡尔登战役结束后，取得胜利的法军极大鼓舞了在其他战场上的盟友，加速了第一次世界大战协约国一方的胜利进程。而这次战役，对德军实力的巨大消耗和长期牵制都为其他战场争取了条件，使凡尔登战役成为第一次世界大战的转折点。

### （三）第二次世界大战：惨绝人寰的大动荡、大灾难

第二次世界大战是以德国、意大利、日本为主的轴心国与以美国、苏联、英国、法国和中国为主的同盟国进行的一场全球规模的战争。战火席卷了整个欧亚大陆，甚至燃烧到了北非大陆，而大西洋与太平洋也成了双方角逐的战场。最终世界反法西斯同盟和全世界反法西斯力量取得了胜利，赢得了世界的和平与进步。据统计，有 61 个国家和地区、20 亿以上的人口卷入了这场战争，使第二次世界大战成为人类历史上一次惨绝人寰的大动荡、大灾难，影响深远。

第一次世界大战后，帝国主义间固有的矛盾不但没有得到解决，反而增加了战胜国与战败国以及战胜国之间的矛盾。在 1929 年 10 月 29 日，美国华尔街股市崩盘，由美国蔓延开的经济危机席卷了整个资本主义世界，并由此引发了众多资本主义国家的社会危机。正是在这种大背景下，法西斯主义开始在资本主义世界兴起。正是由于这些因素，使得帝国主义国家间经济、政治和军事发展不平衡，为第二次世界大战的爆发种下了祸根。

1939 年 9 月 1 日德国出动 62 个师共 160 万人闪击波兰，这成为第二次世界大战爆发的标志。英国和法国承诺维护波兰的主权完整，并于 1939 年 9 月 3 日对德宣战，欧洲西线战事全面爆发。此后，德军相继开始在欧洲西、北和东南方向展开了大规模进攻，几乎占据了整个西欧。

1943 年 7 月，英美盟军在意大利西西里岛登陆成功，9 月，意大利宣布投降，盟军打掉了"邪恶轴心"的一员。1944 年 6 月，盟军先后集结 268 万人，开始在诺曼底登陆，开辟了欧洲第二次世界大战的战场。到 8 月底，德军遭受重创，损失相当惨重。盟军经过 1944年秋冬两季的战斗，完全解放了被德国占领的西欧国家，而诺曼底登陆战则成为 20 世纪最大的、最有影响力的登陆战役。

在欧洲东线战场，1941 年 6 月 22 日，德国撕毁《苏德互不侵犯条约》后，共投入 190 个师 550 余万人，分 3 路向苏联发动突然袭击，苏德战争爆发。在战争初期，苏联处于防御阶段，由于作战准备不足导致战事失利，损失惨重。在 1941 年 9 月～1942 年 1 月的莫斯科会战中，苏军粉碎了德军"闪击战"计划。

1942 年 7 月 17 日，德军进攻顿河河曲。苏军随即开展了顽强的反击，双方进行了激烈的战斗。到 9 月 13 日，德军攻入斯大林格勒市后，双方又进行了惨烈的城区争夺战。苏军采用积极的防御战术，再次粉碎了希特勒的侵略计划。

从 1942 年 7 月～1943 年 2 月间，苏德之间在斯大林格勒展开的这场战争即是史上著名的斯大林格勒战役，亦称为斯大林格勒保卫战，成为苏德战场乃至整个第二次世界大

战的转折点。此次战役的残酷性，也使其成为人类历史上规模空前和充满血腥的著名战役之一。

此后，苏军进行了多次反攻，逐渐掌握了战争主动权，使得德军在东线战场全面崩溃。1944 年 1 月 22 日，苏军发起全线进攻，基本肃清境内的德国军队。1945 年初，苏军攻占柏林，德国宣布投降，至此，苏德战争结束。

在太平洋战场上，1941 年 12 月 7 日，日本海军利用航空母舰舰载飞机和微型潜艇，突然发动了对美国海军基地珍珠港的袭击，太平洋战争正式爆发。日本的这次偷袭是美国继美墨战争后首次有国家直接对美国本土进行攻击，这极大地刺激了美国人的自尊心。因而美国不惜任何代价，于 1942 年 4 月 18 日对日本东京实施了小规模的空袭。

1942 年，日本为了报复美国空袭东京的一箭之仇，几乎投入了全部兵力，开始了中途岛海战，这是日本在第二次世界大战中最大的战略进攻。最终，美国海军成功地击退了日本海军对中途岛海域的攻击，掌握了太平洋战区的主动权。1944 年美军转入战略进攻，大规模空袭日本本土，对日占岛屿实施海陆空联合作战。1945 年 8 月，美军向日本广岛和长崎投下两颗原子弹。8 月 15 日，日本宣布投降。

在中国战场，早在 1931 年 9 月 18 日，"九一八"事变发生之后，日本便侵占了中国东北，中日之间的战争随即开始。1937 年 7 月 7 日，日本发动预示着全面侵华的"七七事变"。中国人民组成了抗日民族统一战线，奋起抗日，率先揭开了世界反法西斯战争的序幕。抗日战争经过艰苦的战略防御和相持阶段，于 1944 年转入了战略反攻阶段。

1945 年 8 月，中国展开了全国范围的抗日反攻，苏联红军也出兵中国东北，围歼了日本关东军。8 月 15 日，日本宣布投降后，中国战场也取得了最终的胜利。中国战场一直是第二次世界大战太平洋地区的主战场，而中国从抗战以来便是打击日本法西斯主义的主要力量，太平洋战场的胜利也标志了世界反法西斯战争的结束。

第二次世界大战所造成的巨大破坏和血腥杀戮，对战后人们的和平意识与社会生活产生了深远的影响。虽然战后形成了以美国为首的资本主义阵营和以苏联为首的社会主义阵营两大集团的对峙，造成"冷战"的局面，但双方始终没有大规模的战争形态出现，人们都在极力地警醒与克制以保持与维护眼前来之不易的和平。

### （四）库尔斯克会战——苏德战争最终定乾坤

库尔斯克会战是 1943 年 7 月至 8 月间东线战场德军和苏军在库尔斯克进行的一场会战，是苏德战场上具有决定性的重要战役。在这次会战中双方共出动了 290 万士兵和 6000 多辆坦克参加了战斗，因此也被称为是世界上最大的坦克战争。

苏军在取得了斯大林格勒战役的胜利后，德军南方集团军总司令曼施坦因向苏军进行反扑，并诱敌深入，而其结果就是形成了以库尔斯克为中心的突出部。德军中央集团军和南方集团军分别控制了北边的奥廖尔、别尔哥罗德地区，其突出的部分就是苏联军队，苏德双方进入相持阶段。

德军在取得哈尔科夫战役的胜利后，曼施坦因希望在库尔斯克突出部进行一次主动攻击达到歼灭苏军的计划。希特勒采纳了这项计划，命令中央集团军和南方集团军联合摧毁驻扎在库尔斯克突出部的苏联军队，这次战斗被命名为"堡垒"作战。

苏军方面，瓦图京大将建议主动攻击以获得战略主动权，朱可夫为代表的将领则坚持苏军要先做好防御工作，消耗敌人的有生力量，以守为攻。斯大林最终采纳朱可夫的建议，苏军在库尔斯克转入了积极的防御准备，修筑多道宽度超过 100 英里的防御沟，由战壕、铁丝网、反坦克火力点和反坦克沟壕以及雷区密切配合形成强大的防御体系。

苏军从俘获的战俘中获知了德国的"堡垒"计划，为了打乱德军的进攻，苏军在 7 月 5 日晨率先向德军阵地展开了炮击，库尔斯克会战正式开始。

战争在南北两线同时进行，苏联军队对德军的进攻进行有效的防御。南线战场上。德军在苏军的突然袭击中损失很大，但随后德军还是按计划发起进攻，攻破了苏军的两道防线，并强渡佩纳河，在 7 月 6 日取得了该地区的制空权。当日晚，苏军指挥官瓦图京得到华西列夫斯基部队的增援，并在接下来两天内有效抵御了德军的进攻，且扭转了空中的劣势。

但是，德军还是一直进攻到普罗霍罗夫卡城下，于是苏德双方在 7 月 12 日上演了普罗霍罗夫卡坦克大战。由于苏军的 T—34 坦克在正常的作战模式中无法对德军的"虎"式坦克实施有效打击，所以便以高速度冲向德军的坦克，希望进行近距离作战。苏军在冲锋中损失惨重，双方近距离的战斗则更加惨烈。坦克在攻击中被一辆辆摧毁，其他的坦克便在摧毁的坦克旁继续激烈地战斗。双方士兵在坦克被毁后，亦展开了肉搏，战斗一直持续到傍晚。德军在这次的坦克大战中摧毁了大量的苏联坦克，但却始终未能攻下库尔斯克，而苏联援军不断地到来又加固了苏军的防线。

随后，苏联空军逐渐取得了制空权，失去制空权的德国将领们向希特勒提出放弃奥廖尔向后撤退的请求，但被希特勒严词拒绝。墨索里尼下台后，意大利退出战争，德军不得不抽调兵力去驻守意大利，而在奥廖尔的德军开始面临着被包围的危险。无奈之下，希特勒只好同意撤退。

在北线战场，德军第一天经过激烈战斗突破了第一道防线。第二天苏德双方也进行了一次大规模的坦克大战，苏军坦克屡受重创，德军一路杀到苏军第二条防线前，但被苏军的援军阻止。接下来几天德军企图夺取波内里，多次攻入市区，但又都被苏军赶出。苏空军还夺取了库尔斯克北部地区的制空权，德军虽给苏军造成了很大的损失，但苏军还是坚守住了阵地。在波内里城内，德军付出了惨重的代价后，占领了大半个波内里。然而，苏军仍控制着市内一些重要据点，使德军无法继续推进，德军将领莫德尔被迫让军队在 7 月 10 日转入战略防御。

8 月份，苏军进行反攻，以大炮、火箭炮打响战斗，以坦克和步兵发起攻击，很快突破德军第一道防线。战至 8 月 17 日，双方都蒙受了巨大的损失，德军的反击曾使苏军惨遭重创，而苏军凭借数量上的优势很快又扭转了局势，继续进攻。22 日晚，苏第 53 集团军率先攻入哈尔科夫城内，德军开始全面撤出。苏军于当日收复了北方的哈尔科夫。

库尔斯克会战中，面对德军的攻击，苏军运用了得当的防守策略，并在军队部署和防御阵地的建设上做好了严防的准备；德军虽然拥有武器装备上的微弱优势，但是其在军队的数量上及军队的补给上输给了对方，而战局也不利于德军，最后只能被迫撤退。此后，苏军乘胜追击进行大反攻，把大批德军赶出俄国领土，这次战役因而也成为苏军全面反击德军的序幕。

### （五）诺曼底登陆战没

第二次世界大战中，美、英、法等同盟国军队于 1944 年 6 月～7 月在法国北部的诺曼底地区进行了世界战争史上规模最大的战略性登陆作战。这也是盟军进军欧洲的"霸王"计划的重要组成部分,目的是夺取集团军群登陆场,开辟欧洲第二战场,为发展对西欧的进攻并配合苏军最后击败纳粹德国创造条件。

## 1. 战役背景与双方企图

1943 年,斯大林格勒会战和库尔斯克会战后,苏军在苏德战场转入反攻;美英盟军西西里岛登陆战役后攻入意大利半岛;意大利于同年 9 月投降并于 10 月对德宣战;盟军在太平洋战场也已转入攻势。整个战争形势发生了有利于同盟国的根本转变。早在 1941 年 7 月,苏联就正式要求英国在西欧开辟第二战场。1943 年 1 月,美、英卡萨布兰卡会议决定为在西欧登陆进行准备。3 月成立以英国陆军中将摩根为首的盟军最高司令参谋部,着手制定战役计划。5 月和 8 月,罗斯福和丘吉尔先后在华盛顿和魁北克会议上商定,盟军于 1944 年在西欧登陆,以配合苏军实施战略反攻。11~12 月,罗斯福、丘吉尔和斯大林在德黑兰会议上正式商定,1944 年 5 月由美英盟军在法国北部地区登陆,同时在法国南部进行牵制性登陆。随后,美、英任命陆军上将艾森豪威尔为盟国欧洲远征军最高司令。

1944 年 1 月,艾森豪威尔到伦敦赴任并组建司令部,副司令为英空军上将特德,参谋长为美陆军中将史密斯,海军司令为英海军上将拉姆齐,空军司令为英空军上将利马洛里,英地面部队司令为英陆军上将蒙哥马利,美地面部队司令为美陆军中将布雷德利。在艾森豪威尔的指挥部到达法国前,由蒙哥马利任登陆部队前线指挥。艾森豪威尔到任后将登陆正面由 40 千米增至 80 千米,战役第 1 梯队的兵力由原定 3 个师增为 5 个师。由于登陆舰艇数量不足和其他准备工作未能按时完成,登陆时间由 5 月初改为 6 月初。

德军西线守军为伦德施泰特元帅指挥的 B、G 两个集团军群,共 58 个师(其中 33 个为机动能力很差的海防师)。B 集团军群由隆美尔元帅指挥,防守法国北部、比利时和荷兰沿海一带,主力配置在加来地区,诺曼底地区只有 6 个师(含 3 个海防师)。德军当时已丧失海空优势,海军用于抗登陆的兵力仅有中、小型水面舰艇 500 余艘和驻泊在比斯开湾各港口的潜艇 49 艘。防守法国的第 3 航空队名义上有 500 架飞机,实际上只 90 架轰炸机和 70 架战斗机。

为对付盟军登陆,希特勒早在 1941 年 12 月就下令以最快速度构筑大西洋壁垒,从挪威到西班牙的大西洋沿岸构筑一道由坚固支撑点和野战工事构成的、设有地雷场和水中障碍配系的永久性抗登陆防线。到 1944 年,大西洋壁垒远未完成,但仍属较难攻破的防线。设防重点在加来地区,诺曼底一带防御较薄弱。德军最高统帅部预料美、英军队将在西欧登陆,但对登陆地点的估计从未取得一致看法。希特勒认为在加来地区登陆的可能性最大。海军将领根据美、英军队在英吉利海峡布雷情况,曾认为可能在诺曼底登陆,但未引起希特勒和陆军高级将领重视。盟军登陆前不久,希特勒曾估计可能在诺曼底登陆,并对该地区的防御有所加强。登陆开始后希特勒又认为诺曼底登陆是牵制性的,大规模登陆仍在加来。高级将领在作战指导上一直存在分歧。隆美尔主张依托抗登陆防御阵地歼敌水际滩头,伦德施泰特则主张以反突击歼敌于纵深地区。这些对德军抗登陆防御的组织指挥均带来不利影响。

## 2. 战役准备

为隐蔽战役企图,美、英对登陆地域的选择进行了周密分析比较,认为加来地区距英海岸仅 20 海里，便于航渡和支援，但德军防御很强；诺曼底地区距英海岸 64.8 海里，缺少良港，科唐坦半岛东部又有河网沼泽地和遍布灌木树篱的田块，不利于部队行动，但距英国的上船港口和战斗机基地较近，且德军防御薄弱，海滩和内陆条件较好。因此，最后选定奥恩河口至科唐坦半岛南端为登陆地域，由西向东分为 5 个登陆地段，代号依次为"犹他"（美军）、"奥马哈"（美军）、"哥尔德"（英军）、"朱诺"（加军）和"斯沃德"（英军）。

登陆部队编成第 21 集团军群，辖美第 1 集团军、英第 2 集团军和加拿大第 1 集团军。海军编成西部和东部两个特混舰队：西部特混舰队分为 U 和 O 登陆编队，输送美第 1 集团军 2 个师上陆，由美战术空军第 9 航空队担任空中支援；东部特混舰队分 G、J 和 S 登陆编队，输送英第 2 集团军 3 个师（含加拿大 1 个师）上陆，由英战术空军第 2 航空队担任空中支援。每个登陆编队各有一个舰炮火力支援队担任炮火准备和炮火支援。两个特混舰队还各有一个后续登陆编队（B 和 L 编队），输送第二梯队上陆。另外在登陆之前，计划在美、英登陆地段分别空降 2 个师和 1 个师。为实施登陆战役和发展陆上进攻，要求在英国集中近 300 万人的部队、5000 余艘舰船（登陆运输舰艇 4000 余艘、作战舰艇 1000 余艘）和 1 万余架飞机，以保证登陆后增加兵力的速度超过德军调动预备队的速度。

战役前的准备工作周密而充分。盟军以飞机和舰艇进行长时间侦察，查明了登陆地域内德军的防御体系，掌握了较完整的情报资料。在登陆前几个月内，战略空军和战术空军对法国北部和比利时的铁路枢纽、桥梁、公路及其他重要目标进行持续的大规模轰炸，塞纳河上 24 座桥梁被炸毁 18 座，使德军运输系统瘫痪，部队机动受到极大限制。登陆前三周，对诺曼底周围机场进行轰炸，使其 85％ 遭破坏。登陆前一周，英空军袭击德远程雷达站并使其大部受损，因此盟军登陆时基本未遇到德空军的抵抗。盟军还采取一系列战役伪装措施：在英格兰东部虚设一个由巴顿中将任司令的"美第 1 集团军群"，原驻该处的部队调走后，营地仍伪装得和往常一样；在德机能侦察到的地方设置许多假登陆舰艇、坦克和滑翔机；飞机对加来地区的投弹要比诺曼底地区多一倍；登陆日（D 日）前夜，小型舰只和飞机进行佯动，利用电子干扰器材模拟庞大登陆编队和机群。此外，还采取严格的保密措施。上述措施旨在使德军在 D 日前后都一直认为盟军将在加来登陆并将大量预备队部署在该地区，从而为登陆成功创造了有利条件。为保证大量后续部队登陆，盟军还设计、制造了在登陆海滩由空心钢筋混凝土沉箱构成的人工港，并制定了铺设海底输油管计划。同时，在英国本土储备大量作战物资，部队反复进行符合实战要求的训练和陆海空三军模拟登陆联合演习。

### 3. 战役实施

6 月 1 日，登陆部队开始分别在英国南部 15 个港口上船。原定登陆日为 6 月 5 日，由于天气恶劣推迟 24 小时。各登陆编队从上船港驶抵怀特岛东南会合区后，沿 5 条航线航渡，由扫雷舰作先导，火力支援舰和飞机担任掩护。通过海峡中心线后，各登陆编队的航道由一条变为两条，分别供快速和慢速舰船使用。

6 月 6 日凌晨，美第 82、第 101 空降师和英第 6 空降师第一梯队共 1.7 万人，乘 1200 架运输机分别在科唐坦半岛南端和奥恩河口附近伞降着陆，任务是夺取海滩堤道和主要桥梁，占领主要登陆地段翼侧要点，阻止德军增援和保障登陆部队突击上陆。空降兵后续梯队使用滑翔机机降。伞降按计划完成，机降损失较大。5 日午夜～6 日 5 时，由 2500 架重型和中型轰炸机实施航空火力准备，投弹约 1 万吨，轰炸登陆地域及其附近地区。登陆舰艇抢滩前，由大量战斗机和战斗轰炸机对德军防御阵地进行轰炸和扫射。5 时 30 分，100 余艘火力支援舰对 80 千米登陆正面实施舰炮火力准备，随即转入火力支援，取得良好效果。在登陆后的纵深战斗中，舰炮继续实施有效的火力支援。登陆部队按各自的登陆时间(6 时30 分~7 时 45 分)分别在 5 个登陆地段突击上陆，至 9 时基本突破德军阵地。除"奥马哈"登陆地段外，各登陆部队都已夺取较稳固的立足点。美军在"奥马哈"地段遭德军顽强抗击(隆美尔在盟军登陆前下令加固该地段防御工事并调去第 352 师)，至日终前仅前进 1.6~2.4 千米。德军的抵抗主要集中在卡朗唐和卡昂。6~7 日，盟军上陆部队达 17.6 万人，车辆达 2 万台。两个人工港构件已拖过海峡，于 16 日安装完毕并投入使用(19 日遭风暴袭击，损坏严重)。

至 6 月 12 日，各登陆地段连成正面 80 千米、纵深 13~19 千米的登陆场。17 日，希特勒飞赴西线，命令伦德施泰特和隆美尔从巴约向海岸发起反击，分割盟军部队，并不惜代价守住瑟堡。18 日，美登陆部队切断科唐坦半岛，21 日在舰炮火力支援下向瑟堡发起总攻，迫使德国守军于 29 日投降。但由于在遍布灌木树篱的地形上作战，进展缓慢。英军预定 D 日夺取卡昂，因遭德军装甲师顽抗，至 7 月 9 日才攻克该城奥恩河北岸部分，19 日占领全城，吸引德军大量预备队，有利于卡昂以西地区美军作战。

德军损兵折将，处境危急。6 月 10 日，德西线装甲集群司令施韦彭堡被盟军空军炸伤；28 日，德第 7 集团军司令多尔曼因心脏病发作猝死前线；7 月 3 日，伦德施泰特被免去西线总司令职务，由克卢格接替；7 月 17 日，隆美尔被英国飞机炸伤，返回德国，其职务由克卢格兼任。

至 7 月初，美、英、加军已上陆 100 万人，车辆 17 万辆，补给品近 60 万吨。因登陆场过小，盟军展开扩大登陆场的作战。7 月 18 日，美军攻占交通枢纽圣洛，分割德军 B 集团军群。美、英、加军抵达卡昂、科蒙、莱赛一线后，形成正面 150 千米、纵深 13~35 千米的登陆场。至 7 月 24 日，地面总攻的准备工作全部完成，攻占法国的第一阶段诺曼底登陆战役结束。此役，盟军伤亡 12.2 万人，德军伤亡和被俘 11.4 万人。

诺曼底登陆战役，对于盟军在西欧展开大规模进攻、加速纳粹德国的崩溃具有重大意义，为组织实施大规模登陆作战提供了有益经验。登陆成功的主要原因是：苏军在苏德战场胜利反攻，战争形势有利；战役前进行周密细致的准备；掌握制空权和制海权；成功地进行伪装与欺骗；正确选择登陆方向和时间；在主要方向集中优势兵力、兵器；陆海空三军协同作战以及严密组织各种战役保障和后勤保障；法国地下抵抗运动的有力配合。此外，德军防御薄弱，对登陆方向判断错误和指挥失误，致使塞纳河以北的部队不能适时调动和投入作战，这也是一个重要原因。盟军暴露出的主要问题是：部队攻击力不强，建立登陆场的速度较慢，加之受风暴影响，使战役计划完成推迟了 43 天。

# 第四节　信 息 化 战 争

人类社会正在进入信息时代，进行战争的方式发生了重大变化。信息化战争作为一种全新的战争形态，开始登上现代战争的舞台。

# 一、信息化战争概述

## （一）信息化战争的基本概念

信息化战争是指依托网络化信息系统，使用信息化武器装备及相应作战方法，在陆、海、空、天和网络电磁等空间及认知领域进行的以体系对抗为主要形式的战争，是信息时代战争的基本形态。其基本内涵有：

一是信息化战争作为信息时代的产物，是该时代生产水平和生产方式在战争领域的客观反映；

二是信息化战争必然以信息化军队为主体作战力量，战争双方至少有一方拥有信息化军队才能进行的战争，机械化或半机械化军队之间打不了信息化战争；

三是信息化战争的主要作战工具是信息、信息化和智能化武器装备平台，诸作战单元实现了网络化、一体化；

四是要在七维战场空间进行，其中在航天空间、信息空间、认知空间和心理空间占相当大的比例；

五是在物质、能量和信息等作战诸要素中，信息起主导作用，信息能在战争中表现为火力和机动力的物质能量；

六是战争的破坏性和附带性伤亡依然存在，但附带破坏将降至最低限度。

## （二）信息化战争的产生与形成

信息化战争是人类社会政治、经济、科学技术和战争实践发展到一定阶段的必然产物。

### 1. 信息化战争是社会经济形态发展的必然结果

战争形态是人类社会经济形态的产物，因为人们从事战争的工具和手段是由特定时代的社会经济形态所提供和决定的。

农业时代的手工业生产方式，决定了战争能量的释放形式主要是依靠人的体能，战争所使用的武器主要是冷兵器。因此，这一时代的战争被称为冷兵器战争。

工业时代的机器大工业生产方式，决定了热能成为战争能量的释放形式，战争所使用的武器为机械化武器。因此，这一时代的战争被称为机械化战争。从冷兵器战争演进到机械化战争，完成这场军事革命的进程持续了近 300 余年。

20 世纪中叶以来，由于科学技术的飞速发展和生产力水平的大幅度提高，以计算机技术和信息技术为龙头的高新技术群不断涌现，人类开始进入了信息时代。随着信息技术在军事领域的广泛运用，大量信息化武器装备投入战场，为新一轮战争形态的变革提供了物质基础。在科学技术和战争实践的推动下，一场迄今为止人类军事史上波及范围最广、变化最深刻、发展最迅速的军事革命正在世界范围内蓬勃兴起。一个以使用信息化武器装备为主导，使战争基本方式发生根本变化的信息化战争开始登上战争舞台。

人类社会和战争历史的发展表明，社会的经济形态是战争形态的母体，有什么样的经济形态，就会孕育出什么样的战争形态。这是不以人的意志为转移的客观规律。

### 2. 高技术的发展是信息化战争产生的直接动因

战争形态的重大变革，通常发生在技术革命之后；而技术革命又往往是在科学技术水平迅猛发展并发生质的飞跃的情况下出现的。20世纪50年代以来，世界上陆续出现了一大批高新技术群：以微电子技术、电子计算机技术、人工智能技术和通信技术为基础的信息技术；以导弹为代表的精确制导技术；以人造卫星和航天飞机为代表的航天技术；以激光技术为先导的聚能技术；以核聚变为代表的新能源技术；以新材料为基础的隐形技术等。其中，信息技术在高技术群中起主导作用。这些新技术一经出现，便以前所未有的速度向深度和广度发展。高技术的迅猛发展和运用，必将导致新的技术革命。高技术群的出现，除其本身的发展具有革命性之外，它的影响之深远、波及领域之广阔，是历史上任何一次技术革命都无法比拟的。如今，高新技术群体，尤其是微电子技术和计算机技术已渗透到人类社会活动的各个领域，引发了政治、经济、科技、军事和文化等各个领域的深刻变革，已经产生并将继续产生难以估量的重大影响。科学技术的进步必将引起军事领域的技术革命。与以往历史上的军事技术革命不同的是，当今这场军事技术革命不是由单项和少数民用领域的技术引发的，而是由多项高技术交叉综合作用的结果。因此，这场军事技术革命是全方位的。其中起核心作用的技术是军事信息技术。其骨干技术包括：微电子技术、计算机技术、光电子技术和军事航天技术。军事技术革命的出现，必然导致武器装备发生质的变化。以军事信息技术为核心的军事高技术群，使人类进行战争的工具发生了时代性的飞跃，即由机械化武器装备阶段进入了信息化武器装备阶段。这必然引起作战方式、作战理论和军队编制体制的根本性变革。

### 3. 近年来局部战争实践是信息化战争产生的基础

20世纪90年代以来先后发生的海湾战争、科索沃战争、阿富汗战争和伊拉克战争，是人类战争史上具有划时代意义、承前启后作用的战争。它们既是工业时代机械化战争的延续，更是孕育信息化战争雏形的"母体"。这几场局部战争几乎都使用了全新的武器和全新的战法，每场战争都给人们以耳目一新的感觉。人们越来越强烈地感悟到，战争形态正在发生深刻变化，机械化战争形态正向信息化战争形态转变，信息化战争已处于萌芽阶段。

海湾战争闪现了新军事革命的影子，世界从此进入一个新的战争时代。信息攻击、远程精确打击、陆海空天电一体化作战，成为主要作战行动。传统的线式作战、梯次攻击、层层剥皮的作战方式已经被摒弃，"零死亡率"的战争已经成为人们追求的目标。

总之，近年来几场局部战争的实践，使人们已经深刻感悟到新的战争形态所具有的深刻内涵，战争实践成为推动信息化战争形成和发展的催化剂。它促使人们更加自觉地接受信息化战争，适应信息化战争，更重要的是主动地选择和设计信息化战争。

## 二、信息化战争的基本特征

较之其他战争形态，信息化战争呈现出鲜明的时代特征。

### （一）信息资源主导化

信息对战争影响的关键是要准确获得战场信息并把信息及时用于决策和控制。机械化战争起主导作用的是物质和能量，打的主要是"钢铁仗"

信息化战争的
基本特征

和"火力仗"。在信息化战争中，信息是核心资源，是决定战争胜负的关键因素。信息化战争是以争夺战场"制信息权"为主要行动的战争。信息成为部队战斗力的核心要素。

在未来战争中，对信息的争夺将发挥核心作用，可能会取代以往冲突中对地理位置的争夺。攻城略地已经成为机械化战争的历史，在信息化战争中，地理目标将日趋贬值，信息资源将急剧升值。制信息权必然成为凌驾于制空权、制海权和制陆权之上的战场对抗的制高点。拥有信息资源，握有信息优势，是取得战争胜利的先决条件。

急剧升值的信息资源，决定了争夺制信息权的斗争将在全时空进行，决定了战争中交战双方将倾全力去争夺"信息优势"。海湾战争中争夺信息优势的斗争，贯穿于战争全过程，渗透于所有作战空间。美军利用了世界上最先进的计算机系统所提供的大型智能平台和 C⁴KISR 指挥信息系统，完成了超大容量的信息处理，赢得了战场信息优势。在科索沃战争和阿富汗战争中，由于美军夺取和保持了全时空的信息优势，因而以很小的代价夺取了战争的胜利。战争的实践不仅使人们越来越充分地认识到物质、能量和信息在战争中的作用将发生革命性变化，而且使人们清晰地看到了信息、信息系统和信息化武器装备的巨大作用，感受到了未来信息化战争的无限前景。传统的火力、防护力和机动力仍是战斗力的重要组成部分，但已经不处在核心位置，取而代之的是信息系统和信息化武器装备系统。

### （二）武器装备信息化

科学技术在军事领域的运用，尤其物化为战争"手臂"，是引起战争形态发生深刻变革的根本原因。工业时代的战争，以机械化武器装备为物质基础；而信息时代的战争，则是以信息化武器装备系统为物质基础。信息化的武器装备系统又是以计算机技术为核心、以信息技术为基础的一体化的武器装备系统。其构成主要包括信息武器、单兵数字化装备和 C⁴KISR 系统。

信息武器系统，包括软杀伤型信息武器和硬杀伤型信息武器。软杀伤型信息武器是指以计算机病毒武器为代表的网络攻击型信息武器和以电子战武器为代表的电子攻击型信息武器。这类武器已在海湾战争中开始使用。硬杀伤型信息武器主要是指精确制导武器和各种信息化作战平台。信息化作战平台装有大量的电子信息传感设备，并与 C⁴KISR 系统联网。它们集侦察、干扰、欺骗和打击功能于一体，既可实施战场探测，为精确打击和各种战场行动提供目标信息，还可实施信息攻防作战，是信息化战争的重要物质基础。

单兵数字化装备是指士兵在数字化战场上使用的个人装备，也称信息士兵系统（它由单兵计算机和无线电分系统、综合头盔分系统、武器分系统、综合人体防护分系统和电源分系统 5 个部分组成）。信息化的士兵装备既是战场网络系统的一个终端，也是基本的作战单元，具有人机一体化的远程传感能力、攻击和生存能力，能够实时实地为炮兵和执行空地作战任务的飞机提供数字化的目标信息。阿富汗战争中，美空军准确无误地对地面目标实施攻击，就是得益于特种作战部队装备的信息士兵系统将整个战场数字化网络连为一体，为其提供了及时准确的目标数据。单兵数字化装备的出现和运用，意味着陆军作战效能将出现革命性变化。

C⁴KISR 系统是战场指挥、控制、通信、计算机、杀伤、情报、监视和侦察系统的简称，它把作战指挥控制的各个要素、各个作战单元黏合在一起，是军队发挥整体效能的"神经和大脑"。在信息化战争中，C⁴KISR 系统是敌对双方的主要作战目标，围绕着 C⁴KISR 系统展开的攻击和防护成为战争的重要作战行动。海湾战争具有划时代的意义。在人类战争史上，它是工业时代向信息时代过渡时期发生的一场战争，尽管还称不上完整意义上的信息化战争，但是它所显示的信息化战争的特征，在尔后的科索沃战争、阿富汗战争、伊拉克战争中已经表现得十分清楚。

### （三）作战空间多维化

作战空间随着科学技术和武器装备的发展逐渐呈现出日益拓展的趋向。人类战争历史上由于飞机的问世和航空技术的发展，作战空间发生了第一次革命性变化，由陆海平面战场发展为陆海空三维的立体战场。机械化战争中，交战的舞台主要是在陆、海、空等物理空间展开，重点是在陆地、海洋和空中进行。而信息化战争中，虽然活动的依托仍然离不开物理空间，但决定战争胜负的因素主要取决于信息空间。主要包括网络空间、电磁空间和心理空间。高技术局部战争的实践表明，信息化战争的作战空间明显拓展，呈现出陆、海、空、天、电等多维一体化趋势。信息化战争作战空间的这种多维性和复杂性打破了传统的作战空间概念。

首先，物理空间超大无限。第一次世界大战中，决定战争胜负的马恩河战役、亚眠战役，战场范围仅有数百至数千平方千米。第二次世界大战中，决定战争胜负的维斯瓦河—奥得河战役、柏林战役、诺曼底战役，战场范围也不过数万或数十万平方千米。而海湾战争，战场空间急剧扩展，东起波斯湾、西至地中海、南到红海、北达土耳其，总面积达到1400万平方千米。阿富汗战争，其作战规模远不及海湾战争和科索沃战争，但其作战空间范围要远比海湾战争和科索沃战争大得多。美军在空中部署有各种侦察、预警飞机，全方位、全时段监视对方的所有行动。在外层空间利用多颗卫星组成太空侦测网，全面监视、搜寻塔利班和拉登的动向。随着军事信息技术的高速发展，未来信息化战争的作战空间将在目前陆、海、空、天的基础上进一步拓展。

其次，信息空间多维广阔。信息空间是一个全新的概念，它包括电磁空间、网络空间和心理空间，渗透于陆、海、空、天各个战场领域。由于信息和信息流"无疆无界"，使得信息作战的领域大大突破了传统的战场界限，是一个超大无形、领域广阔的作战空间。

电磁空间是信息空间的重要组成部分。电磁战场被称作继陆、海、空、天之后的"第五维战场"，是信息化战争的重要作战空间。

网络空间是人类进入信息社会的必然产物。信息时代的一个明显标志就是计算机和计算机网络技术的广泛应用。目前，国际互联网络将全世界170多个国家和地区的计算机网络连为一体。信息高速公路在全球范围内逐步建成，时空的概念正在急剧缩小。网络空间的出现，使地理上的距离概念和国家之间的地理分界线将在信息对抗中失去意义，凡是与网络空间相联系的目标都可能遭到攻击。

心理空间特别是决策者的思维空间是信息化战争的重要作战空间。心理是控制和决定人的行为的重要因素，心理空间的对抗备受各国军队的重视。美军不仅编有心理战部队，而且正在研制"噪声仿真器"、"电子嘯叫器"等专用心理战武器。美军在近期几场局部战争中都采取了军事打击与攻心并举的方针，成功地实施了心理战。战争的实践证明，心理空间作为信息作战空间的一个重要组成部分已体现得非常明显。

### （四）作战节奏快速化

时间是战争的基本要素。随着计算机、电子通信、卫星技术和信息化武器装备的发展，信息化战争的作战节奏和作战速度将比机械化战争大大提高，持续时间明显缩短，呈现出迅疾短促的快速化的特征。促使战争时间迅疾短促的主要因素有三个：

一是战场信息流动加快，作战周期缩短。信息时代，数字信息技术广泛运用于战场侦察监测设备和信息快速传输网络，实现了信息的实时获取、实时传输、实时处理，使得信息流动速度空前加快，空间因素贬值，时间急剧增值，作战行动得以快速进行。在网络化的战场上，尽管基本作战程序和信息的流程没有发生根本变化，同样要经过发现目标、进行决策、下达指令、部队行动等环节，但这几乎都是实时同步进行的。

二是战争的突然性增大，时效明显提高。信息化战争中，各种信息武器具有快速的作战能力，使得作战行动的速度加快，时效性明显提高。

三是广泛实施精确作战，毁伤效能剧增。海湾战争中，多国部队发射的精确制导弹药，虽然只占发射弹药总量的 9％，却摧毁了约 68％ 的重要目标。精确打击直接指向敌人的战争重心，迅速而有致命性，这必然使得作战时间短促，战争持续时间大为缩短。

此外，数字化战场的建立、部队机动能力的提高、受经济能力和战争目的的制约等等，都是促使作战时间迅疾短促，战争进程日趋缩短的重要原因。

### （五）作战要素一体化

信息化战争作战要素一体化主要体现在以下几个方面：

一是作战力量一体化。通过信息网络和信息技术，可以将处于不同空间位置的各种作战能力联结成一个有机整体，形成一体化作战力量。

二是作战行动一体化。信息化战争中的主要作战样式，是两个以上的军种按照总的企图和统一计划，在联合指挥机构的统一指挥下共同进行的联合作战，其作战行动具有一体化的特征。

三是作战指挥一体化。信息化战争中，集指挥、控制、通信、计算机、火力、情报、侦察和监视于一体的 $C^4KISR$ 系统，为作战指挥提供了准确的战场情报、快速的通信联络、科学的辅助决策、实时的反馈监控，从而使树状的指挥体制将逐渐被扁平为网络化的指挥体制所代替，使作战指挥实现了一体化。

四是综合保障一体化。保障军队为遂行作战任务而采取的作战保障、后勤保障、装备保障、政治工作保障等各项保障措施实现了一体化。

### （六）作战指挥扁平化

机械化战争的指挥体制，主要以作战部队多层次纵向传递信息的树状指挥体制为主。这种指挥控制网络就像大工业生产按行业、按流水线建立的控制体系一样，其特征是金字塔状，下面大上面小，所有来自前线的敌我双方的情报信息，必须逐级向上汇报，上级的指示精神和命令也按照这样的树状模式逐级下达到前线或基层，是一种典型的逐级指挥方式。信息化战争的指挥体制趋向作战单元与指挥控制中心横向传递信息的"扁平网络化"结构。在纵向上，从最高指挥机构到基层分队所形成的逐级控制关系虽仍然存在，但是，单兵数字化指挥控制系统成了指挥体系的最小层次。在横向上，各指挥系统间的横向联系更加紧密，它不仅包括平地指挥机构之间的联系，还包含非同一层次间指挥机构的横向联系；不仅包括不同军兵种各层次指挥机构的联系，还包括同一军兵种平行指挥层次指挥机构间的联系。指挥控制近乎实时，效率大大提升。

### （七）作战行动精确化

信息化战争中，在多层次、全方位、全时空的情报、侦察和监视网络的支持下，使用大量的精确制导武器，使各种作战行动的精确化程度越来越高。

**一是精确侦察、定位控制。**精确侦察、定位和控制是实现精确打击的前提和基础。

**二是精确打击。**精确打击是信息化战争精确化的核心内容，它是靠提高命中精度来保证作战效果，而不是通过增加弹药投射的数量去增强作战效果。

**三是精确保障。**就是充分运用以信息技术为核心的高技术手段，精细而准确地筹划、实施保障，高效运用保障力量，使保障的时间、空间、数量和质量尽可能达到精确的程度，最大限度地节约保障资源。

## 三、信息化战争的主要形态

作战样式是战争形态的具体表现形式，有什么样的战争形态就有什么样的作战样式。信息化战争是信息时代的战争形态，必然要产生具有信息化特色的作战样式。深刻认识信息化战争的典型样式，就能准确把握信息化战争各种作战样式的特点和规律。

### （一）信息作战

信息化战争是基于信息系统的体系对抗，信息系统的安全稳定攸关体系作战能力的生成与发挥，制信息权直接关系到战场主动权乃至战争的进程与结局。着眼夺控战场信息优势，敌对双方通常首先展开信息作战行动并将其贯穿于战争始终，信息作战成为信息化战争最重要的作战样式。

信息作战，是敌对双方为夺取和保持战场制信息权，通过利用、破坏敌方和保护己方的信息、信息系统而进行的作战。其主要内涵体现在以下几个方面：

（1）作战目的是夺取和保持战场制信息权；

（2）主要任务是破坏敌方信息系统，削弱敌方信息能力，保护己方信息和信息系统安全；

（3）作战空间主要是信息空间；

（4）首要攻击目标是敌方指挥控制中枢和关键节点；

（5）作战手段主要是信息、信息系统和信息作战武器装备。

信息作战是一种综合性的作战样式，从不同的角度有不同的分类。按层次分，有战略级信息作战、战役级信息作战和战术级信息作战；按杀伤机理分，有软杀伤信息作战和硬杀伤信息作战；按作战活动领域分，有情报战、电子战、计算机网络战、心理战、信息设施摧毁战；按任务性质分，有信息作战侦察、信息进攻和信息防御等。

### （二）精确作战

信息化武器装备特别是精确制导武器的大量使用，促使军队的作战时空全维拓展、打击行动精确可控，引发作战方式深刻变革。世界近期局部战争实践深刻表明，通过对敌作战体系的首脑和要害部位实施精确打击，能够最大限度地瘫痪敌作战体系，降低敌整体作战效能，精确作战正成为信息化战争基本的作战样式。

精确作战是基于信息系统的支撑，运用信息化武器装备实施的高精度作战行动。与传

统的"粗放"作战相比,精确作战具有鲜明的特征:

一是信息与火力高度融合,通过信息控制火力极大地提高火力的精确打击效能。

二是能直接打击敌重心,受地理因素影响小。运用远程精确制导武器实施精确作战,可以较少受限于距离、高度、地形、地物、地貌和国界等地理因素的影响,直接打击敌作战重心。

三是相关空间广阔,但作战区域狭小。虽然远程精确打击兵器可能需要飞行数千米甚至上万千米去打击目标,但作战目标通常集中于有限的、狭小的空间内。

四是造成的物质破坏小,人员伤亡少,特别是"附带破坏"下降到很低的程度。

精确作战是一种综合性的作战样式,从不同的角度有不同的分类。按层次分,包括战略级精确作战、战役级精确作战和战术级精确作战;按行动空间分,包括陆上精确作战、海上精确作战、空中精确作战和太空精确作战;按主要环节分,包括精确目标选定、精确力量运用、精确综合打击、精确效果评估等。

### (三)太空作战

现代战争实践充分表明,太空作战作为一种崭新的作战样式,已经成为信息化战争的重要组成部分,并对战争全局发挥着越来越重大的作用与影响。

太空作战,也称太空战,是以军事航天力量为主,在外层空间进行对抗的活动。它包括外层空间的攻防行动,以及外层空间与空中、地面、海上之间的攻防行动。其中,外层空间的攻防行动是指敌对双方部署在太空的天基作战系统之间进行的攻防行动;外层空间同空中、地面或海上之间的相互攻防行动,是指敌对双方使用部署在太空的天基作战系统对对方的空中、地面、海上(水下)目标的攻击行动和对来袭的战略导弹(主要指陆地发射的洲际弹道导弹、潜艇发射的潜射弹道导弹和飞机发射的巡航导弹)的拦截行动,以及以地基作战系统对对方的航天器进行打击和对抗对方天基作战系统的打击而进行的防天作战行动。

太空作战是在全新领域展开的作战样式。从作战行动空域划分,有利用天基武器攻击敌方航天器的天际对抗战,使用航天兵器突击敌方空中、地面、海上目标或利用地基武器截击敌航天器和战略导弹的天地对抗战,以及在陆战、海战、空战配合下,以太空为主战场围绕夺取制天权而进行的天地一体战等。从作战行动性质划分,有太空支援、太空进攻、太空防御等。

### (四)特种作战

信息化战争具有体系对抗、体系制胜和全纵深同时作战等特点,特种作战作为支持全纵深同时作战的重要手段,能简捷高效地实现体系破击和体系瘫痪,日益体现出其他作战样式难以比拟的独特优势,成为信息化战争不可或缺的重要作战样式之一。

特种作战也称特种侦察作战,是为达成特定的作战目的,由特种部队或临时赋予特殊任务的其他部队进行的非正规作战。其中,特定的作战目的包括军事、政治、经济和心理上的目的,作战力量是特种部队或经过特殊训练的其他力量,作战目标是敌战略、战役和其他要害目标,作战行动方式是非常规作战。

特种作战与其他作战一样,也可划分成多种样式。按作战目的和作用可分为战略特种作战、战役特种作战、战术特种作战;按作战背景可分为联合特种作战和军种特种作战;

按作战地区自然环境，可分为热带山岳丛林地特种作战、严寒地区特种作战、荒漠草原地特种作战、山地特种作战、海上（岛屿）特种作战、城市特种作战等；按作战地区人文社会环境可分为境内特种作战、境外特种作战等；按作战任务可分为特种侦察、引导打击、破袭作战、夺控要点、营救作战等。

## 四、信息化战争的典型战例

### （一）海湾战争

海湾战争是以美国为首的多国部队对伊拉克进行的一场战争。战争于 1991 年 1 月 17 日开始至 2 月 28 日结束，历时 42 天。

信息化战争的典型战例

海湾战争的直接起因是伊拉克入侵科威特。伊拉克军队之所以吞并科威特，主要基于以下几个原因：

第一，掠夺科威特财产，解决国内经济危机，勾销两伊战争期间向科威特借贷的大量债务；

第二，控制科威特境内的港口，改善出海通道；

第三，争夺科威特丰富的石油资源；

第四，改善战略态势，为称霸中东地区，成为阿拉伯世界的代言人和领袖做准备。

伊拉克对主权国家的随意侵犯引起了国际社会的巨大震惊，各国纷纷对伊拉克表示强烈不满和反对，使伊拉克在政治、外交上陷入孤立。联合国安理会多次召开会议讨论伊拉克入侵科威特问题，并通过了一系列决议，谴责和制裁伊拉克，要求其从科威特撤军。联合国第 678 号决议授权联合国成员国，如伊拉克在 1991 年 1 月 15 日前不从科威特撤军，可使用"一切必要的手段"执行联合国通过的各项决议，从而为美国以联合国的名义组织多国部队出兵海湾，以武力解决海湾危机取得了合法的地位。

伊拉克出兵科威特后，美军迅速组织实施了"沙漠盾牌"行动。"沙漠盾牌"行动分为两个阶段，从 8 月 7 日美国总统布什签署"沙漠盾牌"行动计划开始到 11 月 7 日为第一阶段，即防御性快速部署阶段。在这 3 个月中，以美国为首的多国部队共向海湾运送 40 多万兵力的部队，并建立起了完善的指挥体制，完成了防御部署。从 11 月 8 日美国宣布增兵海湾到 1991 年 1 月中旬是"沙漠盾牌"行动的第二阶段，即进攻性快速部署阶段。

通过 5 个月的增兵，包括美国在内，共有 39 个国家在海湾地区部署了陆、海、空军兵力近 76 万，坦克 3700 辆，作战飞机 1700 架，舰艇 200 艘（包括 7 艘航母），其中美军 43 万人，装备有坦克 200 余辆，装甲车 2000 余辆、飞机 1200 架、直升机 1500 架、舰艇 100 余艘，并做好了各种临战准备，在科、沙（沙特阿拉伯）和伊、沙边境一线与伊拉克军队形成了军事对峙。至此，战争一触即发。

在多国部队不断集结海湾地区时，伊拉克为了实现守住科威特的总目标，确立了"持久战"的战略方针，企图以拖待变，立足大打、久打。为实现这一方针，扣留了大量西方国家人质，采用"人体盾牌"讹诈西方国家政府，同美国讨价还价，延长战争准备时间。为应对多国部队的进攻，伊拉克进行了大规模的战争动员，并在全国实行战时体制。战前，伊拉克军队地面部队总兵力为 120 万人，编有 69～71 个师和独立部队，5800 辆坦克，5100 辆装甲输送车，3850 门火炮。

海湾战争历时 42 天，分为战略空袭（沙漠风暴）和地面作战（沙漠军刀）两个阶段。

**1. 战略空袭阶段（1 月 17 日至 2 月 23 日）**

空袭前一天，多国部队即开始对伊拉克境内的各种通信和防空警戒雷达系统实施全面的电子干扰，使其指挥失灵，雷达迷茫。1 月 17 日凌晨，数百架作战飞机从美军驻沙特空军基地和航母上起飞，以 F—117A 隐身战斗轰炸机为先导，飞向伊、科境内。17 日 1 时 30 分，美军从红海向伊拉克发射了第 1 枚"战斧"式巡航导弹，这是多国部队在"沙漠风暴"行动中对伊拉克最早实施的火力攻击，开创了美军作战史上以巡航导弹实施空袭的先例。随后，美陆军 9 架 AH—64 攻击直升机在 3 架特种作战直升机的引导下，使用"狱火"导弹分别攻击并摧毁了伊拉克设在南部边境的 2 座预警雷达站，从此拉开了海湾战争的序幕。在头 24 小时内，多国部队空军共出动飞机 1300 多架次，美国海军发射了 106 枚"战斧"式巡航导弹。

战略空袭阶段，多国部队的空中力量主要打击以下伊拉克目标：统帅部指挥设施；为军事系统供电的电力设施；指挥、控制和通信枢纽；战略和战术一体化防空体系；空军和机场；已查明的核生化武器和研究设施；"飞毛腿"导弹生产和储存设施；海军舰艇和港口设施；连接伊拉克军队和后勤供应中心的铁路和桥梁；驻守在科威特战区的共和国卫队；等等。

**2. 地面作战阶段（2 月 24 日至 28 日）**

海湾战争的地面作战，美军称之为"沙漠军刀"行动。这是由多国部队陆、海、空军发起的一次联合作战行动，其目的是切断伊拉克东南部的交通线，摧毁驻守在科威特战区的伊拉克军队。

2 月 24 日 9 时，部署在海湾的美海军陆战队及多国部队地面部队分 3 路发起攻击。中路由美陆战队担任主攻，从科威特南部沙、科边境向科威特推进。东路美陆战队和阿拉伯联军由沙、科边境沿海地区向北推进。左路埃及、卡塔尔、沙特等国联合部队从沙、伊、科边境向科境内进发，并有 1 个由 30 余艘舰船组成的两栖登陆编队在科威特以东海面佯动，牵制伊军。作战中，多国部队海军和空军提供空中支援，舰艇进行扫雷和舰炮攻击，美航空母舰编队共出动舰载机 2 万多架次，水面舰艇和潜艇发射"战斧"巡航导弹 280 余枚，支援地面进攻。27 日晨，多国部队进入科威特城。地面作战历时 100 小时，伊军战败。28 日，伊拉克接受撤军和停火条件。海湾战争宣告结束。

战争中，伊拉克伤亡 8.5～10 万人，被俘 17.5 万人，损失坦克 3700 辆，装甲车 1857 辆，飞机 79 架，海军全军覆没，艇船被击毁 57 艘，被击伤 16 艘。多国部队死伤、失踪、被俘共 444 人，其中美军死 76 人、伤 213 人；损失飞机 60 架（其中美机 49 架）。

海湾战争是第二次世界大战后较大规模的局部战争，是一场高技术、高强度的现代化战争。作战中，除核、化、生物武器外，几乎使用了所有现代化的高技术武器，如侦察卫星、隐身技术等，首次使用了"战斧"巡航导弹和用于防空的"爱国者"导弹。美国海军兵力在战争中发挥了重要作用，海军飞机成为空袭的重要力量。美军大规模开展电子战和情报战，长时间的空中突袭作战为其赢得战争胜利创造了条件。

**（二）科索沃战争**

科索沃战争是以美国为首的北大西洋条约组织集团以科索沃危机为借口对南斯拉夫联

盟共和国发动的侵略战争。战争中，北约依靠绝对优势的军事实力，向南联盟连续实施了78天的空中打击。南联盟人民为了捍卫国家主权和领土完整，与北约军事集团进行了英勇顽强的斗争。

科索沃战争缘于科索沃危机。南斯拉夫联盟共和国由塞尔维亚和门的内哥罗（黑山）两个共和国组成。科索沃是南斯拉夫联盟塞尔维亚共和国的一个自治省，位于塞尔维亚共和国的西南部，面积约10887平方千米，200万居民中阿尔巴尼亚族人占90％，塞尔维亚族不到10％。长期以来，由于历史和文化上的原因，科索沃地区塞阿两族之间民族矛盾十分尖锐，阿族人一直要求脱离南斯拉夫联盟成立"科索沃共和国"并与阿尔巴尼亚合并，而塞族人则始终把科索沃视为本民族历史的发祥地，不愿意放弃对科索沃的主权，双方为此冲突不断。

20世纪90年代，前南斯拉夫的几个共和国相继脱离南斯拉夫独立，这增长了阿族人独立的决心。阿族人分离活动趋于频繁、加剧。1990年7月，面对科索沃严重动荡的形势，南联盟塞尔维亚共和国议会解散了主张分离的科索沃议会，并取消了科索沃的自治权。此举不仅没有使阿族分离主义者分离活动有所收敛，反而促使其加快了独立的步伐。阿族议员公开发表宣言，宣布科索沃脱离南联盟独立；1992年5月，阿族人举行"全民公决"，决定成立独立的"科索沃共和国"，并进行议会选举，建立政府和议会。与时同时，还组建了由阿族人自己控制的非法武装组织——"科索沃解放军"。

"科索沃解放军"成立后，其暴力活动进一步升级。1998年2月，它开始袭击塞族警察。为稳定科索沃社会局势，塞尔维亚警方采取了必要武力措施，打击"科索沃解放军"各类机构。阿族人随即进行更多的暴力活动，以报复塞族人，导致科索沃局势急剧恶化，最终形成科索沃危机。

1999年3月中旬，北约向战区部署作战飞机近400架，其中美机214架；在亚得里亚海部署了15艘军舰，其中美国军舰9艘；在马其顿和希腊部署地面部队1.4万人。

针对北约战争威胁，南联盟采取全民动员、保存实力、长期抗战、以拖待变的方针，并制定了积极的防空和地面作战计划。

1999年3月23日，北约秘书长索拉纳在布鲁塞尔北约总部下达对南联盟进行突袭的命令。随后，第一枚"战斧"巡航导弹从部署于亚得里亚海的美国海军"冈萨雷斯"号驱逐舰上射向南联盟，标志着以美国为首的北约对南盟的科索沃战争开始。北约为此次战争赋予"联盟力量"的代号。北约对南联盟发动的科索沃战争以空袭为主。根据空袭进程，历时78天的战争大体可分为四个主要阶段：

**第一阶段，北约实施有限空中打击，南联盟被动防御。**

战争的第一阶段从1999年3月24日北约发动首轮空袭始，至3月27日北约完全夺取制空权止，历时共4天。北约在第一阶段进行了四轮空袭，共出动飞机1300多架次，发射巡航导弹400余枚，使用的精确制导武器高达98％，重点打击了南联盟军队的防空系统、空军基地、指挥控制中心和通信中心，以夺取制空权，同时削弱南联盟军队的指挥控制系统。

第一阶段空袭中，北约不仅打击南联盟军队的地面防空设施，还击落了多架南联盟空军的飞机，从而基本取得了战场制空权。然而，北约的空袭并未完全达到作战目的，南联盟军队防空设施虽遭到严重打击，但指挥系统仍在运转，南联盟军队通过机动防空等方式保存着有生力量，并且通过积极的防空作战，击落了 2 架北约战机，尤其是 3 月 27 日，使用萨姆—3 型防空导弹击落了美军 1 架 F—117A 隐身战斗轰炸机。

第二阶段，北约空袭升级，南联盟加强防御。

战争的第二阶段自 3 月 28 日始，至 4 月 4 日止，历时共 8 天。在该阶段，北约作战的重点是打击南联盟军队的防空系统和其他军事目标，特别是科索沃及其附近地区的南联盟军警部队，削弱南联盟军队作战能力，同时扩大了打击范围，开始打击南联盟各类基础设施。3 月 29 日，美军 A—10 攻击机首次投入空袭作战，开始将科索沃境内的南联盟军队作为打击重点；4 月 1 日，北约炸毁了诺维萨德的一座横跨多瑙河的大桥和科索沃首府普里什蒂纳西南约 15 公里处的一座桥梁，开始轰炸南联盟的重要交通设施；4 月 4 日，北约轰炸了贝尔格莱德的警察学院、炼油厂、中心供暖厂及克拉列沃的一座油库，扩大了对南联盟的打击范围。

第二阶段双方交战过程中，南联盟军队同样取得了不少的战果。此间，他们击落了北约战机 8 架，俘获 3 名美军特种部队士兵。在南联盟军民的坚强抵抗下，北约原来在数日内解决科索沃危机的计划未能实现，不得不调整作战计划，延长对南联盟的打击时间，向战区增派更多的兵力。

第三阶段，北约实施全面空中打击，南联盟开始寻求政治解决。

战争的第三阶段自 4 月 5 日始，至 5 月 27 日止，共历时 53 天。这一阶段，北约对南联盟的作战表现出四个方面的明显特点：一是作战持续时间长。在未能达成战略目的的情况下，北约持续对南联盟实施打击。从 4 月 5 日至 5 月 27 日，历时 53 天，并且是昼夜不停地轰炸；二是打击范围进一步扩大。除了军事目标外，还打击了包括桥梁、公路、铁路、炼油厂、电力设施、电台电视台、医院、集市、民居、列车、难民车队、总统府等广泛目标。5 月 7 日，美军使用精确制导炸弹攻击了中国驻南联盟大使馆，造成重大人员伤亡；三是多种作战手段、样式并用。在运用高技术武器对南联盟实施空中远程非接触精确打击的同时，还十分注重特种战、心理战、电子战、情报战、网络战等；四是打击强度极高。每天出动的各型飞机达数百架次之多，如 4 月 18 日出动 500 余架次，4 月 25 日出动 600 多架次，5 月 14 日出动 679 架次，5 月 22 日出动约 700 多架次，5 月 27 日甚至达到 741 架次。从使用的弹药种类看，破坏杀伤力极强，包括了国际上禁止使用的贫铀弹、集束炸弹和石墨炸弹等。

此阶段，南联盟军民继续抵抗北约军队。自 4 月 5 日至 5 月 26 日，共有 16 架北约战机被击落。与此同时，南联盟还积极通过外交途径，以争取国际社会特别是俄罗斯、白俄罗斯的同情支援。但由于损失巨大，加上处于孤立无援境地，并且国内出现悲观无望的情绪，使得南联盟政府不得不面对现实，考虑结束战争问题。5 月 29 日，南联盟政府发表声明，同意在科索沃派驻必须有俄罗斯参加的联合国维和部队。

第四阶段，北约控制打击强度，南联盟避战求和。

战争的第四阶段自 5 月 28 日始，至 6 月 10 日止，共历时 14 天。这一阶段，北约在南联盟政府态度有让步迹象的情况下，根据外交谈判的需要适时调节打击强度。5 月 28 日至 6 月 4 日间，为了配合俄欧美三方斡旋以及逼迫南联盟参加谈判，同时也为了取得科索沃战后事宜主导权，尽可能削弱南联盟的作战实力和战争潜力，北约以更强的火力打击南联盟。5 月 28 日，北约实施了自战争爆发以来最为猛烈的一次空袭，共出动 792 架次飞机，摧毁了南联盟几十处军事目标及桥梁、电厂等基础设施，使多个大城市停电停水；31 日，北约出动的飞机达到 850 架次。6 月 4 日以后，在南联盟表示愿意进行谈判的情况下，北约缩小了火力打击范围，主要集中打击科索沃境内的南联盟军队的地面部队、警察部队、重型武器装备、防空阵地、机场等军事目标。

由于北约长时间的空中打击，南联盟损失愈来愈大，民众生活愈来愈艰难。在这样的情况下，南联盟政府不得不决定接受八国集团就解决科索沃问题达成的协议，与北约举行停战谈判。6 月 1 日，南联盟向欧盟轮值主席国德国表示了愿意接受协议并与北约谈判。八国集团协议基本满足了北约的停火条件，表明南联盟放弃了早先提出的参加驻科索沃维和部队等原则立场。6 月 5 日至 9 日，南联盟与北约举行谈判，全面接受北约提出的各种条件，并准备从科索沃撤走军队。6 月 10 日，南联盟军队按照协议开始大规模撤离科索沃。随即，北约欧洲盟军最高司令克拉克下令暂时停止对南联盟的军事打击行动，从而实际结束了 78 天的科索沃战争。

科索沃战争是继海湾战争后又一场高技术局部战争，是历史上首次以空袭作战决定结局的战争。其主要特点是：空袭与反空袭成为基本的作战样式，地面部队仅起威慑作用；信息攻击、隐形突防、远程精确打击、高空轰炸等成为空袭作战的基本战法；战争的非对称表现突出，一方拥有绝对制空、制天、制海和制信息权，实现了"零伤亡"，另一方则完全是被动防御，损失惨重；信息战贯穿于战争全过程，对战争胜负起到了重要作用。战争表明，摧毁对方的战争潜力较之消灭其军事力量更为重要；在反空袭作战中，中低技术武器依然有所作为。科索沃战争是第二次世界大战结束后在欧洲爆发的第一场大规模局部战争，也是北约成立 50 年来首次未经联合国授权、对北约防区外的主权国家实施的侵略战争。北约的侵略行径破坏了《联合国宪章》的基本原则，损害了联合国安全理事会的权威，助长了美国的霸权主义气焰，迟滞了世界多极化进程，给世界局势增添了不稳定的因素，招致大多数爱好和平国家的反对。

### （三）阿富汗战争

"9·11"事件发生后，美国政府将恐怖袭击的组织者锁定为以本·拉登为首的"基地"组织，决意要将其捉拿归案，并要求庇护该组织的阿富汗塔利班政权交出拉登及其组织。由于阿富汗塔利班与拉登在政治、经济以及意识形态上有着紧密的联系，因此，塔利班对美国的态度也相当强硬，拒绝交出拉登。塔利班坚持认为，如果没有确凿证据证明拉登参与了对美国的恐怖袭击，就不会将其引渡给美国。面对美国的强大压力，拉登毫不示弱，表示将与阿富汗人民共同与美国战斗到底。在交涉未果的情况下，美国决定对塔利班和拉登发动代号为"持久自由行动"的军事打击。阿富汗战争由此爆发。

阿富汗战争进程大致可分为三个阶段：

**第一阶段：空袭与防空袭作战。**

阿富汗战争由美军对塔利班、"基地"组织的空中打击开始。2001 年 10 月 7 日 21 时许，美军在对阿富汗的预警雷达等军事设施实施电子干扰后，AH—64"阿帕奇"直升机和 MH—53"铺路爪"特种战直升机开始对塔利班武装的防空导弹和预警雷达站实施远程精确打击。而美军的 F/A—18 和 F—14 舰载机、B—1B 和 B—52H 远程轰炸机以及水面舰艇、潜艇则对塔利班政权"总统府"、国家广播电视大楼、机场、塔利班武装指挥中心、防空系统、通信设施、油库、弹药库、塔利班领导人住宅和"基地"组织训练营地等具有战略价值的目标实施打击。美军希望用大规模轰炸将"基地"组织成员和塔利班领导人赶出藏身之地，等他们的行踪暴露之后，再派武装直升机和特种部队进行"追杀"。

面对美军的空中打击，塔利班武装和"基地"组织利用了阿境内复杂的地形，隐藏于山区、农村、学校、清真寺，保存了有生力量，而拉登和奥马尔则在空袭中逃脱，防空袭起到了一定的效果。

第二阶段：攻占城市作战。

2001 年 10 月下旬起，美军在继续出动作战飞机对塔利班的前线和后方进行轰炸的同时，还支援反塔联盟实施城市进攻战。作战中，美军派遣特种部队编入反塔联盟，加强与空中力量的协同，以空中火力直接支援反塔联盟的作战行动。11 月 9 日，反塔联盟的部队在美国及其盟国的支持下，经过数天激战，终于攻占了阿富汗北部战略重镇、巴尔赫省首府马扎里沙里夫。马扎里沙里夫被攻克之后，阿富汗战局的形势急转直下，塔利班武装开始在各地的战场上节节败退。在随后的作战中，反塔联盟部队的地面攻势越来越猛烈，又先后攻下了喀布尔、昆都士、坎大哈和托拉博拉等 4 个塔利班武装据守的重镇和地区。至 12 月中旬，基本控制了阿富汗境内主要地区。面对反塔联盟的进攻，塔利班武装与"基地"组织进行了抵抗，消耗了部分反塔联盟的有生力量，为其部分兵力从城市向东部山区转移争取了时间。

第三阶段：山区搜剿作战。

2001 年 12 月中旬始，美军与反塔联盟在夺占阿富汗主要城市后，开始全面搜剿逃往阿东部山区的塔利班武装和"基地"组织残部。美军地面部队进入阿东部山区后，根据掌握的情报，分别在托拉博拉、加德兹及截斯特等塔利班武装和"基地"组织残部主要隐藏和集结地区实施大规模搜剿行动。

2002 年 2 月下旬，美军获悉阿富汗东部山地加德兹附近阿马山区集结了 600～800 名塔利班武装和"基地"组织残余势力，决定实施开战以来最大规模的地面搜剿作战，并将这一行动取名为"蟒蛇行动"。参加此次行动的美军包括第 10 山地师、第 101 空中突击师一部及特种部队约 1000 人，此外，还包括澳大利亚、加拿大、丹麦、法国、德国、挪威等国少量部队和阿富汗地方武装数千人。此次行动 3 月 1 日开始，历时半个月，美军以 10 多人伤亡、几十人受伤的代价，打死 700 多名塔利班武装和"基地"组织残部，俘虏约 20 人。

"蟒蛇行动"后，美军为巩固战果，不给塔利班武装和"基地"组织残部以喘息之机，又相继实施了"水难行动"、"霍斯特搜剿行动"以及后续系列搜剿行动，作战时间持续至 2002 年 5 月。通过这些搜剿行动，有效打击了塔利班武装和"基地"组织残部。

阿富汗战争持续近六个月的时间，通过这场战争，美军推翻了塔利班政权，摧毁了"基地"组织，建立了阿富汗临时政府。但美军在这场战争中并未完全铲除塔利班和"基地"势力，尤其是本·拉登等"基地"头目多次逃脱美军的追捕，因此，对美国来说这并非是一场完全胜利的战争。阿富汗战争以来，"基地"组织和塔利班武装的残余势力仍在阿富汗及其周边地区频繁进行袭击破坏活动，尤其是一些骨干成员逃往世界各地继续策划恐怖活动，给世界增添了许多新的不安定因素。这说明，以武力方式并不能从根本上消除恐怖活动产生的根源。

（四）伊拉克战争

2003 年 3 月 20 日，美英等国以伊拉克萨达姆政权拥有大规模杀伤性武器和支持恐怖主义为由，发动了以"伊拉克自由行动"为代号的伊拉克战争。战争中，美军基于先进的信息系统，依托数字化、网络化战场，以"震慑—快速主导理论"为指导，将各个空间的各种参战兵力尽可能联为一体，对伊军实施一体化联合作战行动，极大地提高了作战效能，展示了信息化条件下美军作战形式的新变化。

美英等国是在没有取得安理会授权的情况下，绕过联合国而发动伊拉克战争的。美国发动伊拉克战争的真正动机在于：在政治上推进其全球战略，谋求建立单极世界，维护其霸权地位；在经济上获取伊拉克的石油，改变世界石油权力结构，强化美国世界经济的主导地位，推动其经济增长；在反恐问题上拔掉萨达姆这个"眼中钉"，震慑、削弱伊斯兰反美势力，达成"绝对安全"，消除"9·11"不利影响。

伊拉克战争主要分为四个阶段：

第一阶段："斩首行动"。

2003年3月20日当地时间凌晨，美军从红海和海湾的4艘战舰和2艘潜艇上向巴格达发射了"战斧"式巡航导弹，同时使用F—117A隐身战斗轰炸机，向巴格达的选定目标发射了精确制导炸弹，以代号为"斩首行动"的远程精确火力打击拉开了伊拉克战争的序幕。

此次行动首日3个波次的袭击仅用了40多枚巡航导弹、2架F—117隐身战斗轰炸机，打击目标选择为对伊拉克具有决定性影响的政治与军事目标；在作战时机选择上也具有明显的突然性；在作战方式上没有像以往战争那样，从一开始就实施大规模空袭。

美军的"斩首行动"并没有达成预期的目的。打击行动结束后，萨达姆身着戎装向全国发表电视讲话，谴责美国进攻伊拉克，呼吁伊拉克人民抵抗美国发动的战争。

第二阶段："震慑行动"。

在"斩首行动"未果的情况下，美军随即开始对伊拉克实施以大规模空袭为主要作战样式的"震慑行动"。

伊拉克当地时间2003年3月21日晚8点多钟，美英联军向巴格达、北部城市摩苏尔、石油重镇基尔库克和萨达姆的家乡提克里特等地发动了持续24小时的轮番轰炸。此轮轰炸中，联军共出动飞机1500架次，其中700架次用于空袭，其余的是干扰、轰炸机护航、战场监视等。

在空袭过程中，对飞机赋予任务是依据信息变化而临时确定的。一些飞机被赋予的任务是一起飞后就开始对目标进行攻击；另一些飞机则在航行途中才被赋予任务而对目标实施攻击的。

在对伊拉克实施战略空袭的同时，美军还对伊拉克军队和民众不断进行心理作战。战争开始前，美军就通过各种手段对伊军高级将领和民众展开心理攻势，企图"不战而屈人之兵"。战争爆发后，更是加大心理作战的力度，采用的方式尽其高技术之可能，包括利用网络发送"E-mail劝降炸弹"、空投心战传单、编播假新闻、散布假消息、实施舆论欺骗和恐吓利诱等。美军在这场战争中的心理战具有时机早、手段多、投入大的特点。

美军在对战略目标空袭之后，为配合地面部队的作战行动，加紧了对伊军地面战术目标的打击力度。3月23至24日的空中作战行动主要是为向巴格达前进的地面部队提供近距离空中支援，还企图将巴格达市内和周围的伊军共和国卫队吸引出来加以歼灭。

第三阶段：快速挺进巴格达。

在此次战争中，美英联军打破美军以往依靠空中力量消灭对方有生力量后才出动地面部队的战法，而是采取远距离空中打击与地面作战几乎同时进行的战法。伊拉克当地时间3月20日凌晨7时40分左右，在联军对巴格达近郊发动首轮空袭后约2小时，美军第3机械化步兵师、海军陆战队第1远征队和英军"沙漠之鼠"第7装甲旅约6.5万人即开始从科威特向伊拉克发动地面进攻。

地面作战展开后，美军第3机步师先头部队约7000人和美军第7骑兵团一部迅速突破科威特—伊拉克边境，向北直插伊拉克腹地。一天长驱160公里，创造了惊人的地面部队推进速度。英军也同时投入战斗，并向巴士拉、乌姆盖斯尔港发起进攻。

在地面部队作战和向前推进过程中，各类侦察机和攻击机担负了对地侦察和攻击的任务，并通过网络与地面部队共享信息，做到及时发现，及时打击。空中、地面构成一体，形成"安全走廊"，有效掩护了地面部队的行动。

3月24日，美英联军北上的三路进攻集团已经总体向北推进300～400公里。美军第3机步师第2旅作为先头部队，日夜兼程，穿过300公里的沙漠地带，跨越幼发拉底河，距巴格达只有60～80公里。美英联军在伊拉克的军事行动进展速度是海湾战争时的4倍。

4月3日，联军空中火力加强，不断对巴格达及外围伊军"共和国卫队"进行空袭，同时地面部队也展开了对伊军据守各城的攻击。4月4日，美英联军加紧从中部向巴格达推进，进至距巴格达10公里处。至此，美军各部兵力从南、西、北三个方向对巴格达形成包围。

第四阶段：巴格达之战。

"巴格达之战"并没有成为伊拉克军队大规模的城市保卫战，而只是一系列相对小的战斗，没有打成激战、恶战。巴格达战斗打响时，联军空军已经给伊拉克的共和国卫队和其他部队以巨大毁伤，摧毁了伊拉克的大部分指挥和控制能力，给许多伊军造成了震慑，使他们停止机动和战斗，甚至自行解散。

伊拉克当地时间4月9日16时40分，一群美军坦克和装甲战车，在几乎没有遭遇伊拉克军队任何抵抗的情况下开到了巴格达市中心。随后，一座被视为权力象征的伊拉克总统萨达姆的巨型雕像被美军"放倒"。美军基本实现了此次战争的作战目标—攻占巴格达。

与以往战争相比，伊拉克战争呈现出许多新的特点：首先，这场战争并未得到联合国的授权，开创了第二次世界大战后国家集团以武力推翻主权国家的先例。这严重践踏了国际法基本准则，是对联合国地位和权威的挑战，不仅给伊拉克造成了深重的灾难，也给世界格局和国际形势带来深远、严重的负面影响。

其次，这场战争呈现出信息化的明显特征，反映了高技术局部战争向信息化方向发展的明显趋势。战争中，美军不仅保持了空中信息优势，而且将最先进的武器装备投入战场，使用了相当数量的新型武器装备，甚至使用了唯一的陆军数字化师——第4机械化步兵师。信息化程度的提高，使美军将非接触、非线性、非对称作战作为战争的主要样式使用，实现了战争力量一体化、网电一体化，联合作战水平达到了前所未有的高度。

再次，美军注重舆论造势和心理瓦解，战争手段具有很强的综合性。美军认识到，信息不仅是战斗力的"倍增器"，而且本身具有战斗力。只不过这种战斗力的体现不是去"杀戮人的肉体"，而是"摧毁人的心灵"。在战争中，美军利用发达的信息系统，利用信息优势，实施了"斩首"、促变、劝降、现场直播战争实况等行动，坚持军事打击与心理威慑相结合，把军事打击作为心理威慑的着眼点，把心理威慑作为军事打击的着力点，通过节点摧毁和体系破坏，对伊军造成"攻心夺志"效果，使其陷入"战略休克"和"心理畏惧"，进而导致其全面失败，大大缩短了战争持续时间，降低了战争消耗。

## 五、信息化战争的发展趋势

从世界范围看，战争形态正处在一个从机械化战争向信息化战争过渡的转型期。因此，在当前条件下，要准确地预测信息化战争的发展趋势还比较困难。然而，历史的发展有其自身的逻辑轨迹。运用历史唯物主义的方法，仍然可以大致地勾画出未来信息化战争的发展趋势。

### （一）战争的表现形式不断拓展

未来的信息化战争将在战争的暴力性、战争的层次以及战争的主体等方面发生重大的变化，从而使传统的战争概念受到冲击，战争的表现形式有了很大的拓展。

#### 1. 战争的暴力性减弱

传统的战争理论认为："战争是流血的政治"，但未来的信息化战争中，由于各种经济活动和社会活动的高度计算机化、信息化和网络化，社会的经济生活和政治生活更多地依赖于各种信息系统。战争则有可能成为不流血或少流血的政治。像支撑社会经济和政治活动的金融系统、能源系统、交通系统、通信系统和新闻媒介系统等，都是以计算机为基础的信息网络系统。信息和信息系统既是武器，也是交战双方攻击的主要目标。只需通过网络攻击、黑客入侵和利用新闻媒介实施大规模信息心理战等"软"打击的方式，破坏敌方的计算机信息网络，瘫痪敌方指挥系统，瘫痪敌国经济，制造敌方社会动乱，把战争意志强加给对方，以不流血的形式换取最大的政治和经济利益。在使用各种"硬"摧毁手段的作战中，进攻一方也不再以剥夺敌国的生存权利，或完全夺占敌方的领土等作为最终目标，而是注重影响对手的意志，尽可能地减少战争的伤亡，力争以最小的伤亡代价换取最大的胜利。战争暴力性将会减弱，传统战争的暴力行动将被非暴力的"软"打击行动所替代。

#### 2. 战争的层次更加模糊

在未来信息化战争中，战争的战略、战役和战术层次会逐渐模糊。一方面，战役或战术行动具有战略意义。由于大量信息化、智能化装备和系统的集中运用，武器装备的作战效能越来越高，精确打击和信息战等作战行动对敌方军事、政治、经济和心理的攻击威力越来越大，因而小规模的作战行动和高效益的信息进攻行动就能有效达成一定的战略目的。这使得战争进程更为短暂，战争与战役甚至战斗在目的上的趋同性更为突出。另一方面，作战行动将主要在战略层次展开。信息化战争不再是从战术突破到战役突破再到战略突破，而是战争一开始，打击的对象就将主要集中于关乎敌方政治、经济和军事命脉的重要战略目标。尤其是在信息化战争中起主导作用的战略信息战，它对敌方经济和政治信息系统的攻击，以及对敌方民众和决策者心理的攻击，更具有全纵深和全方位的性质。大规模的信息进攻和超视距的非接触作战将成为未来信息化战争的主要行动样式。

#### 3. 战争的主体多元化

传统的战争主要发生在国家和政治集团之间，战争打击的目标主要是对方的军事力量和战争潜力，战争的主体是军队。而在信息时代，由于信息技术和信息系统高度发展，计算机网络联通了整个世界，使得整个世界的政治、经济、科技和文化的联系日益密切，国家的安全受到来自多个方面、多种势力的威胁，表现出易遭攻击的脆弱性。实施信息攻击的主体既可能是军队，也可能是社会团体，还可能包括恐怖组织、贩毒集团和宗教极端分子等。

随着科学技术的发展，使制造常规弹药易如反掌，制造核武器、化学武器和生物武器的技术也正在越来越多地被人们了解和掌握，这就使一些社会团体和组织不仅可以掌握和使用常规武器，而且也有可能掌握和使用核化生武器，以及掌握和使用计算机病毒等信息武器。因此，这种情况使国家安全面临着严峻的挑战，并使得发动和从事战争的主体呈现出多元化的特征。当战争爆发时，受到攻击的一方可能难以判明谁是真正的对手，也难以迅速做出有效的反应和反击。战争不仅会在国家与国家之间展开，而且也可能会在社会团体与社会团体之间、社会团体与国家之间、少数个人与社会团体之间展开。为了应对这种挑战，仅仅依靠军队力量是不够的，还必须依靠社会的各种力量，进行广泛的全民战争。

### （二）战争的威力极大提升

战争的发展，从某种意义上说实际上就是作战效能不断提升的历史。核武器的出现，使热兵器作战效能的发展走到了极限。人类对武器作战效能的追求，反而使得具有最大杀伤威力的核武器无法在实战中运用。然而人类并没有放弃对武器作战效能的追求，大量信息化武器和新概念武器的出现和运用，将使未来信息化战争具有亚核战争的威力。

首先，信息化时代的军事技术将把常规作战效能推到极致。未来信息化战争的常规作战效能将是建立在军事工程革命、军事探测革命、军事通信革命和军事智能革命已经完成或基本完成的基础之上。在这四大军事技术革命中，军事工程革命的起步最早。军事工程革命已经使传统武器装备跨越空间，速度基本达到物理极限。军事探测革命将使得侦察、探测的空域、时域和频域范围大大扩展，使对作战行动的感知、定位、预警、制导和评估达到几乎实时和精确的程度。军事通信革命将在未来信息化战争中实现军事信息的无缝链接和实时传输，使各指挥机构和部队、各侦察和作战平台之间达到在探测、侦察、跟踪、火控和指挥方面的信息畅通，真正实现实时指挥和控制。军事智能革命将真正实现作战指挥活动和作战武器装备的自动化和智能化。智能化指挥系统将使指挥控制活动的准确性和时效性大幅度提高。作战平台将集发现、跟踪、识别和自主发射为一体。智能化弹药将具有自动寻的和发射后不用管的功能，远程打击的精度将达到米级。同时大量高度智能化的机器人将投放战场，使指挥活动和作战行动的效率极大提高。

其次，大量新概念武器的使用将使信息化战争的作战效能具有亚核效果。在信息化时代，随着科学技术的进一步发展，大量新概念武器会不断出现和应用于战争。这些新概念武器具有完全不同的杀伤和破坏机理，它们不以大规模杀伤对方人员的生命为目标，而是通过使对方的作战人员和武器装备丧失作战功能，或通过改变敌国的生态和自然环境来达成战争目的。

新概念武器中具有大面积破坏与毁伤效果的主要有次声波武器、电磁脉冲武器、激光武器和气象武器等。次声波武器具有洲际传送能力，并且可以穿透10多米厚的钢筋混凝土，因此作用范围极广。在高空施放的电磁脉冲弹可以在瞬间使大范围的电子设备丧失功能。在信息化战争中，大量新概念武器装备虽然不具备核武器那种大规模、大范围的物理杀伤和破坏作用，但它们所拥有的系统集成能力、战场控制能力、精确摧毁能力和能够高效达到战略目的的能力是核武器所无法相比的。从这个意义上说，信息化战争具备了亚核战争的威力。

### （三）军队将向小型化、一体化和智能化方向发展

在未来信息化战争中，伴随着新军事革命的步伐，军队的发展趋势将是高度的小型化、一体化和智能化。

#### 1. 军队的规模将加速小型化

未来信息化战争中，先进的信息化系统和远距离的投送能力为军队的小型化奠定了基础。由于军队的作战能力将成指数增长，小规模的高度一体化和智能化的军队即可达成战略目的。因此，未来军队的组织体制在数量规模上将具有两个基本的发展趋向：

（1）军队的总体规模将大幅度缩小。随着军队的信息化程度和作战能力的不断提升，缩减军队规模将是必然的趋势，拥有庞大的常备军将成为历史。

（2）作战部队的建制规模将更加小型灵巧。未来军和师的编制将可能最终消亡，旅、营或更低级别的战术单位将成为主要的作战建制，并可能出现按作战职能编成的小型作战群或能够同时在陆、海、空等多维空间作战的一体化的小型联合体。为适应未来信息化战争的需要，一些技术密集、小巧精干的新型兵种作战单元也将相继出现并逐步增多。

#### 2. 军队信息系统的构成将高度一体化

未来信息化战争是高度一体化的作战，未来军队编成的一体化，将主要表现为按照系统集成的观点，建立"超联合"的一体化作战部队。为此，未来军队信息系统的构成，将按照侦察监视、指挥控制、精确打击和支援保障四大作战职能，建成四个子系统：

（1）侦察监视子系统将所有天基、空基、陆基和海基侦察监视平台和系统连为一体，完成对作战空间全天候、全方位的实时感知；

（2）指挥控制子系统把所有战略级、战役级和战术级指挥控制和通信系统联为一体，将对作战空间的感知信息转变为作战决策和控制；

（3）精确打击子系统把陆海空天的信息和火力系统构成一体化的精确打击平台；

（4）支援保障子系统为作战行动提供实时精确的保障。

这四个子系统的功能紧密衔接，有机联系，构成一体化的作战系统。按照这个思路构建的军队，将从根本上抛弃工业化时代军队建设的模式，克服偏重发挥军种专长和追求单一军种利益的弊端，使作战力量形成"系统的集成"，从而能够充分发挥整体威力，实施真正意义上的一体化作战。

#### 3. 军队的指挥与作战手段将高度智能化

信息化发展的高级阶段是智能化，因此信息化战争的发展趋势之一就是实现指挥平台与作战手段的高度智能化。随着纳米技术的发展，军用微型机器人将大量地投放于战场，执行侦察探测、信息传递、破袭敌电子设备和武器系统以及杀伤敌作战人员等任务。

一是指挥控制手段的高度自动化和智能化。其标志是 $C^4KISR$ 系统的高度成熟与发展。未来的 $C^4KISR$ 系统将真正实现侦察监视、情报搜集、通信联络、火力打击和指挥控制的无缝链接，成为作战指挥与控制的信息高速公路，可以高度自动化地确保指挥员近实时地感知战场，定下决心，协调、控制部队和武器平台的作战与打击行动。$C^4KISR$ 系统的高度发展，将使军队指挥员观察战场和指挥作战的能力大幅度提高。计算机是自动化指挥控

制系统的核心，是实现智能化作战指挥的基础。随着高技术群体的不断发展，未来将相继出现智能计算机、神经网络计算机、光计算机、高速超导计算机、生物计算机等新概念计算机，将使人工智能技术迈上新的台阶。由运算、存储、传递、执行命令转向思维和推理；由信息处理转向知识处理；由代替和延伸人手的功能转向代替和延伸人脑的功能。从而为作战指挥控制提供更加先进的智能化手段，使作战指挥与控制进入自动化、智能化时代。

**二是大量智能化的武器系统和平台将装备军队，投入作战。**在未来信息化战争中，精确制导武器系统、对空防御系统、勤务支援系统、物流分配保障系统和具有发射后不用管和自动寻的功能的智能化弹药将得到更加广泛的运用；无人驾驶的智能化坦克、飞机和舰船也将规模化投入战场。无人机在阿富汗战争中已经发挥了重要的作用。尤其值得关注的是，众多类型不同、功能各异的纳米机器人可能在战争中大规模地投放于战场，执行侦察探测、信息传递、破袭敌电子设备和武器系统以及杀伤敌作战人员等任务。

**三是许多作战行动将发生在智能化领域。**在传统的机械化战争中，虽然在智能化领域也存在着敌我对抗活动，如敌我之间的谋略对抗就是一种思维对抗，但这种对抗是间接的，需要用部队真实的作战行动才能表现出来。然而，在未来的信息化战争中，由于信息战的广泛运用，智能化领域将会发生激烈的对抗。认知、信息和心理这些智能化的范畴，既有可能是作战所使用的手段，也有可能是作战所要打击的目标，因此在智能化领域将会发生大量的直接对抗的作战行动。为了阻止敌方及时制定出正确的作战决心，不仅需要采用谋略行动欺骗敌方，而且更需要采取信息攻击手段，直接打击敌方的 $C^4KISR$ 系统，破坏敌方的决策程序。

## 思 考 题

1. 什么是战争？战争的内涵和特点是什么？
2. 影响和制约战争的因素有哪些？
3. 什么是新军事革命？其主要内容有哪些？
4. 什么是机械化战争？其主要特点有哪些？
5. 什么是信息化战争？信息化战争有哪些基本特征？
6. 信息化战争的产生与形成有哪些动因？其发展趋势是什么？

# 第五章　信息化装备

【学习目标】

1. 了解信息化装备的内涵、分类和发展趋势；
2. 掌握信息化装备对现代作战的影响；
3. 熟悉世界主要国家信息化装备的发展情况，激发学生学习高科技的积极性，为国防科研奠定人才基础。

## 第一节　信息化装备概述

由于信息技术的飞速发展和广泛应用，使传统武器装备在杀伤力、防护力、机动力三大要素之外增加了一个全新的要素——信息力，从而出现了信息化武器装备。借助于信息技术的渗透和耦合作用，信息化装备不仅杀伤力更大、防护力更强、机动力更高，而且更加综合化、体系化、智能化，彼此之间可以实现互连、互通、互操作。信息化装备是信息化战争赖以产生的物质基础，是新军事变革的前提条件。

### 一、信息化装备的内涵

2011年12月出版的《中国人民解放军军语》对装备一词是这样定义的：装备有两层含义，一是武器装备的简称，主要指用于作战和保障作战及其他军事行动的武器、武器系统、电子信息系统和技术设备、器材等的统称，如指武装力量编制内的舰艇、飞机、导弹、雷达、坦克、火炮、车辆和工程机械等。装备分为战斗装备、电子信息装备和保障装备。二是指向部队或分队配发武器及其他制式军用设备、器材、装具等的活动。因此，信息化装备也可以说是信息化武器装备的简称，主要指采用现代信息技术，具有单一或多种信息功能的装备，如精确制导武器、综合电子信息系统及加装数据链和相关信息系统的飞机、舰船等。

对信息化武器装备内涵的理解应把握以下两个问题：

一是信息化武器装备是复杂技术系统，是当前装备发展的最高级装备形态。它着眼于装备系统的整体功能，本身暗含着体系之意。体系中的个体是信息化武器装备的子系统，不能称其为信息化武器装备，只有系统整体才能称为信息化武器装备。

二是信息化武器装备体系结构的核心是军事信息系统，信息化武器装备的各个子系统在信息网络系统的协调下有效运行。信息化武器装备的主战力量是各种信息化作战平台、精确制导弹药、信息战装备、新概念新机理武器等软、硬杀伤力量，用于保障作战行动的各种信息化军事技术器材也是信息化武器装备的重要组成部分。

信息化武器装备的发展有两种基本的模式：一种是"研新"，一种是"改现"。所谓"研新"，就是根据信息化战争的要求，按照预先研究、型号研制、试验定型、批量生产到装备部队的流程，造出全新的武器装备。像美国的"导航星"全球定位系统（GPS）、B—2隐身轰炸机等就属于这种情形。所谓"改现"，就是采用"旧瓶装新酒"的办法，把以信息技术为核心的高技术"钳入"到传统武器装备之中，使其性能提升，更加适应打信息化战争的要求。比如美国的"联合直接攻击弹药"（JDAM），就是利用库存的常规装药炸弹经过改装，加装惯性制导和GPS卫星制导装置而成的。相比之下，前一种办法的优点是更彻底、更先进，但缺点是周期长、费用高；而后一种办法的优点是投入少，见效快，而缺点则是修修补补，难以尽如人意。

## 二、信息化装备的分类与特征

信息化装备有多种分类方法。

根据武器装备的性质，可分为进攻类信息化武器装备、防御类信息化武器装备和支援类信息化武器装备；

根据杀伤效应，可分为"硬杀伤"类信息化武器装备和"软杀伤"类信息化武器装备；

根据武器装备的功能，可分为信息系统、信息化作战平台、信息化弹药（精确制导弹药）、新概念武器和单兵数字化装备等。

信息化武器装备具有信息探测、传输、处理、控制、制导、对抗等功能，是信息时代军队作战的物质基础，信息化武器装备的大量使用将使军队战斗力产生质的飞跃，并导致军队作战理论、编制体制发生变革，最终产生全新的军队形态——信息化军队。

信息化武器装备通常具备以下几个特征：

（1）已采用了必要的信息获取技术；

（2）武器装备中的电子信息设备已经实现数字化并形成系统，能够通过通信网络交换信息和实时掌握战场态势，通信设备具有抗截获、抗定位、保密和抗干扰能力；

（3）能够采用计算机、微处理器和软件对武器装备进行自动控制；

（4）主要运用精确制导武器进行作战；

（5）具有运用信息对抗技术进行信息攻击或自身防护的能力。

## 三、信息化装备对现代作战的影响

信息技术的飞速发展和广泛应用，已经并正在军事领域引起一系列革命性的变化，其中最直接、最突出的变化便是大量信息化装备登上了现代战争的舞台，对作战行动产生了巨大的影响。概括起来主要表现在五个方面：

### （一）侦察立体化

在传统战争中，由于受科技与装备发展水平的限制，"眼观六路观不远，耳听八方听不全"。随着信息技术的飞速发展和广泛应用，情况发生了本质的变化。现在，从大洋深处到茫茫太空，布满了天罗地网式的侦察监视系统：水下的声呐能够偷偷地寻觅军舰和潜艇的踪迹；地面的传感器能够警惕地注视人员与车辆的动静。至于空中的侦察飞机，天上的间谍卫星，由于"站得高，看得远"，就更是南来北往，川流不息。一架 E—3A 预警机，能够同时监视高空、低空、地面、海上的各种活动目标。当飞行高度为 9 公里时，可以探测到 500～650 公里远的高空目标、300～400 公里远的低空目标、270 公里远的巡航导弹。在无明显背景杂波条件下，可分辨出时速为 1.8 公里的海上目标，甚至可辨认出潜艇的潜望镜和通气孔。它可以同时跟踪 600 个目标、同时处理 300～400 个目标、同时识别 200 个目标。当然，如果能够双管齐下，既进行航空侦察，又进行航天侦察，能力更强。侦察卫星速度高，视野广，同样一架视角为 20°的照相机，装在 3 公里高的侦察飞机上，一张照片可以拍摄 1 平方公里的地面面积；如果放在 300 公里高的侦察卫星上，一幅照片囊括的范围可达 1 万平方公里，二者相差近 1 万倍！如果把侦察卫星放到地球同步轨道上，一颗卫星就能同时"看到"太平洋两岸，监视地球表面 42%的面积。

　　侦察是打击的前提。从一定意义上讲，高水平的侦察监视技术本身就是一种威慑力。为了对毁伤效果进行有效的评估，美军要求每隔 72 小时把战区照片更新一遍。从一定意义上讲，侦察能力的差异性决定了交战双方的不平等性，美国参联会原副主席欧文斯说：如果交战的一方"可以一天 24 小时，仅以 30 秒钟的延迟、在各种气象条件下、透过云层、在10 厘米的误差以内非常精确地看到另一方，而他的对手则不能，他一定会赢。"

### （二）打击精确化

　　衡量武器装备的优劣，打击力是首当其冲的要素。传统的武器装备，由于对能量的释放缺乏有效的控制，准确度不高，往往片面追求唯大、唯多和大规模杀伤破坏。信息化武器装备强调在"精"字上做文章。所谓"精"，就是要能够"攻其一点，不及其余"，尽量不引起不必要的附带毁伤。根据推算，就杀伤破坏效果而论，精度每提高 1 倍，相当于增加了 3 颗弹，增加了 7 倍当量；精度每提高 2 倍，相当于增加了 8 颗弹，增加了 26 倍当量。提高武器控制精度所产生的效果与此相仿。

　　正因为精确制导武器有如此的奇效，所以世界各国群起而"攻"之，竞相研制和发展。20 世纪 70 年代，时任美军防务计划与工程项目领导的前国防部长佩里，曾经提出过著名的"三能力"，即：看的能力——发现战场上所有高价值目标；打的能力——能直接攻击每个所看到的目标；毁的能力——"打就能中"，毁伤所攻击的每个目标。40 多年后的今天，美军的武器装备已经基本达到了上述要求，而其他国家也正在向这个方向努力。

### （三）反应高速化

　　虽然历来"兵贵神速"，但因为受技术条件的限制，传统武器装备常常"欲速而不达"。在现代战争中，由于充分利用了信息技术的成果，真正做到了机动快、反应快、打击快、转移快。1982 年的贝卡谷地之战，以色列在事先进行了周密的电子侦察之后，出动百余架飞机，用电子干扰飞机干扰叙利亚军队导弹制导系统，使其发射出来的导弹不能命中目标，然后以迅雷不及掩耳之势，通过饱和式轰炸，6 分钟摧毁叙军 19 个"萨姆"—6 防空导弹连，打了一场 20 世纪时间最短的高技术战争。1986 年的锡德拉湾之战，美国飞机从英国基地起飞，往返 1 万多公里，空中加油 4 次，飞抵利比亚上空，同时向的黎波里市和班加西城的机场、兵营、港口、雷达阵地倾泻了大批精确制导弹药，甚至直接把导弹打到卡扎菲总统住所，炸弹从窗子飞进卧室。这次空袭总共只有 17 分钟时间，却在世界上开创了"外科手术式打击"的先河。难怪美国前国防部长科恩宣称："以往的哲学是大吃小，今天的哲学是快吃慢。"

在部队机动速度大大加快的同时，现代武器从发现目标到攻击目标的反应时间也大为缩短。当前，计算机控制的火控系统能在 1.6 分钟内操纵 4 门火炮摧毁 35 个分离的目标，而在 20 年前，摧毁这些目标需要 2 个小时；1 个空中突击旅（由 1900 名士兵和 84 架直升机组成）的战斗力，相当于拥有 1 万名士兵和 500 辆坦克的装甲师。在信息战争中，"被发现就意味着被命中"，有些目标在炮击开始 10～15 秒后就可能隐蔽起来，因此要求发射准备时间和反应时间尽量缩短。由于微电子技术和计算机技术的发展，使得从定位定向、跟踪目标、计算射击诸元、气象修正、调整火炮方向和高低，直到补偿倾斜等，都将实现自动化，从而使火炮到达阵地后做好射击准备的时间缩短为 60 秒，同时还提高了精度，而从发现目标到发射炮弹的反应时间也相应减少到 5～8 秒。经过对"铜斑蛇"激光制导炮弹的试验分析表明，对于活动目标，从召唤火力到第一发炮弹到达目标的时间，若是 100 秒，就会大大影响效果；若是 200 秒，仅有 50％的命中概率；若是 300 秒，就剩下 1/10 的命中概率。现代防空系统的反应时间更是以秒计时。如美制"罗兰特"地空导弹的反应时间为 8 秒，英制"长剑"地空导弹的反应时间为 6 秒，法制"西北风"地空导弹的反应时间为 5 秒。从一定意义上讲，反应的加快等效于距离的缩短，效能的提高，所以，谁的反应速度更快，谁就更易于发扬火力，撤离现场，消灭敌人而不被敌人所消灭。

### （四）防护综合化

"保存自己，消灭敌人"是一切战争的共同原则。由于现代侦察、监视和探测手段具有全方位、全频谱、全天候、全时辰的特点，进攻一方如果不能有效地保护自己，就可能出现"发难者先遭难"的结局。例如当一架战斗机在重要地区 300 米以上高度飞行时，可能受到 800～900 部雷达的照射，其中可能有 300～400 部雷达以 600～700 个不同频率的波束进行搜索，有 30～40 部雷达跟踪飞机。如果再加上光电探测设备的威胁，战场电磁环境必将更加复杂。这对飞机、导弹等进攻性武器是一个严峻的挑战。在这种情况下，防护的地位显得特别重要。海湾战争中，F—117A 飞机大出风头，出动 1600 多架次，仅占战斗机攻击架次的 1.77％，却完成了对 40％战略目标的攻击任务，而且无一损伤，因而被评为这次战争中唯一获得满分的最佳作战飞机。其奥妙之处，便是借助于外形设计和表面涂料，有效地实现了隐身要求，其雷达反射面只有 0.1 平方米，和一顶钢盔差不多。美国的 B—1B 轰炸机与 B—52 轰炸机尺寸相近，但由于 B—1B 的外形设计有所改进，其雷达截面积只有 B—52 的 1/10；B—2 隐形轰炸机原本是一个机身长 21 米、翼展 55 米、高 5.2 米的庞然大物，但由于采用了巧妙的外形设计，显示在雷达荧光屏上只有飞鸟大小。战争本来就"好比是一个未经航行过的、充满暗礁的大海，统帅可以凭智力感觉到这些暗礁，但是不能亲眼看到，并且要在漆黑的夜里绕过它们"。而信息技术的广泛应用，又使现代战场环境变得更加复杂。为了赢得胜利，交战双方总是力图通过各种手段获取对方的情报。现代先进的探测技术为侦察提供了"科学的千里眼、顺风耳"，而隐身与反隐身技术又可使被探测一方采用"障眼法"金蝉脱壳。道高一尺，魔高一丈，斗智斗勇，循环无穷。随着隐身技术的发展和应用，反隐身技术也应运而生。以信息技术为基础发展起来的信息化武器装备，将使未来战争更加有声有色。

### （五）控制智能化

现代技术特别是高技术的发展，使武器装备的射程、威力、精度都几乎达到了各自的极限。交战双方的差别，在很大程度上取决于他们对部队指挥和武器控制的水平。而要想驾驭信息化战争，单靠传统的指挥手段已经远远不够，必须借助于信息技术。美国海军之所以在 1998 年提出"网络中心战"的概念，就是考虑到在未来战争中，海军要打击从海上、空中到岸边直至内陆纵深数千公里范围内的目标，还要为海军陆战队和陆军提供火力支援。传统的平台中心战难以适应，必须利用信息技术，把作战部队及其作战平台、作战支援部队，以及轨道上的军用卫星联系起来，实时提供完整的战场空间态势信息，以便先于敌人采取行动，实施精确打击、联合作战。

近年来，美军不惜耗费巨资，加紧建设"全球信息栅格"，其中心目的就是要把世界各地的美军官兵连接起来，在未来的信息化战争中，及时提供联合作战所必需的数据、应用软件和通信能力，以获取信息优势和决策优势。按照美军参联会下属联合参谋部向国会正式提交的报告，"全球信息栅格"将同时具备四种基本功能：计算能力、通信能力、信息表示能力和网络操作能力，实现在全球范围内把涉及信息收集、处理、存储、分发的各种军用信息系统连接成一个公共的"诸网之网"，使信息得以畅通、及时地流向任何需要它的用户，以至于"一名野战士兵"通过全球信息栅格可以获得"以前连高级指挥官都难以获得的态势信息"，从而实现指挥的智能化。

## 四、信息化装备的发展趋势

传统武器装备主要由物质和能量两大要素构成，杀伤力和机动力是衡量武器装备性能优劣的主要指标。信息化武器装备突出物质、能量、信息三大要素的融合，从而使信息化武器装备的发展凸显出新的时代特征。

### （一）网络化

网络化就是利用网络技术把各类侦察系统、火力系统、指挥控制系统、支援保障系统等武器装备联成一个有机整体，实现作战手段的整体联动。信息化战场上，由电缆、光纤和无线电台、卫星等各种电子设备构成的有形和无形的"信息公路"密布于陆地、海洋、空中和太空等各个空间，这些"信息公路"连接在一起，就构成了一个无缝连接、无所不在的庞大信息网络。这个信息网络将太空卫星、侦察飞机、地面雷达、水下声呐及其他光电器材等情报侦察、预警探测传感器连接构成为传感网，为指挥中心和武器系统提供全时域、全空域、全频域、全天候实时、精确的情报信息；将各种传感器、指挥控制中心、战斗单元和武器系统连接为一体，达成网内各要素之间实时、安全保密、远距离地处理、传输与交换信息；将指挥中心与作战部队、战场武器平台指挥控制系统连接构成交战网，实现指挥员对部队的高效指挥和对武器资源的控制。如在阿富汗战争中，美军采用 LINK—16 数据链技术，将 RQ—1"捕食者"无人机、RC—135V/W 电子侦察机、U—2 高空侦察机、E—8"联合星"飞机和 RQ—4"全球鹰"无人机联系起来，实现了战场信息的互通与共享，从而提高了武器装备打击的灵活性和准确性。

### （二）集成化

集成化是利用信息技术把功能较为单一的武器装备集成为具备情报侦察、通信、指挥控制、火力打击和电子对抗等多种功能于一体的武器系统。20 世纪 90 年代初，著名科学家钱学森提出了"综合集成"的概念。在军事领域，就是利用信息技术把多个分离的系统整合成高效、低耗、协调的大系统，使之发挥最佳的整体效能。信息化战争是体系与体系的对抗。体系对抗要求武器装备的发展必须从注重发展"拳击手"转变到注重发展"十项全能运动员"，重视武器装备多种功能的协调发展，提高武器装备的整体质量与效能。信息化战争中，任何一种单一武器，如果没有其他武器装备的配合，无论技术如何先进，都是难以完成作战任务的。例如，科索沃战争中，南联盟先进的米格—29 战机虽技术性能并不逊于美军的 F—16 战机，但升空作战即被击落。其主要原因在于，美军的 F—16 得到了预警机的引导和侦察情报网的支持，能实时发现和定位米格—29 战机的空间位置，并一举将其击落。因此，世界各国军队研制武器装备时，都十分注重各种武器系统的成龙配套，充分利用先进技术，用共同的软件、标准、体制和规程，将分离的武器装备或系统集成为一个新的更高层次的系统，从而更便于从传感器到射手之间、各武器系统之间、各作战部队之间的信息流动，大幅度提高信息化武器装备的整体作战效能。

### （三）精确化

精确化是精确打击兵器成为军队武器装备的主体。随着激光、红外、电视、毫米波、微波等精确制导技术的广泛运用，使得武器系统的命中精度越来越高。海湾战争中，美国用两枚"斯拉姆"导弹攻击伊拉克巴格达附近的一个水电站，导弹在距目标 110 km 的飞机上发射，第一枚导弹在水电站的墙壁上击穿一个洞，第二枚导弹从这个洞进入水电站内部爆炸，将电站摧毁，命中精度之高，令人震惊。海湾战争后，随着军队信息化的加速推进，精确打击兵器得到飞速发展。海湾战争中，精确制导弹药仅占总投弹量的 8%，科索沃战争为 35%，阿富汗战争为 60%，伊拉克战争则达到 80% 以上。由于精确化武器的大量列装，不仅促进了精确作战理论的形成，为快速瘫痪敌方作战体系提供了手段，而且能够大大提高作战效益。因此，世界各国军队都将发展精确打击武器放在优先位置上。大量的激光武器和粒子束武器不久也将装备部队和使用于战场，这些武器几乎是直线发射，瞄准不需要提前量。如德国研制的激光防空武器，装在"豹"Ⅱ型坦克上，每分钟可发射 60 次，能在 10 km 内准确地毁坏飞机、导弹和巡航导弹，在 20 km 内能使武器的光电传感器和人眼致盲。可以预见，在未来战场上，绝大部分武器装备将是精确化武器装备，信息化战争将是高度精确化的战争。

### （四）隐身化

隐身化是使各种新型武器装备具有对抗雷达、红外、声音以及可见光探测的隐身特性，提高武器装备的战场生存率和隐蔽突防能力。随着各种侦察探测手段的广泛运用和"发射即摧毁"精确打击能力的不断提升，使得隐身武器装备的发展备受各国军队重视。目前，各国军队都在大力发展新的隐身技术，隐身飞机、隐身导弹、隐身舰艇、隐身车辆、隐身火炮、隐身卫星、隐身通信系统等如雨后春笋般地出现在军队武器装备序列中。其中，隐身飞机是应用隐身技术最多、发展最快的作战平台。海湾战争中美军研制的 F—117 隐身飞机大出风头。美国已投入 1600 亿美元计划研制 200 架隐身轰炸机、近 3000 枚隐身巡航导弹、2100～2200 架隐身战术飞机。预计 21 世纪初隐身飞机将占其作战飞机总量的 30%。美军研制的新型隐身飞机主要有两种：一是 B—2A 隐身轰炸机，其雷达截面积仅

$0.3 \text{ m}^2$，同一只小鸟差不多；二是F—22隐身战斗机，其雷达截面积只有F—15战斗机的1%，是有史以来最先进的战斗机。

从未来发展看，隐身技术主要发展方向为：

一是进一步探索新的隐身机理，如等离子体隐身技术、仿生学隐身技术、微波传播技术等；

二是不断研制开发新型隐身材料，如柔性材料、纳米隐身材料、导电高聚物材料和智能隐身材料等。

### （五）智能化

智能化是充分利用人工智能技术，使武器装备不仅大幅度改造和提升物理功能，而且全面拓展其信息功能和智能控制能力，使武器装备由单纯的物质、能量载体转变为物质能量与人脑功能的结合体。如巡航导弹，在发射前将目标方位、外形、红外及电磁等特征信息预置到导弹的计算机中，同时，控制人员要选取一条经过优化的进攻路线，并把路线的方位、高度等信息预置到导弹中；然后，把所有信息进行计算机编程，为巡航导弹设计出一个作战流程。巡航导弹发射后就会自动沿着预定航线飞行，到达目标区域后会自动寻的、打击预定目标。正是由于逐步实现了物理功能与人脑功能的结合，以无人驾驶飞机、精确制导武器、自动化及智能化指挥控制系统、各种类型的战场机器人、无人水面舰艇和潜艇为代表的智能化武器装备才能够大量涌现。可以预料，随着人工智能技术的发展，世界各国军队将进一步加大对智能化武器装备的开发力度，尽快提升武器装备的智能化程度。未来信息化战场上将出现大规模的机器人部队和由机器人驾驶的飞机、坦克、装甲战车、军舰以及智能计算机控制的其他武器装备。

## 第二节　信息化作战平台

作战平台是武器装备系统的重要组成部分，对赢得信息化战争的胜利仍然具有重要作用，特别是信息化作战平台的发展越来越受到世界各国尤其是军事大国的青睐和重视。

### 一、信息化作战平台概述

作战平台是特指各种武器装备系统中，具有运载功能并可作为负载系统所依托的载体部分。作战平台作为打击兵器以及其他作战辅助设备（如电子设备）的运载工具，主要包括坦克、装甲战车、航空母舰、潜艇、各种战斗机、轰炸机和卫星、航天飞机等作战平台。

信息化作战平台是指装有多种侦察和信息传感设备，与综合电子信息系统联网，及时而有效地获得敌方目标信息，控制各种武器系统实施快速、精确火力打击的装备系统。如装有先进电子信息系统和数据链的飞机、舰艇装甲车辆等。与传统的作战平台相比，信息化作战平台有三大优势：

一是信息技术的含量高。例如，在现代飞机中电子信息技术成本已达50%，而在B—2飞机中则已高达60%，舰艇中的电子信息技术成本已达25%～30%，坦克中的电子信息技术成本达到30%，空间平台中的电子信息技术成本则更高，已达65%～70%。

　　二是作用机理和设计观念有重大突破，有些甚至是质的跃升，如采用计算机技术、隐身技术，具有非常规机动能力等。

　　三是使用观念上，由以平台为中心转向以网络为中心。

　　信息化作战平台主要包括陆上信息化作战平台、海上（水下）信息化作战平台、空中信息化作战平台和太空信息化作战平台。

### （一）陆上信息化作战平台

　　陆上信息化作战平台主要是指大量采用信息技术的各类坦克、步兵战车、自行火炮、导弹发射装置等陆上作战平台。它是在原有机械化作战平台的基础上，嵌入了指挥控制、通信、侦察监视、敌我识别、导航定位和威胁预警与对抗等信息系统，实现了作战效能的大幅提升。它主要包括坦克、步兵战车、自行火炮和无人地面车辆等。

#### 1. 坦克

　　坦克是由武器系统、防护系统、信息系统和越野机动平台组成的。坦克具有强大的直射火力、高度的越野机动性、良好的装甲防护力，是主要用于遂行地面突击或两栖突击任务的装甲战斗车辆。装备有数字式火控系统、定位导航系统、综合电子战系统、指挥控制系统、通信系统、威胁预警与对抗系统等信息系统。如美国 M1A2SEP 主战坦克装备有"21 世纪部队旅及旅以下作战指挥（FBCB2）数字化系统"和数字化坦克火控系统，信息化程度得到较大提高。

#### 2. 步兵战车

　　步兵战车是装有武器系统、防护系统、信息系统等，具有较强的火力和较好的装甲防护力，主要用于承载步兵以乘车作战的方式遂行地面突击或两栖突击任务的装甲战斗车辆。装备有数字式火控系统、定位导航系统、综合电子战系统、指挥控制系统、战场管理系统、威胁预警与对抗系统等信息系统。如美国 M2A3 步兵战车装有数字式火控系统、改进型目标捕获系统、一体化导航系统，以及车长、驾驶员、班长用数字显示器等先进数字化设备，具有较强的识别能力和较高的命中率。

#### 3. 自行火炮

　　自行火炮是同车辆底盘构成一体，靠自身动力运动的火炮，其上装备有专用火控计算机、定位定向系统、数字通信装备和自动瞄准系统等信息系统。如美国陆军的 M109A6"帕拉丁"155 mm 自行榴弹炮，装备了由炮载弹道计算机与定位导航系统、火炮自动瞄准装置组成的自动化火控系统，以及单信道地面与机载无线电系统，可与先进野战炮兵战术数据系统（"阿法兹"系统）及其他的目标探测和武器系统连接，具有较强的快速反应能力。

#### 4. 无人地面车辆

　　无人地面车辆主要用于未爆弹药处理、简易爆炸装置探测、预警侦察、安全巡逻、战场救护、扫雷和后勤保障等。美、英等国军队在阿富汗战争和伊拉克战争中部署的无人地面车辆达 1 万辆左右，在实战中发挥了重要作用。2007 年 6 月，美军配备有遥控武器系统的 3 辆武装型无人地面车辆在伊拉克战场投入实战试用，标志着无人地面车辆开始向武装型发展。

### （二）海上（水下）信息化作战平台

　　海上（水下）信息化作战平台主要是指大量采用信息技术的各类水面舰

海上信息化
作战平台

艇和潜艇等海上（水下）作战平台。海上（水下）信息化作战平台嵌入的信息系统主要包括情报采集与处理系统、作战支持系统、舰载武器控制系统、舰载通信系统、舰载作战指挥控制系统和电子战系统等。它主要包括航空母舰、驱逐舰、护卫舰、导弹快艇、登陆舰、潜艇和水下无人航行器等。

### 1. 航空母舰

航空母舰是以舰载机为主要武器，并作为其海上活动基地的大型水面战斗舰艇。航空母舰装备有作战指挥、电子对抗、雷达、导航设备和综合通信系统等信息系统。它主要用于攻击敌舰船，袭击基地、港口设施和陆上目标，夺取作战海区的制空权和制海权，支援登陆和抗登陆作战等。例如，美军"布什"号核动力航母装备有电子对抗、雷达、卫星导航、综合通信等系统，并将以往分散的作战平台整合成分布式的探测和攻击系统，提高了航母战斗群的整体作战效能。

### 2. 驱逐舰

驱逐舰是装有导弹、舰炮、鱼雷、深水炸弹和直升机等武器系统，具有多种作战能力，能在中、远海机动作战的中型水面战斗舰艇。驱逐舰装备有作战指挥系统、电子对抗、雷达、导航设施系统和武器射击指挥控制系统、声呐探测系统等信息系统。如美国"阿利·伯克"级驱逐舰装备有 SPY—1D 型相控阵雷达、NTDS—5 作战数据系统和 SLQ—32（V）2 型电子战系统等舰载电子装备。其中，SPY—1D 相控阵雷达天线由四块固定式辐射阵面构成，仅一部雷达就可完成探测、跟踪、制导等多种任务。

### 3. 护卫舰

护卫舰是装有导弹、舰炮、鱼雷、深水炸弹和直升机等武器系统，能在近、中海机动作战的中小型水面战斗舰艇。护卫舰装备有作战指挥系统、电子对抗、导航设施系统和武器射击指挥控制系统、声呐探测系统等信息系统。例如，日本"爱宕"级护卫舰装备的终端，可与上级实时交换作战数据。该舰还装备有 NOLQ—2 综合电子战系统，可对信号辐射源进行收集、识别、测向、告警，并具有转发式干扰、应答式假目标干扰、噪声干扰和箔条干扰等功能。

### 4. 导弹快艇

导弹快艇是以反舰导弹为主要武器，用于近海作战的小型战斗舰艇。导弹快艇除了执行攻击任务以外，也可担负巡逻、警戒、反潜、布雷等其他任务。导弹快艇装备有搜索探测雷达、通信导航系统、电子对抗和武器射击指控系统等信息系统。例如，日本的"隼"级高速导弹巡逻艇，装有 OPS—18—3 型对海雷达、OPS—20 型导航雷达、NOLR—9B 型侦察雷达、OAX—2 型红外线夜视装置和全球定位导航系统。

### 5. 登陆舰

登陆舰是输送登陆兵及其武器装备、物资到敌方岸滩实施直接登陆的作战舰艇。它包括坦克登陆舰、步兵登陆舰，以及人员登陆艇、车辆登陆艇、坦克登陆艇等。登陆舰装备有搜索探测雷达、通信导航系统和武器射击指控系统等信息系统。目前较先进的登陆舰有美军的"圣安东尼奥"级船坞登陆舰。

### 6. 潜艇

潜艇是用于水下活动和作战的战斗舰艇。其上装备有作战指挥系统、声呐探测系统和武器射击指挥控制系统等信息系统。例如，美国"俄亥俄"级潜艇装备的 CCSMK2—3 作战指挥系统、MK118 鱼雷射击指控系统、AN/BQQ—6 综合声呐系统以及高性能的观通设备，使潜艇能在复杂海情和噪声环境下进行战术态势评估与分析，指挥鱼雷实施攻击。

### 7. 水下无人航行器

水下无人航行器是一种依附于水面舰艇和潜艇，能从舰艇上布放(有的还可以从飞机或岸上布放)和回收的智能化装备。它能够携带多种传感器、专用机械设备或武器，遥控或自主航行，完成风险性较大的作战任务。例如，澳大利亚的"塞拉菲娜"是世界上体积最小的水下无人航行器，长 40 cm，能潜到 5 km 的海洋深处执行任务，还可在敌方海岸附近进行间谍活动，探测敌方水雷布设区域并根据指令，用自爆的方式将水雷摧毁。

### (三) 空中信息化作战平台

空中信息化作战平台

空中信息化作战平台是指大量采用信息技术的各类作战飞机和直升机等空中作战平台。其上通常装备有综合显示控制管理、目标探测、通信导航识别、电子战、精确制导武器管理等的综合航空电子信息系统。它主要包括战斗机、轰炸机、战斗轰炸机、近距支援飞机、武装直升机和无人机等。

#### 1. 战斗机

战斗机是指主要用于拦截和摧毁敌空中目标、进行空战以夺取制空权的飞机。我国习惯上称为歼击机。战斗机多装备有飞行控制系统、通信导航系统、火控系统和电子对抗系统等信息系统。例如，俄罗斯的苏—35 战斗机装备的前视雷达，有 12 种不同的波形，可达到抗干扰及一定的隐身目的。机尾装备的 NO14 后视雷达可发现尾追目标并引导火力攻击。该机还可挂装"游隼"光电瞄准吊舱，吊舱内装有红外摄像机、激光测距仪、目标跟踪部件等设备。

#### 2. 轰炸机

轰炸机是以空地导弹、航空炸弹、航空鱼雷为基本武器，具有轰炸能力的作战飞机。轰炸机装备有飞行控制系统、通信导航系统、火控系统和电子对抗系统等信息系统，具有突击力强、载弹量大、航程远等特点。如美国 B—2 隐身轰炸机装备有 NSS 导航系统、APQ—50 型电子对抗系统、AN/APQ—181 型雷达以及通信管理系统和各种显示系统，可提供自动导航和星座对位导航、雷达预警、侦测定位、干扰压制等功能。

#### 3. 战斗轰炸机

战斗轰炸机是指主要用于突击敌战役战术纵深内的地面、海面目标，并具有空战能力的飞机。我国习惯上称其为歼击轰炸机。该类轰炸机装备有火控系统和探测、导航系统等信息系统。例如，俄罗斯苏—34 战斗轰炸机采用数字式多余度电传操纵系统，具有主动控制功能，能提高攻击瞄准精度，减少机体变形和机组乘员疲劳。该机还装备有"雷达综合瞄准系统"，探测距离可达 200 km~250 km，能同时跟踪多个目标，并引导空空导弹同时对多个目标实施打击。

#### 4. 近距支援飞机

近距支援飞机主要是指从低空、超低空抵进，突击敌战役、战术地幅内的中、小型目标，直接支援陆、海军作战的飞机。我国习惯上称其为强击机。该类飞机装备有夜视系统和目标截获/识别系统、通信导航系统、火控系统和电子对抗系统等信息系统。例如，英国

"海鹞"攻击机装备有武器瞄准系统、导航和姿态参考系统、"蓝雌狐"雷达等，综合作战能力得到很大提升。

### 5. 武装直升机

武装直升机是装有机载武器系统，主要用于攻击空中、地面、水面及水下目标的直升机。该类直升机装备有夜视系统、目标截获/标识系统、通信导航系统、火控系统和电子对抗系统等信息系统。例如美国 AH—64"阿帕奇"武装直升机装备有飞行员夜视系统和目标截获/标识系统，以及被动式雷达、防红外探测装置和 GPS 导航定位系统等，可在夜间和恶劣天气条件下作战。

### 6. 无人机

无人机是由遥控设备或自备程序控制装置操纵的不载人的飞机。无人机主要包括机体、机上飞行控制系统、动力装置、有效载荷与数据链路，以及用于起飞和回收的装置，可分为侦察无人机、攻击无人机、反辐射无人机和运输无人机等。例如美国"全球鹰"无人侦察机是一种高空长航时无人侦察机，具有雷达、电视、红外三种侦察方式。

### (四) 太空信息化作战平台

太空信息化作战平台主要是指能对敌方卫星和空中、海上、陆地目标实施攻击的太空作战平台。它主要包括两类装置：一是可用于攻击敌方航天器的拦截歼击卫星系统，以及可实施对地、对海、对空攻击的卫星等；二是各类军用载人航天器，如载人飞船、航天飞机、空间站等。

### 1. 拦截歼击卫星系统

拦截歼击卫星系统主要包括武器载体型卫星、自爆摧毁型卫星和捕获型卫星。武器载体型卫星是指配置有导弹、火箭、激光武器、粒子束武器和微波武器等杀伤性武器，以损伤或摧毁目标卫星的卫星。自爆摧毁型卫星就是移动到目标卫星附近，利用自身爆炸产生的动能摧毁目标卫星的卫星。捕获型卫星就是可以"捕获"目标卫星的卫星。2007 年 3 月，美国进行了"轨道快车"系统试验，一颗卫星利用机械手成功对另一颗卫星实施了多次捕获与对接。

### 2. 军用载人航天器

军用载人航天器包括载人飞船、空天飞机、空间站等。载人飞船可以向空间站运送各种军事物资和人员，进行空间人员救护，对特定目标实施侦察与监视等。空天飞机是"航空航天飞机"的简称，是一种载人航天器与飞机结合成一体的飞行器，能够以极快的速度往返于地球表面与外层空间运送有效负荷。2010 年 4 月 22 日，世界上第一架空天飞机 X—37B 从美国佛罗里达州卡纳维拉尔角升空进行首次试飞。空间站又称太空站、航天站或轨道站，是一种具备一定的试验或生产条件、可供航天员在固定轨道上居住和工作的、能够长期运行的大型空间平台。它平时作为载人空间基地、空间工厂、空间试验中心，战时则可以作为空间指挥所、空间基地和空间武器发射平台。

## 二、信息化作战平台的发展趋势

近几十年来，以信息技术为核心的现代高新技术大量地应用于武器装备发展之中，使得现代作战平台日新月异、层出不穷，并呈现出向信息化作战平台发展的趋势。

### （一）作战平台的信息化程度不断提高

在信息时代，作战平台的信息化是实现作战指挥自动化和战场数字化、争夺"制信息权"、实施精确打击的重要保障，对于提高武器装备系统的战斗力具有倍增器的作用。因为信息化作战平台效能的提高主要是依靠电子信息技术对目标的识别和精确制导，而不再完全依赖战斗部威力的增大。计算表明，爆炸威力提高一倍，杀伤力仅提高40％，但是命中率提高一倍，杀伤力则提高400％。因此，世界各国都把提高作战平台的信息化程度作为平台的发展目标，加速发展信息化作战平台。当今，以信息感知、信息传输和信息处理为主要内容的信息技术综合化，使得作战平台的发展重点已经由以提高平台的时速、航程、距离等物理性能为中心转向以提高作战平台的信息能力为中心。

### （二）作战平台日趋多功能一体化

随着作战平台的信息化程度不断提高，世界各国在发展作战平台上，不再追求平台型号品种的多样性，而是追求平台的一专多能，力求集发现、识别、跟踪、打击等多种能力于一身，从而最大限度地提高平台的作战效能。在空中作战平台的发展上，信息技术使得作战飞机越来越向着集歼击、轰炸、侦察和电子对抗于一体的方向发展。在海上作战平台的发展上也特别强调多功能一体化。航母作为海上大型机动平台，不仅可以作为作战飞机起落场，本身还具有较强的攻击和防护能力；核动力潜艇，不仅能发射潜对地弹道导弹，而且还能发射潜对舰、潜对空和潜对潜导弹及潜对地的巡航导弹，成为武器携载数量大、种类多的水下发射平台。此外，空间平台和地面作战平台也都向多功能一体化方向发展。

### （三）空中作战平台向高隐身性和高机动性的双优性发展

在现代战争中，大量使用精确制导武器，使得作战平台的战场损伤大为增加。为了提高作战平台的战场生存能力，现在的各种作战平台正在向具有高隐身性和高机动性的双优品质方向发展。所谓高隐身性就是大量采用隐形技术研制和改装的作战平台。主要是通过降低作战平台的目标信号特征，与敌方的雷达、红外、电子、可见光、声波等侦察探测手段相对抗，使敌方难以发现、识别、跟踪和攻击，从而提高作战平台的战场生存能力。在提高平台隐身性的同时，各国并未放松发展高机动性作战平台。美国、俄罗斯、英国、法国和德等先进国家都已拥有一批先进的高机动作战平台。美陆军的"未来作战系统"，空军的F—22、F—35，海军的"弗吉尼亚"级核潜艇及军用空天飞机等都在发展之中，这些作战平台除具有良好的隐身性外，优异的机动性和敏捷性是这一代作战平台的主要特点。

### （四）无人平台向侦攻合一方向发展

在阿富汗战争中，一个值得注意的重要变化就是无人平台的任务已经由传统的侦察保障扩展到了侦察打击一体化。战争中，美军使用"捕食者"无人机开创了无人平台对地实施攻击作战的先河。美军利用配备"海尔法"反坦克导弹的"捕食者"无人机多次成功地打击了稍纵即逝的塔利班撤退中的移动目标。基于无人作战平台在近年来的出色表现，世界各国特别是军事强国都越来越重视发展这种作战平台。目前，无人作战平台正在从遥控、半自主式向全自主、智能化方向发展，执行的任务也由执行单纯的侦察任务向执行侦察、监视、指挥、控制、毁伤评估和火力打击等综合任务方向发展。

#### （五）空间平台的军事功能日趋完善

空间作为聚集大量信息并以无国界限制的有利条件，正在成为提高武器系统作战效能的一个新的制高点。如今，空间平台已成为现代战争获取战略情报和战术情报的重要手段，能够为部队提供全天时、全天候、近实时的战场信息，是现代战场通信、导航和侦察监视系统的重要支援保障装备。随着航天技术的发展和应用，今后太空将出现攻防兼备的新型作战平台，如隐身卫星、抗毁加固卫星、诱饵卫星和杀手卫星等等，另外还可能出现反太空平台武器，如动能和定向能武器、空间作战飞行器和军用空天飞机等空间武器平台。预计在 2020 年以后，以空间控制与反控制为焦点的空间作战平台的攻防对抗将不可避免。

### 三、信息化作战平台的应用

从近些年来发生的四场局部战争可以看出，先进的作战平台，特别是信息化作战平台在战争中的使用非常广泛，并表现出不同的使用特点，使近四场局部战争都以不同的面貌展现在世人面前。

#### （一）信息化作战平台在海湾战争中的使用

（1）空中平台是作战平台的主体力量，隐身作战平台在现代局部战争中的作用凸显。

在 42 天的海湾战争中，空中战役实施了 38 天，而地面战役仅仅进行了 100 多个小时。因此我们可以说，海湾战争是以多国部队的航空武器平台为主体、实施大规模空袭为主要特征的一场战争。在这场战争中，空中作战平台的使用贯穿了战争的全过程，对战争的胜利起到了至关重要的作用。在这场战争中，美国空军首次使用 F—117 隐身战斗机对伊拉克进行了空袭作战，并利用其隐身性有效地保护自身毫发无损，创造了世界航空作战史上的新纪录。

（2）空间平台第一次被广泛地应用于战争之中并发挥了重要作用。

海湾战争的另一个突出的特点就是历史上第一次广泛使用空间平台对战争进行全面的支援保障。战争期间，美军动用了 10 类共计 72 颗军用卫星，同时还征用部分在轨商用卫星，在盟军空间系统的配合下，构成了空间卫星侦察、空间卫星通信、空间卫星导航定位和空间卫星气象服务等四大空间作战支援保障系统。

#### （二）信息化作战平台在科索沃战争中的使用

（1）空中多种高性能作战平台相配合，开创了以空中战役结束战争的先例。

科索沃战争是一场没有地面作战，而只是以空袭开始，又以空袭结束的现代战争，已经显露出信息化战争的许多端倪和雏形。战争期间，北约的参战飞机达 67 种共 1058 架，出动飞机 3800 多架次，实施 78 天的昼夜连续不间断打击。以美国为首的北约军事集团仅靠空中力量和实施空中战役就取得了战争的胜利。

（2）信息化作战平台成为精确打击和信息支援的重要支柱。

北约凭借着强大的信息平台实现了指挥控制系统的一体化，有力地保障了多兵种、多国家、多基地的联合作战，实现了对距科索沃数千公里甚至上万公里的舰艇、飞机的统一指挥，以及侦察监视、作战指挥、战损评估和战场救援等的协调一致。

### （三）信息化作战平台在阿富汗战争中的使用

#### （1）空中无人平台首次实现集侦察打击于一体。

在阿富汗战争中，一个值得注意的重要动向就是无人平台的任务性质已经由传统的侦察保障扩展到了侦察打击一体化。为了扩大情报侦察范围、提高精确打击效果，美军还实现了侦察系统与作战平台的结合。一方面，将侦察系统直接安装在作战飞机上；另一方面，美军还首次将导弹装备在RQ—1"捕食者"无人侦察机上，使其既可以长时间执行侦察监视任务，又可以在第一时间向可疑目标发起攻击。

#### （2）多种侦察平台全方位结合，使战场更加单向透明。

在阿富汗战争中，为了将信息优势迅速转换为战斗行动，美军认识到必须加快建立从传感器到射手的直接连接，缩短"发现、定位、瞄准、跟踪和打击"目标的整个过程。因此，美国将陆、海、空、天各种侦察平台进行全方位结合，使整个战场变成单向透明的战场，从而为美军控制作战节奏，赢得整个战争的胜利奠定了基础。

### （四）信息化作战平台在伊拉克战争中的使用

#### （1）地面信息化作战平台发挥了重要作用。

海湾战争以后，美国加强了对现役作战平台的信息化改进，重点提高陆战平台的信息化程度。这些信息化程度大大提高的地面作战平台在伊拉克战争中又被派上用场，成为美军地面进攻的急先锋。正是利用地面与空中平台之间、地面各平台之间这种有效的信息联通能力，美陆军才敢于置被包围、分割的危险于不顾，大胆向伊拉克首都巴格达进行突进，并在最短的时间完成包围伊拉克首都的任务。

#### （2）$C^4IKSR$平台系统与火力打击实现高度融合。

战场情报信息共享打破了传统的陆海空军的空间界线，作战力量分布和运用逐渐向"侦察—打击"一体化作战模式发展。美军就提出要将预警、侦察、监视、指挥、控制、通信、计算机和情报系统与精确打击系统联成一体，形成以网络为中心的$C^4IKSR$这一庞大武器装备系统。在伊拉克战争中，美军就对这一庞大武器装备系统进行了实战检验，并验证了这一系统具有极强的作战效能。

## 第三节 综合电子信息系统

综合电子信息系统是现代科学技术飞速发展并广泛应用于军事领域的重要实践，是实现军队现代化目标体系的重要组成部分，是提高军队整体作战效能的有效途径。随着人类社会进入信息时代，军队更加需要综合电子信息系统，因而也越来越依赖于综合电子信息系统。综合电子信息系统是打赢信息化战争必备的手段，是实施信息作战并与强敌对抗的重要武器系统。

### 一、综合电子信息系统概述

#### （一）综合电子信息系统的内涵

综合电子信息系统是指为实现最优资源配置，提高作战能力，按军队信息系统一体化原则和综合集成技术而构建的多种使命、多种功能的电子信息系统。用于夺取信息优势、决策优势和全维优势的主要装备。具有互操作能力、信息共享能力、态势一致理解能力、快速优化决策能力，能有效地支持协同作战和联合作战。综合电子信息系统由国家统一设计，充分考虑建设全军共用信息基础设施，实现信息资源的最优配置。

20世纪50年代至90年代末，世界各国建设了大量单使命和单军种、兵种一体化信息系统。苏联解体后，中小规模的局部战争成为一个时期内的主要作战形式。1991年的海湾战争中，美军由军种、兵种单独研制的信息系统（称为"烟囱式"信息系统）暴露出许多缺陷，系统不能互通，不具备互操作性；识别系统互不兼容；打击"飞毛腿"导弹发射架时，情报、指挥不及时，与武器不协调等。建设全军一体化信息系统显得十分必要。1992年2月美国参联会提出了全军一体化信息系统的发展计划——"武士"$C^4I$计划，要求在全军发展有互操作能力的一体化信息系统，使指挥员和战斗员能在任何地方、任何时间获取及时、准确、完整和经过融合的所需的作战信息，最有效地完成作战任务。之后美军陆续提出发展全球指挥控制系统（GCCS）、国防信息系统网（DISN）和国防信息基础设施（DII）等。1994年提出一体化$C^4I$系统，1996年提出$C^4ISR$系统，1999年提出全球信息栅格（GIG）。2001年美国国防部向国会提出适用于全军的网络中心战报告。2004年2月发表了国防部体系结构框架1.0正式版本，作为美军全军一体化信息系统设计、演进的原则和指南。

## （二）综合电子信息系统的分类与组成

综合电子信息系统按组织，可分为各军种、兵种综合电子信息系统，各战区（军区）综合电子信息系统，总部相关部门信息系统，国家最高指挥机构和全军共用信息基础设施等。总部相关部门信息系统、国家最高指挥机构和全军共用信息基础设施又统称为总部综合电子信息系统。总部为国家最高防务机构，如军事委员会或国防部等。还可把各军种、兵种综合电子信息系统，各战区（军区）综合电子信息系统，总部综合电子信息系统等统称为全军综合电子信息系统。全军共用信息基础设施包括全军共用的通信、传感器及信息处理、存储、分发和信息保证等设施，设施统一设计，可统一管理，也可重点用户分别管理。每种综合电子信息系统都应充分使用全军共用信息基础设施。

综合电子信息系统由预警探测系统、情报侦察系统、指挥控制系统、通信传输系统、导航定位系统、电子对抗/信息战系统和其他信息系统等多种功能信息系统组成。这些功能信息系统将完成战略威慑、指挥控制、防空反导和精确打击等多种作战使命和任务。各种综合电子信息系统的使命不同，其功能组成也不完全相同。

综合电子信息系统不是多种信息系统的简单堆积，而是为达到全军信息系统整体作战能力最大和信息资源配置最优，必须自上而下进行整体论证，采用信息系统综合集成技术，包括系统的分解、设计、仿真、生产、集成、新技术嵌入等。

### 1. 指挥控制系统

指挥控制系统是保障指挥员和指挥机关对作战人员和武器系统实施指挥和控制的信息系统。它是指挥信息系统的核心，主要包括指挥所信息系统、作战单元指挥和武器平台控制系统、指挥信息网和数据链。

指挥所信息系统是部署在各级指挥所内，由网络系统、计算机系统、显示控制系统等硬件设备及相关基础软件和应用软件组成，用于作战指挥与保障业务信息汇集、处理、分发的信息系统。

作战单元指挥和武器平台控制系统是用于武器平台控制或营以下作战分队及单兵指挥控制的信息系统。它可分为携行式系统和嵌入式系统。携行式指挥控制系统主要由便携式手持终端及其应用软件和相应的计算机网络、通信传输系统组成。如美军"陆地勇士"士兵系统就是一种典型的携行式指挥控制系统。

指挥信息网是指挥员及其指挥机关实施指挥所依托的军用信息网络，具有收集、传输、存储、处理、显示指挥信息等功能。

数据链系统是按规定的消息格式和通信协议，链接传感器、指挥控制系统和武器平台，可实时自动地传输战场态势、指挥引导、战术协同、武器控制等格式化数据的信息系统。

### 2. 情报侦察系统

广义上讲，情报侦察系统泛指与情报活动相关的各种要素相互联系、相互制约而构成的一个整体，包括情报侦察指挥机构、情报侦察人员、情报侦察对象、各种情报侦察工具和手段，以及支持情报侦察指挥机构对所属力量进行指挥控制的信息系统。狭义上讲，情报侦察系统仅指支持情报侦察指挥机构和情报人员实时收集、处理、存储、分发、传输各类情报的信息系统。它主要包括地面、水面(水下)、空中和太空侦察系统。

(1) 地面侦察系统。它主要包括侦察车、侦察站、地面战场传感器系统等。例如，美国的"角斗士"无人侦察车可以在任何天气与地形条件下执行侦察、核生化武器探测、突破障碍、反狙击手和直接射击等任务。

(2) 水面及水下侦察系统。它主要由侦察舰船和作战舰艇所配备的无线电侦察设备、雷达侦察机、预警探测雷达、声呐侦察设备、搭载的无人侦察艇以及相应的情报侦察处理设备组成。例如，美国攻击核潜艇上装备的近程/远程水雷侦察系统(NMRS/LMRS)是当前最先进的潜艇用无人侦察潜艇系统，能够达到 222 km 的搜索范围，续航时间达到 40～48 小时，每小时可以侦察 3.86 平方公里的水域。

(3) 空中侦察系统。这是利用各种空中飞行平台(包括固定翼飞机、直升机、无人机、浮空器和动力侦察飞翼等)，装载各种侦察传感器，从空中侦察各种有价值目标的侦察系统。空中侦察任务主要由侦察飞机完成，包括有人驾驶侦察机、无人驾驶侦察机、侦察直升机。有人驾驶侦察机通常分为两类：一类是专用侦察机；另一类是由各型飞机改装的侦察机。

(4) 太空侦察系统。这是以航天器为平台，携带侦察设备对地面、水面、空中和太空目标执行军事侦察任务的侦察系统。按使用的平台是否载人，可以分为卫星侦察和载人航天侦察。卫星侦察是太空侦察与监视的主要方式。载人航天侦察通常以飞船、航天飞机、空间站等载人航天器为平台，搭载侦察载荷，执行太空侦察任务。

### 3. 预警探测系统

预警探测系统是运用信息获取技术装备，为早期发现、定位、跟踪、识别来袭武器并发出相应警报而建立并持续运行的系统。它主要包括陆基、海基、空基和天基预警探测系统。

(1) 陆基预警探测系统是国家防空预警系统的一个重要组成部分，因陆基预警探测设备安装在地面上，故对其重量和体积没有严格的限制，是远程、超远程预警的最佳选择。

系统主要设备是天波超视距雷达、防空警戒雷达、引导雷达以及大型相控阵雷达。例如美国"铺路爪"远程预警雷达。

（2）海基预警探测系统是将预警探测设备（主要是预警探测雷达和预警探测声纳）装载在海基平台上的预警探测系统，主要用于对海面（水下）和空中威胁目标的预警探测。海基预警探测系统的主体是各种舰载雷达，包括警戒雷达、引导雷达、搜索雷达、目标指示雷达、火控雷达、导航雷达和多功能雷达等。例如美国"宙斯盾"级舰艇上的 AN/SPY—58 电子扫描战术多功能相控阵雷达。

（3）空基预警探测系统是将预警探测设备（主要是预警侦察雷达）装载在空基平台（固定翼飞机、直升机、无人机和高空系留气球）上的预警探测系统，主要用于对低空和超低空飞行威胁目标的预警探测以及同时引导拦截来自多方的威胁。常用的空基预警探测系统及设备主要有预警机、机载雷达预警探测系统和系留气球预警探测系统。例如美国的 E—3A"哨兵"预警机。

（4）天基预警探测系统是将预警探测设备（主要是预警探测雷达和红外探测器）装载在天基平台（主要是卫星）上的预警探测系统，主要用于对战略弹道导弹和太空飞行器的预警探测。天基预警探测系统主要由星上探测系统、地面信息处理分系统和地面信息分发分系统三部分组成。星上探测系统主要是导弹预警卫星，装有红外探测器、X 射线探测器和电视摄像机等侦察设备，用于探测弹道导弹发射和飞行方向，并将探测到的数据通过通信卫星及时传送到地面站进行处理。地面处理分系统负责对传回的数据进行分析处理，并由地面信息分发分系统向受到威胁的部队发出预警。典型的天基预警探测系统主要有美国的天基战略预警系统和天基红外系统。

### 4. 通信系统

通信系统是由传输、交换、处理、终端等通信设备及辅助设施构成，用于保障军事信息活动的具有特定功能的有机整体。它主要包括通信枢纽、传输信道和用户终端三类。

（1）通信枢纽是汇接、调度通信线（电）路和传递、交换信息的通信中心，是通信系统的基础。按保障任务和范围的不同，通信枢纽分为指挥所通信枢纽、辅助通信枢纽、干线通信枢纽和大型台站、转信台（站）等。

（2）传输信道是将各通信枢纽、通信节点与通信用户终端有机连接，形成各种功能的网络，保障各种信息的传递。传输信道主要有短波通信、超短波通信、微波接力通信、长波（低频、甚低频）通信、卫星通信、散射通信、流星余迹通信等无线电传输信道和光纤通信、电缆通信等有线电传输信道。发展中的还有激光通信、毫米波通信等传输信道。

（3）用户终端是指由通信用户直接操作使用，并为其提供通信业务的各类设备。它主要包括话音、数据、文字、电报、传真、静态图像、活动视频等终端设备。

### 5. 电子战系统

电子战系统是以各种电子攻防武器为主要手段的信息作战系统。按行动性质划分，主要包括电子侦察系统、电子进攻系统和电子防御系统。

（1）电子侦察系统是了解敌方电子威胁、监视敌方各种电子活动以便有效地控制和利用电磁频谱的系统。按技术手段可分为雷达侦察、通信侦察、光电侦察、水声侦察等系统。

（2）电子进攻系统是以电子干扰和反辐射攻击为主要手段的信息作战系统。它主要包括电子干扰系统和电子摧毁系统。根据电子干扰的目标不同，通常可分为雷达干扰、通信干扰、光电干扰、水声干扰等系统。雷达干扰系统主要通过雷达干扰设备，辐射、转发、反射或吸收电磁能量，削弱、破坏敌方雷达对目标的探测和跟踪能力。通信干扰系统主要通过通信干扰设备破坏和攻击敌方的信息传输。光电干扰系统主要利用辐射、散射、吸收光波能量或改变目标的光学特征，削弱或破坏敌方光电设备的使用效能。水声干扰系统主要通过发射干扰信号或模拟目标的回声和噪声，压制或欺骗敌方的声呐设备，使其不能正常工作。根据电子摧毁武器类型，通常分为反辐射导弹和反辐射无人机摧毁。其中，反辐射导弹又称反雷达导弹，是利用敌方雷达波束进行制导的武器。

（3）电子防御系统是为保护己方电子信息设备、系统、网络及相关武器系统或人员作战效能正常发挥的系统。它主要包括抗电子干扰系统和抗精确摧毁系统。抗电子干扰系统通常可分为雷达抗干扰、通信抗干扰、光电抗干扰、水声抗干扰等系统。抗精确摧毁系统主要分为抗精确制导攻击和抗反辐射攻击系统。它包括假目标、假辐射源等被动干扰手段和各种主动干扰手段。例如，地对空干扰系统用于对敌机载轰炸瞄准雷达、空地导弹制导雷达和地形回避雷达进行干扰。GPS 干扰系统可对敌方依靠 GPS 导航的各类导弹实施有效干扰。

### 6. 网络战系统

网络战系统是以计算机网络为主要平台和对象，以各种网络战武器为主要手段的信息作战系统。网络战系统主要包括网络侦察、网络攻击和网络防御等系统。

（1）网络侦察系统主要由各种网络侦察武器装备和专用网络侦察系统构成。其中，网络侦察武器装备包括网络扫描器、网络窃听器、密码破译器和电磁侦测器等。专用网络侦察系统是综合多种侦察武器装备和技术构成的更专业、功能更强大的网络侦察工具。

（2）网络攻击系统主要由各种计算机网络攻击武器构成。它主要包括计算机病毒、预设陷阱、微米/纳米机器人、芯片细菌以及非核电磁脉冲武器等。例如，美军的"舒特"（Suter）系统是一种新型网电一体攻击系统，该系统可采取无线注入方式侵入敌方网络，监控或以系统管理员身份接管敌方网络。

（3）网络防御系统主要由各种计算机网络防御软、硬件构成。它包括网络哨兵、网络防火墙、信息加密系统、漏洞扫描系统、入侵检测系统等。此外，身份认证与鉴别系统、访问控制与安全审计系统、数据备份与恢复系统等也属于网络防御系统。

### 7. 心理战系统

心理战系统是指以各种信息技术装备和设备为主要手段，能对敌我双方人员的心理、决策和行动产生特定影响的信息作战系统。按照使用对象，可分为心理进攻系统和心理防御系统；按照使用媒介，可分为宣传材料散发系统、广播电视宣传系统、网络心理战系统等；按照装备平台，可分为机载心理战系统、舰载心理战系统和车载心理战系统等。

随着现代无线传输技术、新型媒体技术、网络传播技术、虚拟和仿真技术的发展与应用，由全球卫星、大功率基地电台、移动式广播发射平台、跨国卫星广播电视、多频道有线电视、无线电侦听和可自动进行信息处理的设备、彩色印刷设备、有线广播器材和声像处理车等多种心理战武器装备和手段综合构成的心理战系统，将更具强烈的心理打击效果，对战争进程和国家安全的影响也更为巨大和深远。

### 8. 综合保障系统

综合保障系统是为军队作战提供支援保障的各类信息系统，是实现"精确保障"的物质基础。综合保障系统主要包括气象水文保障信息系统、测绘保障信息系统和卫星导航定位系统、后勤保障信息系统、装备保障信息系统、防险救生/工程/防化保障信息系统、教育训练保障信息系统等。

气象水文保障信息系统是为军队作战提供及时、准确的气象、水文、天文、潮汐、空间天气等信息，以保障己方顺利遂行作战行动的信息系统。

测绘保障信息系统是为军队作战提供准确、有效测绘信息的信息系统。

卫星导航定位系统是以人造地球卫星为基准的无线电导航与定位系统。目前使用的卫星导航定位系统有美国的 GPS、俄罗斯的 GLONASS、中国的"北斗"系统以及欧洲的"伽利略"系统。它们主要由空间部分、地面控制部分和用户部分三部分组成。

## 二、综合电子信息系统的发展趋势

进入 21 世纪以来，世界各国综合电子信息系统的发展出现了以下趋势。

### （一）功能上向综合化、智能化方向发展

近期几场局部战争，使西方国家获得了全面检验其综合电子信息系统作战效能、价值和存在问题的良好机会。根据对未来作战的预测和实战中暴露出来的问题，在技术上要向综合化、智能化方向发展。综合化是为适应体系对体系、系统对系统的作战需要，根据整体出威力、系统出效能的原理，建构未来综合电子信息系统的基本方向之一。

多年来，包括美国在内的世界多数国军队的 $C^3I$ 系统，受发展规划、技术和其他条件的限制，走的都是"烟囱式"的发展道路，致使建成的系统功能独立，互联、互通、互操作能力差。海湾战争的实践证明，这种系统难以适应未来高技术条件下联合作战的需要。美国首先提出建立 $C^4I$ 系统的新概念，把 $C^4I$ 的范围扩展到反情报、联合信息管理和信息战领域。这种体制，不仅可指挥控制己方的作战部队，还可提供敌方如何指挥、控制其部队的有关信息，实现了多层次、大范围的连接和信息共享，增强了信息作战能力。1997 年美国将监视和侦察与 $C^4I$ 系统集成为 $C^4ISR$。它是综合集成的指挥、控制、通信、计算机、情报、监视和侦察系统，具备通信对抗、反侦察等功能，基本涵盖了综合电子信息系统的全部内容。

大力提高综合电子信息系统的智能化水平，也是其未来发展的方向之一。提高智能化水平的核心是开发各类智能化软件系统。随着思维科学、决策科学、认识科学、机器自学功能的提高，以及神经网络新一代计算机的产生，综合电子信息系统的智能化将进入更高发展阶段。

### （二）规划上强调系统的一体化，更重视信息安全

实现系统的一体化也是综合电子信息系统发展的趋势。根据多年的建设发展经验，我军提出了努力实现指挥控制、情报侦察、探测预警、通信、电子对抗等功能的一体化，战略、战役、战术综合电子信息系统一体化，诸军种综合电子信息系统一体化，综合电子信息系统与主战武器系统一体化等的目标。在一体化过程中，美国国防部首先带头将国防部所属的 14 个系统集成为一体化的大系统。美国陆、海、空军也分别将本军种所属的若干系统向着一体化的方向集成，最终集成为本军种的一个大系统。同时，各军种的系统和国防部的系统还要进一步综合集成为一个一体化的更大系统，以实现互联、互通、互操作。

为促进一体化的实现，美国制定了国防信息系统网(DISN)综合化计划和全球指挥、控制、通信系统(GCCS)计划。GCCS 全部实现后，陆军指挥官可用海军的平台指挥陆上作战；同样，海军的指挥官也可用陆军的指挥平台指挥海上作战，从而实现了指挥平台的一体化。

随着信息技术的发展和信息战的到来，信息安全受到了严重威胁，各国视安全为信息的生命。因此，对加强信息和信息系统的安全特别重视。美军对信息安全提出了如下要求：

(1) 信息系统必须有能力在任何复杂环境中安全处理各种信息；

(2) 必须充分保护国防部的信息系统，以便有能力与有关网络上的多个主机间进行分布式信息处理和分布式信息管理；

(3) 信息系统必须有能力支持具有不同安全要求的用户，利用不同安全保密级别的资源进行信息处理。

### (三) 使用上提高系统多种能力，向深海和外层空间发展

根据战争的实战经验，提高综合电子信息系统的各种作战性能和适应能力，是满足未来信息化战争的需求。

#### 1. 提高快速反应能力

美国对付海湾危机的应急决策表明，综合电子信息系统的各个环节都要注重提高对付突发事件的反应能力。这就必须建立多层次、多手段的预警和侦察系统，提供准确的情报，保证对作战命令和情报信息的迅速传送，保障各种战勤指挥通畅、供应及时，要利用计算机模拟各种复杂情况，迅速制定决策。要提高机动和适应能力，综合电子信息系统必须有较强的机动能力，以及适应恶劣自然环境和残酷战争环境的能力。各级综合电子信息系统要能车载、舰载或机载，要便于灵活、迅速地开设和重新组合，在机动中保障不间断的指挥。

#### 2. 提高抗毁生存能力

随着综合电子信息系统技术水平的提高，其脆弱环节也越来越多，抗毁和生存问题将更加突出，必须采取机动隐蔽、防护加固、冗余技术、容错系统、抗干扰和抗病毒等多种手段，以提高抗毁和生存能力。有专家预测，发达国家 $C^4I$ 系统中的核心部分将能在核战争中生存，而容错计算机与自适应结构的通信网络和多级保密系统等将大大提高 $C^4I$ 系统的可靠性。

#### 3. 向深海和外层空间发展

目前，$C^4I$ 系统大多都是沿地球表面配置的，随着航天技术的不断发展，$C^4I$ 系统平面配置的格局将被打破，取而代之的是一种从外层空间到海洋深处的立体配置。永久性的载人空间站、轨道站的建成都可成为 $C^4I$ 中心和武器平台。据称，空间平台将能监视整个陆地、30 m 深的海水以及直到数万公里高的空间。可以预见，未来 $C^4I$ 系统将从外层空间一直延伸到海洋深处，形成立体配置、全球连通的网络。

## 三、综合电子信息系统的作战应用

现代战争是体系与体系的对抗，突出强调的是体系的对抗能力。体系对抗能力不强，

即使不乏先进的单个武器装备，也难以在未来信息化战争中有所作为。体系对抗能力的形成不是靠单个武器系统或装备的作战效能简单相加就能够实现的，而是要依靠信息的纽带作用，把各武器系统之间、武器系统与保障系统之间、武器系统内各子系统之间以及单个武器之间紧密联系在这个过程中，使综合电子信息装备发挥更加重要的作用。

### （一）军队战斗力的"倍增器"

综合电子信息系统可以极大地提高军队的战斗力。战斗力是指军队实施战斗行动和完成战斗任务的能力，主要取决于两方面的要素：一是作战实力（兵力），二是指挥控制能力（用兵能力）。要想使兵力和兵器最佳组合，充分发挥它们的作战效能，最大限度地提高军队的战斗力，除了指挥员要有精深的谋略和高超的指挥艺术外，还需要功能强大的综合电子信息系统。

例如1991年海湾战争爆发时，伊拉克的防空力量并不弱。但多国部队在发起大规模空袭前，首先实施高强度的综合电子战，瘫痪了伊军 $C^3I$ 系统，使其作战指挥系统成了"瞎子"、"聋子"和"哑巴"。结果，伊军根本未能组织起有效的防空作战。多国部队以很小的代价赢得了胜利。

### （二）军队一体化作战体系的"黏合剂"

综合电子信息系统可以将现代军队的各个系统有机地联为一体，充分发挥整体威力。现代战争是诸军兵种一体化联合作战，参战军兵种多，武器平台多，战场分布广，如果没有一个高效率、高度集中统一的综合电子信息系统作为军队的神经中枢，那么这支军队只能是一盘散沙，无法发挥应有的效能。因此，综合电子信息系统是现代化军队一体化作战体系的"黏合剂"。20世纪90年代以来，从海湾战争、科索沃战争、阿富汗战争到伊拉克战争，都充分表明了这一点。阿富汗军队基本上没有综合电子信息系统，因此就根本无法与美军直接对抗；南联盟的综合电子信息系统是不完整的，因此只能组织有限的防护，也难以与以美国为首的北约军队进行抗衡；伊拉克虽然建立了较为先进的综合电子信息系统，但却无法确保其在战时正常工作，同样逃脱不了失败的命运。相反，美军则高度重视，并投巨资建设综合电子信息系统，在战争中收到了奇效。

### （三）军队指挥控制的重要手段

综合电子信息系统可以大幅度提高联合作战指挥员的指挥能力。

首先，它可为联合作战指挥员提供对广阔作战空间的感知能力。指挥员可在远离战场的指挥所里通过显示设备，实时、形象、直观地掌握战场态势和有关情况，了解战场态势所需时间大大缩短。

其次，它可增强联合作战指挥员的有效用兵能力。联合作战指挥员可通过战场态势显示屏和通信网络直接指挥作战部队的行动，可对来袭的敌方各种空中目标实现从情报侦察、探测预警、监视捕捉、敌我识别、跟踪制导、电子对抗到命中目标的全程指挥控制，提高各种信息化武器装备的作战效能。

再次，它可为联合作战指挥员提供高效的通信保障。

最后，它能使战略决策层直接感知和控制战术行动。在现代战争中，有可能出现一些战略性战斗行动，如美国空袭利比亚，出兵海地等军事行动，规模虽然不大，但事关全局。在处理这种战略性战斗行动时，既要求前线指挥员要直接对战略决策层负责，也要求战略决策层拥有实时掌握战术情况的权力，这一切都离不开指挥控制系统。

### （四）打赢信息化条件下局部战争的根本保证

综合电子信息系统是进行信息化条件下局部战争的基础，也是打赢信息化条件下局部战争的根本保证。在信息化条件下的局部战争中，作战力量的指挥控制将更加受制于复杂的战场环境。在包含大量信息化武器装备的数字化、网络化战场上，指挥控制系统能使信息与能量实现最佳结合，既能为战场上所有作战单位提供"无缝"的信息传输能力和互操作能力，又能在任何时间、任何地点接收实时、融合、逼真的战场图像，准确提供敌人或潜在敌人指挥控制部队的各种信息，可全向发布、响应命令，指挥控制己方部队。另外，指挥控制系统是取得信息优势的必备条件。敌对双方的对抗行动都将主要集中在指挥控制系统上，其性能优劣将决定着信息战的成败。

## 第四节　信息化杀伤武器

信息化武器装备体系是一个以信息为基础，以信息技术为支撑，以指挥控制系统为核心，以信息化、智能化为基本特征，集软杀伤和硬杀伤为一身的一体化武器装备体系。随着信息技术的迅猛发展和广泛应用，强国都企图加快军事技术的创新发展，进一步拉大与其他国家在军事信息技术方面的差距。因此，加速发展信息化杀伤武器，也成为各大强国确立军事信息技术优势的重要手段之一。

### 一、新概念武器

新概念武器是应用新的工作原理和新的毁伤机理制造的、完全不同于传统武器装备的全新武器。在军事高技术迅速发展的今天，技术含量越来越高的全新武器的问世，很可能对未来战争产生意料不到的效果，甚至引起未来作战战法或作战样式的重大改变。

#### （一）新概念武器的概念

新概念武器是相对传统武器而言的高新技术武器群体。它是工作原理、毁伤机理、作战方式及使用时间与传统武器有显著不同的各类高技术武器的统称。

传统武器的基本工作原理通常是点火—发射—然后依靠火药推力使弹头在空中飞行，最后击中目标爆炸。传统武器的这种工作原理，使得目前武器装备的技术性能基本上达到极限，随着现代战争的发展，人们迫切需要新的合适的武器装备来应付突发事件满足军事需要。

尽管传统武器的种类繁多，性能各异，但其杀伤破坏机理主要有两种：一是靠爆炸杀伤；二是靠直接命中。而新概念武器则采取了完全不同的全新的杀伤破坏机理，而且形式多样。例如：激光武器是靠高温烧毁、熔化直至摧毁目标；动能武器是靠强大的动能碰撞物体；微波武器通过发射强大的微波波束攻击目标，使人产生烦躁、头痛、神经混乱、记忆力减退等。

从新概念武器的定义中可以看出，新概念武器是正处于研制之中，尚未大规模装备部队或使用于战场的一类武器。随着科学技术和武器技术的不断发展，前一时代的新概念武器必然变为下一时代的常规武器，今天的新概念武器也许就是明天的常规武器。这是武器发展的基本规律。

### （二）新概念武器的种类

#### 1. 激光武器

激光武器是利用激光束直接毁伤目标或使目标功能失效的定向能武器。具有远程、方向性好、能量集中、机动灵活、抗电子干扰能力强、反应时间短、命中精度高等特点。通常分为天基激光武器、地基激光武器、机载激光武器、舰载激光武器和车载激光武器。

#### 2. 粒子束武器

粒子束武器是利用接近光速的密集粒子束流毁坏目标或使目标功能失效的定向能武器。它具有拦截速度快、杀伤力极大、全天候作战等特点。按照部署方式和载体平台类型不同，可分为陆基、舰载和天基粒子束武器。

#### 3. 高功率微波武器

高功率微波武器又称射频武器，是利用定向发射的高功率微波波束毁伤电子设备或杀伤有生力量的定向能武器。具有可实施全天候、多种目标攻击及附带损伤很小等优点，且具有极强的穿透性，就连地下工事和装甲战车内的人员也难以逃脱它的伤害。一般分为微波波束武器和微波炸弹两类。高功率微波武器既可作为进攻型武器，又可用作防御武器，其主要作战对象为军事卫星、战略弹道导弹、巡航导弹、反辐射导弹、预警飞机、隐身飞行器、舰艇、坦克、信息系统、地雷和战斗车辆的点火系统，以及作战人员等。

#### 4. 动能武器

动能武器是利用具有巨大动能的非爆炸性战斗部直接碰撞并摧毁目标的武器。它是一种典型的直接拦截武器，将成为反飞机、反弹道导弹和反卫星的"杀手锏"。它主要包括动能拦截武器和电磁发射武器。

（1）动能拦截武器。动能拦截武器是一种由火箭推动的、自主寻的、利用其与目标直接碰撞的巨大动能来摧毁目标的飞行器。

（2）电磁发射武器。电磁发射武器是一种靠电磁能推动的发射武器。它主要包括电热炮和电磁炮等，可用于天基反导系统、防空系统、反装甲武器或作为坦克炮以及舰载炮使用，也可作为远程火力压制武器使用；也可用于摧毁反舰导弹、战区弹道导弹、空地导弹和反辐射导弹。

#### 5. 非致命武器

非致命武器又称失能武器，是指利用声、光、电、电磁和化学制剂等非致命技术手段，使敌方人员或装备暂时或永久失能，而不致人死亡和产生不必要的物质损害及环境危害的武器。按作用对象，可分为反人员非致命武器和反装备非致命武器两类。

（1）反人员非致命武器主要是利用物理效应和化学效应实施非致命攻击，使敌方大量战斗减员，造成沉重负担。它主要有声能武器、化学失能剂、刺激剂等。

（2）反装备非致命武器主要是通过破坏装备本身的材料结构或外部条件，使其无法正常发挥作用，以阻止装备快速实施机动的目的。它主要包括超级润滑剂、材料脆化剂、超级腐蚀剂、超级粘胶以及动力系统熄火弹等。

### 6. 次声武器

这是一种能发射 20 Hz 以下低频声波即次声波的大功率武器装置。在空中，它能以每小时 1200 公里的速度传播，在水中能以每小时 6000 公里的速度传播，可穿透 1.5 m 厚的混凝土。它虽然难闻其声，却能与人体生理系统产生共振而使人丧失功能。在波黑战争中美军就曾使用次声发生器发射次声波，几秒钟后使对方大批人员丧失了战斗力。

次声波武器已被列为未来战争的重要武器之一，有可能成为具有"地区作用"的强大武器。其优点是隐蔽性强、传播速度快、传播距离远、穿透力强、不污染环境和破坏设施等。

次声武器使世间又多了一种杀戮的方式。由于次声武器对环境、自然生物及非战斗人员所产生的巨大的破坏作用，如何投入实战仍然值得商榷。

### 7. 环境武器

环境武器是指通过积极控制和利用环境，通过控制或改变地壳固体层、液体层及大气层内的物理过程，有意识地将自然力用于军事目的。环境武器主要分为气象武器、地震武器和生态武器。

（1）气象武器是指运用现代科技手段，人为地制造暴雨、山洪、雪崩、热高温、气雾等自然灾害，改造战场环境，以实现军事目的的一系列武器的总称。1977 年 9 月，苏联卡列利阿共和国的居民在 4 分钟内目睹了极不寻常的天气现象：一个旋转的巨大云团突然出现，形状如同水母。除了苏联人，临国芬兰的居民同样看到了该奇异景观。后来，关于此事的录像被西方情报部门获得，美国《华盛顿邮报》做了专门报道，并采访了数名气象专家，称这很可能是苏联进行气象武器试验的结果。

（2）地震武器是指采取某种手段，人为地在一定区域引发地震或海啸，从而达到军事目的的一种作战手段。目前，真正意义上的地震武器并没问世，但众多国家对其兴趣尚浓，有的国家正在秘密研制。尽管成功的难度很大，但是，地震武器不能不引起人类的警惕。

（3）生态武器是指利用化学物质，使地面上的草木死亡，生物灭绝，使能够生长庄稼的田园变成不毛的荒地，从而改变敌方的生态环境。例如臭氧武器，就是利用物理、化学方法，在敌方上空臭氧层中投放能吸收臭氧的化学物品，使高空臭氧层局部遭到破坏。生态武器将是一种很具有杀伤破坏性的武器。

### 8. 基因武器

人们常说"种瓜得瓜，种豆得豆"，这就是指遗传，而如果遗传基因改变了，那么遗传的结果将无法想象。2000 年 6 月，美国总统克林顿与英国首相布莱尔通过卫星联合宣布了人类历史上第一个基因组草图绘制完成的消息。这个"有史以来最伟大的科学成就"会不会像原子物理学一样用于战争？其潜在的可能性很值得忧虑。基因既能造福于人类，也有可能制成基因武器给人类带来灭顶之灾。

运用遗传工程技术或 DNA 重组技术可以制造基因武器。基因武器被称为"世界末日武器"。基因武器就是通过其特殊的性能，破坏遗传密码，使基因丢失、突变等，破坏人体的自然免疫屏障，改变人体的正常发育，产生躯体或精神的疾病，从而改变一个种族的繁衍与发展。目前已研制出的基因武器有毒素类基因武器、细菌类基因武器、人种类基因武器等。

### （三）单兵数字化装备

单兵数字化装备，是士兵在信息化战场上使用的，集攻击、防护、观察、通信、定位于一体的多功能装备。它主要由综合式多功能头盔、单兵武器、士兵敌我识别系统、单兵计算机/无线电通信系统、士兵被服系统和电源等组成。此外，还包括系统的接口、控制设备和软件等。

### 1. 综合式多功能头盔系统

综合式多功能头盔系统能为士兵提供所需的视听信息。它一般包括头盔壳、综合平板显示器、图像增强器、数字摄像机、电子耳、防生化面具、通话器和防激光护目镜等。如果士兵系统中包括敌我识别系统，则头盔上还要安装激光探测器、插入式平板天线和无线电应答发射机。美国海军研究实验室正在研制一种"战场增强现实系统"，情报部门掌握的有关战场的所有情报都可以出现在"战场增强现实系统"的眼镜片上，从而大幅度提高士兵的态势感知能力。

### 2. 单兵武器系统

单兵武器系统集观察、瞄准、射击于一体，配有计算机和射控系统，能完成昼夜监视、跟踪、精确射击等多项任务。它的主要部件包括单兵武器、热成像仪、夜战用激光瞄准仪和远距离听力装置等。未来单兵使用的武器包括激光枪、电磁枪等新概念武器，也包括电子枪、制导枪等特种枪，以及各种士兵可以随身携带的微型智能武器，如微型飞行器和微型跳雷等，以及反坦克微型机器人。

### 3. 士兵敌我识别系统

士兵敌我识别系统是一种激光识别系统，它可以通过激光波速的扫描对目标进行询问应答，从而有效地识别目标的性质，减少战场上的误伤事件。单兵数字化装备将包括专为单兵研制的敌我识别系统。当徒步作战的士兵在进行搜索或发现可疑目标时，可启动步枪上的红外激光询问器，询问器发出方向性很强的、加密的红外光束信号，对方若是自己人，其装备的敌我识别系统的激光探测器将能探测到这一询问信号，并以保密的全向无线电信号自动作出回答。此时发问士兵的无线电接收机会接收到这一信号，并出现一个红色光点提示该士兵询问已有答复。士兵对收到的回答信号进行解密验证，就能确定对方是友非敌，从而减少误伤事故。

### 4. 单兵计算机/无线电通信系统

单兵计算机/无线电通信系统能发出、存储和显示信息。该系统包括计算机硬件单元、计算机软件单元(用于绘图和指令控制)、一个与单信道地面和机载无线电台兼容的部件、一个用于班内通信的士兵无线电部件、话音识别部件、视频画面捕获部件(用于班内与班际的无线电系统视频图像传输)、全球导航定位部件以及许多其他接口部件。通过个人计算机/无线电通信系统的连接，士兵将与信息化战场紧密地结合成一体，实现信息共享和战场可视，可以依靠网络方便地调用其他战斗资源，相互支援，协同作战。

### 5. 士兵被服系统

士兵被服系统包括护身甲、背负装备、制式服装和微型空调器，具有防弹、防化学战剂、防火、防核辐射、防红外监视、防激光、抗御风雨等功能，未来的作战服还将具有隐身的功能。目前，士兵被服系统基本上已能做到四季适用，自动变色，能辨敌友，今后功能将更趋完善。士兵被服系统嵌入各种微型传感器后，可以监视士兵的生理情况，如心率、体温、血压和呼吸等，可判断士兵是否负伤，以便进行远程治疗或及时救护。

### （四）新概念武器的发展趋势

由于新概念武器的重要作用和地位，世界各国尤其是美国投入了巨额资金，制订了宏大的计划，组织了庞大的科技队伍来从事新概念武器的开发工作，未来新概念武器将得到较快的发展，其发展趋势主要表现在如下几方面：

**1. 创新性**

与传统武器相比，新概念武器采用现代高新技术和全新概念的设计思想、制作材料和结构原理等。因此，武器的性能与传统武器相比有很大的突破和提高，具有很高的作战效能。它是创新思维和高新技术相结合的产物。

**2. 高效精确性**

许多软杀伤武器是靠能量来杀伤破坏目标，只要战前将能量储备好，战时就能实施连续攻击，不受"弹药"数量的限制。大多数软杀伤武器属于无惯性武器，射击时无后坐力，操作使用灵便，可快速变换射向，一个武器可同时攻击多个目标。那些使用光束、电波攻击目标的新概念软杀伤武器攻击运动目标无须提前量，只要瞄准目标发射即可，命中精度极高。

**3. 时代探索性**

新概念武器是一个相对的、动态的概念。随着时代发展和科技进步，某一时代的新概念武器将日趋成熟并得到广泛应用，继而也就转化为传统武器。但探索性新概念武器的高科技含量远比传统武器多，探索性强，技术难度大，资金投入大，其发展在技术、经济、需求及时间等方面具有诸多不确定因素，因此，也具有较高的风险。

**4. 非致命性**

新概念武器的非致命性是新概念武器的又一个重要特点，随着人类社会的进步，其"弱致命性"迎合了人类生存与和平发展的需要，在道义上易于被爱好和平的人们接受。

### （五）新概念武器的作战应用

新概念武器是科学技术和军事理论发展到一定阶段的必然产物。新概念武器的出现，不仅将使整个武器装备系统产生革命性的变化，也将对战争理论的发展及作战方式的变更产生巨大影响。新概念武器的应用将带来如下变化：

（1）武器装备系统将产生革命性的变化。

新概念武器系统将是今后一段时间内世界各国重点研究的领域，它可使整个武器装备系统产生革命性的变革。

（2）战争形式将发生重大变化。

随着各种新概念武器应用到战场中，太空战、环境战、气象战、"零死亡"战等新的战争形态将会陆续登上战争舞台。未来战场上可能看不到士兵，没有作战界线，甚至没有国界之分。新概念武器可能使对方人员及生活环境遭到严重破坏，导致一个军队乃至一个民族在不流血的冲突中被征服。

（3）作战方式将进行重大改革。

兵力突击、火力打击将不再是作战的主要手段，新概念武器的应用将使作战行动在广泛的领域中展开，作战方式将发生重大改革。

（4）军事理念将会有重大变化。

新概念武器的应用将使进攻和防御的概念有新的解释。"消灭敌人"将不再以毁灭对方肉体为最高标准，使敌人失能将可能成为"消灭敌人"所追求的最佳目标；抵御侵略不仅是抗击敌人的兵力、火力入侵，同时还包括抵御和防范敌人的基因入侵、计算机病毒入侵、气象入侵等等。

新概念武器的应用还将使军队的体制发生重大变革，军兵种成分将有较大变化，天军、机器人军团、网络战部队等新型兵种将出现在未来战场。未来士兵不再是昔日的单纯枪手，而必须具备某些物理学家、数学家、化学家、计算机专家和通信工程师等品质。

## 二、精确制导武器

精确制导技术催生出的精确制导武器是第二次世界大战后军事技术最引人注目的进展之一。1991 年的海湾战争中，多国部队使用的精确制导武器为 9％，而在 2003 年的伊拉克战争中已达到 70％左右。各种精确制导武器的迅速发展和广泛应用，对现代作战产生了巨大的影响。

### （一）精确制导武器的概念

精确制导技术是指利用目标辐射或反射的特征信号，发现、识别与跟踪目标，精确导引和控制武器命中目标的技术。精确制导技术是在制导技术基础上延伸和发展的，用于支持精确制导武器的远距离高精度作战、夜间作战、全天候作战、复杂战场环境下作战。

精确制导武器是指采用精确制导技术，直接命中概率在 50％以上的武器。精确制导武器有两大基本特征：一是采用了精确制导技术；二是直接命中概率高。

制导武器最早诞生于第二次世界大战，20 世纪 50 年代出现了防空导弹、空空导弹等。越南战争中精确制导武器真正崭露头角。70 年代人们在战争中开始越来越多地使用这一类武器。

### （二）精确制导武器的制导方式

制导系统由导引系统和控制系统组成。随着高新技术的发展，精确制导武器的制导方式也有各种类型，按不同的控制制导方式概括为自主制导、寻的制导、遥控制导、复合制导四种。

#### 1. 自主制导

自主制导是利用弹载测量装置测定武器内部或外界某些固定的参考基础并以此作为依据，产生控制信号，控制武器按预定的方案（弹道）飞行，直至命中目标。常用的制导方式有惯性制导、程序制导、地形匹配制导、景象相关匹配制导、星光制导、GPS（全球卫星定位系统）制导等。

#### 2. 寻的制导

寻的制导又称自寻的制导，其主要特点是通过弹上的导引系统（导引头或寻的器）感受目标辐射或反射的能量，自动跟踪目标，导引制导武器飞向目标。寻的制导精度高，但作用距离短，多用于末制导，适合打击运动目标，寻的制导均具有"发射后不用管"的优点。

#### 3. 遥控制导

遥控制导是通过设在精确制导武器以外（地面、飞机、舰艇）的制导站来测定目标与武器之间的相对运动参数并形成制导指令，再通过弹上的控制系统控制武器飞向目标。

### 4. 复合制导

复合制导是在一种武器中采用两种或两种以上制导方式组合而成的制导技术，先进的精确制导武器系统往往采取复合制导方式。

### (三) 信息化弹药

信息化弹药又称精确制导弹药，是指采用精确制导技术，具有较高命中精度或直接命中概率大于 50% 的弹药。它主要包括各类导弹、制导炸弹和制导炮弹等。

#### 1. 导弹

导弹是依靠自身动力装置推进，由制导系统控制飞行、导向目标，以其战斗部毁伤目标的武器。根据发射点和攻击目标的不同，导弹可分为防空导弹、空空导弹、空地导弹、反舰导弹、地地导弹、潜射导弹和反坦克导弹等。

(1) 防空导弹是指利用精确制导技术，对来袭敌机和导弹实施拦截的导弹。典型代表有美国的"爱国者"、俄罗斯的"萨姆"—10、法国的 SA—90 等。

(2) 空空导弹是以飞机或直升机为发射平台，用于攻击空中目标的导弹。比较典型的有美国的 AIM—120D 中程空空导弹、俄罗斯的 AAML 远程攻击导弹、英国的 AIM—132 近距格斗导弹等。

(3) 空地导弹是以飞机或直升机为发射平台，用于攻击地面、水面目标的导弹。典型代表有美国的"斯拉姆"(SLAM)导弹、以色列的 AGM—142"突眼"导弹和俄罗斯的 AS—16 导弹等。

(4) 反舰导弹是专门用于攻击水面舰艇的导弹。根据发射平台和运载工具的不同，可分为空舰导弹、舰舰导弹、潜舰导弹和岸舰导弹等多种类型。目前反舰导弹已发展到第三代。

(5) 地地导弹是从陆地发射打击陆地目标的导弹。按飞行弹道可分为地地弹道导弹和地地巡航导弹；按射程可分为洲际、远程、中程、近程地地导弹；按作战使用可分为地地战略导弹和地地战术导弹。典型的如俄罗斯的"白杨"—M 弹道导弹和"飞毛腿"地地战术导弹等。

(6) 潜射导弹是由潜艇发射的导弹。它主要分为潜射弹道导弹、潜射巡航导弹、潜射反舰导弹和潜射防空导弹等。典型的如俄罗斯潜射"布拉瓦"弹道导弹、美国潜射"战斧"巡航导弹及德国和挪威联合研制的潜射"海神"防空导弹等。

(7) 反坦克导弹是专门用于摧毁坦克和其他装甲目标的导弹。近年发展的反坦克导弹还可用于摧毁防空阵地、地面指挥所和防御工事等坚固目标。典型的如英、法、德联合研制的"崔格特"远程反坦克导弹，中国"红箭"—9 反坦克导弹等。

#### 2. 制导炸弹

制导炸弹又称"灵巧炸弹"，是装有制导装置和空气动力操作面的炸弹。它主要包括激光制导炸弹、电视制导炸弹、红外制导炸弹等。制导炸弹大都由常规炸弹加装制导装置和气动力控制面(弹翼、尾翼)制成，由各种飞机携带，结构简单、成本较低，主要用于毁伤敌方防空系统、火炮、坦克和装甲车辆、机场、桥梁、建筑物，命中精度大大高于普通炸弹。海湾战争期间，激光制导炸弹的圆概率误差仅为几米。

有些普通炸弹通过加装制导尾翼组件也可改装为制导炸弹，如美国的 GBU—31 联合直接攻击弹药(JDAM)就是由非制导航空炸弹改造成的精确制导炸弹。它除可由作战飞机从低、中、高空实施水平轰炸外，还可实施俯冲和上仰轰炸，可同时攻击多个目标或单个目标的不同部位，既可攻击预定目标也可攻击行进中的新目标。

### 3. 制导炮弹

制导炮弹是用地面火炮发射，弹丸带有制导装置的炮弹。它主要用于攻击坦克、装甲车、反坦克导弹的发射装置、观察所、掩蔽部和火力发射点等小型目标。根据采用的制导技术，可分为激光制导炮弹、毫米波制导炮弹、红外成像制导炮弹和复合制导炮弹等。

（1）激光制导炮弹是利用激光进行制导的炮弹。按制导方式分为主动与半主动两种，目前实际应用的主要是半主动激光制导。例如美国"铜斑蛇"激光制导炮弹，采用由直升机载或地面车载的激光照射器照射目标，在飞行末段由炮弹的激光寻的装置自动捕捉目标反射的激光回波，导引炮弹命中目标，制导精度可达 1 m 以内。

（2）毫米波制导炮弹是利用装在炮弹上的微型毫米波雷达寻的，可在弹道末段自动搜索、跟踪目标，修正飞行弹道，直至命中目标的制导炮弹例如法国研制的"灰背隼"81 mm 迫击炮弹。

（3）红外成像制导炮弹是利用红外探测器通过目标的红外辐射获得目标的红外图像，并进行目标的捕获、跟踪，直至命中目标的制导炮弹。典型的如瑞典"斯特里克斯"155 mm 红外成像制导炮弹。

（4）复合制导炮弹就是将两种不同类型的制导装置组合在一起的制导炮弹。例如美国雷神公司为美国陆军研制的 155 mm"神剑"制导炮弹就采用"GPS＋惯性"制导的方式，它是美国陆军未来战斗系统(FCS)的重要精确打击手段。2007 年 5 月，美国陆军在支援巴格达北部的军事行动中，首次使用 M109A6"帕拉丁"自行榴弹炮向恐怖分子隐蔽地域发射了两枚"神剑"制导炮弹，均直接命中了目标。

### （四）精确制导武器的发展趋势

当前，研制新一代精确制导武器、改进现有精确制导武器的性能是世界主要国家在军事技术领域角逐的焦点。现代精确制导武器将朝着以下几个方向发展：

一是进一步增大火力毁伤距离，提高弹药投送精确度和弹药威力；

二是弹药引导系统由自动化向全自主过渡，以实现"发射、不用管、摧毁"的目的；

三是实现战斗准备过程的自动化，扩大电子计算机和自动化控制设备在武器控制方面的使用范围；

四是实现不同作战平台、不同兵种和军种间精确制导弹药的配套和标准化。

目前，国外对精确制导武器发展提出的具体需求是：

（1）杀伤概率提高到 100％而弹药需求量降低到 20％～30％；

（2）可以对付多种目标，抵抗现代化干扰，并使弹药库存需求量降低 30％～40％；

（3）侵彻能力提高 300％，可以摧毁更坚硬的目标；

（4）使现役战斗部的杀伤力提高 20％～30％，成本比现役产品低 20％的制导一体化引信和能够摧毁地下坚固目标的硬目标灵巧引信；

（5）对付各种轻型和重型装甲目标，弹药需求量降低 30％～40％；

（6）小型多用途武器和反装甲武器，用以装备各种新型飞机；

（7）重量更轻、尺寸更小、成本更低、多用途等。

### （五）精确制导武器的作战应用

由精确制导技术研制的武器在 20 世纪 60 年代以来的局部战争中，以显赫的战绩确立了"兵器之星"的地位，对作战产生了深远的影响。

#### 1. 提高了作战效能

精确制导武器在已发生的局部战争中，从所占攻击目标比率、摧毁目标比率、效费比等指数看，极大地提高了作战效能，使其成为战争的基本手段。1998 年 12 月美英对伊拉克实施的"沙漠之狐"行动中，所用精确制导武器占了全部投掷武器的 85％以上，其总体命中概率达到 80％以上。

#### 2. 改变了军事力量的对比

精确制导武器正在改变着坦克、飞机、军舰等武器装备的传统军事价值，它与电子战相配合，将成为战争制胜的重要因素。海湾战争中，美国 42 架 F－117 飞机的出动架次只占多国部队固定翼飞机出击架次 2％，但却打击了 40％的战略目标。精确制导武器越来越明显地表现出改变军事力量平衡的作用，并促进了常规威慑力量的形成。

#### 3. 改变了作战样式

精确制导武器同时可以连续精确打击整个战场纵深，减少前沿的短兵相接，使前后方界线模糊，战场呈现"流动"状态，非线性或无战线化。海湾战争中，交战双方兵力 120 万，坦克 8000 余辆，装甲车 8300 多辆，但地面战斗仅用 100 个小时就结束了，且未发生大规模步兵格斗和坦克大战。这主要是因为伊军的装甲部队已被多国部队大量的反坦克导弹所摧毁。

#### 4. 安全有效地达到军事政治目的

"外科手术式"的基本形式就是使用精确制导武器实施精确突袭。这是一个既能达成一定的政治目的又比较安全、有效的军事手段，只需使用少量的空袭兵力，就能摧毁对方重要的军事、政治目标或经济设施，付出的代价小而军事效益高。例如，1986 年 4 月 15 日，美军在空袭利比亚的"黄金峡谷"行动中，F－117 战斗机和舰载攻击机使用精确制导武器对利比亚的 5 个地面目标进行"外科手术式"的突袭，仅用了 12 分钟就达成了军事目的。

## 三、核生化武器

大规模杀伤性武器就是现代物理学、现代生物学和现代化学的产物。科学技术的迅速发展，为大规模杀伤性武器的研制创造了物质条件。大规模杀伤性武器又称大规模毁灭性武器，通常包括核武器、生物武器和化学武器（简称"核生化"武器）。大规模杀伤性武器的巨大杀伤力和破坏力也增加了其使用的局限性。早在 1925 年 6 月，在日内瓦国际会议上通过了《禁止在战争中使用窒息性、毒性或其他气体和细菌作战方法的协议书》，20 世纪 60 年代以来又陆续通过了《禁止核试验条约》和《核不扩散条约》等条约。这些条约的签署，有效地遏制了核战争和"核生化"武器在战争中的使用。但是，长期以来世界各国对大规模杀伤性武器的研制、试验和生产都没有停止过，其性能和质量还在不断得到改进和发展，拥有大规模杀伤性武器的国家和地区也在不断增多。未来的战争仍将会在"核生化"等大规模杀伤性武器的威慑下进行。

### （一）核武器

核武器是指利用核裂变或核聚变反应（或二者兼有）瞬间释放出的巨大能量产生爆炸，造成大规模杀伤或破坏效果的武器。核武器系统由核战斗部、投掷系统和指挥控制系统构成。

#### 1. 核武器的杀伤破坏作用

核武器是迄今为止人类制造的杀伤破坏威力最大的武器。核武器的杀伤破坏作用是其爆炸瞬间释放的巨大能量及其转化为不同的杀伤破坏因素造成的。

#### 2. 核武器的特点

（1）核武器能在最短的时间内以最少的兵力、兵器造成敌方人力物力的巨大损失。据测算，一枚当量 3 万吨的原子弹在空中爆炸，几秒钟内就可使 14 km² 范围内显露的敌人的有生力量丧失战斗力。

（2）核武器具有多种杀伤效果，其作用几乎是同时发生的，而且作用的持续时间有短有长，这就使得对核武器的防护相当困难。

（3）核武器的使用手段和使用方式多种多样，已形成完整系列，一般根据不同的作战目的来选择。例如，为杀伤大面积暴露的敌方有生力量，摧毁其野战工事、水面舰艇、较集中的技术装备等目标，使用核航弹、核导弹，实施空中爆炸；为摧毁坚固的地面目标，形成阻止敌人前进的弹坑或沾染区，采用地面爆炸；为利用核电磁脉冲迅速破坏敌方的雷达计算机指挥通信系统，在目标上空实施超高空爆炸；为破坏敌方地下永备工事、高级指挥机关、地下仓库，使用钻地核航弹、核导弹，实施地下爆炸；为破坏敌方潜艇、水雷网阵、港湾设施等，使用核导弹、核鱼雷、核深水炸弹等，实施水下、地下爆炸。

#### 3. 对核武器的防护

（1）集体防护。永备工事对核武器的各种效应都有较好的防护效果。工事内应安装密闭门、滤尘器、供电、供水系统及生活设施。野战工事对减弱冲击波、光辐射和早期核辐射也有良好的作用。各种战斗车辆对地面放射性沾染都有不同程度的削弱作用。在坦克内部镶嵌特殊的衬里，工事外（上）部加湿土均能有效地防护中子弹。

（2）个人防护。各类个人"三防"器材对核爆炸的瞬时杀伤因素一般无防护作用，但专用护目镜可以保护人眼，避免受核闪光的伤害。野战条件下的个人防护主要是利用地形地物，采取正确的动作，如卧倒，双目紧闭，立即跳落水中，迅速脱离核爆炸云迹区，跑往上风方向，等等。对放射性沉降物可以采用预先服用药物防护。例如，服用碘化钾减少放射性碘在甲状腺内的蓄积，服用双醋酚丁等缓泻药使进入人体的放射性物质迅速向体外排出，等等。

### （二）生物武器

生物武器是指利用生物战剂以杀伤人员、牲畜和危害农作物为目的的武器、器材的统称。它包括生物战剂及其施放工具两部分，是一种大规模杀伤性武器。生物武器也称做"细菌武器"。

### 1. 生物武器的特点

同常规武器及核、化武器相比，生物武器的杀伤破坏作用有其独特之处：

(1) 传染性强，传染途径多，杀伤范围广，危害作用大。

(2) 不易侦察检测，很难及时发现。

(3) 危害时间长。

(4) 无立即杀伤作用。

(5) 杀伤效果受自然条件影响较大。如强烈的阳光(紫外线)持续照射能杀死大多数微生物。

### 2. 对生物武器的防护

目前，一些国家正在加强对生物战剂的探测技术和抗生物战剂的疫苗的研究。据报道，国外研制出一种车载近程侦检仪，利用紫外激光可侦测 5 km 以内的生物战剂气溶胶。从总体而言，对生物武器尚无有效的防御手段，美国军方认为：就探测和识别而言，就对抗这些战剂的抗菌疫苗而言，我们并没有做好充分的准备。一般来说，用于核、化武器的集体防护和个人防护的器材，对生物战剂都有一定的防护作用。预防接种是反生物战的重要措施。人员受生物战剂感染后，利用潜伏期，服用抗生素药物，可防止发病或减轻症状。

### (三) 化学武器

化学武器是一种大规模杀伤性武器，是利用化学毒剂的毒害作用杀伤敌人的有生力量，拖延、困扰其军事行动的各种武器、器材的总称。

### 1. 化学武器的分类

化学武器按毒剂分散方式分为三种基本类型：

一是爆炸分散型。爆炸分散型化学武器主要有化学导弹、化学航弹、化学炮弹、化学火箭弹、化学地雷等。

二是热分散型。热分散型化学武器主要有装填固体毒剂的手榴弹、炮弹及装填液体毒剂的毒雾航弹等。

三是布洒型。布洒型化学武器主要有毒烟罐、气溶胶发生器、布毒车、航空布洒器和喷洒型弹药等。

化学武器按装备对象可分为步兵化学武器，炮兵、导弹部队化学武器和航空兵化学武器三类。它们分别适用于小规模、近距离攻击或设置化学障碍，快速实施突袭、集中化学袭击和化学纵深攻击，灵活机动地实施远距离、大纵深和大规模的化学袭击。

### 2. 化学武器的特点

化学武器是一种大规模杀伤性武器，与常规武器相比具有以下特点：

(1) 杀伤范围广，扩散速度快，威力大。

(2) 杀伤途径多。

(3) 作用持续时间长。

(4) 种类多。根据不同的需要选择使用化学武器，会达到不同的战略企图和战术效果。

(5) 成本低，作战效费比高。

(6) 受气象、地形条件影响较大。

### 3. 对化学武器的防护

#### 1) 防化器材

防化器材又称防化装备或三防装备，是用于防核武器、化学武器、生物武器袭击的侦察、防护、洗涤消毒、急救的各种器材装备之总称。

#### 2) 防护方式

对化学武器的防护方式主要有以下几种：

（1）集体防护。化学武器的集体防护主要是利用永备工事和野战工事。

（2）个人防护。化学武器的个人防护主要是利用防护服（包括衣、裤、围裙、靴套等）、防毒面具进行防护。

（3）简易防护。对于毒剂的突然袭击，战地人员只能因地制宜，利用地形、地物和现有器材（如口罩、湿毛巾、眼镜、手套等）进行简易防护。

（4）药物防护。对化学毒剂的药物防护包括：事前服用防毒药物，出现中毒症状时立即注射解毒针剂；用药物清洗皮肤、胃肠等。

## 思 考 题

1. 什么是信息化装备？信息化武器装备主要有哪些？
2. 信息化武器装备对现代作战的影响有哪些？
3. 信息化武器装备的发展趋势是什么？
4. 什么是信息化作战平台？其主要类型有哪些？
5. 信息化作战平台的发展趋势是什么？
6. 什么是综合电子信息系统？其主要由哪些系统构成？
7. 综合电子信息系统的发展趋势是什么？
8. 什么是精确制导武器？主要有哪些制导方式？

# 第二部分

# 军 事 技 能

# 第六章　共同条令教育与训练

☞【学习目标】

1. 了解中国人民解放军三大条令的主要内容;
2. 掌握队列动作的基本要领,养成良好的军事素养;
3. 增强组织纪律观念,培养学生令行禁止、团结奋进、顽强拼搏的过硬作风。

## 第一节　共同条令教育

条令是以简明条文规定,并通过命令颁布的关于军队战斗、训练、生活、勤务活动的行动准则。条令主要依据军队战斗、训练和管理的经验与武器装备和组织编制的状况,以及军事研究的成果等制定。

### 一、共同条令的概念

共同条令是训练、生活、勤务活动的行为准则。《中国人民解放军内务条令》(下称《内务条令》)《中国人民解放军纪律条令》(下称《纪律条令》)和《中国人民解放军队列条令》(下称《队列条令》)亦称三大条令,是中央军委向全军颁布的命令,是全体军人必须遵守执行的法规,是我军建立正规生活、巩固纪律、培养优良作风、保证部队完成训练和作战等各项任务的根本法典。

### 二、落实共同条令的意义

中国人民解放军是人民的军队,是中华人民共和国的武装力量,是人民民主专政的坚强柱石,肩负着巩固国防、抵抗侵略、捍卫祖国的历史重任。我军的性质和任务要求其必须要有高度统一的组织纪律和行动。我军的广大干部、战士来自祖国的四面八方和社会各个不同阶层,在生活习惯、文化水平、人生经历、道德素养等方面的差异较大,如果没有一个从生活到工作、从管理到训练,统一、严格的行动准则予以规范,部队就会失去应有的凝聚力和战斗力,也就不可能完成好以军事训练为中心的各项工作任务,作为军人也就不可能成为一名优秀的干部、战士。共同条令依据我军性质、宗旨,以立法的形式规定了军队日常活动,包括战备、训练、工作、生活等最基本的行动规范。它是全体军人必须遵照执行的法规,是我军建立正规生活、巩固纪律、培养优良作风、保证部队完成训练和作战等各项任务的根本法典。因此，军队的各项工作和军人的一切行动都必须以条令为准绳，并达到条令所规定的标准。只有全面认真地贯彻执行条令，才能更好地维护我军内部良好的上下级关系、军内外关系和正规的工作秩序、生活秩序，才能严格履行职责，搞好行政管理，才能培养优良作风，增强纪律性，巩固和提高战斗力，提高我军质量建设的水平。

按照教育部、总参谋部、总政治部颁发的《普通高等学校军事课教学大纲》的要求，在普通高等学校开展学生军训工作，进行中国人民解放军共同条令教育训练，对于增强学生的组织纪律性，树立良好形象，提高学生综合素质，培养"四有新人"，加强和维护校园正常的学习、生活和工作秩序，促进校园文明建设，将起到积极的推动作用。

### 三、落实共同条令对军训学生的要求

共同条令是军队建设的基本准则，也是高校学生军训生活必须遵循的原则和标准。通俗地讲，条令就是学生军训的规矩。因此，每一个军训学生，首先要认真学习条令内容，把握条令精神，紧密结合自身实际，切实从理论与实践的结合上，把条令精神融入到学习、训练、生活和工作中，使《内务条令》、《纪律条令》、《队列条令》真正成为每个学生军训生活的行为准则。其次，搞好条令教育，增强条令意识。高校学生来自全国各个不同的民族和地区，在文化、思想、观念和素质等方面具有相当大的差异性，据此，高校管理部门要坚持以教育为导向，采取集中教育与分散教育、集体教育与个别教育、管理教育与思想教育等多种形式并举的方法，转变思想观念，真正把大家的思想和行动统一到条令精神上来。最后，抓好条令落实，促进全面发展。军事技能训练要认真贯彻"严格训练，严格要求"的"两严"方针，通过认真落实条令，让广大参训学生从军事技能训练的实践中领悟条令丰富而深远的育人内涵，激发科技强军、知识报国、振兴中华的自信心和责任感，促进学生素质与能力的全面发展。

### 四、共同条令简介

#### （一）《内务条令》简介

《内务条令》是规定军人基本职责、军队内部关系和日常生活制度的法规，是军队生活的准则、行政管理的依据。《内务条令》由军队最高领导人或领导机关颁发，全军执行。其目的在于建立和维护团结统一的内部关系、紧张有序的生活秩序、严整的军容、优良的作风和严格的组织纪律，以巩固和提高战斗力，保证作战及其他任务顺利进行。

中国历代军队有关内务的要求，通常是与作战、训练、纪律等内容结合在一起予以规定的。清光绪年间，北洋陆军兵备处编印了《内务条例》，形成专门的军队内务法规。我军历来重视内务管理。从1936年至2010年，中央军委先后颁布过12部规范内务制度的法规，其中，《中国工农红军暂行内务条令》是我军最早的《内务条令》。

2018年4月15日中央军委主席习近平签署命令，发布新修订的《中国人民解放军内务条令（试行）》，自2018年5月1日起施行。其内容包括：总则，军人宣誓，军人职责，内部关系，礼节，军人着装，军容风纪，与军外人员的交往，作息，日常制度，日常战备，军事训练和野营管理，日常管理，国旗、军旗、军徽的使用管理和国歌、军歌的奏唱，附则等，共15章325条，10个附录。

　　新修订的《中国人民解放军内务条令(试行)》,由原来的 21 章 420 条调整为 15 章 325 条,明确了内务建设的指导思想和原则,坚持政治建军、改革强军、科技兴军、依法治军,聚焦备战打仗,着眼新体制新要求,调整规范军队单位称谓和军人职责,充实日常战备、实战化军事训练管理内容要求;着眼从严管理科学管理,修改移动电话和互联网使用管理、公车使用、军容风纪、军旗使用管理、人员管理等方面的规定,新增军人网络购物、新媒体使用等行为规范;着眼保障官兵权益,调整休假安排、人员外出比例和留营住宿等规定,新增训练伤防护、军人疗养、心理咨询等方面的要求。

## (二)《纪律条令》简介

　　《纪律条令》是中国人民解放军维护纪律、实施奖惩的基本法规,适用于中国人民解放军现役军人和单位,以及参战、支前的预备役人员。《纪律条令》是规定军队纪律的法规。其目的在于培养军人高度的组织性、纪律性,巩固和提高部队战斗力,保证部队训练、战备、作战等任务的顺利进行。中国历代成文法中,有许多关于军人奖赏和刑罚方面的条文。中国人民解放军在创建初期就制定了《三大纪律六项注意》,后发展为《三大纪律八项注意》。2018 年 4 月 15 日中央军委主席习近平签署命令,发布新修订的《中国人民解放军纪律条令(试行)》,自 2018 年 5 月 1 日起施行。该条令有:总则,纪律的主要内容,奖励,表彰,纪念章,处分,特殊措施,控告和申诉,首长责任和纪律监察,附则,共 10 章 262 条,8 个附录。

　　新修订的《纪律条令(试行)》由原来的 7 章 179 条调整为 10 章 262 条,围绕听党指挥、备战打仗和全面从严治军,提出了政治纪律、组织纪律、作战纪律、训练纪律、工作纪律、保密纪律、廉洁纪律、财经纪律、群众纪律、生活纪律等 10 个方面纪律的内容要求;充实思想政治建设、实战化训练、执行重大任务、科技创新等奖励条件;新增表彰管理规范,对表彰项目、审批权限、时机等作出规范,同时取消表彰与奖励挂钩的相应条款;充实违反政治纪律、违规选人用人、降低战备质量标准、训风演风考风不正、重大决策失误、监督执纪不力等处分条件;调整奖惩项目设置、奖惩权限和承办部门,增加奖惩特殊情形的处理原则和规定。

## (三)《队列条令》简介

　　《队列条令》适用于中国人民解放军现役军人和单位,以及参训的预备役人员,是规定队列动作、队列队形和队列指挥的法规,是全军队列训练的依据。

　　2018 年 4 月 15 日中央军委主席习近平签署命令,发布新修订的《中国人民解放军队列条令(试行)》,自 2018 年 5 月 1 日起施行。该条令共有总则,队列指挥,队列队形,单个军人的队列动作,分队、部队的队列动作,分队乘坐交通工具,国旗的掌持、升降和军旗的掌持、授予与迎送,阅兵,仪式,附则等 10 章 89 条,4 个附录。

　　新修订的《队列条令(试行)》由原来的 11 章 71 条调整为 10 章 89 条,着眼进一步激励官兵士气、展示我军良好形象、激发爱国爱军热情,新增誓师、组建、凯旋、迎接烈士等 14 种仪式,规范完善各类仪式的时机、场合、程序和要求;调整细化阅兵活动的组织程序、方队队形、动作要领;调整队列生活的基准单位和武器装备操持规范,统一营门卫兵执勤动作等内容。

# 第二节 分队的队列动作

## 一、单个军人队列动作

单个军人队列动作是部队训练、队列生活和日常生活的基础动作，是加强部队作风和纪律建设，培养战斗力的必要形式。

### （一）立正、跨立、稍息

#### 1. 立正

立正是军人的基本姿势，是队列动作的基础。军人在宣誓、接受命令、进见首长和向首长报告、回答首长问话、升降国旗、迎送军旗、奏唱国歌和军歌等严肃庄重的时机和场合，均应当立正。

口令：立正。

要领：两脚跟靠拢并齐，两脚尖向外分开约60°；两腿挺直；小腹微收，自然挺胸；上体正直，微向前倾；两肩要平，稍向后张；两臂下垂自然伸直，手指并拢自然微曲，拇指尖贴于食指第二节，中指贴于裤缝；头要正，颈要直，口要闭，下颌微收，两眼向前平视（见图6-1）。参加阅兵时，下颌上仰约15°。

#### 2. 跨立

跨立即跨步站立，主要用于训练、执勤和舰艇上分区列队等场合，可以与立正互换。

口令：跨立。

要领：左脚向左跨出约一脚之长，两腿挺直，上体保持立正姿势，身体重心落于两脚之间；两手后背，左手握右手腕，拇指根部与外腰带下沿或者内腰带上沿同高；右手手指并拢自然弯曲，拇指贴于食指第二节，手心向后。携枪时不背手（见图6-2）。

图6-1 徒手立正姿势

图6-2 跨立姿势

#### 3. 稍息

口令：稍息。

要领：左脚顺脚尖方向伸出约全脚的三分之二，两腿自然伸直，上体保持立正姿势，身体重心大部分落于右脚；携枪（筒）时，携带的方法不变，其余动作同徒手；稍息过久，可以自行换脚，动作应当迅速。

### （二）停止间转法

**1. 向右（左）转**

口令：向右（左）——转；半面向右（左）——转。

要领：以右（左）脚跟为轴，右（左）脚跟和左（右）脚掌前部同时用力，使身体协调一致向右（左）转 90°，身体重心落在右（左）脚，左（右）脚取捷径迅速靠拢右（左）脚，成立正姿势。转动和靠脚时，两腿挺直，上体保持立正姿势。

半面向右（左）转，按照向右（左）转的要领转 45°。

**2. 向后转**

口令：向后——转。

要领：按照向右转的要领向后转 180°。

### （三）行进

行进的基本步法分为齐步、正步和跑步，辅助步法分为便步、踏步、移步和礼步。

**1. 齐步**

齐步是军人行进的常用步法。

口令：齐步——走。

要领：左脚向正前方迈出约 75 cm，按照先脚跟后脚掌的顺序着地，同时身体重心前移，右脚照此法动作；上体正直，微向前倾；手指轻轻握拢，拇指贴于食指第二节；两臂前后自然摆动，向前摆臂时，肘部弯曲，小臂自然向里合，手心向内稍向下，拇指根部对正衣扣线（着海军藏青色春秋常服、冬常服时，拇指根部对正双排扣中间位置），并高于春秋常服或者冬常服最下方衣扣约 5 cm（着夏常服、水兵服时，高于内腰带扣中央约 5 cm；着作训服时，与外腰带扣中央同高），离身体约 30 cm；向后摆臂时，手臂自然伸直，手腕前侧距裤缝线约 30 cm（见图 6 - 3）。行进速度为每分钟 116～122 步。

图 6 - 3　齐步

**2. 正步**

正步主要用于分列式和其他礼节性场合。

口令：正步——走。

要领：左脚向正前方踢出约 75 cm，腿要绷直，脚尖下压，脚掌与地面平行，离地面约 25 cm，适当用力使全脚掌着地，同时身体重心前移，右脚照此法动作；上体正直，微向前倾；手指轻轻握拢，拇指伸直贴于食指第二节；向前摆臂时，肘部弯曲，小臂略成水平，手心向内稍向下，手腕下沿摆到高于春秋常服或者冬常服最下方衣扣约 15 cm 处（着夏常服、水兵服时，高于内腰带扣中央约 15 cm 处；着作训服时，高于外腰带扣中央约 10 cm 处），离身体约 10 cm；向后摆臂时左手心向右、右手心向左，手腕前侧距裤缝线约 30 cm（见图 6 - 4）。行进速度为每分钟 110～116 步。

图 6 - 4　正步

**3. 跑步**

跑步用于快速行进。

口令：跑步——走。

　　**要领**：听到预令，两手迅速握拳（四指蜷握，拇指贴于食指第一关节和中指第二节），提到腰际，约与腰带同高，拳心向内，肘部稍向里合。听到动令，上体微向前倾，两腿微弯，同时左脚利用右脚掌的蹬力跃出约 85 cm，前脚掌先着地，身体重心前移，右脚照此法动作；两臂前后自然摆动，向前摆臂时，大臂略垂直，肘部贴于腰际，小臂略平，稍向里合，两拳内侧各距衣扣线约 5 cm（着海军藏青色春秋常服、冬常服时，两拳内侧各距双排扣中间位置约 5 cm）；向后摆臂时，拳贴于腰际（见图6-5）。行进速度为每分钟 170～180 步。

图 6-5　跑步

### 4. 便步

　　便步用于行军、操练后恢复体力及其他场合。

　　**口令**：便步——走。

　　**要领**：用适当的步速、步幅行进，两臂自然摆动，上体保持良好姿态。

### 5. 踏步

　　踏步用于调整步伐和整齐队列。

　　**停止间口令**：踏步——走。

　　**行进间口令**：踏步。

　　**要领**：两脚在原地上下起落（抬起时，脚尖自然下垂，离地面约 15 cm；落下时，前脚掌先着地），上体保持正直，两臂按照齐步或者跑步摆臂的要领摆动。

### 6. 移步（5 步以内）

　　移步用于调整队列位置。

　　1) 右（左）跨步

　　**口令**：右（左）跨×步——走。

　　**要领**：上体保持正直，每跨 1 步并脚一次，其步幅约与肩同宽，跨到指定步数停止。

　　2) 向前或者后退

　　**口令**：向前×步——走。

　　　　　　后退×步——走。

　　**要领**：向前移步时，应当按照单数步要领进行（双数步变为单数步）。向前 1 步时，用正步，不摆臂；向前 3 步、5 步时，按照齐步走的要领进行。向后退步时，从左脚开始，每退 1 步靠脚一次，不摆臂，退到指定步数停止。

### 7. 礼步

　　礼步主要用于纪念仪式中礼兵的行进。

　　**口令**：礼步——走。

　　**要领**：左脚向正前方缓慢抬起，腿要绷直，脚尖上翘，与腿约成90°，脚后跟离地面约 30 cm，按照脚跟、脚掌顺序缓慢着地，步幅约 55 cm，右脚照此法动作；上体正直，两臂下垂自然伸直、轻贴身体（抬祭奠物除外）；手指并拢自然微曲，拇指尖贴于食指第二节，中指贴于裤缝（见图 6-6）。行进速度为每分钟 24～30 步。

图 6-6　礼步

## （四）立定

**口令：立——定。**

**要领：**齐步、正步和礼步时，听到口令，左脚再向前大半步着地，脚尖向外约 30°，两腿挺直，右脚取捷径迅速靠拢左脚，成立正姿势。跑步时，听到口令，继续跑 2 步，然后左脚向前大半步（两拳收于腰际，停止摆动）着地，右脚取捷径靠拢左脚，同时将手放下，成立正姿势。踏步时，听到口令，左脚踏 1 步，右脚靠拢左脚，原地成立正姿势；跑步的踏步，听到口令，继续踏 2 步，再按照上述要领进行。

## （五）步法变换

步法变换，均从左脚开始。

齐步、正步互换：听到口令，右脚继续走 1 步，即换正步或者齐步行进。

齐步换跑步：听到预令，两手迅速握拳提到腰际，两臂前后自然摆动；听到动令，即换跑步行进。

齐步换踏步：听到口令，即换踏步。

跑步换齐步：听到口令，继续跑 2 步，然后换齐步行进。

跑步换踏步：听到口令，继续跑 2 步，然后换踏步。

踏步换齐步或者跑步：听到"前进"的口令，继续踏 2 步，再换齐步或者跑步行进。

## （六）行进间转法

### 1. 齐步、跑步向右（左）转

**口令：向右（左）转——走。**

**要领：**左（右）脚向前半步（跑步时，继续跑 2 步，再向前半步），脚尖向右（左）约 45°，身体向右（左）转 90°时，左（右）脚不转动，同时出右（左）脚按照原步法向新方向行进。

半面向右（左）转走，按照向右（左）转走的要领转 45°。

### 2. 齐步、跑步向后转

**口令：向后转——走。**

**要领：**左脚向右脚前迈出约半步（跑步时，继续跑 2 步，再向前半步），脚尖向右约 45°，以两脚的前脚掌为轴，向后转 180°，出左脚按照原步法向新方向行进。

**注意：**转动时，保持行进时的节奏，两臂自然摆动，不得外张；两腿自然挺直，上体保持正直。

## （七）坐下、蹲下、起立

### 1. 坐下

#### 1）徒手坐下

**口令：坐下。**

**要领：**左小腿在右小腿后交叉，迅速坐下（坐凳子时，听到口令，左脚向左分开约一脚之长；女军人着裙服坐凳子时，两腿自然并拢），手指自然并拢放在两膝上，上体保持正直。

#### 2）携便携式折叠写字椅坐下

**要领：**当听到"放凳子"的口令时，左手将折叠写字椅提至身前交于右手，右手反握支脚上横杠，左手移握写字板和座板上沿，两手协力将支脚拉开；尔后上体右转，两手将折叠写字椅轻轻置于脚后，写字板扣手朝前，恢复立正姿势；当听到"坐下"的口令，迅速坐在折叠写字椅上。

使用折叠写字椅的靠背或者写字板时，应当按照"打开靠背"或者"打开写字板"的口令，调整折叠写字椅和坐姿；组合使用写字板时，根据需要确定组合方式和动作要领。

**3）背背囊（背包）坐下**

要领：听到"放背囊（背包）"的口令时，两手协力解开背囊上、下扣环，握背带；取下背囊（背包），上体右转，右手将背囊（背包）横放在脚后，背囊（背包）正面向下，背囊口向右（背包口向左）；按照口令坐在背囊（背包）上。携枪（筒）放背囊（背包）时，先置枪（架枪、筒），后放背囊（背包）。

**2. 蹲下**

口令：蹲下。

要领：右脚后退半步，前脚掌着地，臀部坐在右脚跟上（膝盖不着地），两腿分开约60°（女军人两腿自然并拢），手指自然并拢放在两膝上，上体保持正直（见图6-7）。蹲下过久，可以自行换脚。

**3. 起立**

口令：起立。

图6-7　蹲下时的姿势

要领：全身协力迅速起立，左脚取捷径靠拢右脚（蹲下时，右脚取捷径靠拢左脚），成立正姿势或者成持枪、肩枪（筒）立正姿势。

班用机枪架枪和40火箭筒架筒时，起立后取枪、筒。

携背囊（背包）起立时，当听到"取背囊（背包）——起立"的口令后，按照放背囊（背包）的相反顺序进行。

携便携式折叠写字椅起立时，当听到"取凳子——起立"的口令后，按照放折叠写字椅的相反顺序进行。

**（八）整理着装和脱帽、戴帽**

**1. 整理着装**

整理着装通常在立正的基础上进行。

口令：整理着装。

要领：两手（持自动步枪时，将枪夹于两腿间）从帽子开始，自上而下，将着装整理好（必要时，也可以相互整理）；整理完毕，自行稍息；听到"停"的口令，恢复立正姿势。

**2. 脱帽、戴帽**

**1）脱帽**

口令：脱帽。

要领：立姿脱帽时，双手捏帽檐或者帽前端两侧，将帽取下，取捷径置于左小臂，帽徽朝前，掌心向上，四指扶帽檐或者帽墙前端中央处，小臂略成水平，右手放下（见图6-8）。

坐姿脱帽时，双手捏帽檐或者帽前端两侧，将帽取下，置于桌（台）面前沿左侧或者膝上，使帽顶向上、帽徽朝前，也可以置于桌斗内。

2）戴帽

**口令：** 戴帽。

**要领：** 双手捏帽檐或者帽前端两侧，取捷径将帽迅速戴正。

**注意：** 携枪（筒）时，用左手脱帽、戴帽；需夹帽时（作训帽除外），双手捏帽檐或者帽前端两侧，取捷径将帽取下，左手握帽墙（女军人戴卷檐帽时，将四指并拢，置于下方帽檐与帽墙之间），小臂夹帽自然伸直，帽顶向左，帽徽朝前（见图6-9）。

　　　　　　　　　　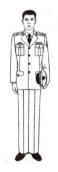

图6-8　徒手脱帽姿势　　　　　　　　图6-9　徒手夹帽姿势

### （九）敬礼、礼毕和单个军人敬礼

敬礼分为举手礼、注目礼和举枪礼。

**1. 敬礼**

1）举手礼

**口令：** 敬礼。

**要领：** 上体正直，右手取捷径迅速抬起，五指并拢自然伸直，中指微接帽檐右角前约2 cm 处（戴卷檐帽、无檐帽或者不戴军帽时微接太阳穴，约与眉同高），手心向下，微向外张（约20°），手腕不得弯曲，右大臂略平，与两肩略成一线，同时注视受礼者（见图6-10）。

图6-10　停止间徒手敬礼

2）注目礼

**要领：** 面向受礼者成立正姿势，同时注视受礼者，并目迎目送，右、左转头角度不超过45°。

3）举枪礼

举枪礼用于阅兵式或者执行仪仗任务。

口令：向右看——敬礼。

要领：右手将枪提到胸前，枪身垂直并对正衣扣线，枪面向后，离身体约 10 cm，枪口与眼同高，大臂轻贴右胁；左手接握表尺上方，小臂略平，大臂轻贴左胁；转头向右（见图 6 - 11）注视受礼者，并目迎目送，右、左转头角度不超过 45°。

### 2. 礼毕

口令：礼毕。

要领：行举手礼者，将手放下；行注目礼者，将头转正；行举枪礼者，将头转正，右手将枪放下，使托前踵轻轻着地，同时左手放下，成持枪立正姿势。

### 3. 单个军人敬礼

要领：单个军人在距受礼者 5～7 步处，行举手礼或者注目礼。

徒手或者背枪时，停止间，应当面向受礼者立正，行举手礼，待受礼者还礼后礼毕；行进间（跑步时换齐步），转头向受礼者行举手礼，并继续行进，左臂仍自然摆动（见图 6 - 12），待受礼者还礼后礼毕。

携带武器（除背枪）等不便行举手礼时，不论停止间或者行进间，均行注目礼，待受礼者还礼后礼毕。

### （十）宣誓

口令：宣誓；宣誓完毕。

要领：听到"宣誓"的口令，身体保持立正姿势，右手握拳取捷径迅速抬起，拳心向前，稍向内合；拳眼约与右太阳穴同高，距离约 10 cm；右大臂略平，与两肩略成一线；高声诵读誓词（见图 6 - 13）。

听到"宣誓完毕"的口令，将手放下。

图 6 - 11　携 81 式自动步枪　　　图 6 - 12　行进间徒手敬礼　　　图 6 - 13　宣誓姿势
　　　　　举枪礼姿势

## 二、队列队形

### （一）基本队形

队列的基本队形为横队、纵队、并列纵队；需要时，可以调整为其他队形。

### （二）列队的间距

队列人员之间的间隔（两肘之间）通常约 10 cm，距离（前一名脚跟至后一名脚尖）约

75 cm；需要时，可以调整队列人员之间的间隔和距离。

### （三）分队的队形

#### 1. 班的队形

班的基本队形分为横队和纵队；需要时，可以成二列横队或者二路纵队，如图 6 - 14 所示。

班通常按照身高列队，必要时按照战斗序列列队。

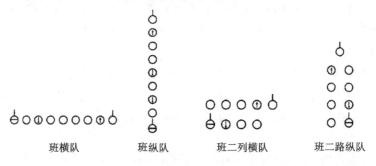

班横队　　　　　班纵队　　　　班二列横队　　　班二路纵队

图 6 - 14　班的队形

#### 2. 排的队形

排的基本队形分为横队和纵队，如图 6 - 15 所示。

排横队由各班的班横队依次向后排列组成。

排纵队由各班的班纵队依次向右并列组成。

排长的列队位置：横队时，在第一列基准兵右侧；纵队时，在队列中央前。

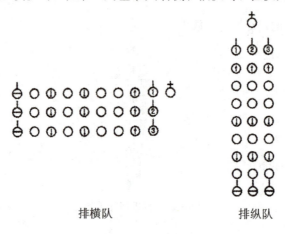

排横队　　　　　　　　　排纵队

图 6 - 15　排的队形

#### 3. 连的队形

连的基本队形分为横队、纵队和并列纵队，如图 6 - 16 所示。

连横队由各排的排横队依次向左并列组成。

连纵队由各排的排纵队依次向后排列组成。

连并列纵队由各排的排纵队依次向左并列组成。

连部和炊事班等以二列（路）或者三列（路）组成相应的队形，位于本连队尾。

　　连指挥员的列队位置：横队、并列纵队时，位于一排长右侧，前列为连长、副连长，后列为政治指导员、副政治指导员；纵队时，位于一排长前，前列为连长、政治指导员，后列为副连长、副政治指导员（未编有副政治指导员时，后列中央为副连长）。

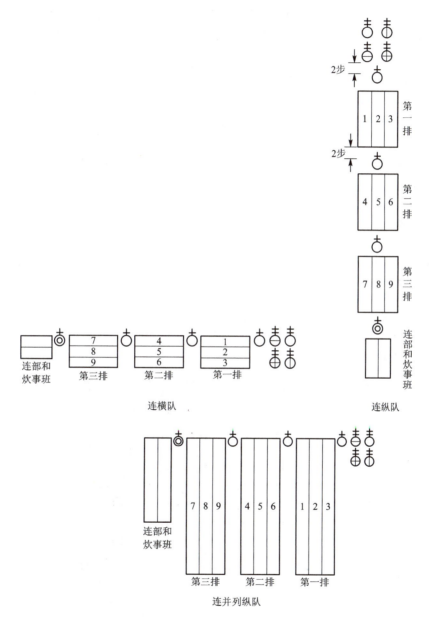

图 6 - 16　连的队形

### 4. 营的队形

　　营的基本队形分为横队、纵队和并列纵队，如图 6 - 17 所示。

　　营横队由各连的并列纵队依次向左并列组成。

　　营纵队由各连的连纵队依次向后排列组成。

　　营并列纵队由各连的连纵队依次向左并列组成。

营部所属人员编为三列(路)队形,按照编制序列列队。

营属其他分队采用同连相应的队形,按照编制序列列队,位于本营队尾。

营指挥员的列队位置:横队、并列纵队时,位于营部右侧,前列为营长、副营长,后列为政治教导员(编有副政治教导员时,为政治教导员、副政治教导员);纵队时,位于营部前,前列为营长、政治教导员,后列中央为副营长(编有副政治教导员时,后列为副营长、副政治教导员)。

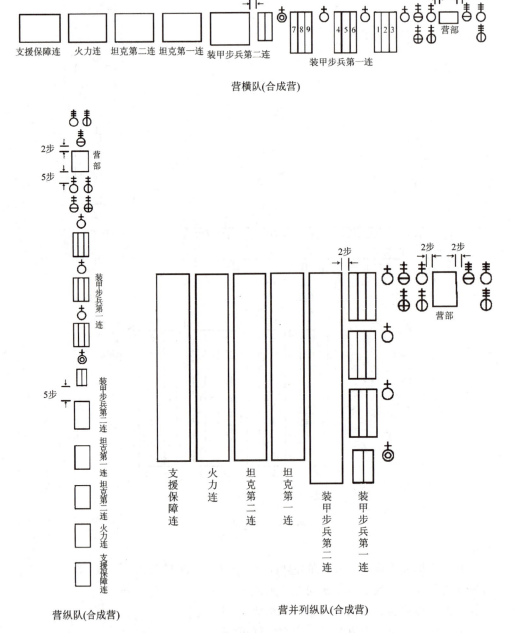

图 6-17　营的队形

### 5. 旅的队形

旅的基本队形分为营横队的旅横队、营并列纵队的旅横队和旅纵队，如图 6 – 18 所示。

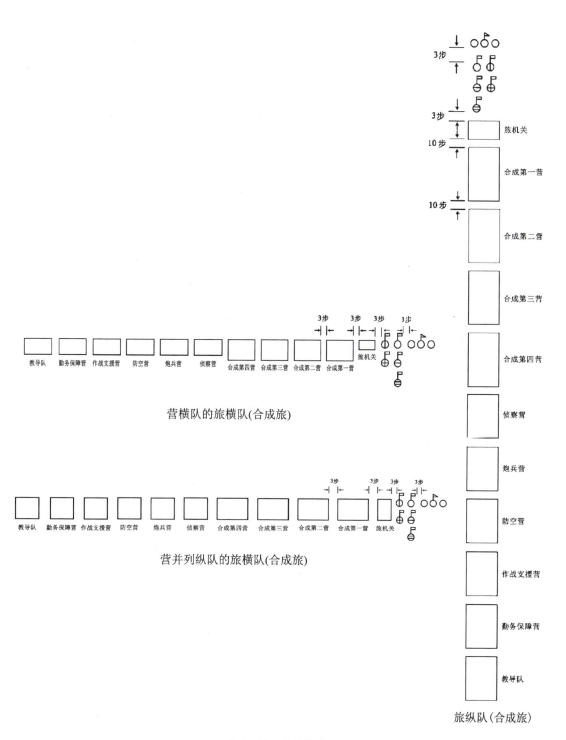

图 6 – 18　旅的队形

营横队的旅横队由各营的营横队依次向左并列组成。

营并列纵队的旅横队由各营的营并列纵队依次向左并列组成。

旅纵队由各营的营纵队依次向后排列组成。

旅机关按照编制序列以及旅队形性质，编成纵队或者横队，位于第一营前或者右侧。

旅属其他分队应当采用同营、连相应的队形，按照编制序列列队，位于本旅队尾。

旅指挥员的列队位置：各种队形中，旅指挥员成二路。横队时位于旅机关右侧，右路为旅长、副旅长、参谋长，左路为政治委员、副政治委员；纵队时位于旅机关前，左路为旅长、副旅长、参谋长，右路为政治委员、副政治委员。

军旗位置：掌旗员和护旗兵成一列。横队时在旅指挥员右侧；纵队时在旅指挥员前。

## 三、分队、部队的队列动作

### （一）集合、离散

#### 1. 集合

集合，是使单个军人、分队、部队按照规范队形聚集起来的一种队列动作。

集合时，指挥员应当先发出预告或者信号，如"全连注意"或者"×排注意"，然后，站在预定队形的中央前，面向预定队形成立正姿势，下达"成××队——集合"的口令。所属人员听到预告或者信号，原地面向指挥员成立正姿势；听到口令，跑步到指定位置面向指挥员集合（在指挥员后侧的人员，应当从指挥员右侧绕过），自行对正、看齐，成立正姿势。

##### 1）班集合

口令：成班横队（二列横队）——集合。

要领：基准兵迅速到班长左前方适当位置，成立正姿势；其他士兵以基准兵为准，依次向左排列，自行看齐。成班二列横队时，单数士兵在前，双数士兵在后。

口令：成班纵队（二路纵队）——集合。

要领：基准兵迅速到班长前方适当位置，成立正姿势；其他士兵以基准兵为准，依次向后排列，自行对正。成班二路纵队时，单数士兵在左，双数士兵在右。

##### 2）排集合

口令：成排横队——集合。

要领：基准班在指挥员前方适当位置成班横队迅速站好；其他班成班横队，以基准班为准，依次向左排列，自行对正、看齐。

口令：成排纵队——集合。

要领：基准班在指挥员右前方适当位置，成班纵队迅速站好；其他班成班纵队，以基准班为准，依次向后排列，自行对正、看齐。

##### 3）连集合

口令：成连横队——集合。

要领：队列内的连指挥员或者基准排在指挥员左前方适当位置成横队迅速站好；各排和连部成横队，以连指挥员或者基准排为准，依次向左排列，自行对正、看齐。

口令：成连纵队——集合。

要领：队列内的连指挥员或者基准排在指挥员前方适当位置成纵队迅速站好；各排和

连部成纵队，以连指挥员或者基准排为准，依次向后排列，自行对正、看齐。

口令：成连并列纵队——集合。

要领：队列内的连指挥员或者基准排在指挥员左前方适当位置成纵队迅速站好；各排和连部成纵队，以连指挥员或者基准排为准，依次向左排列，自行对正、看齐。

4）营集合

营集合，通常规定集合的时间、地点、方向、队形、基准分队以及应当携带的武器、器材和装具等事项。

各连按照规定，由连队值班员整队带往营的集合地点，随即向基准分队取齐，然后，跑步到距主持集合的营值班员5～7步处报告人数，营值班员整队后，向营首长报告人数；也可以由连首长整队带往集合地点，直接向营首长报告。例如："营长同志，×连应到××名，实到××名，请指示"。

营长以口令指挥集合时，参照班、排、连集合的有关规定实施。

5）旅集合

旅集合参照营集合的规定实施。

**2. 离散**

离散是使列队的单个军人、分队、部队各自离开原队列位置的一种队列动作。

1）离开

口令：各营（连、排、班）带开（带回）。

要领：队列中的各营（连、排、班）指挥员带领本队迅速离开原列队位置。

2）解散

口令：解散。

要领：队列人员迅速离开原列队位置。

**（二）整齐、报数**

**1. 整齐**

整齐，是使列队人员按照规定的间隔、距离，保持行、列平齐的一种队列动作。整齐分为向右（左）看齐和向中看齐。

口令：向右（左）看——齐；向前——看。

要领：基准兵不动，其他士兵向右（左）转头（持枪时，听到预令，迅速将枪稍提起，看齐后自行放下；持120反坦克火箭筒时，听到预令，左手握提把，右手握握把，提起发射筒，看齐后自行放下），眼睛看右（左）邻士兵腮部，前四名能通视基准兵，自第五名起，以能通视到本人以右（左）第三人为度；后列人员，先向前对正，后向右（左）看齐；听到"向前——看"的口令，迅速将头转正，恢复立正姿势。

口令：以×××为准，向中看——齐；向前——看。

要领：当指挥员指定"以×××为准（或者以第×名为准）"时，基准兵答"到"，同时左手握拳高举，大臂前伸与肩略平，小臂垂直举起，拳心向右（见图6-19）；听到"向中

图6-19　向中看齐时基准兵的举手姿势

看——齐"的口令后，其他士兵按照向左（右）看齐的要领实施；听到"向前——看"的口令后，基准兵迅速将手放下，其他士兵迅速将头转正，恢复立正姿势。

一路纵队看齐时，可以下达"向前——对正"的口令。

**2. 报数**

口令：报数。

要领：横队从右至左（纵队由前向后）依次以短促洪亮的声音转头（纵队向左转头）报数，最后一名不转头；数列横队时，后列最后一名报"满伍"或者"缺×名"；连集合时，由指挥员下达"各排报数"的口令，各排长在队列内向指挥员报告人数，如"第×排到齐"或者"第×排实到××名"。

必要时，连也可以统一报数。

要领：连实施统一报数时，各排不留间隔，要补齐，成临时编组的横队队形（见图6-20）。报数前，连指挥员先发出"看齐时，以一排长为准，全连补齐"的预告，尔后下达"向右看——齐"口令，待全连看齐后，再下达"向前——看"和"报数"的口令，报数从一排长开始，后列最后一名报"满伍"或者"缺×名"。

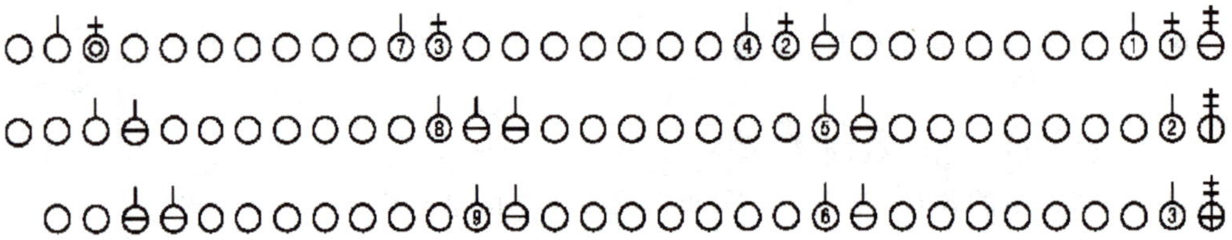

图6-20　全连统一报数时的临时队形

**（三）出列、入列**

单个军人和分队出列、入列通常用跑步，5步以内用齐步，1步用正步，或者按照指挥员指定的步法执行；然后，进到指挥员右前侧适当位置或者指定位置，面向指挥员成立正姿势。

**1. 单个军人出列、入列**

1）出列

口令：×××（或者第×名），出列。

要领：出列军人听到呼点自己姓名或者序号后应当答"到"，听到"出列"的口令后，应当答"是"。

① 位于第一列（左路）的军人按照本条上述规定，取捷径出列。

② 位于中列（路）的军人向后（左）转，待后列（左路）同序号的军人向右后退1步（左后退1步）让出缺口后，按照本条的上述规定从队尾（纵队时从左侧）出列；位于"缺口"位置的军人待出列军人出列后即复原位。

③ 位于最后一列（右路）的军人出列，先退1步（右跨1步），然后按照本条有关规定从队尾出列。

2）入列

口令：入列。

要领：听到"入列"口令后，应当答"是"，然后按照出列的相反程序入列。

**2. 班（排）出列、入列**

1）出列

口令：第×班（排），出列。

要领：听到"第×班（排）"的口令后，由出列班（排）的指挥员答"到"，听到"出列"的口令后，由出列班（排）的指挥员答"是"，并用口令指挥本班（排）按照本条的有关规定，以纵队形式从队尾（位于第一列的班取捷径）出列。

2）入列

口令：入列。

要领：听到"入列"的口令后，由入列班（排）指挥员答"是"，并用口令指挥本班（排）以纵队形式从队尾（位于第一列的班取捷径）入列。

（四）行进、停止

横队和并列纵队行进以右翼为基准，纵队行进以左翼为基准（一路纵队行进以先头为基准）。

**1. 行进**

指挥员应当下达"×步——走"的口令。听到口令，基准兵向正前方前进，其他士兵向基准翼标齐，保持规定的间隔、距离行进。纵队行进时，排、连通常成三路纵队，也可以成一、二路纵队。行进中，需要时，用"一二一"（调整步伐的口令）、"一二三四"（呼号）或者唱队列歌曲进行调整，以保持步伐的整齐和振奋士气。

**2. 停止**

指挥员应当下达"立——定"的口令。听到口令，按照立定的要领实施，分队的动作要整齐一致；停止后，听到"稍息"的口令，先自行对正、看齐，再稍息。

（五）队形变换

队形变换是由一种队形变为另一种队形的队列动作。

**1. 横队和纵队的互换**

（1）横队变纵队：

停止间口令：向右——转。

行进间口令：向右转——走。

（2）纵队变横队：

停止间口令：向左——转。

行进间口令：向左转——走。

要领：停止间，按照单个军人向右（左）转的要领实施；行进间，按照单个军人向右（左）转走的要领实施。分队动作要整齐一致；队形变换后，排以上指挥员应当进到规定的列队位置。

**2. 停止间班横队和班二列横队或班纵队和班二路纵队互换**

1）班横队变班二列横队

口令：成班二列横队——走。

要领：变换前，先报数。听到口令，双数士兵左脚后退1步，右脚（不靠拢左脚）向右跨1步，左脚向右脚靠拢，站到单数士兵之后，自行对正、看齐。

2）班二列横队变班横队

口令：间隔1步，向左离开。成班横队——走。

要领：听到"间隔1步，向左离开"的口令，取好间隔；听到"成班横队——走"的口令，双数士兵左脚左跨1步，右脚（不靠拢左脚）向前1步，左脚向右脚靠拢，站到单数士兵左侧，自行看齐。

3）班纵队变班二路纵队

口令：成班二路纵队——走。

要领：变换前先报数。听到口令，双数士兵右脚右跨1步，左脚（不靠拢右脚）向前1步，右脚向左脚靠拢，站到单数士兵右侧，自行对正、看齐。

4）班二路纵队变班纵队

口令：距离2步，向后离开。成班纵队——走。

要领：听到"距离2步，向后离开"的口令，取好距离；听到"成班纵队——走"的口令，双数士兵右脚后退1步，左脚（不靠拢右脚）站到单数士兵之后，自行对正。

**3. 连纵队和连并列纵队的互换**

1）连纵队变连并列纵队

停止间口令：成连并列纵队，齐步——走。

行进间口令：成连并列纵队——走。

要领：连指挥员或者基准排踏步，其他排和连部逐次进到连指挥员或者基准排左侧踏步并取齐，然后听口令前进或者停止。

连、排指挥员位置的变换方法：听到口令，连长左脚继续踏1步，右脚向右前1步，进到政治指导员前方仍踏步，政治指导员继续踏步，副连长向前2步（未编有副政治指导员时，副连长向左前2步），进到连长左侧，副政治指导员向左前1步，进到政治指导员左侧，排长、司务长进到预定列队位置，继续踏步并取齐。

2）连并列纵队变连纵队

停止间口令：成连纵队，齐步——走。

行进间口令：成连纵队——走。

要领：连指挥员或者基准排照直前进，其他排和连部停止间和行进间均踏步，待连指挥员或者基准排离开原位后，各排按照排长、连部和炊事班按照司务长的口令依次跟进。

连、排指挥员位置的变换方法：听到口令，连长向左前1步，进到副连长前方踏步，政治指导员向前2步，进到连长右侧继续踏步，副政治指导员向右前1步，进到副连长右侧继续踏步（未编有副政治指导员时，副连长右跨半步并踏步），排长、司务长进到预定列队位置继续踏步，取齐后照直前进。

**4. 营横队（营并列纵队）和营纵队互换**

1）营横队（营并列纵队）变营纵队

停止间口令：成营纵队，齐步——走。

行进间口令：成营纵队——走。

要领：营指挥员或者营部照直前进，各连按照连长的口令变为连纵队，依次跟进；营并列纵队变为营纵队，营指挥员或者营部照直前进，各连按照连长的口令依次跟进。

2）营纵队变营横队（营并列纵队）

停止间口令：成营横队（营并列纵队），齐步——走。

行进间口令：成营横队（营并列纵队）——走。

要领：营指挥员或者营部踏步，各连依次进到营部左侧变为连并列纵队踏步，并向基准分队取齐，然后，听口令前进或者停止。营纵队变为营并列纵队，营指挥员或者营部踏步，各连依次进到营部左侧踏步，并向基准分队取齐，然后，听口令前进或者停止。

营指挥员位置的变换方法，按照连、排指挥员位置变换方法的有关规定实施。

**5. 旅的队形变换**

旅的队形变换，参照营队形变换的规定实施。

（六）方向变换

方向变换是改变队列面对的方向的一种队列动作。

**1. 横队和并列纵队方向变换**

停止间，通常是左（右）转弯或者左（右）后转弯，必要时可以向后转。

停止间口令：左（右）转弯，齐（跑）步——走，或者左（右）后转弯，齐（跑）步——走；向后——转，齐（跑）步——走（当需要向后转走时，应当先下"向后——转"的口令，待方向变换后，再下"齐步——走"或者"跑步——走"的口令）。

行进间口令：左（右）转弯——走，或者左（右）后转弯——走。

要领：一列横队方向变换时，轴翼士兵踏步，并逐渐向左（右）转动；外翼第一名士兵用大步行进并同相邻士兵动作协调，逐步变换方向（愈接近轴翼者，其步幅愈小），其他士兵用眼睛的余光向外翼取齐，并保持规定的间隔和排面整齐，转到90°或者180°时踏步并取齐，听口令前进或者停止。

数列横队和并列纵队方向变换时，第一列轴翼士兵停止间用踏步、行进间用小步，外翼士兵用大步行进，保持排面整齐，边行进边变换方向，转到90°或者180°后，听口令前进或者停止；后续各列按照上述要领，保持间隔、距离，取捷径进到前一列转弯处，转向新方向跟进。

**2. 纵队方向变换**

停止间，通常是左（右）转弯，或者左（右）后转弯，必要时可以向后转。

停止间口令：左（右）转弯，齐（跑）步——走，或者左（右）后转弯，齐（跑）步——走；向后——转，齐（跑）步——走（按照横队和并列纵队向后转走的方法实施）。

行进间口令：左（右）转弯——走，或者左（右）后转弯——走。

要领：一路纵队方向变换，基准兵在左（右）转弯时，按照单个军人行进间转法（停止间左转弯走时，左脚先向前1步）的要领实施，在左（右）后转弯时，用小步边行进边变换方向，转到90°或者180°后，照直前进；其他士兵逐次进到基准兵的转弯处，转向新方向跟进。

数路纵队方向变换时，按照数列横队和并列纵队方向变换的要领实施。

（七）分队、部队敬礼

**1. 停止间敬礼**

要领：当首长进到距本分队（部队）适当距离时，指挥员下达"立正"的口令，跑步到首长前5～7步处敬礼。待首长还礼后礼毕，再向首长报告。例如："旅长同志，×营×连正在进行队列训练，应到××名，实到××名，请指示，连长×××"。报告完毕，待首长指示后，答"是"，再敬礼。待首长还礼后礼毕，尔后跑步回到原来位置，下达"稍息"口令或者继续进行操练。

### 2. 行进间敬礼

要领：由带队指挥员按照单个军人行进间敬礼的规定实施，队列人员按照原步法行进。

## 四、阅兵

### (一) 阅兵时机和权限

在重大节日或者组织重要活动时，可以举行阅兵。

阅兵是由党和国家领导人，中央军委主席、副主席、委员及旅(团)级以上部队军政主官或者被上述人员授权的其他领导和首长实施的活动，通常由1人检阅。

### (二) 阅兵形式

阅兵分为阅兵式和分列式；通常进行两项，根据需要，也可以只进行一项。

### (三) 阅兵指挥

阅兵，分为上级首长检阅和本级首长检阅。当上级首长检阅时，由本级军事首长任阅兵指挥；当本级军政主要首长检阅时(由1人检阅，另1名位于阅兵台或者队列中央前方适当位置面向部队)，由副部队首长或者参谋长任阅兵指挥。

### (四) 旅阅兵程序

#### 1. 迎军旗

迎军旗在阅兵式开始前进行。主持迎军旗的指挥员下达"立正""迎军旗"的口令，听到口令后，掌旗员(扛旗)、护旗兵齐步行进，当由正前或者左前方向部队右翼进至距队列40～50步(或者队列正面中央适当位置)时，主持迎军旗的指挥员下达"向军旗——敬礼——"的口令，听到口令后，位于指挥位置和阅兵台(主席台)的军官行举手礼，其余人员行注目礼；掌旗员(由扛旗换端旗)、护旗兵换正步，取捷径向部队右翼排头行进，当超过机关队形时，主持迎军旗的指挥员下达"礼毕"口令，部队礼毕；掌旗员(由端旗换扛旗)、护旗兵换齐步。军旗进至部队指挥员右侧3步处时，左后转弯立定，成立正姿势。

#### 2. 阅兵式

旅阅兵式的队形，通常为营横队的旅横队，或者由旅首长临时规定。列队时，各枪手、炮手分别持枪(95式自动步枪手、冲锋枪手挂枪)、持炮，40火箭筒手肩筒，120反坦克火箭筒手持筒；必要时，可以架枪、架炮。

阅兵式程序如下：

(1) 阅兵首长接受阅兵指挥报告。

当阅兵首长行至本旅队列右翼适当距离时或者在阅兵台就位后(当上级首长检阅时，

通常由旅政治委员陪同入场并陪阅），阅兵指挥在队列中央前下达"立正"的口令，随后跑到距阅兵首长 5～7 步处敬礼，待阅兵首长还礼后礼毕并报告。例如："司令员同志，××第×旅列队完毕，请您检阅"。报告后，左跨 1 步，向右转，让首长先走，尔后在其右后侧（当上级首长检阅时，旅政治委员在旅长右侧）跟随陪阅。

（2）阅兵首长向军旗敬礼。

阅兵首长行至距军旗适当位置时，应当立正向军旗行举手礼（陪阅人员面向军旗，行注目礼）。

（3）阅兵首长检阅部队。

当阅兵首长行至旅机关、各营部、各连及保障分队队列右前方时，旅机关由副旅长或者参谋长、各营部由营长、各连由连长、保障分队由旅指定的指挥员下达"敬礼"的口令；听到口令后，位于指挥位置的军官行举手礼，其余人员行注目礼，目迎目送首长（左、右转头不超过 45°），阅兵首长应当还礼，陪阅人员行注目礼；当首长问候："同志们好！"或者"同志们辛苦了！"，队列人员应当齐声洪亮地回答："首——长——好！"或者"为——人民——服务！"；当首长通过后，指挥员下达"礼毕"的口令，队列人员礼毕。

（4）阅兵首长上阅兵台。

阅兵首长检阅完毕后上阅兵台，阅兵指挥跑步到队列中央前，下达"稍息"口令，队列人员稍息。当上级首长检阅时，旅政治委员陪同首长上阅兵台，然后跑步到自己的列队位置。

**3. 分列式**

旅分列式队形由旅阅兵式队形调整变换而成（见图 6-21），或者由旅首长临时规定。

旅分列式，应当设 4 个标兵。一、二标兵之间和三、四标兵之间的间隔各为 15 m，二、三标兵之间的间隔为 40 米（图 6-22）。标兵应当携带自动步枪，并在枪上插标兵旗。

班用机枪手、狙击步枪手托枪，81 式自动步枪手提枪，95 式自动步枪手、03 式自动步枪手、冲锋枪手挂枪，40 火箭筒手托筒，120 反坦克火箭筒手扛筒，重机枪手、高射机枪手扛枪，迫击炮手、无坐力炮手扛炮（通常成结合状态）。

分列式程序如下：

（1）标兵就位。

分列式开始前，阅兵指挥在队列中央前，下达"立正""标兵，就位"的口令；标兵听到口令，成一路纵队持（托、挂）枪跑步到规定的位置，面向部队成立正姿势。

（2）调整部（分）队为分列式队形。

标兵就位后，阅兵指挥下达"分列式，开始"的口令，尔后，跑步到自己的列队位置；听到口令后，各分队按照规定的方法携带武器（掌旗员扛旗），旅、营指挥员分别进到旅机关和营部的队列中央前，各分队指挥员进到本分队队列中央前，下达"右转弯，齐步——走"的口令，指挥分队变换成分列式队形。

（3）开始行进。

变换成规定的分列式队形后，旅机关由副旅长或者参谋长下达"齐步——走"的口令；听到口令后，旅指挥员、旅机关人员齐步前进，其余分队依次待前一分队离开约 15 m 时，分别由营长、连长及保障分队指挥员下达"齐步——走"的口令，指挥本分队人员前进。

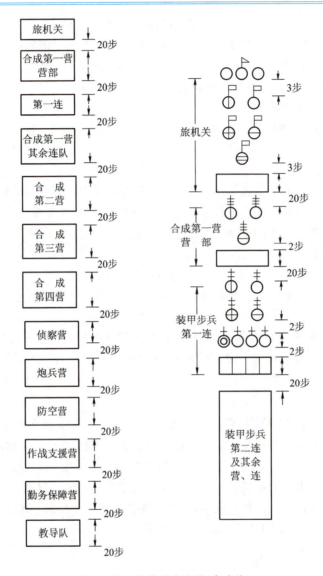

图 6-21　旅分列式队形（合成旅）

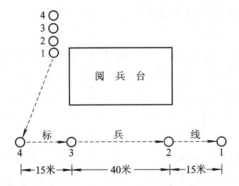

图 6-22　阅兵标兵设置位置和标兵就位行进路线

**（4）接受首长检阅。**

各分队行至第一标兵处，将队列调整好；进到第二标兵处，掌旗员下达"正步——走"的口令，并和护旗兵同时由齐步换正步，扛旗换端旗（掌旗员和护旗兵不转头），此时，阅兵首长和陪阅人员应当向军旗行举手礼；副旅长或者参谋长和各分队指挥员分别下达"向右——看"的口令，队列人员听到口令后，可以呼喊"一、二"，按照规定换正步（81式自动步枪手换端枪）行进，并在左脚着地的同时向右转头（位于指挥位置的军官行举手礼，并向右转头，各列右翼第一名不转头），不超过45°注视阅兵首长，此时，阅兵台首长应当行举手礼。

进到第三标兵处，掌旗员下达"齐步——走"的口令，并与护旗兵由正步换齐步，同时换扛旗；其他分队由上述指挥员分别下达"向前——看"的口令，队列人员听到口令后，在左脚着地时礼毕（将头转正），同时换齐步（81式自动步枪手换提枪）行进。

当上级首长检阅时，旅长和旅政治委员通过第三标兵后，到阅兵首长右侧陪阅；各分队通过第四标兵，换跑步到指定的位置。

**（5）标兵撤回。**

待最后一个分队通过第四标兵，到达指定位置后，阅兵指挥下达"标兵，撤回"的口令，标兵按照相反顺序跑步撤至预定位置。

**4．阅兵首长讲话**

分列式结束后，阅兵指挥调整好队形，请阅兵首长讲话。讲话完毕，阅兵指挥下达"立正"口令，并向阅兵首长报告阅兵结束。当上级首长检阅时，由旅政治委员陪同阅兵首长离场。

**5．送军旗**

送军旗在阅兵首长讲话后或者分列式结束后进行。送军旗时，主持送军旗的指挥员下达"立正""送军旗"的口令；听到口令后，掌旗员（成扛旗姿势）、护旗兵按照迎军旗路线相反方向齐步行进；军旗出列后行至机关队形右侧前时，主持送军旗的指挥员下达"向军旗——敬礼——"的口令；听到口令后，掌旗员（由扛旗换端旗）、护旗兵换正步，部队按照迎军旗的规定敬礼；当军旗离开距队列正面40～50步（或者队列正面中央适当位置）时，主持送军旗的指挥员下达"礼毕"的口令，部队礼毕，掌旗员（由端旗换扛旗）、护旗兵换齐步，返回原出发位置。

# 第三节　现地教学

现地教学是当代教育越来越被重视和提倡的一种教学方式，它打破课堂教学灌输式的模式，采用走出去的教学形式，让学生实地、实境观看学习，在真实环境中不断掌握知识。

各普通高校要充分利用当地的爱国主义教育基地、国防教育基地、"军营开放日"活动积极开展现地教学，不断增强学生的国防意识。

在现地教学中，有些仪式是同学们需要了解的。仪式是队列生活的重要内容，是军队正规化的重要体现。仪式的组织，遵守下列规定：

（1）仪式的程序应当紧凑流畅，现场设置应当与仪式主题协调一致；

（2）仪式的场地应当便于部队集中，如受天气、环境等条件限制，可因地制宜；

（3）举行仪式应当在显著、恰当位置张挂仪式会标，会标用语应当规范、简洁；

（4）参加仪式人员的着装应当符合仪式主题，由举行仪式的单位依据《中国人民解放军内务条令（试行）》有关要求确定；

（5）举行仪式应当按照规定奏唱曲目，奏唱国歌、军歌、军种军歌等曲目时，全体人员起立并立正，随乐曲或者指挥高声齐唱；

（6）仪式中讲话、发言应当主题鲜明、言简意赅，通常不超过 5 分钟。

## 一、升国旗仪式

军队单位在节日、纪念日或者组织重要活动时，可以举行升国旗仪式，按照下列程序进行：

（1）仪式开始；

（2）升国旗，奏唱国歌；

（3）向国旗敬礼；

（4）仪式结束。

升国旗仪式开始前，主持人向首长报告，待首长指示后，宣布仪式开始；奏《歌唱祖国》，掌旗员、护旗兵正步或者齐步行进至旗杆下，掌旗员将国旗交给护旗兵，协力将国旗套（挂）在旗杆绳上并固紧；国歌奏响的同时，升国旗；升国旗时，按照本条令第五十四条规定的动作要领执行；听到"向国旗——敬礼——"的口令后，在场军人行举手礼（不便于行举手礼的，行注目礼），注视国旗上升至旗杆顶；国歌毕，听到"礼毕"的口令后，全体人员礼毕；升国旗仪式结束时，主持人向首长报告，待首长指示后，命令部队按照规定的顺序、路线带回。

## 二、授奖（授称、授勋）仪式

举行授奖仪式，按照下列程序进行：

（1）仪式开始；

（2）奏唱军歌；

（3）宣读奖励通令或者命令；

（4）颁发奖励证书、奖章等；

（5）受奖单位或者个人代表讲话；

（6）首长讲话；

（7）仪式结束。

颁发奖励证书、奖章等时，领奖人员在现场组织者的指挥下，齐步行进至主席台适当位置，转向首长成立正姿势（首长起立），行举手礼；首长还礼后，双手将证书、奖章等颁发给领奖人员；领奖人员双手接过证书、奖章等，成立正姿势行举手礼（左手持证书、奖章等，自然下垂）或者注目礼（双手掌心向上，四指扶证书、奖章等，小臂向前端平，证书、奖章等正面朝前）；待首长还礼后，向后转，面向主席台下方参加仪式人员行举手礼或者注目礼，尔后统一向左（右）转，齐步返回指定位置。领奖人员较多时，可以列队分批次上主席台领奖。举行授奖仪式，可以邀请军人亲属参加。

颁发纪念章时，可以参照上述规定组织实施。

颁授荣誉称号、八一勋章等由中央军委组织的活动时，颁授时机、程序等按照有关规定执行。

## 三、纪念仪式

举行纪念仪式时，通常按照下列程序进行：

（1）仪式开始；

（2）礼兵就位；

（3）奏唱国歌；

（4）敬献花篮；

（5）开展主题活动；

（6）行鸣枪礼；

（7）仪式结束。

敬献花篮时，奏《献花曲》，抬花篮礼兵抬起花篮礼步行至规定的位置，摆放花篮并在适当位置成立正姿势。开展主题活动时，应当按照纪念仪式的主题和要求，组织致敬、宣誓、演讲等。

## 思 考 题

1. 什么是共同条令？

2. 贯彻落实共同条令的意义是什么？

3. 队列动作训练的一般要求是什么？

4. 现地教学的意义是什么？

# 第七章　射击与战术训练

☞ **【学习目标】**

1. 了解轻武器的战斗性能，掌握射击动作要领，体会射击；
2. 学会单兵战术基础动作；
3. 了解战斗班组攻防的基本动作和战术原则，培养学生良好的战斗素养。

## 第一节　轻武器射击

轻武器是指枪械及其他各种由单兵或班组携行战斗的武器，又称"轻兵器"。其主要装备对象是步兵，也广泛装备于其他军种和兵种。轻武器的主要作战用途是杀伤有生力量，毁伤轻型装甲车辆，破坏其他武器装备和军事设施。

轻武器主要包括枪械和手榴弹、枪榴弹、榴弹发射器、火箭发射器和无坐力发射器，此外还有轻型燃烧武器和单兵导弹等。轻武器的主体是枪械。

轻武器重量轻、体积小、便于携带、使用方便，特别适用于近战，是军队中装备数量最多的武器。

### 一、轻武器性能

自动步枪、冲锋枪、班用机枪是步兵分队在近战中歼敌的主要武器；手枪是近距离歼敌的自卫武器。它们构成了轻武器的主要系列。

#### （一）95 式自动步枪战斗性能

95 式 5.8 毫米自动步枪与 95 式班用轻机枪组成班用枪族，是近战中消灭敌人有生力量的自动武器和步兵分队反装甲目标的辅助武器，使射手具有全面杀伤和反装甲的能力。活动机件和弹匣、弹鼓可以互换，并能用实弹直接从枪管发射 40 mm 枪榴弹，对单个目标在 400 m 内射击效果最好，集中火力可射击 500 m 内的敌人飞机、伞兵以及集团目标。

供弹方式：弹匣供弹，每支枪配有 5 个弹匣。必要时也可使用弹鼓供弹。

射击方法：可实施短点射(2～5 发)，还可实施长点射(6～10 发)和单发射。

战斗射速：点射每分钟 100 发，单发射每分钟 40 发。

枪管寿命：10000 发。

### (二) 95 式自动步枪主要部件

口径 5.8 mm

初速 920 m/s

有效射程 400 m

表尺射程 500 m

瞄准基线长 325 mm

枪全重(含一个弹匣)3.5 kg

枪全长(不装刺刀)764 mm

刺刀长(不含刀鞘)320 mm

刺刀宽 35 mm

刺刀重(不含刀鞘)360 g

弹匣容弹 30 发

## 二、构造与保养

### (一) 各部机件的名称和用途

95 式自动步枪由刺刀、枪管、导气装置、瞄准装置、护盖、枪机、复进簧、击发机、枪托、机匣和弹匣 11 大部件组成(见图 7-1)。另有一套附品。

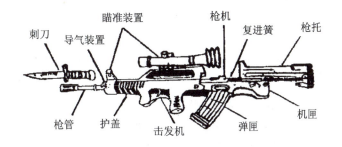

图 7-1 95 式自动步枪部件

### 1. 刺刀(匕首)

刺刀(匕首)(见图 7-2)用以刺杀敌人。也可作为格斗匕首和野战工作用刀。

多功能刺刀由刺刀和刀鞘组成。刺刀上有剪刀部位、剪刀轴孔、锉削部位、刀环、刀柄座、砍削部位和锯割部位。刀鞘上有挂带、带扣、磨刀石、平口起子、剪板座和轴。

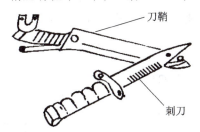

图 7-2 多功能刺刀

### 2. 枪管

枪管(见图 7-3)用以赋予弹头及枪榴弹的飞行方向。枪管内是枪膛,枪膛分为弹膛和线膛。弹膛用以容纳子弹,线膛能使弹头在前进时旋转运动,以保持飞行的稳定性。

枪口装置用来减小发射时枪口的跳动和火焰,并与后定位器配合,作为榴弹发射器及刺刀连接座使用。

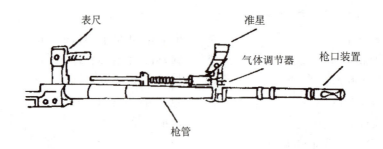

图 7 - 3　枪管

### 3. 导气装置

导气装置(见图 7 - 4)由气体调节器、活塞及活塞簧组成。气体调节器用以调节火药气体的大小。标有"0"、"1"、"2"的数字,分别表示闭气、小孔和大孔位置。通常装定在"1"上,当武器过脏来不及擦拭或在严寒条件下射击时装定在"2"上。发射枪榴弹时,必须将调节塞转动到"0"的位置,以防损坏活动机件。

活塞用以承受火药气体的压力,推动枪机向后。活塞簧用以使活塞回到原来位置。

### 4. 瞄准装置

瞄准装置由机械瞄准具及白光、微光瞄准镜组成,用于对目标进行瞄准。表尺上有觇孔,标有 1、3、5 三个字样,分别表示 100 m、300 m 和 500 m,表尺"0"上荧光点与准星两侧的荧光点组成准星、照门倒置式简易夜瞄装置,其使用同表尺"3"。

准星由准星座、准星连接座、准星护圈和准星四部分组成。准星可拧高、拧低,准星移动座可以左右移动,准星移动座和准星座上各刻有一条刻线,用以检查准星位置是否正确。

瞄准镜座用以安装白光、微光瞄准镜。

### 5. 护盖

护盖(见图 7 - 5)由上护盖与下护盖组成,上护盖有提把,用以提枪前进。下护盖有握把、扳机护圈、小握把、护盖锁孔、挂合杆,主要用以操持武器和射击。握把内为附品筒巢,用于容纳附品筒,前端小握把有通气孔,用以及时散热,冷却枪管。

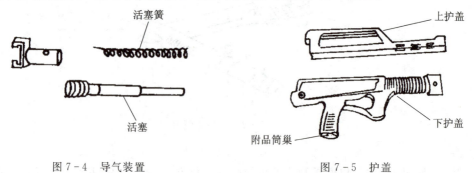

图 7 - 4　导气装置　　　　　　图 7 - 5　护盖

### 6. 枪机

枪机(见图 7 - 6)由机体和机头组成。用以送弹、闭锁、击发和退壳,并能使击锤向后成待发状态。

机体上：有圆孔和导笋槽，用以容纳机头，并引导机头旋转形成闭锁和开锁。机体上还有解脱凸笋、机柄和复进簧巢。

机头上有：击针，用以撞击子弹底火；抓弹钩，用以从膛内抓出弹壳（子弹）；机头上还有导笋、送弹凸笋、开闭锁凸笋、导槽和弹底巢。

### 7. 复进簧

复进簧（见图7-7）的作用是储存枪机、枪机框的部分后坐能量，以便赋予枪机、枪机框向前复进及完成推弹、抓弹、闭锁、解除不到位保险等所必需的能量。

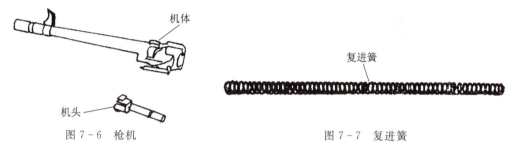

图7-6  枪机                          图7-7  复进簧

### 8. 击发机

击发机（见图7-8）由扳机、扳机拉杆、阻铁杠杆、击发阻铁、单发阻铁、不到位保险机、解脱杠杆、快慢机、击锤、击锤簧、击锤簧导杆、顶头及击发机座组成，用以控制待发、操纵击发及保险。快慢机上的"0"、"1"、"2"分别为保险、单发射和连发位置。

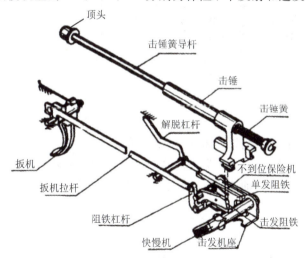

图7-8  击发机

### 9. 机匣

机匣用以容纳枪机、固定快慢机和弹匣。机匣外有弹匣卡笋和弹匣结合口，用以结合弹匣或弹鼓。机匣内有闭锁卡槽，能保证枪机闭锁枪膛；拨弹凸笋，用以拨出弹壳（子弹）。

### 10. 枪托

枪托（见图7-9）用以保证机匣内部免沾污垢和便于操作。

枪托右侧有抛弹壳（子弹）口，枪托内由杠杆式缓冲器和后端的变刚度托底板组成双缓冲机构，可降低活动机件后坐时的撞击。

### 11. 弹匣

弹匣(见图 7-10)由弹匣体、托弹钣、托弹钣簧、卡钣、弹匣盖组成,用以容纳和托送子弹。

弹匣体的后端有三个观察孔,分别对正第 10 发、20 发和 30 发子弹的底缘,用以观察子弹的余量。

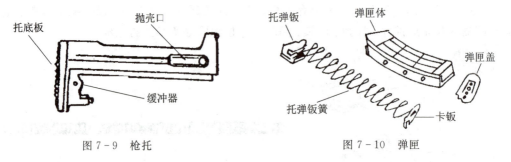

图 7-9　枪托　　　　　　　　　图 7-10　弹匣

### 12. 附品

附品(见图 7-11)用以分解结合、擦拭上油、携带和排除故障。

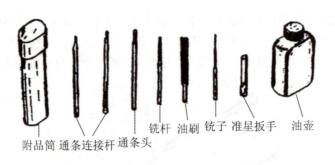

图 7-11　主要附品

附品有通条头、通条连接杆(7 根)、铳子、铣杆、准星扳手、油刷、油壶、背带和弹匣袋。使用时,将通条连接杆与通条头或油刷拧结在一起,用以清除枪管内脏物及涂油;铳子用以拆卸击针销、拉壳钩轴等;准星扳手用以校枪时调节准星高低;铣杆用以清除枪管导气孔的火药残渣。

### (二) 自动步枪工作原理

自动步枪采用导气式系统实现自动子弹装填上膛操作。发射时利用由枪管导气孔导出的火药气体,冲击活塞推压枪机向后运动,完成自动或半自动动作。

待发时,子弹位于膛内,枪机位于前方成闭锁状态,复进簧成伸张状态,击锤被击发阻铁控制,停在待发位置,击锤簧成压缩状态,击发控制机已解脱。

射击时,手扣扳机,通过扳机拉杆、阻铁杠杆的作用,使击发阻铁向下回转,解脱对击锤的控制,击锤在簧力的作用下向前撞击击针,击针撞击子弹底火,点燃发射药,产生火药气体,推送弹头沿线膛向前运动。弹头一经过导气孔,部分火药气体通过导气孔涌入导气箍,冲击活塞推动枪机向后,压缩复进簧,完成开锁、抛壳,并推击锤向后至待发位置,压缩击锤簧。枪机后退到位后,在复进簧作用下向前复进,推动下一发子弹入膛并完成闭锁，下压击发控制机，解脱击锤。

此时，保险机若定在连发位置，扳机未松开，击发阻铁和单发阻铁都不能卡住击锤，击锤再次向前撞击击针，形成连发。

保险机若定在单发位置，手扣扳机不放，单发阻铁向上抬起，卡住击锤不能向前运动，射击停止，若再次发射，必须松开扳机，单发阻铁在簧力作用下向下回转解脱击锤，击锤在簧力作用下稍向前移动即被击发阻铁卡住，停在待发位置，再扣扳机，动作同前，形成单发射击。

保险机若定在保险位置，保险机轴阻挡住击发阻铁，使其不能向下回转，成保险状态。击锤若在后方待发位置保险时，扣不动扳机，不能击发。击锤若在前方击发位置保险时，活动机件不能推压击锤向后至待发位置，枪机不能推弹入膛。

### （三）轻武器分解结合

#### 1. 目的和要求

分解结合是为了擦拭、上油、检查和排除故障。要求做到：

（1）分解前必须验枪；

（2）分解结合应按顺序和要领进行，不要强敲硬卸；

（3）分解下来的机件应按次序放在干净的物体上；

（4）除所讲的分解内容外，未经许可，不准分解其他机件；

（5）结合后，应拉送枪机数次，检查机件结合是否正确。

#### 2. 分解结合

（1）取出附品筒。打开握把盖取出附品筒。两手打开取出附品筒盖，取出附品。

（2）卸下弹匣。左手掌心向上握下护盖前端，使枪面稍向左，右手握弹匣，拇指按压弹匣卡笋（也可右手掌心向上握弹匣，以手掌肉厚部分推压卡笋），前推使弹匣凹槽脱离弹匣卡笋，再向后下方取下弹匣。

（3）卸下枪托。右手握枪托底下部，拇指用力压住枪托底中部偏下部位，左手拇指从左向右将枪托销顶出；左手将枪托销向右拉到尽头。然后，左手托握机匣，右手握枪托并且向后拉，取下枪托。

（4）取出击锤、枪机及复进簧。右手向后拉动击锤取下，抽出复进簧，再向后拉出枪机。

（5）取下机头。左手向左旋转机头，待机头开闭锁凸笋对准机体上的让位槽时，向前拉出机头。

（6）卸下上护盖。左手握机匣尾部，右手先将上护盖向后移动 5~8 mm，然后向上提起上护盖后部，让过瞄准镜座，继续向后上提拉取下上护盖。

（7）卸下气体调节器。按压调节器卡笋，使其退出定位槽，然后转动气体调节器，当其向上两平面处于水平位置时，向外抽拉卸下气体调节器。

（8）取出活塞及活塞簧。用手捏住活塞向前推动，当活塞头部露出导气箍时，取出活塞及活塞簧。

结合时，按分解的相反顺序进行。

### （四）子弹

#### 1. 子弹的各部名称及用途

子弹（见图 7-12）由弹头、弹壳、底火和发射药组成。弹头用以杀伤敌人的有生力量；弹壳用以容纳发射药，安装弹头和底火；底火用以点燃发射药；发射药用以燃烧后产生火药气体，推送弹头前进。

图 7-12　子弹

#### 2. 子弹的种类、用途及标志

自动步枪主要使用 5.8 mm 普通弹，用以杀伤敌人的有生力量。必要时可使用 5.8 mm 机枪弹和曳光弹。

曳光弹主要用以试射、指示目标和作信号用。命中干草能起火，曳光距离可达 800 m。弹头头部为绿色。

子弹箱外均标有弹种、数量、批号和年号等。领用时应看清标志，以免弄错。

### （五）保养和检查

#### 1. 爱护武器

爱护武器是军人的重要职责，必须做到勤检查、勤擦拭、不碰摔、不生锈、不损坏、不丢失，使武器、子弹经常保持完好状态。

使用武器必须按操（携）枪要领进行，不得违章操作。

行军、作战和训练时，应尽量避免碰撞和沾上污物，注意防止机件和子弹生锈，防止灰沙进入枪内。严禁随意拆卸武器各部件和强敲硬卸。

使用武器后，应折回枪刺，松回击锤，关上保险，游标定在常用表尺分划上。

#### 2. 擦拭上油

训练、演习、实弹射击后，应适时地用干布和油布进行擦拭上油。

擦拭前，应有组织地进行验枪、验弹，并应分解武器，准备擦拭用具。

擦拭时，应先擦拭枪膛和其他细小部件，后擦拭枪表面，擦拭干净后，用布条或鬃刷涂油。

擦拭后，应拉送枪机数次，检查是否结合正确，并松回击锤，关上保险。

### 3. 检查

检查外部。主要检查金属部分是否有污垢、锈痕和碰伤，木质部分有无裂缝和碰伤，各部机件号码是否一致，准星是否弯曲和松动等。

检查枪膛。检查枪膛是否有污垢、生锈和损伤。

检查机能。装上数发教练弹，拉送枪机数次，检查送弹、闭锁、各部件机能是否正常。

### （六）故障与排除方法

射击中，若发生故障，通常拉枪机向后，重新装弹继续射击。如仍有故障，应迅速查明原因予以排除。如排除不了，应迅速向指挥员报告。

半自动步枪可能发生的故障、原因及排除方法见表7-1。

#### 表 7-1　故 障 与 排 除

| 序号 | 故障现象 | 故 障 原 因 | 排 除 方 法 |
|---|---|---|---|
| 1 | 顶弹 | 1. 弹匣抱弹口有损伤<br>2. 联接座上弹坡有损伤 | 枪机拉至后方，推挂机扳把向上，使枪机停在挂机位，卸下弹匣，取出故障弹，修复弹匣抱弹口和联接座上弹坡 |
| 2 | 空膛 | 弹匣中有污物 | 1. 卸下弹匣，清洗或擦拭弹匣内壁；<br>2. 更换弹匣 |
| 3 | 卡壳 | 1. 拉壳钩钩部损伤<br>2. 拉壳钩顶销簧失效<br>3. 抛壳挺顶上或变形 | 1. 手拉枪机，取出被卡滞弹壳；<br>2. 更换或修复拉壳钩；<br>3. 更换或修复抛壳挺 |
| 4 | 瞎火 | 1. 哑弹<br>2. 击锤簧失效<br>3. 击针孔或击发机构有污物<br>4. 击针有毛刺 | 1. 拉枪机，取出哑弹；<br>2. 更换击锤簧；<br>3. 对枪机击针孔和击发机构进行清洗、擦拭、涂油；<br>4. 修复击针表面 |

## 三、简易射击学原理

### （一）发射与后坐

#### 1. 发射及其过程

火药气体压力将弹头从膛内推送出去的现象叫发射。其发射的过程有以下几步：击针撞击子弹底火，起爆药起火，火焰通过导火孔引燃发射药，产生大量火药气体，在膛内形成很大的压力，迫使弹头脱离弹壳，沿膛线旋转加速前进，直至推出枪口。

发射过程时间极短促，现象却很复杂，整个过程可分为4个阶段：准备阶段、基本阶段、气体膨胀阶段、火药气体作用的最后阶段（见图7-13）。

从发射的四个阶段可知，膛压的变化规律是：从小急剧增大，而后逐渐下降；弹头速度的变化规律是：由静到动，由慢到快，始终是加速运动。

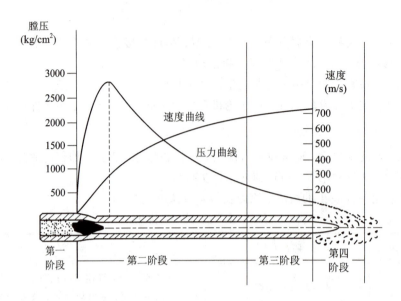

图 7 - 13　发射的 4 个阶段

### 2. 初速及其实用意义

弹头脱离枪口前切面瞬间的速度称为初速，初速以 m/s 为单位表示。决定初速大小的条件有：弹头的重量；装药的重量；枪管的长度；发射药燃烧的速度。

初速是判定武器战斗性能的重要因素之一，弹头相同，初速大的实用意义是：能增加弹头的飞行距离；弹道更为低伸；能减少外界条件对弹头飞行的影响；能加大弹头的侵彻力和杀伤力。

### 3. 后坐

#### 1) 后坐的形成

发射时，武器向后运动的现象叫后坐。发射药燃烧时，产生的气体同时作用于各个方向。作用于膛壁周围的压力被膛壁所抵消；向前作用于弹头后部的压力推送弹头前进；向后作用于弹壳底部的压力经过枪机传给整个武器，使武器向后运动，形成后坐。武器的后坐和弹头的运动是同时开始的。在弹头脱离枪口瞬间，大量的火药气体随弹头的后部从膛内向外喷出，形成了反作用力，使武器后坐更加明显。

#### 2) 后坐对命中的影响

后坐对单发(连发首发)射击的命中影响极小。因为弹头在膛内运动的时间极短(约 0.001 s)，并且枪比弹头重得多，所以弹头在脱离枪口以前，枪的后坐距离只有 1 mm 多，而且是正直向后运动的，加之衣服和肌肉的缓冲，射手是感觉不出来的。射手感觉到的后坐，主要是弹头在脱离枪口的瞬间，火药气体猛烈向枪口外喷出形成的反作用力造成的。此时弹头已脱离枪口。因此后坐对单发(连发首发)射击的命中影响极小。

后坐对连发射击的命中有一定的影响。因为连发射击时，第一发子弹发射后，由于枪的明显后坐变动了原来的瞄准线，所以对第二发以后的射弹命中有一定的影响。但只要射手据枪要领正确，适应连发武器射击时的后坐规律，就能减少后坐对连发命中的影响，提高射击精度。

## （二）弹道

弹道是弹头在飞行时变化的轨迹。弹头在运动中，其重心所经过的路线叫弹道。弹头脱离枪口后，如果没有地心引力和空气阻力的作用，它将保持其所获得的速度，沿着发射线无止境地成匀速直线行进。实际上，弹头在空气中飞行时，同时受到地心引力和空气阻力的作用，逐渐下降和越飞越慢。这样就形成了一条不均等的弧线，升弧较长较直，降弧较短较弯曲。弹道要素如图7-14所示。

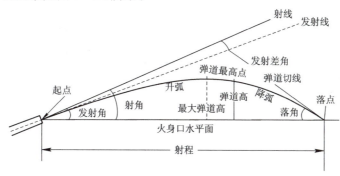

图7-14　弹道要素

## （三）选定表尺分划和瞄准点

了解瞄准具的作用，学会正确地选定表尺分划和瞄准点以及观察弹着点和修正偏差的方法是射击的重要前提。

### 1. 瞄准具的作用

为使弹头射向目标，必须在水平面上和垂直面上赋予火身轴线以一定的角度，为此所做的各种动作称为瞄准。在水平面上赋予火身轴线以方向角的动作，称为方向瞄准。在垂直面上赋予火身轴线以高低角的动作，称为高低瞄准。

由于地心引力和空气阻力的作用，如果用枪管瞄向目标射击，射弹就会打低。为了命中目标必须将枪口抬高，使火身轴线与瞄准线之间形成一定的角度，即瞄准角。

瞄准角的大小，是根据射弹在不同距离上的降落量来确定的。距离越远，降落越大，所需要的瞄准角也就越大；距离越近，降落量越小，所需要的瞄准角也就越小，如图7-15所示。

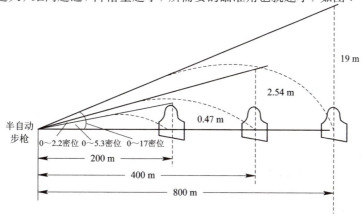

图7-15　射击距离与瞄准角的关系

瞄准具就是根据上述原理设计成的。由于缺口上沿到火身轴线的高度大于准星尖到火身轴线的高度,射击时,是通过缺口上沿中央和准星尖的平正关系来对目标进行瞄准的,因此就抬高了枪口,使火身轴线与瞄准线之间构成了一定的瞄准角(见图 7-16)。表尺位置高,瞄准角较大,相应的射击距离就远;表尺位置低,瞄准角就小,相应的射击距离就近。各种枪的表尺板上都刻有不同的表尺(距离分划),装定表尺(距离)分划,就是改变表尺的高低位置,实际上也就是装定瞄准角。

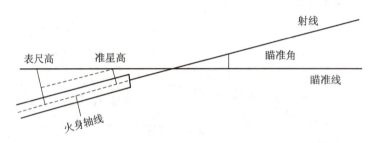

图 7-16　瞄准角的构成

由此可见,瞄准具的作用就是对一定距离上的目标射击时赋予武器相应的瞄准角和射向。正确地选定表尺分划,对准确命中目标有着决定性的意义。

**2. 瞄准要素**

瞄准要素包括:瞄准基线、瞄准线、瞄准点、瞄准角、高低角、弹道高、落点、弹着点、弹道与目标表面或地面的交点、命中角、表尺距离、实际射击距离等,如图 7-17 所示。

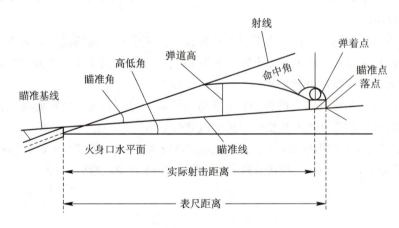

图 7-17　瞄准要素

**3. 选定表尺分划和瞄准点**

为了使射弹准确地命中目标,射击时,射手应根据目标的距离、大小和武器的弹道高,正确地选定表尺分划和瞄准点。其方法如下所述:

(1) 定实距离表尺分划,瞄准目标中央。

目标距离为百米(轻机枪为 50 m)整数时,可根据目标的距离装定相应表尺分划,瞄准点选在目标中央。如冲锋枪 100 m 距离上人胸目标射击时,定表尺"1",瞄准目标中央射击,即可命中目标中央(见图 7-18)。

(2) 定大于或小于实距离表尺分划,适当降低或提高瞄准点。

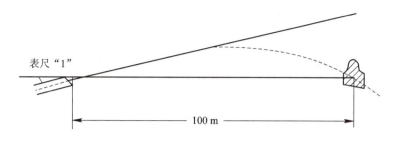

图 7-18 定实距离表尺分划射击景况

目标距离不是百米(轻机枪 50 m)整数时,常选择大于实距离的表尺分划,根据武器在该距离上的弹道高,相应降低瞄准点射击。如冲锋枪对 250 m 距离上人胸目标射击时(弹道高为 21 cm),定表尺"3",这时瞄准目标下沿中央射击,即可命中目标中央(见图 7-19)。

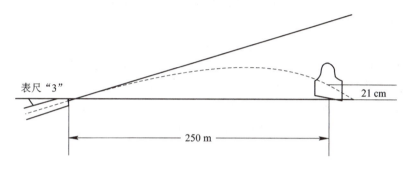

图 7-19 定大于实距离表尺分划射击景况

也可选定小于实距离的表尺分划,根据武器在该距离上的负弹道高,相应提高瞄准点射击。如半自动步枪对 250 m 距离上的人头目标(高 30 cm)射击时,定表尺"2",在 250 m处的弹道高为-16 cm,这时,瞄准目标头顶中央射击即可命中(见图 7-20)。

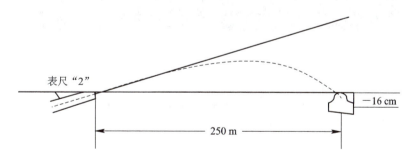

图 7-20 定小于实距离表尺分划射击景况

**(3)定常用表尺分划,小目标瞄下沿,大目标瞄中央。**

战斗中,对 300 m 距离以内的目标射击时,通常定常用表尺(表尺"3")分划,小目标瞄下沿,大目标瞄中央射击,即可命中。

在战场上,目标出现突然,大小暴露不一,且距离不断变化,用此种方法对 300 m 以内的目标不需要变更表尺分划即可实施射击。这样可以争取时间,提高战斗射速,增大射击效果。因此,此种方法在实战中有着重要的实用意义,是战斗中常用的一种方法。

### （四）外界条件对射击的影响及修正

#### 1. 风对射弹的影响及修正

风是一种具有速度和方向的气流，它能改变射弹的飞行方向和距离。在各种外界条件中，风对射弹的飞行影响最大。因此，必须准确地判定风的方向和风力，根据风对射弹的影响进行修正，以保证射弹准确命中目标。

##### 1）风向和风力的判定

按风吹的方向和射击方向所形成的角度可分为横风、斜风和纵风。

横风：从左或右与射向成 90°角吹的风。

斜风：与射向成锐角（小于 90°）的风。射击时通常以与射向约成 45°角的风计算。

纵风：与射向平行吹的风。顺射向吹的风为顺风，逆射向吹的风为逆风。

风力按其大小分为强风、和风和弱风。风力的大小可用测风仪等器材测出，也可根据人的感觉和常见物体被风吹动的景况来判定。

##### 2）风对射弹的影响及修正

横（斜）风能对弹头的侧面施以压力，使射弹偏向一侧，产生方向偏差。风力越大，距离越远，偏差就越大。风从左吹来，射弹偏右；风从右吹来，射弹偏左。

为运用方便，将在横和风条件下，对 400 m 内目标射击时的瞄准景况归纳出如下口诀：一百不用修，二百瞄耳线，三百瞄边沿，四百边接边，强风加一倍，弱（斜）风各减半（见图 7-21）。

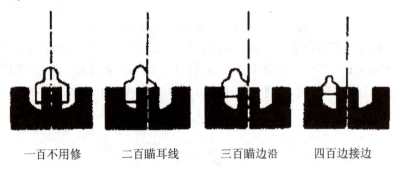

一百不用修　　二百瞄耳线　　三百瞄边沿　　四百边接边

图 7-21　横和风修正景况

纵风能影响射弹的飞行距离，顺风时，空气阻力减小，使射弹打远（高）；逆风时，空气阻力增大，使射弹打近（低）。但在近距离内（400 m 以内）可不修正。如对远距离目标射击时，应适当降低或提高瞄准点。

#### 2. 阳光对瞄准的影响及克服方法

##### 1）阳光对瞄准的影响

在阳光下瞄准，由于阳光照射作用，缺口部分产生虚光，形成三层缺口虚光部分、真实缺口、黑实部分（见图 7-22）。如不注意辨清真实缺口的位置，就容易产生误差，使射弹产生偏差。

若用虚光瞄准，射弹偏向阳光照来的方向；若用黑实部分瞄准，射弹就偏向阳光照来的相反方向。在阳光照射下，缺口和准星尖同时产生虚光，若用虚光部分瞄准，射弹偏低；若用黑实部分瞄准，射弹偏高。

图 7 - 22　缺口部分产生虚光形成三层缺口

2）克服方法

可在不同方向的阳光照射下练习，采取遮光瞄准不遮光检查，或不遮光瞄准遮光检查的方法，反复练习，确实辨清真实缺口的位置和正确瞄准的景况；在阳光下瞄准的时间不宜过长，避免眼花而产生误差；平时要注意保护好瞄准具，不使其磨亮而反光。

### 3. 气温对射弹的影响及修正

气温就是空气的温度。它随着天气的炎热和寒冷而变化。气温变化时，空气密度也会随着改变，对射弹的阻力也就不同。因而，影响射弹的飞行速度，使弹道形状发生变化。气温升高时，空气密度减小（稀薄），射弹飞行中受到的空气阻力就小，射弹就打得高（远）。气温降低时，空气密度增大（稠），射弹飞行中受到的空气阻力就大，射弹就打得低（近）。

由于各地区和各季节的气温不同，很难与标准气温（＋15℃）条件相符，射击时，若气温差别不大，在 400 m 内对射弹命中的影响较小，不必修正；若气温差别很大或对远距离目标射击时，应适当提高或降低瞄准点。气温降低时，提高瞄准点或增加表尺分划；气温升高时，降低瞄准点或减小表尺分划。

## 四、武器操作与实弹射击

### （一）验枪

验枪是一项保证安全的重要措施。使用武器前后及必要时均应验枪，认真检查弹膛和教练弹中有无实弹。验枪时，严禁枪口对人。

口令：“验枪”、“验枪完毕”。

动作要领：听到“验枪”口令后，右手将枪提起，以右脚掌为轴，身体半面向右转，左脚顺势向前迈出一步（两脚约与肩同宽），同时右手将枪向前送出；左手接握下护木，左大臂紧靠左胁，枪托贴于胯骨，枪刺尖约与眼同高；右手打开弹仓盖，移握机柄。

当指挥员检查时，拉枪机向后，验过后，自行送回枪机，关上弹仓盖，打开保险，扣扳机，关保险，移握枪颈。

听到“验枪完毕”口令后，右手移握上护木，身体半面向左转，在右脚靠拢左脚的同时，恢复持枪姿势。

（二）装退子弹及定复表尺

**1. 卧姿装退子弹及定复表尺**

口令："卧姿——装子弹"、"退子弹——起立"。

动作要领：听到"卧姿——装子弹"口令后，右手将枪提起稍向前倾，左脚向右脚尖前迈出一大步（也可右脚顺脚尖方向迈出一大步），左手在左（右）脚尖前支地，顺势卧倒，以身体左侧、左肘支撑全身；右手将枪向目标方向送出；左手接握表尺下方，枪托着地，右手拉枪机到定位。解开弹袋扣，取出一夹子弹，插入弹夹槽，以食指或拇指将子弹压入弹仓（单发装填时，不应将第一发子弹压在右侧），取出弹夹，送弹上膛，将弹夹装入弹袋并扣好。右手拇指和食指捏压游标卡笋，移动游标，使游标前切面对正所需要的表尺分划。右手移握枪颈，全身伏地，两脚分开约与肩同宽，身体与射向成30°角，枪刺离地，目视前方，准备射击。

听到"退子弹——起立"口令后，稍向左侧身，右手解开弹袋扣，打开弹仓盖，接住落下的子弹，装入弹袋，拇指拉机柄向后，食指和中指夹住从膛内退出的子弹，送回枪机，将子弹装入弹袋并扣好，关上弹仓盖，打开保险，扣扳机，关保险，复表尺，移握上护木，将枪收回；同时左小臂向里合，屈左腿于右腿下。以左手和两脚撑起身体，右脚向前一大步，左脚再向前一步，在右脚靠拢左脚的同时，恢复持枪姿势。

**2. 跪姿装退子弹及定复表尺**

口令："跪姿——装子弹"、"退子弹——起立"。

动作要领：听到"跪姿——装子弹"口令后，右手将枪提起，左脚向右脚前方迈出一步，右手将枪向目标方向送出；左手接握表尺下方，同时右膝向右跪下，臀部坐在右脚根上，左小腿略垂直，两腿约成90°角，左小臂放在左大腿上。枪刺尖约与眼同高，然后按要领装子弹，定表尺，右手移握枪颈，目视前方，准备射击。

听到"退子弹——起立"口令后，按要领退出子弹，打开保险，扣扳机，关保险，复表尺，右手移握上护木，左脚尖向外打开的同时起立，在右脚靠拢左脚的同时，恢复持枪姿势。

**3. 立姿装退子弹及定复表尺**

口令："立姿——装子弹"、"退子弹——起立"。

动作要领：听到"立姿——装子弹"口令后，右手将枪提起，以右脚掌为轴，身体大半面向右转，左脚顺势向前迈出一步（两脚与肩同宽，成外八字），体重落在两脚上，右手将枪向目标方向送出；左手接握表尺下方，左大臂紧靠左胁，枪托贴于胯骨，枪刺尖约与眼同高。然后按要领装子弹，定表尺，右手移握枪颈，目视前方，准备射击。

听到"退子弹——起立"口令后，按要领退出子弹，打开保险，扣扳机，关保险，复表尺，右手移握上护木，身体大半面向左转，在右脚靠拢左脚的同时恢复持枪姿势。

（三）据枪、瞄准、击发

据枪、瞄准、击发是相互联系和相互影响的动作。稳固持久的据枪、正确一致的瞄准、均匀正直的击发，三者正确的结合是准确射击的关键。

**1. 据枪**

有依托卧姿据枪，将枪的下护木放在依托物上，身体右侧与枪略成一线。右手虎口向前紧握握把，食指第一节靠在扳机上，右肘尽量内合着地前撑；左手虎口向前握弹匣，左肘着地外撑；两肘保持稳定，胸部挺起，身体前倾，上体自然下榻，使枪托抵于肩窝，头稍前倾，自然贴腮。

**2. 瞄准**

右眼通视缺口与准星，使准星位于缺口中央，准星尖与缺口上沿平齐，指向目标。瞄准时，应集中精力于缺口与准星的关系上。正确的情况是缺口与准星的平正关系看得很清楚，而目标看得较模糊。瞄准时，应该先使瞄准线自然指向目标。若未指向目标，不可强行挪动枪身，必须调整姿势。需要修正方向时，可左右移动身体或两肘。需要修正高低时，可前后移动整个身体或两肘里合、外张，也可适当移动左手的托枪位置。

**3. 击发**

击发时，用右手食指第一节均匀正直地向后扣压扳机，余指力量不变。当瞄准线接近瞄准点时，开始预扣扳机，并减缓呼吸；当瞄准线指向标准点时，应停止呼吸，继续增加对扳机的压力，直到击发。击发瞬间应该保持正确一致的瞄准，若偏离瞄准点，待修正或换气后，再继续扣压扳机，一直至击发。操纵点射时，应稳扣快放，扣到底再松开，一般为2～3发。

**（四）实弹射击**

实弹射击是射击训练的重要组成部分，是检验射手是否掌握射击动作要领的有效方法。但是，实弹射击如组织不好容易产生事故，乃至人员伤亡。因此，周密的组织、严格的安全措施和纪律规定十分重要。

**1. 实弹射击的组织**

实弹射击要成立领导小组，制定实弹射击方案，组织好实弹射击和搞好射击保障。实弹射击前，必须进行思想动员和安全教育，并对参加实弹射击的所有人员规定各种信号、记号，宣布射击场工作人员的组成及其职责。

射击场应设总指挥员、地段指挥员、靶壕指挥员和警戒、信号、示靶、发弹、记录、修理、医务等人员。各类人员的职责是：

**总指挥员**：负责设置场地、派遣勤务，组织指挥射击，监督全体人员遵守射击场的各项规定和安全规则，处理有关问题。

**地段指挥员**：负责本地段的指挥。

**靶壕指挥员**：负责组织设靶、示靶、报靶、补靶及处理有关问题。

**警戒人员**：负责全场警戒，严禁任何人员和牲畜进入警戒区。发现险情，应立即发出信号并向射击场指挥员报告。

**信号员**：根据射击场指挥员的命令发出各种信号，负责警戒区内的观察，发现险情立即报告。

**示靶员**：负责设靶、示靶、报靶和补靶工作。

**发弹员**：根据指挥员的命令，按规定弹种、弹数发给射手子弹，收回剩余子弹。射击终止后，负责清查弹药和收回弹壳。

**记录员**：负责记录射手的成绩和统计单位成绩。

实弹射击设立的后勤保险组主要负责实弹射击人员进退射击场的组织、交通运输、饮食保障、医疗及安全等事宜。上述各类人员均属总指挥员领导。

### 2. 实弹射击场的安全规则

射击场必须有可靠的靶档,并构筑确保安全的示靶壕。射击场应区分出发地线和射击地线。无关人员不得超过出发地线。

射击前,射击指挥员应向全体人员明确戒严、开始射击、停止射击、报靶、射击终止等信号规定。射击前后必须严格检查武器(验枪),进入射击场后,不管枪内有无子弹,严禁枪口对人,不准私带子弹入靶场。

射击信号发出后,示靶员、报靶员绝对禁止出壕或探头观望。

射击时,如遇武器发生故障,除指挥员指定专人排除外,严禁他人自行处理。报靶时,严禁向靶区瞄准,无关人员不得进入射击地带摆弄武器。

当指挥员下达停止射击的命令后,射手应立即停止射击,放下武器并关上保险。

靶场全体工作人员只能在规定的区域内活动,不得擅自行动。所有人员离开规定区域必须经领导批准后方可行动。对靶场违纪行为,指挥员将视情况采取果断措施予以制止。枪支弹药必须由专人负责,不得失控。靶场各级各类工作人员必须忠于职守,尽职尽责,确保实弹射击的安全顺利实施。

### 3. 报靶

报靶杆圆头(直径 15～20 cm,一面红或黑,一面白),放在靶板(靶子)的不同位置表示环数。

左下角为 1 环,正下方为 2 环。右下角为 3 环,左中间为 4 环。右中间为 5 环,左上角为 6 环。正上方为 7 环,右上角为 8 环。在靶板(靶子)中央上下移动为 9 环。在靶板(靶子)中央左右摆动为 10 环。围绕靶子画圆圈为脱靶。

为了报出弹着点的偏差,报出环数后,将报靶杆圆头放在靶子中央(白面朝外),再慢慢向偏差方向(弹着点)移出靶板(靶子)2 次。

# 第二节　战　　术

战术是指导和进行战斗的方法,其主要内容包括战斗基本原则以及兵力部署、战斗指挥、协同动作、战斗行动的方法和各种保障措施等内容。战术基础是军人在战斗中消灭敌人、保存自己的最基本理论和战斗动作的统称,它属于战术学研究的范畴,是军人必须完成的基本训练科目。

## 一、战斗类型

战斗是敌对双方的兵团、部队和分队为了达到一定的战术目标,在较短的时间和较小的空间内所进行的有组织的作战行动。这种作战行动在于实现一定的战术目的,消灭或击溃敌方的战术集团,攻占或扼守某些重要地区和目标。战斗活动的时间和空间要受战术集团的编制装备、战斗能力和行动目的及对象的制约,它是一种内容极其纷繁复杂的战争现象。

战斗类型是指按战斗性质所作的分类。我军高技术条件下战斗的基本类型仍分为进攻战斗和防御战斗。各级指挥员是战斗活动的组织者和领导者，必须熟悉不同类型战斗的特点，研究其指导规律，并根据战斗企图和敌情、任务，恰当选用战斗类型。

## （一）进攻战斗

进攻战斗是主动攻击敌人的战斗，是战斗基本类型之一。其目的是歼灭敌人，攻占重要地区和目标。

（1）进攻较防御而言具有较多的优越性，如下所述：

一是进攻者掌握行动的主动权。进攻者可以主动选择攻击目标、方向、时间和方法。

二是进攻者可以形成兵力兵器对比的优势。进攻的主动地位是以力量的优势为基础的，因而能够造成兵力兵器的对敌优势，可以集中绝对或相对优势力量，选敌弱点，实施主要突击，运用灵活的战术手段，给敌以决定性打击。

三是进攻者可以预先做好战斗准备。由于进攻者握有主动权，因而能够根据预定的战斗企图，进行周密的组织计划，建立正确的兵力部署，全面准备夺取胜利的条件。

四是进攻者可以达成战斗的突然条件。可在敌意想不到的时间、地点，捕捉或创造战机，采取敌意想不到的战法，给敌以出其不意的攻击。

五是有利于提高进攻者的士气。进攻一方能对防御一方的心理造成不利的影响，可鼓舞己方战斗士气，保障战斗力的充分发挥，以坚强的意志和强大的突击力战胜敌人。

（2）进攻战斗的基本任务可为下列各项之一：

· 突破敌人阵地，消灭防御之敌，夺占重要地域或目标；

· 攻歼驻止、运动之敌；

· 破袭敌人的交通运输线或重要目标；

· 夺占敌纵深要点，割裂敌部署，断敌退路，阻敌增援，配合主力围歼敌人。

现代进攻战斗将是在高技术局部战争条件下进行的诸军兵种合同战斗。高技术武器大量运用于实战，使得现代战斗的军事技术水平空前提高。因此，进攻战斗将面临核、化学武器威胁，在激烈的电子对抗、信息对抗、远程火力打击环境下，于地面和空中、前沿和纵深同时展开，紧张、快速、多变、残酷地连续进行，具有更大的坚决性、突然性、立体性和速决性。

分队进攻时，为克敌制胜，必须灵活地运用袭击、强攻或强攻与袭击相结合的战法，善于疏散、隐蔽、迅速地接近敌人，集中兵力火力，突然勇猛冲击，大胆穿插分割，坚决消灭敌人。

## （二）防御战斗

防御战斗是抗击敌人进攻的战斗，是战斗的基本类型之一。防御战斗通常由战术兵团、部队和分队在保卫重要地区或目标，阻敌增援、突围或退却，掩护主力集中、机动或休整，巩固占领地区或阵地等情况下组织实施，其目的是杀伤、消耗、迟滞敌人，扼守阵地，争取时间，为直接转入进攻或保障其他方向的进攻创造条件。

（1）防御战斗通常是以相应兵力抗击敌人的进攻。因而战斗行动受进攻一方的制约较大，不如进攻战斗能够充分发挥主动权。但是，防御战斗之所以能与超过自己数倍的敌人作战，其主要原因就是它具有进攻战斗所不能具备或不能完全具备的许多优点：

一是防御者能够依托有利的地形和阵地条件进行战斗。通常情况下能详细地研究地形利弊，选择便于防守的地形，预先构筑工事，设置障碍，为实施战斗创造有利的阵地条件，从而弥补自己的兵力、火力不足，使战斗效能大为提高。

二是防御者能够实施有效的伪装。可利用阵地的自然条件和各种伪装器材，采取各种手段隐真示假，造成敌人在判断和行动上的失误。

三是防御者能够以逸待劳。防御者通常是先于敌人占领战斗地区，依托有利地形和工事，等待敌人进攻，而进攻者通常要经过运动和逐次展开，精力和体力消耗大。在高技术条件下，虽然军队的机械化程度高，机动速度快，但防御者仍可达到以逸待劳。

四是防御者便于实施兵力兵器机动。防御者对战斗地域内的地形比较熟悉，在一定程度上比进攻一方更有条件灵活地机动兵力兵器，适时以积极的攻势行动，杀伤、消耗敌人的优势兵力，或破坏敌人进攻。

（2）防御战斗的基本任务可为下列各项之一：

- 保卫重要地区或目标；
- 迟滞、消耗、牵制、吸引敌人，创造歼敌的有利战机或掩护主力进攻；
- 阻敌增援、突围或退却；
- 巩固占领的地区，抗击敌人反冲击或保障主力翼侧安全；
- 掩护主力集中、机动或休整。

现代防御战斗将是在高技术局部战争条件下，抗击优势敌人进攻的诸军兵种合同战斗。战斗将面临敌核、化学武器和高技术兵器的严重威胁，在防御全纵深、地面和空中同时展开，连续进行。防御战斗行动的快速性、机动性明显增强，隐蔽防御企图、保存有生力量、指挥与协同更加困难。

分队防御时，必须充分发挥兵力、火力和有利地形、障碍的作用，建立稳定的防御体系，加强伪装防护措施，隐蔽防御企图，保存有生力量，以顽强积极的战斗行动，挫败敌人的进攻。

### （三）进攻战斗与防御战斗的关系

进攻和防御两种战斗类型是战斗中最基本的一对矛盾，具有相互对立、相互统一的辩证关系。了解这一点，对于正确把握攻防矛盾运动规律具有重要意义。进攻和防御的对立，表现为二者的相互区别和相互排斥。在战斗目的上，进攻是为了歼灭敌人，攻占重要地区或目标；防御是为了保存力量，坚守重要地区或目标。在战斗行动上，进攻是为了突破对方的防御，防御是为了阻止对方的进攻。

进攻和防御的统一，表现为二者相互依存、相互渗透和相互转化。进攻和防御都不是孤立的，它们在运动中互为前提，互为存在条件，没有进攻就无所谓防御，没有防御也就不存在进攻；进攻和防御都不是单一的状态，而是相互包含、相互贯通，攻中有防，防中有攻，这一点在高技术条件下更加明显。但从战斗性质和根本目的上看，两种类型的界线仍然是明确的。进攻和防御的地位不是一成不变的，在一定条件下二者可以相互转化，当进攻达到顶点或失去相应条件时则会转入防御，当防御具备了条件也会转入进攻。进攻和防御的矛盾运动，推动它们不断由低级形态向高级形态发展。进攻的发展变化，必然导致防御的发展变化；同样，防御的发展变化，又反过来作用于进攻的发展变化。

## 二、战斗原则

战斗的基本原则是组织与实施战斗的根本法则，是一切战斗行动的基本依据和指南。它客观地反映了战斗的一般规律，揭示了进行战斗所必须遵循的基本原理，具有实践性、普遍性和系统性的特征；同时，战斗基本原则又随着武器装备、作战对象、战场环境的变化而不断发展，又具有时代特征，因而它对一切战斗都具有普遍的指导意义。

### （一）知彼知己，正确指挥

"知彼知己，正确指挥"，使主观指导符合客观实际情况，是夺取战斗胜利的前提和基础。指挥员必须周密组织并亲自进行现场侦察、勘察，切实查明当前敌情和战斗地区的地形、气象、水文、社会等情况，判明敌人的战斗能力、特点、行动规律、强点和弱点，分析战场环境对敌我双方战斗行动的影响；熟知所属分队的战斗能力和特长，了解本分队任务及上级、友邻可能的支援与配合等情况。通过对各方面情况进行综合分析判断，比较完成任务的利弊条件，找出克敌制胜的方法，据此定下正确的决心，并组织分队实现决心。

战斗中，应当随时掌握敌我情况的发展变化，适时补充、修正决心或者定下新的决心，力求使分队的战斗行动符合不断变化的情况。情况紧迫时，应当边行动边查明情况，果断地指挥分队行动，能动地夺取战斗的胜利。

### （二）消灭敌人，保存自己

"消灭敌人，保存自己"是一切战斗的基本目的，是一切战斗行动的着眼点，也是贯彻战斗始终的指导原则。其基本精神是：我军战斗以消灭敌人为主，保存自己是第二位的。因此，无论是进攻或防御，都应当树立积极消灭敌人的思想，发扬勇敢战斗、不怕牺牲的精神，灵活运用战法，主动、积极、坚决地消灭敌人，绝不允许借口保存自己而消极避战；在积极消灭敌人的同时，注重保存自己。树立严密防护、注重生存的思想。力求以尽可能小的代价，消灭尽可能多的敌人。

### （三）集中力量，各个击破

"集中力量，各个击破"是我军克敌制胜的根本法则和基本战法之一。其基本精神是：无论进攻或防御，每战都必须集中兵力、火力、电子对抗力量及其他物质的和精神的战斗力要素，并充分发挥其综合效能和整体威力，在同一时间内重点打击一个主要目标。进攻时，应实施重点突击，力求首先歼灭当面之敌一部，再转移力量，歼敌之另一部，直至夺取战斗全胜。防御时，应依托阵地，抗反结合，以顽强抗击和积极的攻势行动，不断消耗、歼灭敌人，挫败敌人进攻，以保持防御稳定。

### （四）迅速准备，快速反应

"迅速准备，快速反应"是夺取战斗胜利的基本条件。分队必须在精神、物质和组织上随时保持戒备，及时预见可能发生的情况，预先计划，预做多手准备，特别是复杂、困难情况下的战斗行动准备；接到上级号令后科学计算和分配时间，突出重点，分工负责，迅速完成准备，不失时机地对突发情况做出反应。紧急情况下，应当边行动边准备，以弥补战前准备的不足。

### （五）隐蔽突然，出敌不意

"隐蔽突然，出敌不意"是指战斗中要采取各种有效措施，切实隐蔽自己的行动企图，灵活迅速地机动兵力、火力，在敌意想不到的时间和地点，运用敌意想不到的战法和手段，向敌突然发起攻击，克敌制胜。隐蔽突然，出敌不意，可以打敌措手不及，有效歼灭敌有生力量和技术力量，保持己方的优势和主动。分队贯彻运用这一原则，应着重把握：

掌握敌人规律，发现和利用敌之弱点；

切实隐蔽行动企图，突然勇猛攻击；

严密防范，防敌突然袭击。

### （六）灵活机动，力争主动

"灵活机动，力争主动"是指战斗中为争取主动，必须灵活地实施兵力和火力机动，及时、迅速地占领有利位置，巧妙地变换战术，不失时机地向重要的目标实施坚决突击，陷敌于被动地位。其核心是"灵活机动"。在战斗中，这是造成优势、夺取和保持主动的重要条件。分队贯彻这一原则必须：

一是正确选择兵力、火力机动的方式、方法和时机；

二要善于机断行事。

### （七）注重近战，善于夜战

近战、夜战是我军的传统战法，也是我军在高技术条件下扬长避短的有效战法。我们必须看到，虽然敌人强调远战，但其地面部队特别是步兵最终还是要与我军直接接触，因而近战仍是一种客观存在。虽然夜视器材有良好的夜视效能，但它并不能使整个战场、整个夜间完全白昼化，因而夜战歼敌，仍然具有重要意义。

### （八）密切协同，主动配合

"密切协同，主动配合"是指战斗中必须严格遵守协同动作原则，认真执行上级协同动作的计划和指示，为完成同一任务，按照战斗目的（目标）、时间、地点准确行动，步兵分队与各兵种分队之间、步兵分队之间、分队内部之间相互主动支援和配合，协调一致地打击敌人。进攻时要积极支援最前方的分队，防御时要积极支援处于要害部位或处境最困难的分队。要注意强化整体意识，实施统一指挥，坚持全程协调。

### （九）勇敢顽强，积极战斗

"勇敢顽强，积极战斗"是我军传统的优良作风，也是夺取战斗胜利的重要因素。高技术条件下战斗激烈、残酷，人员精神压力和体力消耗明显增大。尤其是战斗分队，与敌短兵相接，长时间处于敌密集火力的直接威胁下，战斗环境险恶因而更需要发扬勇敢顽强的战斗精神。战斗中，各级指挥员要发挥模范带头作用，特别是在态势对我极为不利的情况下在保证对分队指挥与控制的基础上，要身先士卒、勇敢顽强，以智慧谋略相结合，积极带领分队坚决完成战斗任务。

### （十）加强保障，及时补充

"加强保障，及时补充"是顺利组织与实施战斗，保持持续战斗能力的重要保证。组织各种保障与战场管理，是指在战斗或行军、宿营中，除上级采取的保障和管理措施外，分队还应当周密组织自身的侦察、替戒、防护、通信联络、工程、伪装等战斗保障，物资补给、卫生勤务、战场维修等后勤、技术保障，以及维护战场纪律和管好武器装备、阵地、民工、战俘等为主要内容的各项战场管理。这是发挥武器装备效能和顺利实施战斗的重要条件。

## 三、单兵战术基础动作

战士在攻防战斗中，通常在班（组）内行动，以手中武器和爆破器材，打、炸敌坦克、战斗车，消灭步兵。因此，必须坚决执行命令、贯彻近战歼敌的思想，发扬英勇顽强、不怕牺牲和连续作战的战斗作风，巧妙地利用地形地物，以勇敢沉着、机智灵活的战斗动作，积极主动地与友邻战士密切协同，坚决完成战斗任务。

### （一）在敌火下运动

在敌火下运动就是在敌人的各种火力（航空兵、炮兵、坦克、装甲车、机枪及步枪火力等）的威胁和拦阻下，灵活地采取不同的运动姿势，隐蔽迅速地接近敌人的行动。在敌火下运动时，应根据敌情、任务，善于利用地形，灵活地采用不同的运动姿势和方法，正确处理各种情况，适时迅速隐蔽地接近敌人或实施机动。

#### 1．运动的时机和要求

时机：应按班（组）长的口令、信（记）号，利用我火力掩护或敌火力中断、减弱、转移的瞬间，迅速隐蔽地前进。

要求：选择好运动的路线和暂停位置，运动中不断观察敌情、地形、班（组）长的指挥和邻兵的行动，保持前进方向，发现目标后，应按班（组）长的口令或自行射击。

#### 2．敌火下运动的姿势与方法

1）卧倒、起立

（1）卧倒。卧倒是隐蔽身体、减少敌火杀伤的一种最低姿势。其要领：左脚向右脚尖前迈出一大步，左腿弯曲，上体前倾，两眼注视前方，左手顺左脚方向伸出。掌心向下，手指稍向右，以左膝、左手、左肘顺序着地，迅速卧倒，左小臂横贴于地面上，右手腕压在左手腕上；两手握拢，手心向下，两腿伸直，两脚分开与肩同宽，脚尖向外。

携枪卧倒时，右手提枪并握背带，其余要领同徒手；卧倒后，右手将枪轻贴于身体右侧，枪面向右，枪管放在左小臂上。

（2）起立。起立的要领是：转身向右，两眼注视前方，左腿自然微弯，左小臂稍向里合，以左手、左膝、左脚支撑力将身体支起，同时右脚向前迈出一大步，左脚再迈出一步，右脚靠拢左脚，成立正姿势。

携枪时，在转身向右的同时，右手提枪并握背带，然后按徒手要领起立，成持枪或肩枪立正姿势。

2）前进

（1）直身前进。在距敌较远，地形隐蔽，敌观察、射击不到时采用直身前进方式前进。目视前方，右手持枪，大步或快步前进。

（2）屈身前进。在遮蔽物略低于人体时采用屈身前进方式前进。目视前方，右手持枪，上体前倾，头部不要高出遮蔽物，两腿弯屈（屈身程度视遮蔽物高低而定），大步或快步前进。

（3）匍匐前进。士兵在敌火力威胁较大、自身处于卧倒状态下，如发现近处（10 m 以内）有地形和遮蔽物可利用时，可采用匍匐前进的运动姿势向其靠近。根据地形和遮蔽物的高低，匍匐前进又分为低姿匍匐、侧身匍匐和高姿匍匐。

低姿匍匐：低姿匍匐是身体平趴于地面并降低至最低程度的运动方式，一般是在前方遮蔽物高约 40 cm 时采用。低姿匍匐携自动步枪的方法有两种：一种是右手掌心向上，虎口卡住机柄，五指握枪身和背带，将枪置于右小臂内侧；另一种是右手食指卡握枪背带上环处，并握枪管，余指抓背带，机柄向上，将枪置于右小臂外侧。行进时，身体正面紧贴地面，头稍微抬起，屈回右腿，伸出左手，用右脚的蹬力和左手的扒力使身体前移，然后再屈回左腿，伸出右手，用左脚的蹬力和右手的扒力使身体继续前移，依次交替前进。徒手的低姿匍匐动作与持枪的动作基本相同。

侧身匍匐：侧身匍匐是在前方的遮蔽物高约 60 cm 时所采用的一种运动方式，其特点是运动的速度稍快，但姿势偏高。携自动步枪运动时，右手前伸移握护木将枪收回，同时侧身，使身体左侧左大腿着地，左小臂前伸着地，左大臂支撑身体，左腿弯曲，右脚收回靠近臀部着地，以左大臂的扒力和右脚的蹬力带动身体前移。徒手侧身匍匐动作与持枪侧身匍匐动作大体相同。

高姿匍匐：高姿匍匐一般是在前方的遮蔽物高约 80 cm 时采用。持枪前进的动作是：左手握护木，右手握枪颈，将枪横托于胸前，枪口离地，用两肘和两膝支撑身体，然后依次前移左肘和右膝、右肘和左膝，如此交替前移。有时，也可采取低姿匍匐的携枪方法。徒手的高姿匍匐动作与持枪高姿匍匐动作基本相同。无论采取哪种匍匐姿势，运动到预定位置或适当位置后，都应迅速卧倒隐蔽，视情况出枪射击。

3）滚进

滚进是在卧姿时为避开敌人观察、射击而左右移动或通过棱线时采用的运动方法。将枪关上保险，左手握枪表尺上方，右手握枪颈附近或两手握护木，枪面向右，顺置于胸、腹前抱紧，两臂尽量向里合，两脚腕交叉或紧紧并拢，全身用力向移动方向滚进。

运动中，也可在卧倒同时向移动方向滚进。其要领是：左（右）脚向前一大步，左手在左（右）脚前着地，身体尽量下塌，右手将枪挽于小臂内，枪面向右。身体向右（左）侧，在右（左）肩、臂着地同时，向右（左）滚进。滚进时，右（左）腿伸直，左（右）腿微屈，滚进距离长时可两腿夹紧。

4）沿壕运动

跳入壕内时，应根据壕的深浅，采用不同的跳入方法。在壕内运动时，根据情况通常采取直身或屈身姿势，目视前方，隐蔽迅速前进。运动中做到姿势低、速度快，不断观察敌情和前进路线。同时还应防止枪托碰撞壕壁。两人壕内相遇通过时，靠近掩体或堑壕交通壕交叉处的一方战士，应迅速利用其隐蔽，待另一方战士通过后继续前进。当无掩体或无交叉处可利用时，两人可面对面，侧身向各自的方向转动通过。在壕内运动，接近拐弯处时，应减慢速度，接近后隐蔽观察，迅速拐弯。跃出堑壕时应尽量利用残缺部位或掩体跃出，也可以支撑跃出。

5）跃进

跃进是在敌火下迅速通过开阔地时采用的运动方法。跃进是要做到跃起快、前进快、卧倒快。跃进前，应先观察前方地形，选择好前进路线和暂停位置，尔后，迅速突然地前进。前进时，右手持枪目视敌方，屈身快跑。跃进的距离和速度应根据敌火和地形而定，敌火越猛烈，地形越开阔，跃进的距离应越短，速度应越快，每次跃进距离通常为15～30 m。当行进到暂停位置遭敌猛烈射击时，应迅速隐蔽或卧倒。卧倒后，如无射击任务，则不据枪，做好继续前进的准备。

### 3. 近迫作业

近迫作业就是当逼近敌人时在敌火下进行的土工作业。进攻战斗中，在开阔地敌火下停留时，为了保存自己、消灭敌人，就必须进行近迫作业。近迫作业可根据班（组）长的口令或自行进行。其要领是：将枪放在身体右侧或上方一臂处。机柄向下，侧身取下圆锹，先从一侧由前向后掘，将土投向前方堆成胸墙，一侧挖好后，翻身侧卧于坑内。继续挖另一侧，直到能掩护全身为止。作业时，姿势要低，动作要快，并不断观察敌情和班（组）长的指挥，随时准备射击或前进。

### （二）对一般地形地物的利用

利用地形地物的目的在于隐蔽身体，发扬火力。只有充分地发扬火力，消灭敌人。才能有效地保存自己。因此，在利用地形地物时，应首先着眼于发扬火力。

#### 1. 地形地物的概念

地形，是地貌和地物的总称，地貌是地面高低起伏的状态，如山地、平原、凹地等。

地物，是地面上的固定物体。如居民地、道路、土堆、江河、树木、线杆、桥梁、房屋等。

#### 2. 利用地形地物的要求

士兵在利用地形地物时，应根据不同情况灵活地利用和善于改造，做到：便于观察、射击和隐蔽身体；便于接近与离开；便于防敌地面和空中火力杀伤，不妨碍班（组）长的指挥及邻兵的动作和火器射击；不要儿个人拥挤在一起，以免增大伤亡；尽量避开独立、明显的物体和难于通行的地段。

火箭筒手利用地形地物射击时，应有良好的射界，在火箭弹飞行的路线上不得有障碍物；筒后30 m内不能有人，以免自伤。

利用地形地物时，应根据遮蔽物的高低、大小、距敌远近，是否被敌发现及敌火威胁程度等情况，采取适当的姿势。做到：迅速隐蔽地接近，由下而上地占领，周密细致地观察，不失时机地出枪（筒）。对不便于射击的位置应加以改造，在一地不要停留过久，视情况灵活地变换位置。

#### 3. 利用地形地物的方法

（1）接近：右手持枪并抓住背带，当地物高约60 cm时，在距地物3～5步处卧倒，可采取侧身或高姿匍匐接近；当地物高约40 cm时，可采取低姿匍匐接近；当地物低于40 cm时，视情况也可直接占领。

（2）占领：接近后应由下而上地占领，隐蔽地观察和出枪。双手出枪时，左手握护木，左肘前伸，并调整好位置，右手握枪颈（打开保险），两手协力将枪送出，迅速指向目标实施射击。单手出枪时，右手将枪向目标方向送出，左手接握表尺下方，右手移握枪颈，打开保险，瞄准射击。

　　（3）改造：若占领的地形不便于射击，应对其加以改造。改造时，将枪收回（关上保险），置于身体右侧一臂处，取下小锹，由后向前进行。改造时，应将新土放于地物后侧，不要扬起灰尘，以免暴露目标，并不断观察敌情和班（组）长的指挥，随时准备射击和前进。

　　（4）转移：根据上级的指挥或视情况需要变换位置时，应迅速收枪（关保险），同时身体下移，采取向左（右）移动或滚动的方法迷惑敌人，突然离开。运动中注意抓好枪背带。

　　1）利用堤坎、田埂

　　横向地利用堤坎、田埂背敌斜面或残缺部位，火箭筒（机枪）手通常将（筒）脚架支在背敌斜面上，筒口距地面不得小于 20 cm；纵向的通常利用弯曲部或顶端一侧，依其高度取适当姿势。堤坎高于人体时，应挖踏脚孔或阶梯。如利用堤坎对空射击时，通常利用顶部，并根据其高度取不同姿势。

　　2）利用土（弹）坑、沟渠

　　通常利用坑、沟的前沿，纵向沟渠利用弯曲部。根据敌情、坑的大小、深度，以跳、滚、匍匐等方法进入，并取适当姿势；对空射击时，以坑沿作依托或背靠坑壁进行射击。火箭筒手应利用坑的右前沿作依托，以防射击时喷火自伤。

　　3）利用土堆（坟包）

　　通常利用独立土堆（坟包）的右侧，若视界、射界受限或右侧有敌火力威胁时，也可利用其左侧或顶端。对于双土堆（坟包），通常利用其鞍部。对空射击时，通常利用其后侧或顶端。

　　4）利用树木

　　通常利用树木右后侧，根据树干的粗细取适当姿势。树干粗（直径 50 cm 以上）可取各种姿势，树干细通常采取卧姿。如取立姿时，应尽量将身体左侧、左大臂（或左小臂）、左膝紧靠树木，右腿向后蹬；如对空射击时，可将左小臂抬高或身体左后侧紧靠树木进行射击。如取卧姿时，应将左小臂紧靠树木或以树的根部为依托，两脚自然并拢，身体尽量隐蔽在树后侧。班用机枪手通常采取卧姿，根据树干的粗细和地形情况，脚架可超过树干。火箭筒手卧姿射击时，应将筒口前伸超过树干或离开树干 20 cm 以上，以便使火箭弹脱离筒口尾翼能张开。

　　5）利用墙壁、墙角、门窗

　　可按墙壁、墙角、门窗高度取适当姿势进行射击。矮墙可利用顶端或残缺部；墙高于人体时，可将脚垫高或挖射击孔。对空射击时，通常利用其顶端做依托或背靠墙壁，依其高度取不同姿势。墙角通常利用右侧，左小臂紧靠墙角，取适当姿势。接近后应注意观察，另一侧无敌人再利用；如另一侧有敌人，应以手榴弹、抵近射击、刺刀将其消灭。火箭筒手利用墙角射击时，筒口距墙角不小于 20 cm。门，通常利用其左侧；窗，可利用其左（右）下角。

　　6）利用高苗、丛林地

　　应尽量利用靠近敌方的高苗、丛林地形边缘内侧，按其高低、稠密情况取适当的姿势。接近此地形地物时，应注意观察，保持前进方向，利用空隙，轻轻地拨开高苗或利用风吹草动的机会迅速占领。

## 四、分队战术

这部分内容属实战训练内容，不再细述。

# 思　考　题

1. 95 式自动步枪有哪些性能？它的 11 大部件的用途是什么？
2. 保养、检查和擦拭武器应注意什么？
3. 弹道要素有哪些？
4. 如何选定表尺和瞄准点？怎样修正外界条件对射击的影响？
5. 武器射击的动作要领主要有哪些？
6. 简要介绍实弹射击的组织与实施。
7. 什么是单兵作战？
8. 战斗类型有哪些？其特点是什么？
9. 现代战斗的基本原则有哪些？
10. 迫近运动的要领是什么？
11. 利用地形地物时有哪些要求？

# 第八章　防卫技能与战时防护训练

☞ **【学习目标】**

1. 了解格斗、防护的基本知识；
2. 熟悉卫生、救护基本要领；
3. 掌握战场自救互救的技能，提高学生安全防护能力。

## 第一节　格斗基础

　　格斗是以踢、打、摔、拿、击、刺等技击动作为主要内容，按攻防进退等规律进行的以克敌制胜为目的的实用性技能。它是把掌握的技击方法和体内积蓄的力量一同拼发出来，在短兵相接中战胜敌人。它具有悠久的历史传统和广泛的群众基础，是一项实用的并受广大部队官兵喜爱的军事体育项目。

### 一、格斗常识

#### （一）格斗训练的目的意义

　　格斗是以克敌制胜为目的，以技击动作为主要内容，以套路和搏击为基本形式的军事体育项目。它是近战歼敌的有效手段，对提高单兵作战能力具有重要的积极意义。

　　军体格斗训练是提高部队战斗力的重要方法，格斗训练不仅能培养迅速、准确、协调、勇猛、顽强的个人战斗风格和单个人员完成各项艰巨任务的能力，而且对部（分）队、班（组）集体行动的战斗作风有较大的影响。单个人员的战斗素质是部队整体战斗力的基础。对单兵进行严格的格斗训练，可以养成不怕苦、不怕死、机智勇敢、有自信力、主动配合的良好战斗作风，这对提高整体战斗集团的素质、提高部队战斗力有很大的促进作用。因此，在部队有系统地开展和普及格斗训练，不单是练练拳脚，掌握一些技能和方法，更重要的是通过格斗训练这一必要的形式，培养英勇顽强的战斗精神。

　　同时，军体格斗是一种良好的实战训练。在现代战斗中，勇敢、沉着、果断、机智、顽强、坚定等仍然是必须具备的要素。据了解，各国军队都十分重视战斗员的战斗心理训练。心理训练的作用不但已被国际体育界所公认，而且国外警察、特种部队、保安组织也潜心研究心理训练，认为良好的战斗心理素质是全面发挥、提高作战能力的基本前提和主要手段，苏联就非常重视近似战场环境的模拟训练，如士兵从残垣断壁跳到坦克上与敌搏斗，在战术场内设置火光、尸体、硝烟与血腥气味等战场实景。英军则通过在渺无人烟的偏僻山区进行夜袭、夜战训练，以提高部队官兵勇敢顽强的精神。

　　通过军体格斗训练，能增强官兵体质，全面提高指战员的体能；增强士兵在单独对敌时与敌搏斗的勇气；增强与敌人遭遇时与其搏斗的信心；尤其是在夜间巡逻或在必需悄然行动的情况下，它更是一种有效的克敌制胜的手段；它既适用于前线部（分）队，也适用于后方人员对付敌人可能的渗透、空降和游击队。

### （二）攻击部位

　　与敌格斗时，正确选择攻击部位是取得良好攻击效果的前提。攻击部位可分为人体的要害部位和人体的薄弱部位。人体要害部位是指受到打击和控制能够致命的部位。人体薄弱部位是指受到打击和控制后，人体丧失或降低抵抗能力，能够致伤或致残的部位。在格斗时，熟悉和了解人体的要害和薄弱部位，不仅能够正确选择打击目标，提高拳脚的杀伤力，而且还可以对自身的要害和薄弱部位采取有效的手段进行防护。

#### 1. 人体要害部位及攻击方法

　　（1）太阳穴：位于眼角向后一寸凹陷处。其皮下组织和颅骨较薄，有静脉和一条大动脉通过，颅神经丛集中于皮下，距离大脑较近。受到重击后可造成骨折，损伤内部血管，引起颅内出血而压迫大脑，或使血液流通受阻，大脑因缺血、缺氧而造成死亡。

　　攻击方法：拳打、肘击、脚踢。

　　（2）后脑：位于大脑半球后下方。构成后脑的最主要部分是小脑，小脑是一个重要的运动调节中枢。小脑的机能是保持身体平衡，调节肌肉的紧张度和协调肌肉的运动。因此当小脑受到打击时可造成人体平衡失调，如站立不稳；肌肉的收缩力下降，如站立或行走时，身体向一侧倾斜；肌肉收缩的程度与运动目的失控，如行走时抬腿过高。当受到重击时，可导致颅内压增高，形成脑病而死亡。

　　攻击方法：肘击、脚踢。

　　（3）耳后穴：位于下耳廓的后方。此处颅骨较薄，内部有静、动脉通过。受到重击后，可使内部血管破裂，引起颅内出血，造成死亡。

　　攻击方法：拳打、肘击。

　　（4）喉：位于颈前部中间，向上开口于咽腔的喉部，向下与气管相连。喉既是呼吸通道，又是发音器官。喉主要由甲状软骨、环状软骨和会厌软骨构成，辅助结构是韧带和肌肉。甲状软骨是其中最大的一块软骨，就是我们所说的喉结。整个喉部的皮下组织较薄，缺少有力的防护，其内部的结构也较为薄弱。当喉受到击打或勒锁时，轻则呼吸受阻，不能发声，剧烈疼痛；重则造成骨折，损伤气管，窒息死亡。在喉的两侧有颈动脉通过，当颈动脉受到卡压时，会造成大脑缺血缺氧，直至死亡。

　　攻击方法：指插、掌砍、肘击、臂锁。

　　（5）颈关节：即颈椎，位于颈部后侧人体的纵向中心线上，共由七块椎骨组成。向下低头时，外凸较为明显的是第七颈椎，也称为隆椎，通常用来识别和定位椎骨。颈椎是连接人体躯干和头颅的主要关节，可以前伸、后屈、向四周转动，活动非常灵活。颈椎中有椎动脉、椎静脉和脊神经通过，是大脑神经支配全身运动的通道。受到打击时，轻则颈椎错位、折断，使人瘫痪致残，重则死亡。如果使用交错力突然旋转颈部，使颈椎超过活动范围，可立即导致死亡。

攻击方法：掌砍、脚跺、肘砸、手拧。

（6）心脏：位于胸腔下部，2/3 位于人体纵向中心线的左侧，1/3 在右侧。心脏的大小与本人的拳头相近。胸椎和肋骨构成胸腔，保护心脏，外部又有一层坚实的胸大肌，因此人体对心脏的防护很强。心脏是血液循环的动力器官，通过有节律的收缩推动血液在血管中流动。当心脏受到严重伤害时，可导致立即死亡。

攻击方法：刀刺。

（7）裆部：是人体生殖器官的位置所在。裆部是男子最要命的部位，不但防护能力差，而且在格斗中极易受到攻击。睾丸是构成生殖器官的主要部分，有一层致密的结缔组织膜，称为睾丸白膜，由于其坚韧厚实，并且缺乏弹性，在受到外力撞击时会产生剧烈疼痛。睾丸的交感神经丛与肠神经丛和输尿管神经丛有着密切的联系。因此当睾丸受到外伤时，同时也会伴有腹痛。一旦受到重击，会使睾丸破裂，导致休克、死亡。

攻击方法：爪抓、掌撩、脚踢、膝顶。

（8）后腰：指两肾部位。肾脏位于腰部，腹腔后壁，脊柱的两旁。肾的形状像蚕豆，是成对的器官。成年人的肾长约 10 cm，宽约 5 cm，厚约 4 cm，女性的肾稍小于男性。肾脏属于泌尿系统，是产生尿液的器官，对体内环境的平衡稳定起着重要的作用。腰部的防护能力很薄弱，当肾脏受到外力的撞击时，可导致肾功能障碍，影响人体正常的新陈代谢而危及生命。

攻击方法：脚踢。

（9）腹部：位于胸腔剑突以下部位。腹腔的内脏器官较多，右上腹有肝、胆，左上腹有脾脏，剑突下方稍靠左是胃。腹部神经末梢丰富，感觉非常敏感，受到打击后可产生剧烈疼痛或使人休克。如果受到重击，可使内脏破裂，导致死亡。

攻击方法：拳打、脚踢、膝顶、膝跪。

**2. 人体薄弱部位及攻击方法**

（1）眼：是感觉器官，由眼球和其他附属结构构成，如眼睑、结膜、泪器和眼肌。眼眶和眼睑对眼球起到保护作用，但眼的结构很薄弱，承受不住外力的打击。在格斗中一旦受到打击，会产生疼痛，失去视觉，使人丧失抵抗能力。

攻击方法：指戳、拳打、脚踢、头撞。

（2）鼻：是呼吸通道的开始部分，也是嗅觉器官，由鼻、鼻腔和副鼻窦构成。鼻是由骨和软骨构成支架，外部的皮肤不但薄而且松弛，其皮下组织较薄，鼻内有丰富的动脉血管，正面和侧面都很薄弱，承受力很弱。在受到打击的情况下，轻则酸疼，重则流血不止，鼻骨骨折，影响呼吸。

攻击方法：拳打、脚踢、肘击、头撞。

（3）下颌：俗称"下巴"，其主要结构是下颌骨。下颌骨的下颌关节与颞骨下颌窝相连，在张嘴的情况下从侧面打击，容易造成脱臼。由下向上重击下颌时，可使头部快速向后摆动，身体因突然失去平衡而跌倒，也可使大脑受到强烈震荡而导致休克。

攻击方法：拳击、膝顶、肘挑。

（4）耳：是听觉器官，分为外耳、中耳、内耳。外耳和中耳是声音的传导装置，内耳不但可以感受听觉，而且还具有感受人体在空间的位置、方向和维持身体平衡的作用。当外耳的鼓膜和中耳的听小骨受到损伤时，会产生剧烈的疼痛，使人体立即失去抵抗能力并导致耳聋。内耳受到损伤时，不但会失去听觉，而且难以维持身体的平衡，还会造成恶心，甚至休克。

攻击方法：拳击、掌拍。

（5）肩关节：是由肩胛骨的关节盂和肱骨头连接而成的。肩关节是人体活动范围最大、最灵活的关节，可做伸、展、收、内旋、外旋和环转运动。肩关节的弱点是关节囊薄而松弛，韧带少而弱，只有一条非常粗壮的韧带在肩的上方保护肩关节，对防止肱骨向下脱位起着很重要的作用。因此，肩关节的稳固在很大程度上依靠周围肌肉的收缩。肩关节的最薄弱点在关节的下方，肩关节的脱位多发生于此。格斗中如果遭受重击或用力向左、右、后方扳拧，可使肩关节脱臼或韧带、肌肉拉伤，导致臂部失去运动功能。

攻击方法：手别、手压、手扳、脚踩。

（6）肘关节：是由肱骨下端和尺骨、桡骨上端构成。关节囊内包裹着肱尺、肱桡和桡尺三组关节，因此也称为复关节。肘关节可作屈、伸、旋前、旋后运动。肘关节两侧强韧，后部较为薄弱，尤其是尺骨上端的鹰嘴部位，运用反关节技术击打，可使其骨折，造成伤残。向两侧猛力地扳拧、踢打都可造成脱臼或骨折。

攻击方法：拳砸、手别、手扳。

（7）腕关节：是由桡骨下端的腕关节面和尺骨下端的关节盘组成关节窝，舟骨、月骨、三角骨组成关节头共同构成。腕关节可作屈、伸、收、展和环转运动。关节囊周围有韧带保护，但不够强韧，周围肌肉薄弱。格斗中运用反关节技术实施控制，可造成其挫伤、韧带撕裂、骨折、脱臼。

攻击方法：推卷、左右折。

（8）腋窝：位于肩关节的下方。腋窝内部有一条粗大的神经经过，外部的肌肉和皮下组织都较为薄弱，保护性能较差。在大臂向上抬起的情况下对其实施打击，会伤及内部神经，产生剧烈疼痛，使臂部失去运动功能，甚至致残。

攻击方法：脚踢、拳打。

（9）肋骨：肋骨与胸椎构成胸廓，对内部的脏器起保护作用。人体共有十二对肋骨，后四对肋骨称为软肋。肋骨的一般形态呈弓状弯曲，骨骼细小，在受到外力击打的情况下，容易造成骨折或呼吸困难，使人体失去抵抗能力。在断骨刺破内脏或外力穿透外层肌肉、骨骼，强烈震荡内脏的情况下，会致人死亡。

攻击方法：脚踢、拳打、膝顶、肘击。

（10）腰椎：位于后腰部正中央，向上与胸椎相连，向下与骶骨相连。腰椎共5块，借助韧带、关节盘和椎间关节相互连接在一起。相邻两块椎骨的活动范围较小，腰椎向后形成生理弯曲，称为腰曲。腰曲是人在发育过程中，随着站立、行走逐渐形成的，对缓冲震动和维持身体平衡起到很大的作用。拳脚的力量都是经过腰部传导或发出的，因此腰部一旦受到打击，轻则全身活动受限，失去抵抗能力，重则致残。

攻击方法：脚踩、膝跪。

（11）膝关节：主要由股骨下端、胫骨上端和髌骨构成。膝关节是人体最大、最复杂的一个关节。膝关节周围肌肉较少，但两侧和后面的韧带较为强韧。由于股骨和胫骨较长，膝关节作为枢纽，在人体行走、跳跃等运动中承受人体大部分重量，负荷较大。膝关节不但在受到攻击的情况下容易骨折或韧带断裂，在格斗练习中也容易因慢性劳损而造成运动障碍。

攻击方法：踹、踩、踢、别压。

（12）脚背：主要由舟骨、骰骨、楔骨、跖骨、趾骨构成生理弯曲，称为足弓。脚骨中除了趾关节和跖趾关节可做伸屈运动外，其余关节活动的范围都很小。脚骨的关节很多，依靠强韧的韧带牢牢地固定在一起。脚背的主要韧带是距舟背侧韧带和位于足弓的跖长韧带、跟舟跖侧韧带。脚背的皮肤松弛，皮下组织薄弱，保护能力较差。受到打击可造成韧带拉伤、骨折或错位，会严重影响运动。

攻击方法：脚踩。

## 二、格斗基本功

格斗是由拳打、脚踢、摔打等搏击、散打的基本动作组成。练习格斗，能使全身各部位得到比较全面的活动，尤其是对上下肢肌肉的爆发力，各关节的灵活性和柔韧性，以及快速的反应能力都能得到提高。此外，格斗还有自卫和制敌的作用。

### （一）手型

拳：四指并拢握紧，拇指扣在食指的第二节上。通常分为立拳、反拳、平拳三种（见图 8-1）。

立拳　　　　　反拳　　　　　平拳

图 8-1  立拳、反拳、平拳

掌：四指并拢伸直，拇指弯曲紧扣于虎口处。分立掌、横掌、插掌、八字掌四种（见图 8-2）。

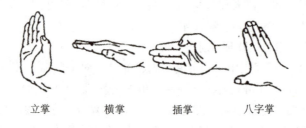

立掌　　　　横掌　　　　插掌　　　　八字掌

图 8-2  立掌、横掌、插掌、八字掌

勾：五指第一节捏拢在一起，屈腕（见图 8-3）。

爪：五指的第一、二关节向掌心方向弯曲并用力张开。分虎爪、鹰爪两种（见图 8-3）。

勾　　　　　　鹰爪　　　　　　虎爪

图 8 - 3　勾、鹰爪、虎爪

### （二）步法

（1）马步：两脚平行拉开（约本人脚长三倍），脚尖正对前方，屈膝半蹲，膝部不超过脚尖，大腿接近水平，全脚掌着地，身体重心落于两腿之间，挺胸、塌腰，两拳握于腰间，拳心向上（见图 8 - 4）。

（2）弓步：两拳抱于腰间，拳心向上，左（右）脚向前上步，左（右）腿屈膝半蹲，右（左）腿在后挺直，脚尖里扣（见图 8 - 5）。

（3）虚步：两脚前后分开（约为本人脚长的 2.5 倍），前脚掌着地，腿微屈。后腿屈膝半蹲，脚尖外撇 45°，全脚掌着地，体重大部分落于后脚。左脚在前为左虚步，右脚在前为右虚步（见图 8 - 6）。

（4）仆步：两脚左右分开，一腿全蹲，脚尖外展；另一腿伸直平仆，脚尖里扣，两脚全部着地，上体挺胸塌腰。仆左腿为左仆步，仆右腿为右仆步（见图 8 - 7）。

图 8 - 4　马步　　　　　图 8 - 5　弓步　　　　　图 8 - 6　虚步　　　　　图 8 - 7　仆步

### （三）拳法

#### 1. 预备式

身体稍左转时右脚向右后撤一步，略比肩宽，右膝微屈，右脚尖外斜 45°，脚跟稍抬起；左脚尖稍里扣，重心落于两脚之间；两臂在胸前前后拉开，左臂微屈，左掌心向右下，指尖朝右上，指尖高与下颌齐；右臂弯曲，肘尖自然下垂，右拳位于右腮处，身体侧立，下颌微收，收腹含胸，目视前方（见图 8 - 8）。

#### 2. 直拳

（1）左直拳：在预备姿势基础上，右脚蹬地，使身体重心稍前移，左拳向前用力内旋击出，力达拳面，上体微向右转，目视前方，然后迅速收回，成预备姿势。

（2）右直拳：预备姿势开始，右脚蹬地上体稍向左转，转腰送肩，用力出拳使拳直线向前击出，力达拳面，目视前方（见图 8 - 9）。

### 3. 摆拳

（1）左摆拳：预备姿势开始，左脚蹬地，使身体稍向右转，左拳向左前伸出转向右下横击，左拳内旋，拳心向左稍向下，力达拳面；右拳收于右腮。

（2）右摆拳：预备姿势开始，右腿蹬地，上体稍向左转，右拳向外、向前、向里横击，右拳内旋，力达拳面，目视前方（图见 8 - 10）。

### 4. 勾拳

（1）平勾拳：分为左平勾拳和右平勾拳。

左平勾拳：预备姿势开始，上体稍向右转，左肘关节外展抬起，大臂和小臂约成 90°角，左拳经左向右下方击出，拳心向下，左脚跟外转，出拳后左臂迅速向胸靠拢，成预备姿势。

右平勾拳的动作同左平勾拳，方向相反。

（2）上勾拳：分为左上勾拳和右上勾拳。

左上勾拳：预备姿势开始，身体稍左转，微沉肘，重心略下沉，左脚蹬地，腰突然向右转，以蹬地、扭腰、送胯的合力，左拳由下向前上猛力击出，力达拳面，目视前方。出拳后迅速恢复成预备姿势（见图 8 - 11）。

右上勾拳：预备姿势开始，身体稍向右转微向前倾，右脚蹬地、扭腰、送胯，右拳向内，由下向前上猛击，力达拳面，并迅速收回成预备姿势。

图 8 - 8　预备式　　图 8 - 9　直拳　　图 8 - 10　摆拳　　图 8 - 11　勾拳

### （四）腿法

#### 1. 正蹬腿

左正蹬腿：预备姿势开始，重心后移，左脚屈膝抬起，勾脚尖，由屈到伸，向前猛力蹬出，力达脚跟，左臂自然下摆于体侧，右拳护面，目视前方。做左正蹬腿时可配合垫步前蹬。

右正蹬腿：预备姿势开始，右脚蹬地，重心前移，右脚屈膝抬起，勾脚尖，以脚为力点，由屈到伸，向前猛力蹬出，右臂自然下摆于体侧，左拳收回到头部左侧，目视前方。动作完成后迅速收回成预备姿势（见图 8 - 12）。

**2. 侧踹腿**

（1）左侧踹腿：预备姿势开始，重心稍后移，身体向右转，左腿屈膝抬起，勾脚尖向左方猛力踹出，力达脚底，身体向右倾斜，左臂自然下摆于体侧，右拳收于下颌处，目视左侧踹腿的方向。左脚迅速收回，落地成预备姿势。

（2）右侧踹腿：预备姿势开始，重心前移，右腿屈膝抬起，身体向左转，勾脚尖向右侧猛力踹出，力达脚底，右臂自然下摆于体侧，左拳收于下颌处，目视踹腿的方向。右腿迅速收回，落地成预备姿势（见图 8 - 13）。

**3. 鞭腿**

（1）左鞭腿：预备姿势开始，上体稍向右转侧倾，同时左腿屈膝抬起，大小腿折叠，脚尖绷直，右腿支撑身体，左脚向右上方猛力弹踢，力达脚背或小腿下端左臂自然下摆助力，右拳收于下颌处，目视前方。左脚迅速收回，落地成预备姿势。

（2）右鞭腿：预备姿势开始，上体稍左转，同时右腿屈膝抬起，脚面绷直，膝关节弯曲大于 90°，右脚向左前方猛力弹踢，右臂自然下摆助力，左拳收于下颌处，目视前方。右脚迅速收回，落地成预备姿势（见图 8 - 14）。

图 8 - 12　右正蹬腿　　　　图 8 - 13　左侧踹腿　　　　图 8 - 14　右鞭腿

# 三、捕俘拳

## （一）动作名称

捕俘拳涉及的动作名称有：

| | | | |
|---|---|---|---|
| 挡击冲拳 | 拧臂绊腿 | 叉掌踢裆 | 下砸上挑 |
| 下蹲侧踹 | 顺手牵羊 | 上步抱膝 | 插裆扛摔 |
| 下拨勾拳 | 卡脖掼耳 | 内外挂腿 | 踹腿锁喉 |
| 内拨冲拳 | 抓手缠腕 | 砍脖提裆 | 别臂下压 |

## （二）动作要领及图解

预备姿势：当听到"捕俘拳——预备"的口令后，在立正的基础上，两脚迅速并拢，同时两手握拳，两臂微屈，拳眼向里，距胯约 10 cm，头向左甩，目视左方（见图 8 - 15）。

**1. 挡击冲拳**

要领：起右脚原地猛力下踏，左脚向左侧跨出一步，右拳提到腰际，拳心向上，在左转

身的同时，左臂里格上挡，拳心向前，右拳从腰际旋转冲出，拳心向下，左拳位于额前约
20 cm，成左弓步（见图 8 - 16）。

　　要求：踏脚时要全脚掌着地，有爆发力。

图 8 - 15　预备姿势　　　　　　　　　图 8 - 16　挡击冲拳

### 2. 拧臂绊腿

　　要领：左拳变掌切击右拳背，右拳收回腰际，右脚前扫；左手挡、抓、拧、拉收回腰际，同时右脚后绊，右拳猛力旋转冲出（见图 8 - 17）。

　　要求：前扫、后绊要协调有力，重心要稳。

### 3. 叉掌踢裆

　　要领：上右脚成右弓步，同时两拳变掌沿小腹向上架掌护头；两掌变勾猛向后击，同时起左脚，大腿抬平，脚尖绷直，猛力向前弹踢，并迅速收回（见图 8 - 18）。

　　要求：两大臂夹紧，猛力后击；猛踢快收，重心要稳。

图 8 - 17　拧臂绊腿　　　　　　　　　图 8 - 18　叉掌踢裆

### 4. 下砸上挑

　　要领：两手变拳，左拳由上猛力下砸，与膝同高，同时左脚向前跨步，成左弓步；右拳由裆前上挑护头，拳心向前，起右脚，大腿抬平，脚尖绷直，头向左甩（见图 8 - 19）。

　　要求：起身要快，重心要稳。

### 5. 下蹲侧踹

　　要领：上体正直下蹲，右脚猛力下踏，两小臂上下置于胸前，左臂在上，拳心向下，右臂在下，拳心向上；迅速起身，两拳交错外格，起左脚大腿抬平，脚尖里勾，向左猛踹，并迅速收回（见图 8 - 20）。

　　要求：踏脚要有爆发力，下蹲、起身要快。

图 8 - 19　下砸上挑　　　　　　　　　　　图 8 - 20　下蹲侧踹

### 6. 顺手牵羊

要领：左脚向前方落地屈膝，两拳变掌在前方成抓拉姿势；两手向右后猛拉，同时右脚前扫（见图 8 - 21）。

要求：后拉、前扫要协调有力，重心要稳。

### 7. 上步抱膝

要领：右脚向前落地的同时，左手变拳，小臂上挡；左转身屈膝下蹲，两手变掌合力后抱，掌心相对，略低于膝，右肩前顶，成右弓步（见图 8 - 22）。

要求：转体、合抱要协调一致。

图 8 - 21　顺手牵羊　　　　　　　　　　　图 8 - 22　上步抱膝

### 8. 插挡扛摔

要领：左手向上挡抓，右手前插，掌心向上；左手由右下拧拉，大臂贴肋，小臂略平，拳心向上，同时右臂上挑，右肩上扛，身体稍向右转，右拳与头同高，拳心向前，重心大部落于右脚，成右弓步（见图 8 - 23）。

要求：下拉、上挑、转体要协调一致。

### 9. 下拨勾拳

要领：左拳下拨后摆，左转身的同时，右拳由后向前猛力上击，拳心向内与下颌同高，同时右脚向右自然移动，成左弓步（见图 8 - 24）。

要求：转身要快，勾拳要猛。

图 8 - 23　插挡扛摔　　　　　　　　　　　图 8 - 24　下拨勾拳

### 10. 卡脖掼耳

要领：右脚踮步，左脚抬起，脚掌与地面平行，在左脚落地的同时，右脚上步成右弓步，左拳变八字掌置于胸前，右拳后摆；向左转体成左弓步的同时左手下按，右拳由后向前下猛力横击（见图8-25）。

要求：踏步有力，转体、卡脖、拳击要协调一致。

### 11. 内外挂腿

要领：在起身的同时，左脚向右踏步，右脚前扫，两手合掌与右肩前；两手向左肩前猛力拧拉，上体稍向左转，同时右脚后绊，成左弓步（见图8-26）。

要求：踏步、合掌、前扫要协调一致，重心要稳。

图8-25　卡脖掼耳　　　　　　　　　　图8-26　内外挂腿

### 12. 踹腿锁喉

要领：右脚向右前方掂步，左脚向右跃起，然后起右脚，大腿抬平脚尖里勾，两臂弯曲，置于胸前，右掌在前左掌在后，掌心向下；右脚侧踹，在落地的同时右手沿敌脖横插，左手抓握右手腕，右手变拳猛力后拉、下压，成右弓步（见图8-27）。

要求：踹、锁动作要协调一致。

### 13. 内拨冲拳

要领：上左脚右转身成右弓步，左臂顺势内拨护于腹前，右拳收于腰际，拳心向上；左拳里拨后摆，右拳以蹬腿、扭腰、送胯之合力旋转冲出，成左弓步（见图8-28）。

要求：冲拳要有爆发力。

图8-27　踹腿锁喉　　　　　　　　　　图8-28　内拨冲拳

### 14. 抓手缠腕

要领：两拳变掌，左手抓握右手腕；右掌上挑外拨，身体稍向右转，两臂用力后拉并扣压于腰际，成右弓步（见图8-29）。

要求：抓握要快而有力。

**15. 砍脖提裆**

要领：左手砍脖，右手抓裆，在右手后拉上提的同时左手猛力向前下推压，成左弓步（见图 8 - 30）。

要求：上提、推压要协调一致。

图 8 - 29  抓手缠腕                    图 8 - 30  砍脖提裆

**16. 别臂下压**

要领：右转身成右弓步的同时两手变拳，右小臂上挡，上左脚成左弓步的同时，左臂微屈向前上方插掌并变拳。右手抓握左手腕，向右转体，两手下拉别压，成右弓步（见图 8 - 31）。

要求：拉、压、转体要协调一致。

结束姿势：左脚靠拢右脚，恢复立正姿势（见图 8 - 32）。

图 8 - 31  别臂下压                    图 8 - 32  结束姿势

## 四、擒敌拳

擒敌拳是擒敌术主要技法动作的单人综合练习。由 16 组动作组合而成，融入了基本手型、步型及攻击、防守技法和基本动作。

预备姿势：在立正的基础上，听到"擒敌拳——预备"的口令后身体左转成格斗势（见图 8 - 33）。

动作要求：撤步、提拳、转头同时到位，动作自然放松。

**1. 贯耳冲击**

动作用途：由前贯耳，击敌胸、腹。

动作要领：进步双拳贯耳，两拳与太阳穴同高，相距 20 cm；随即右冲膝；右脚向前落步成右弓步的同时，左手成立掌前推右拳面，右肘前击与肩同高，两眼目视前方（见图 8 - 34）。

动作要求：进步贯耳快，右膝冲击猛，落步肘击狠。

图 8-33　擒敌拳预备姿势　　　　　　　　图 8-34　贯耳冲击

**2. 抓腕砸肘**

动作用途：由前抓腕砸肘。

动作要领：左脚在右脚后垫步，右脚上步成右弓步的同时，左手成八字掌向前下抓腕，与小腹同高，右臂自然后摆，右拳拳心朝下，目视左手；随即，左后转体成左弓步的同时，左手变拳回拉至腰际，拳心朝上。右手握拳挥臂下砸，小臂略成水平，肘部轻贴右肋，拳距腹部约 30 cm，拳眼向上，目视前（见图 8-35）。

动作要求：垫步抓腕快，转体砸肘猛。

图 8-35　抓腕砸肘

**3. 挡臂掏腿**

动作用途：掏腿，推击敌腹、胸部。

动作要领：右后转体成右弓步的同时，右臂上格挡；左脚向前上步成左弓步的同时，右手成插掌前捕，掌心向上，与腹部同高；随即，右手屈四指掏拉置于腰际，手心向上。左手成立掌前推与胸同高，目视前方（见图 8-36）。

动作要求：挡臂要快，掏推要协调一致。

图 8-36　挡臂掏腿

#### 4. 砍肋击胸

动作用途：以双掌砍敌肋、双拳击敌胸实施连续攻击。

动作要领：左脚收回成左虚步的同时，双手变掌砍肋，掌心向上，肘轻贴腰际，小臂略成水平；随即，右脚向前上步扒地成右弓步的同时，双掌变拳收于腰际，拳心向上，再向前旋转击出，与肩同高，两拳相距 20 cm，拳心朝下（见图 8 - 37）。

图 8 - 37　砍肋击胸

动作要求：虚步砍肋狠，上步击胸快。

#### 5. 缠腕冲拳

动作用途：破抓腕，拧臂击面。

动作要领：右脚收回成侧虚步的同时，左手抓握右手腕猛力后拉至左腹前，右手成虎爪，手心向下，目视前方；右转身的同时，右脚抬脚猛力下踏，左脚自然上步成半马步，两手经胸前猛力下切于右腹前（右手成虎爪），目视两手；随即，左手成八字掌前挡，右拳收于腰际，拳心向上；重心前移成左弓步的同时，右拳向前击出与肩同高，左拳收于腰际，拳心向上，目视前方（见图 8 - 38）。

动作要求：翻腕迅猛，挡抓回拉与冲拳协调一致。

图 8 - 38　缠腕冲拳

#### 6. 上架弹砍

动作用途：架防护头，弹踢敌裆，掌砍敌颈。

动作要领：右脚上步成右弓步的同时，双臂上架，左臂在外；起左脚弹踢；左脚落步成左弓步的同时，右手变掌向前砍击与颈部同高，左拳收于腰际，拳心向上，目视前方（见图 8 - 39）。

动作要求：上架有力，弹踢迅猛，砍击准确。

图 8 - 39　上架弹砍

### 7. 接腿涮摔

**动作用途：**抄抱敌腿，涮摔制敌。

**动作要领：**左脚进步，右脚自然跟进成骑龙步，右抄抱；随即，左手抓握右手腕，右手变拳，拳心向上；右脚右后撤步成左仆步的同时，双手由两膝前划过后拉上提，右小臂略垂直，拳与头同高，距太阳穴约 20 cm，目视前方（见图 8-40）。

**动作要求：**进步接腿准，撤步涮摔快。

图 8-40　接腿涮摔

### 8. 横踢鞭打

**动作用途：**以横踢、鞭拳实施连续攻击。

**动作要领：**右脚在左脚后垫步的同时起左脚横踢；左脚落步，右脚在左脚后背步，右后转体，接右鞭拳，目视攻击方向（见图 8-41）；随即，左后转身 180°成格斗势。

**动作要求：**垫步横踢快，转体鞭打猛。

图 8-41　横踢鞭打

### 9. 直摆勾击

**动作用途：**运用组合拳法实施连续攻击。

**动作要领：**左脚进步的同时左直拳；右脚跟步接右摆拳；右转体接左勾拳，目视前方（见图 8-42）。

**动作要求：**进步快捷，击打迅猛。

图 8-42　直摆勾击

### 10. 抱腿顶摔

动作用途：由后抱顶敌腿摔敌。

动作要领：起右脚前蹬；右脚落步成右弓步的同时，双手变掌前插与膝同高，掌心相对约 30 cm；随即右肩前顶，两手后拉置于腹前成虎爪，手心相对，目视前下方（见图 8-43）。

动作要求：起脚前猛蹬，抱腿顶摔协调一致。

图 8-43　抱腿顶摔

### 11. 绊腿抡摔

动作用途：抄抱敌腿，下绊上抡反击。

动作要领：右脚向前进步，左脚自然跟进成骑龙步，左抄抱；随即，左脚在右脚后背步，右脚扬起，右手成八字掌，向后挥臂，掌心向下，左拳护于颌前；左后转体成左弓步的同时，右脚后绊，右手由后向前抡摆置于左胸前 20 cm 处，掌心向下，目视前下（见图 8-44）。

动作要求：进步抄抱快，背步绊腿猛，转体抡摔狠。

图 8-44　绊腿抡摔

### 12. 格挡弹踢

动作用途：格挡护头，踢裆击腹反击。

动作要领：右后转身 180°成右弓步的同时右上格挡，左拳收于腰际，拳心向上；起左脚弹踢；左脚落步成骑龙步的同时接右勾拳，目视前方（见图 8-45）。

动作要求：转身格挡快，起脚弹踢狠，落步勾拳狠。

图 8-45　格挡弹踢

### 13. 侧踹下砸

动作用途：侧踹击胸，跟进下砸。

动作要领：右脚在左脚后垫步的同时，起左脚侧踹；左脚向前落步成骑龙步的同时，右肘在胸前下砸与左膝同高，左拳变立掌顶压右拳面，目视前下（见图8－46）。

动作要求：侧踹迅猛，右肘下砸狠。

图 8－46　侧踹下砸

### 14. 马步侧击

动作用途：提膝防守，以插掌、侧击实施连续攻击。

动作要领：左脚支撑，提右膝上防，左手变掌前插，掌心向上，右拳后拉抬平与肩同高，拳心向下；右脚向前落步成马步的同时，左臂上架防守，右拳向前击出与肩同高，拳眼向上，目视攻击方向（见图8－47）。

动作要求：左脚支撑稳固，上架侧击迅猛协调。

图 8－47　马步侧击

### 15. 提膝前戳

动作用途：提膝格挡，戳击喉部。

动作要领：左脚支撑，提右膝上防，左拳护于颌前，右拳护于腹前，拳眼向上，目视前方；右脚在左脚后垫步，左脚上步成半马步的同时，左臂下格挡，右手成插掌收于腰际，掌心向上；重心前移成左弓步的同时，右掌前戳与喉部同高，左拳收于腰际，拳心向上，目视前方（见图8－48）。

动作要求：提膝防守快，垫步前戳狠。

图 8－48　提膝前戳

**16. 摆勾冲膝**

动作用途：摆击头部，勾击、膝顶胸腹部。

动作要领：左脚进步，同时左摆拳；接右勾拳；随即，右冲膝；右脚落步，左后转体180°成格斗势。（见图8－49）

动作要求：击打快捷，冲膝迅猛，转体到位。

结束势：身体向右转的同时，两拳收于腰际，拳眼向上，两腿挺直；右脚靠拢左脚的同时两手放下，成立正姿势（见图8－50）。

图8－49　摆勾冲膝　　　　　　　　　　　　图8－50　结束势

# 第二节　战场医疗救护

战场医疗救护，是指战时条件下对伤员的急救和护理。及时而有效地救治伤员，可减少伤员痛苦，降低致残率、死亡率，为后送抢救打下良好的基础。

## 一、救护基本知识

战场医疗救护具有随机性强、时间紧急、环境条件差等特点。实施救护时，必须从这些特点出发，遵循救护的原则与要求，采取及时有效的救治动作。

### （一）战场救护的原则

战场救护必须遵守以下六条原则。

**1. 先复苏后固定**

遇有心搏、呼吸骤停又有自折的伤员，应首先用口对口呼吸和胸外按压等技术使心肺复苏，直至心跳、呼吸恢复后，再进行固定。

**2. 先止血后包扎**

遇有大出血又有创口的伤员，首先立即用指压、止血带或药物等方法止血，再进行创口消毒、包扎。

**3. 先重伤后轻伤**

遇有垂危的和较轻的伤员时，应优先抢救危重伤员，后抢救较轻的伤员。

**4. 先救治后运送**

遇到各类伤员，要按战伤救治原则分类处理，待伤情稳定后才能后送。

#### 5. 急救与呼救并重

在遇有成批伤员又有多人在现场的情况下，要紧张而镇定地分工合作，急救和呼救同时进行，以较快地争取到急救外援。

#### 6. 搬运与医护的一致性

搬运与医护应协调配合，做到任务要求一致，协调步调一致，完成任务的指标一致。运送途中，减少颠簸，注意保暖，最大限度地减少伤员痛苦，减少死亡率，安全到达目的地。

#### （二）战场救护的基本要求

救护伤员时，不准用手和脏物触摸伤口，不准用水冲洗伤口（化学伤除外），不准轻易取出伤口内异物，不准送回脱出体腔的内脏，不准用消毒剂或消炎粉敷伤口。

#### 1. 头面部伤

头面部受伤时，应保证呼吸道畅通，清除口内异物，将伤员衣领解开，采取侧卧或俯卧姿势，防止吸入呕吐物，并妥善包扎和止血。

#### 2. 胸（背）部伤

胸（背）部伤往往伴有多根肋骨骨折，除用敷料包扎外，还应用绷带绕胸（背）部包扎固定。

#### 3. 腹（腰）部伤

腹壁伤要立即用大块敷料和三角巾包扎。伴有内脏伤时，不能喝水、吃东西、吃药，应尽快后送。

#### 4. 四肢伤

除了手指或脚趾伤必须包扎外，包扎其他四肢伤时，要把手指或脚趾露出，以便随时观察血液循环情况，采取相应措施。

## 二、个人卫生

个人卫生是集体卫生的基础。讲究个人卫生可以防止疾病传播，提高士兵的健康水平。为圆满完成战备训练、施工生产等各项任务，适应未来复杂、艰苦的战争环境，要求军人必须注重健康，养成良好的卫生习惯。

#### （一）个人卫生的总要求

军人这一特殊职业要求士兵必须有强健的体魄。为此，我军《内务条令》对个人卫生提出了总的要求，应做到：饭前便后要洗手，不吃不清洁的食物，不喝生水，不暴饮暴食，防止病从口入；实行分餐制，行军或外出时要自带饮食用具，不用公用脸盆和毛巾，防止疾病传播；不随地吐痰，不随地大小便，不乱扔果皮、纸屑和其它废物，保持室内和环境卫生清洁；勤洗澡、勤理发、勤剪指甲、勤洗晒衣服被褥，不在禁烟场所吸烟，保持军人良好风貌。

#### （二）个人卫生的内容

#### 1. 皮肤的卫生

清洁健康的皮肤对全身各器官都有保护作用。因此要保持皮肤清洁，经常洗澡，提倡淋浴和冷水擦澡。

### 2. 头发的卫生

头发过长，既不卫生，又不利于战场行动，受伤后容易感染。因此要保持头发整洁，定期理发，不蓄胡子。梳子和刮胡刀不与他人共用。

### 3. 手和脚的卫生

养成饭前便后洗手的习惯，经常修剪指甲和保持干净。不要用牙咬指甲。保持脚的清洁和干燥，尽可能每天洗脚换袜子。要穿大小合适的鞋子。

### 4. 口腔和脸部的卫生

经常刷牙、漱口，保持口腔卫生。要养成经常洗脸的习惯，以保持脸部卫生。洗漱用具不与他人共用，冬天提倡用冷水洗脸，干毛巾擦脸，以提高御寒能力。

### 5. 眼、耳、鼻的卫生

擦眼、鼻时要用干净的手帕，不要用手抠鼻子。擤鼻涕时要左右鼻孔交替进行，并注意不要用力过猛。清洁外耳道时不要用树枝和火柴等尖、硬物，可用手帕的一角捻起来清理。不要在光线不足或强光的地方看书，防止近视。执行任务遇有风沙时，可戴风镜。

### 6. 饮食的卫生

搞好饮食卫生是防止病从口入的关键。平时要养成饭前洗手的习惯，不喝生水，不吃变质食物；就餐时，不暴饮暴食，要保持食量的基本平衡，减少胃肠负担；各类瓜果要洗净后再食用，积极预防各种消化疾病和传染疾病发生；搞好饮水消毒，需要饮用地表水（江水、河水、溪水等）时，应首先进行净化处理后再饮用。

### 7. 衣服和卧具的清洁

衣服和卧具脏了要换洗。若不能换洗，则应定期打开抖一抖，并在阳光下曝晒一会。这样可以大大减少衣服和卧具上的细菌。

## 三、意外伤的救护

意外伤是指人员在军事训练中发生的意外损伤。掌握军事训练意外损伤的预防措施及应急处理办法，不但能防止损伤的发生，缓解伤情恶化，减轻痛苦，还可为进一步就医提供方便。

### （一）常见意外训练伤的种类及救护

#### 1. 挫伤

挫伤是外力直接作用于身体所致的闭合性损伤。其症状特征是：皮肤无裂口，局部青紫、皮下瘀血、肿胀、压痛，以四肢多见。轻度挫伤一般不做特殊处理，伤后早期予以冷敷，两天后可做热敷。重度挫伤应作冰处理并注意休息。

#### 2. 扭伤

扭伤是由于外力使关节活动超过正常范围，造成的关节附近韧带部分纤维断裂，多发生于踝、腕、腰、膝等部位。受伤部位常呈现肿胀、瘀斑、功能障碍、压痛等症状。早期应冷敷治疗，局部可做理疗或热敷。

### 3. 擦伤

擦伤是指皮肤的表皮擦伤。轻者只涂少量红药水即可。如果伤口出现流黄水，可涂紫药水。擦伤创面较重时，应由医生处理。

### 4. 刺伤

刺伤是指长而尖的器物刺入人体引起的损伤。伤口多为小而深。损伤器物较小、刺伤不靠近主要器官，当时可拔出异物，用碘酒或酒精消毒后，用纱布包扎好伤口；如果当时无把握判断是否刺伤主要器官，或刺入物较大，一般不要立即拔除，应到医院处理，以免发生危险。锈蚀钉子的刺伤，处理伤口后，应注射破伤风抗菌素。

### 5. 肌肉拉伤

肌肉拉伤通常是由于肌肉过度拉紧导致肌纤维撕裂而引起。伤后局部肿胀、疼痛、肌肉紧张或痉挛、活动受限。损伤早期可用冷敷、抬高伤肢等方法处置，疼痛较重者可进行理疗、按摩。4 天后可进行适当的功能锻炼。

### 6. 脱臼

脱臼是指关节脱位。伤后会出现关节周围肿胀、剧烈疼痛、关节变形、功能障碍。不论何处关节脱臼，均应保持固定，不可活动和揉搓，并急送医疗单位处理。

### 7. 骨折

骨折有两种，一种叫闭合性骨折，特点是皮肤没有伤口，断骨不与外界相通；另一种是骨头的断端穿出皮肤，有伤口，因此叫开放性骨折。骨折后要进行包扎和固定，并及时送医治疗。

### （二）预防意外训练伤的一般措施

#### 1. 严格操作规程

要按照规定的动作要领和操作规范进行训练，既要有勇猛顽强的作风，又要有扎实细致的态度，做到动作快捷而准确，还要注意遵守训练纪律，保证训练场所秩序。

#### 2. 遵循训练规律

要按照自身的接受能力和训练程度参加训练，克服争强好胜或信心不足等不良心理，既不急于求成，又不畏手缩脚，按照循序渐进的原则确定训练强度和难度。

#### 3. 做好准备活动

训练前的身体准备活动要充分并具有针对性，一般不少于 10 分钟，切不可走过场，不然就会因肌肉僵硬、身体的灵活性和协调性差而造成训练损伤。训练结束后应做好整理活动。

#### 4. 掌握保护方法

要学会自我保护和互相保护的方法，特别是在一些难度高、危险性大、动作复杂、不易掌握的科目训练中，更要注意做好保护，以防意外事故。

#### 5. 坚持训前检查

训练前，要主动认真地检查器械、设备有无损坏，安装是否稳固。训练场地内如有石块、砖瓦等容易造成人员损伤的物体，要及时加以清除。

## 四、战场自救互救

战场救护包括自救和互救两个方面，是保存战斗力的重要工作。救护技术主要包括心肺复苏、止血、包扎、固定、搬运五项。

### （一）心肺复苏

#### 1. 人工呼吸

气与血是生命之本。抢救伤员时应首先查明其是否有呼吸，可通过观察胸部是否有起伏或将棉絮贴于鼻孔看是否有摆动来判断。如呼吸已停止，必须迅速采取口对口方式进行人工呼吸。具体方法是：先使伤员仰卧，清理其口中堵塞物，以保持呼吸道通畅，然后托起伤员下颌，使头部后仰，将口腔打开；用一手捏住伤员鼻孔，另一手放在颈下并上托；深吸一口气，对准伤员口用力吹入，然后迅速抬头并同时松开双手；听有无回气声响，如有则表示呼吸道通畅。如此反复进行，每分钟 16～20 次。如心跳停止，应与心脏按压同时进行，每按压心脏 4～5 次后吹气一口，吹气应在放松按压的间歇中进行。

#### 2. 胸外心脏按压

当发现伤员失去知觉时，要立即检查其心脏是否跳动。用手指在喉结两侧接触颈动脉，看有无搏动。如无搏动应紧急采取胸外心脏按压法抢救。

具体方法是：先使伤员仰卧在地上或硬板床上，找准按压部位，将左手掌根放在伤员胸骨下 1/3 处，右手掌压在左手背上，然后用力向下按压，使胸骨下陷 3～4 cm，再放开。如此反复进行，每分钟 60～80 次。进行胸外按压的同时，必须进行口对口人工呼吸（见图 8-51）。

如急救时只有一人，可先向伤员口中呼四大口气，然后每按压 15 次后，迅速吹气两大口。如此反复进行（见图 8-52）。

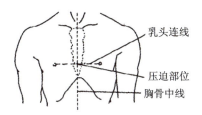

图 8-51　胸外按压部位

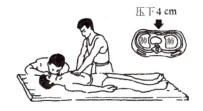

图 8-52　胸外按压和人工呼吸

注意：在进行人工呼吸和胸外心脏按压时，救护人员要大胆心细，按操作规程和动作要领实施，不要盲目进行救护，以免造成不必要的伤害。

### （二）止血

#### 1. 出血种类

判定出血种类是正确实施止血的首要工作，方法是根据出血的特征加以判断。如果是动脉出血，则颜色鲜红，呈喷射状，有搏动，出血速度快且量多；如果是静脉出血，则颜色暗红，呈涌出状或徐徐外流，出血速度不如动脉出血快；如果是毛细血管出血，则血色鲜红，从伤口向外渗出，出血点不容易判明。

**2. 止血方法**

止血是一种医疗技术,有许多简便的方法,运用起来却十分奏效。

1) 加压包扎止血法

静脉、毛细血管或小动脉出血时,先将敷料盖在伤口上,然后用三角巾或绷带用力包扎。

2) 指压止血法

较大的动脉出血,要临时用手指或手掌压迫伤口近心端的动脉,将动脉压向深部的骨头上,阻断血液的流通,可达到临时止血的目的。

(1) 头顶部出血:一侧头顶部出血时可用食指或拇指压迫同侧耳前方(颞浅动脉)搏动点(见图 8-53)。

(2) 颜面部出血:一侧颜面部出血,可用食指或拇指压迫同侧下颌骨下缘、下颌角前方约 3 cm 处的凹陷处。可摸到明显的搏动(面动脉),压迫此点可以止血(见图 8-54)。

图 8-53 头部止血法

图 8-54 面部止血法

(3) 头面部出血:一侧头面部大出血,可用拇指或其他四指压迫同侧气管外侧与胸锁乳突肌前缘中点之间,此处可摸到一个强烈的搏动(颈总动脉),将血管压向颈椎止血(见图 8-55)。

(4) 肩腋部出血:可用拇指压迫同侧锁骨上窝中部的搏动点(锁骨下动脉),将动脉压向深处的肋骨止血(见图 8-56)。

图 8-55 头面部止血法

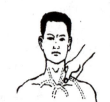

图 8-56 肩腋部止血法

(5) 前臂出血:可用拇指或其他四指压迫上臂内侧肱二头肌与肱骨之间的搏动点(肱动脉)止血(见图 8-57)。

(6) 手部出血:互救时可用两手拇指分别压迫手腕横纹稍上处内外侧搏动点(尺动脉、桡动脉)止血。自救时用健康手拇指、食指分别压迫上述两点(见图 8-58)。

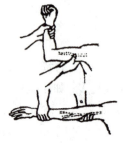

图 8-57 前臂出血压迫止血法

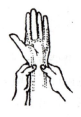

图 8-58 手部出血压迫止血法

（7）**大腿以下出血**：大腿及其以下动脉出血，自救时可用双手拇指重叠用力压迫大腿上端腹股沟中点稍下方的强大的搏动点（股动脉）止血。互救时可用手掌（双掌重叠）压迫止血（见图8－59）。

（8）**足部出血**：可用两手食指或拇指分别压迫足背中部近脚腕处（胫前动脉）和足跟内侧与内踝之间（胫后动脉）止血（见图8－60）。

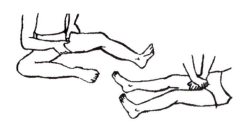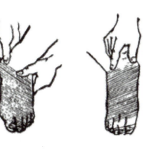

图8－59　腿部出血压迫止血法　　　　　图8－60　足部出血压迫止血法

3）**止血带止血法**

止血带是一种制止肢体出血的急救用品。常用的止血带是约1 m长的橡皮管。一般在四肢大动脉出血用其它方法止血无效时采用止血带止血。其方法要诀是：橡皮带左手拿，后头五寸要留下，右手拉紧环体扎，前头交左手，中食二指夹，顺着肢体向下拉，前头环中插，保证不松垮（见图8－61）。

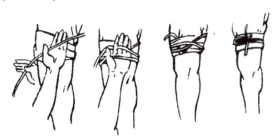

图8－61　止血带止血法

**注意**：使用止血带时，止血带与皮肤之间要加垫（敷料、衣服等），不能直接扎在皮肤上；扎止血带的伤员必须作标记，注明扎止血带的时间；止血带每隔1小时（冬季半小时）松开一次，每次放开2～3分钟，以暂时改善血液循环。松开时要逐渐放松，如有出血，应再扎上止血带；如不再出血，可改用三角巾压迫包扎伤口。

**（三）包扎**

包扎通常使用配发的急救包，使用时把急救包沿箭头方向撕开，将敷料盖在伤口上，然后进行包扎。不同部位具有不同的包扎方法。

**1. 头面部伤的包扎**

（1）**风帽式包扎法**：在三角巾顶角和底边中部各打一结，形成风帽，顶角结放在额前，底边结放于头后枕部处，包住全头，两底角向下拉紧，底边向外反折成带状包绕下颌，拉到头后枕部处打结固定（见图8－62）。

（2）**下颌包扎法**：将三角巾由顶角折至底边呈三、四横指宽，取三分之一处放在下颌前方，长端分别经额部与枕部，在另一侧打结。

图 8-62　三角巾头部包扎法

（3）面部包扎法：三角巾顶角打一结兜住下颌，盖住面部，然后拉紧两底角，在头后交叉，绕至额前打结。包好后，在眼、口、鼻的地方剪洞，露出眼、口、鼻。

**2. 四肢伤的包扎**

（1）三角巾包扎上肢：将三角巾一底角打结后套在伤侧手上，结的余头留长些备用；另一底角沿手臂后侧拉至对侧肩上，顶角包裹伤肢，前臂曲至胸部，拉紧两底角打结。

（2）三角巾包扎手（脚）：将手放在三角巾中央，手指朝向顶角；拉顶角盖住手背，两底角左右交叉压住顶角绕手腕打结。包扎脚部与此法相同。

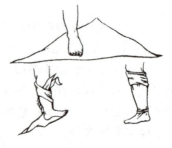

（3）三角巾包扎小腿和脚：脚趾朝向三角巾底边，把脚放在靠近一底角的一侧，提起顶角与较长一侧的底角交叉包裹小腿打结，再将脚下底角折到脚背，绕脚腕与底边打纽结（见图 8-63）

图 8-63　三角巾包扎小腿和脚

（4）三角巾包扎肘、膝：将三角巾折成适当宽度的带形，将带的中部斜放于伤部，取带两端分别压住上下两边，包绕肢体一周打结。

**3. 胸（背）部伤的包扎**

将三角巾的顶角放在伤侧胸部肩上，把左右两底角拉到背后打结，然后和顶角打结（见图 8-64）。本方法也适用于背部包扎。

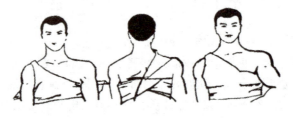

图 8-64　三角巾胸部包扎法

**4. 腹部伤的包扎**

将三角巾的顶角朝下，放在一侧大腿根稍下方，用一底角包绕大腿与顶角打结，另一底角提起围腰与底边打结。

**（四）固定**

**1. 判断骨折的方法**

（1）用手指轻轻按摸受伤部位时疼痛加剧，有时可以摸到骨折断端。

（2）受伤部位变形。

（3）受伤部位明显肿胀或受伤部位不能活动。

（4）骨折断端有时可用手摸到"嘎吱"、"嘎吱"的骨摩擦感。

**2. 骨折临时固定方法**

骨折后一般采用木制夹板进行固定，没有时也可用木棍、树枝、竹片等代替夹板。

(1) 上臂骨折的固定：把两块夹板分别放在上臂内侧和外侧，垫好后用绷带或三角巾固定，再用三角巾将前臂悬吊于胸前(见图 8-65)。

(2) 前臂骨折的固定：在前臂的外侧放一块夹板，垫好后用两条布带将骨折上下端固定，再将前臂吊于胸前(见图 8-66)。

图 8-65　上臂骨折固定法　　　　　　　图 8-66　前臂骨折固定法

(3) 小腿骨折固定：将夹板(长度等于自人腿中部到脚跟的长度)放于小腿外侧，垫好后用布带分段固定(见图 8-67)。

(4) 大腿骨折固定：将一块长度相当于从脚至腋下的木板放于伤肢外侧，在关节和骨突处加垫，用 5～7 条三角巾分段固定(见图 8-68)。

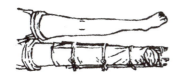

图 8-67　小腿骨折固定法　　　　　　　图 8-68　大腿骨折固定法

**注意**：① 骨折固定时一旦伤口出血，应先止血包扎后再固定。② 大腿和脊柱骨折时应就地固定。③ 固定要牢固，松紧要适当。④ 夹板与皮肤之间应垫棉花、衣服等。

**（五）搬运**

**1. 侧身匍匐搬运法**

根据伤员受伤部位决定采用左或右的侧身匍匐前进，搬运者侧身紧靠伤员，将伤员腰部搬放到搬运者的大腿上，注意使受伤部位朝上，伤员头部和上肢不要着地。

**2. 单人肩、背、抱法**

单人肩、背、抱法如图 8-69 所示。

图 8-69　单人肩、背、抱法

### 3. 双人徒手搬运法

双人徒手搬运法如图 8 - 70 所示。

图 8 - 70　双人徒手搬运法

## 第三节　核 生 化 防 护

防护，是指士兵在作战中为防备敌方各种常规武器和核化生武器的杀伤以及战场次生核化生危害，而采取的有效保存自己的战斗行动。

各种常规武器、核化生武器以及战场次生核化生危害都能有效杀伤人员，摧毁武器装备，限制利用地形和破坏作战行动。因此，士兵要想在战斗中生存，就必须了解防护基本知识，学会利用地形、工事、器材等一切有利条件来进行有效防护的方法，使自己免遭伤害。

## 一、防护基本知识和技能

士兵只有熟悉各种常规武器、核化生武器的杀伤破坏途径及战场次生核化生危害的主要特点，才能够在战场上灵活地采取各种防护措施，有效地保存自己。

### （一）常规武器及其杀伤破坏途径

常规武器就是除核、化学、生物武器等大规模杀伤破坏性武器之外的其他武器。如各种轻武器、火炮、炸弹、火箭弹、导弹等。

常规武器主要是通过火力来杀伤人员，摧毁武器装备，破坏工事和其他设施。所谓火力，就是指各种弹药经发射、投掷或者引爆后所产生的杀伤力和破坏力。

常规武器火力又分为地面火力和空中火力。其中，地面火力又包括轻武器火力和炮兵火力。轻武器火力主要以各种枪支射弹来杀伤人员。如自动步枪、冲锋枪和各种轻、重机枪等，它具有方向性强，速度快，但火力威力相对较弱的特点。而炮兵火力和空中火力主要是以各种炮弹、炸弹、火箭弹、导弹的弹片和爆炸震浪威力来杀伤人员，毁坏工事，破坏各种设施等，它具有火力猛、精度高、射程远、覆盖面积大（1 发 155 榴弹炮弹，杀伤面积约为 800 $m^2$）等特点。尤其是各种导弹和制导的炮弹、炸弹等精确制导武器（直接命中率在 50％以上），造成的杀伤和破坏程度更大，如图 8 - 71 所示。

图 8-71　轻武器、火炮、直升机和精确制导武器火力

## （二）核武器及其杀伤破坏途径

核武器是利用原子核反应瞬间放出的巨大能量起杀伤破坏作用的武器，包括原子弹、氢弹、中子弹。核武器通常可用导弹、火箭、大口径火炮、飞机发射或投掷，也可制成核地雷、核鱼雷使用。其杀伤破坏途径是：

（1）冲击波：是核爆炸产生的高速高压气浪，能直接或间接造成人员脑震荡、骨折、内脏破裂和皮肤损伤。

（2）早期核辐射：主要造成人员的放射性损伤。

（3）光辐射：主要造成眼睛、皮肤、呼吸道烧伤，还可引燃各种物体，形成大范围火灾。

（4）核电子脉冲：破坏各种电子设备的特有因素，使电子元器件、电子设备失灵、失效以至损坏，使自动化指挥控制系统发生混乱，产生不可估量的后果。

（5）放射性污染：能在较长时间内对人员形成累积性伤害，影响军队作战能力和行动。

上述几种因素不仅杀伤破坏作用不同，而且作用时间长短不一，短的在核爆炸瞬间的分秒时间内，长的可达几天至几十天，甚至更长时间。

## （三）化学、生物武器及其杀伤破坏途径

战争中用来毒害人、畜的化学物质叫军用毒剂。装有毒剂的各种炮弹、炸弹、火箭弹、导弹、毒烟罐、手榴弹等统称化学武器。化学武器是以化学毒剂的毒害作用使人员中毒而失去战斗力的一种战斗武器。化学毒剂有神经性毒剂、糜烂性毒剂、失能性毒剂、窒息性毒剂和刺激性毒剂。化学毒剂的种类不同，其危害也不一样。化学毒剂释放后，可形成气态、雾态、液滴状、粉末状，人员接触或吸入后立即发生中毒，如果不及时防护和抢救就会失去战斗力或在短时间内死亡。战场上敌人最常使用的毒剂主要是神经性毒剂，包括沙林、梭曼、Vx 等毒剂。

在战争中用来伤害人、畜，毁坏农作物的致病微生物和细菌所产生的毒素叫做生物战剂。装有各种生物战剂的炸弹、炮弹和气溶发生器、布洒器等统称生物武器。生物武器主要通过生物战剂来伤害人员和牲畜。按战剂对人员的伤害程度可分为失能性战剂和致死性战剂。

化学毒剂和生物战剂对人员的伤害途径是：

（1）吸入中毒，即战剂污染的空气经呼吸道吸入人体内部引起人员中毒。

（2）误食中毒，即人员误食(饮)染毒的食物(水)引起中毒。

（3）接触中毒，即人员接触染毒物体，经皮肤、黏膜、伤口或蚊虫叮咬进(侵)入人体引起中毒。

化学武器既可以用于战略后方，也可以使用在战场前线，尤其是对一些战役要点使用的可能性更大。

生物武器通常用来作为战略性武器袭击后方城市、军事基地、港口、车站及重要交通

枢纽，特别是对人口密度大、文化知识落后、卫生条件差的地区具有明显的伤害效果。

### （四）战场次生核化生的危害

次生核化生危害是指在战争中使用常规兵器打击军用或民用核化设施（如核电站）而引发的核、化学或生物危害。未来高技术局部战争，战场次生核化生危害是一个不可回避的现实问题，士兵必须了解核化生设施遭袭产生的危害特点。

**1. 核设施遭袭后的危害**

核设施遭袭后的危害，主要是指核设施遭袭被毁后释放的放射性核素（主要有碘、铯、锶等）通过烟羽外照射、吸入内照射、食入内照射等途径对人员所造成的危害。放射性核素及其物理化学特性不同，对人员的照射途径也有所不同。

碘进入人体的途径主要是随饮食摄入和随污染空气被吸入。它是事故早期危害较大的主要核素。

铯主要通过食物链进入人体，可造成全身性和肺部照射。

锶主要通过食物链进入人体，主要对骨髓和骨组织进行照射。它也是事故晚期危害较大的主要核素之一。

辐射对人体的作用是一个非常复杂的过程。人体从吸收辐射能开始，到产生生物效应直至机体损伤或死亡为止，要经过许多不同性质的变化。这些变化彼此不同，又相互制约，有的发展迅速，有的发展迟缓，可延续数年。

**2. 化学工业设施遭袭后的危害**

化学工业设施遭袭后的危害，同样是指其遭袭被毁后泄漏的有毒有害物质对人员造成的危害。化学工业设施遭袭后泄漏的有毒有害物质，按其毒理作用主要分为：呼吸系统毒物，包括氯气、氨、硫化氢、二氧化硫、甲醛等；神经系统毒物，包括苯、有机磷杀虫剂、甲苯、磷及其化合物、四氯化碳、甲醇等；血液系统毒物，包括一氧化碳、氰化物、苯胺、煤气、液化石油气等。

（1）有毒有害物质进入人体引起中毒的途径主要有三种：

一是吸入中毒，即染毒空气经呼吸道进入人体而引起的伤害；

二是接触中毒，即皮肤、人眼及伤口接触有毒有害物质而引起的伤害；

三是食入中毒，即通过饮食污染的食物和水等引起中毒。

（2）有毒有害物质对人体的伤害特点如下：

一是局部的刺激和肌体腐蚀；

二是阻止氧的吸收和输运；

三是抑制体内酶系统的活力；

四是破坏神经系统。

**3. 贫铀弹使用后的危害**

贫铀弹是指以贫铀为主要原料制成的导弹、炸弹、炮弹、子弹等。

（1）贫铀弹爆炸后的危害：

一是来源于其爆炸后弹体在高温反应中形成的放射性气溶胶随风飘散，污染空气、地面、水源和物体；

二是来源于其爆炸后形成的带放射性微尘污染的弹片。

（2）贫铀弹对人员的放射性危害途径通常有三种：

一是吸入伤害，即带有放射性微尘的空气经呼吸系统吸入而伤害人体，这是贫铀弹对人员放射性危害的主要途径；

二是食入伤害，即人员食入受贫铀弹放射性微尘污染的水、食物而造成人体伤害；

三是接触伤害，即贫铀弹爆炸时带有放射性的弹片嵌入人的肌体，造成人员伤害。

此外，人员接触贫铀弹放射性微尘污染的物体，也会对人员造成伤害。

人员受贫铀弹放射性伤害后，其外部表现症状有：脱发、肌体疲惫、体温升高、关节肿胀、肌肉疼痛、震颤、记忆力减弱、睡眠失常、体重骤减、呕吐、腹泻、食欲减退、手足出血、新生儿畸形等。

### 4. 民用生物设施遭袭后的危害

民用生物设施遭袭后的危害主要是指民用生物设施（如生物实验室、制剂室等）遭袭后所释放的病毒、细菌、毒素、真菌等微生物侵入人体对人体造成的危害。

民用生物设施遭袭后一般通过消化道、皮肤及呼吸道三种途径侵入人体从而造成危害。

食入伤害：误食（饮）受污染的食物、水源等可以经过消化道侵入人体形成伤害；

吸入伤害：微生物通过呼吸道进入人体形成伤害；

接触伤害：微生物直接经皮肤、黏膜、伤口或昆虫叮咬进入人体形成伤害。

微生物进入人体后，能破坏人员的生理功能而发病，会出现发热、头痛、全身无力、上吐下泻、咳嗽、恶心、呼吸困难、局部或全身疼痛等症状。

## 二、防护装备的使用

个人防护装备是用于个人免受毒剂、生物战剂和放射性灰尘伤害的器材，包括呼吸道防护器材、皮肤防护器材和个人急救器材等。

### （一）呼吸道防护器材

呼吸道防护器材，是指用于保护人员的呼吸器官、眼睛及面部皮肤免受毒剂、细菌及放射性灰尘直接伤害的个人防护器材。这里重点介绍我军主要装备的过滤式防毒面具的种类、性能和使用方法。

### 1. 主要类型

过滤式防毒面具主要类型有 FMJ03 型、FMJ05 型、FMJ08 型和 69 型防毒面具。

#### 1）FMJ03 型防毒面具（原 65 型）

FMJ03 型防毒面具是没有导气管的头戴式通话面具，由过滤元件、面罩、面具袋等组成（见图 8 - 72）。

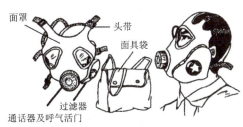

图 8 - 72　FMJ03 型防毒面具

2）69 型防毒面具

69 型防毒面具是头盔式通话面具，主要由面罩、滤毒罐、面具袋等部分组成（见图 8−73）。

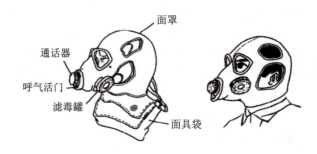

图 8−73　FMJ03 型防毒面具

3）FMJ05 型防毒面具（原 87 型）

FMJ05 型面具是头戴式面具，由滤毒罐、面罩、面具袋及附件组成（见图 8−74）。

4）FMJ08 型防毒面具

FMJ08 型防毒面具是我军新一代面具，由滤毒罐、面罩、面具袋及附件组成（见图 8−75）。该面具提高了面罩的耐毒剂液滴渗透性能和耐洗消性能，且增加有饮水装置，可进行饮水或进食流食。

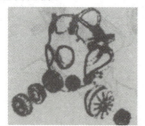

图 8−74　FMJ05 型防毒面具

图 8−75　FMJ08 型防毒面具

**2. 主要性能**

我军现装备防毒面具的主要性能见表 8−1。

表 8−1　防毒面具的性能表

| 性能 \ 类别 | FMJ03 型<br>（原 65 型） | FMJ05 型<br>（原 87 型） | 69 型 | FMJ08 型 |
|---|---|---|---|---|
| 总重量/千克 | 0.61 | 0.61～0.7 | 0.8 | 0.9 |
| 总视野 | 73% | 75～80% | 80% | 60% |
| 通话能力 | 50 米清晰度为 90% | | | 传声损失<br>不大于 8 分贝 |
| 防毒能力 防沙林 | 10 小时左右 | 40 小时左右 | 6 小时左右 | 大于 40 小时 |
| 防毒能力 防氢氰酸 | 50 分钟左右 | 60 分钟左右 | 40 分钟左右 | 不小于 30 分钟 |
| 防毒能力 防 Vx 雾 | 30 分钟左右 | 大于 2 小时 | 30 分钟左右 | 大于 2 小时 |

### 3. 携带与使用方法

#### 1）携带面具

通常是左肩右肋，面具袋上沿与腰带取齐。运动时，可将面具移至身体的右后方。

#### 2）气密性检查

戴好面具后，用右手堵住进气口，同时用力吸气，若感到堵塞不透气，则说明面具气密性良好，若感觉漏气，应首先检查佩戴是否正确，然后检查呼气活门有无异物及面具有无损坏，根据情况处理后再重新检查。

#### 3）戴、脱面具的要领

##### （1）FMJ03 型和 69 型。

FMJ03 型和 69 型立姿戴面具的要领：当听（看）到"化学警报"信号或"戴面具"的口令时，立即停止呼吸，闭嘴闭眼，迅速将面具袋移至右前方，打开袋盖，右手握住面具袋底，左手迅速取出面具，两手分别握住面具两侧的中、下头带，拇指在内撑开面罩；身体微向前倾，下颌微伸出，将面罩套住下颌，用拇指和食指夹住军帽帽檐，两手稍用力向上后方拉头带，迅速戴上面具；两手对称地调整头带，使面具与脸部密合；然后深呼一口气，睁开眼睛，戴好军帽（图 8-76）。

图 8-76　立姿戴面具

脱面具要领：当听（看）到"解除化学警报"信号或"脱面具"的口令后，左手脱下军帽，右手握住面具下部，向下向前脱下面具，戴上军帽，然后将过滤器朝外装入面具袋内。

##### （2）FMJ05 型和 FMJ08 型。

FMJ05 型和 FMJ08 型立姿戴面具的要领：当听（看）到"化学报警"信号或"戴面具"的口令时，立即停止呼吸，闭嘴闭眼，一手迅速将面具袋移至右前方，握住面具袋底，一手打开袋盖握住通话器迅速取出面具，直接将面罩罩在面部，持通话器的手调整罩体密合框位置与脸面密合。与此同时另一手抓头带垫，沿头上部向头后将头带整体外翻到位。最后，两手换抓两根下头带，同时用力拉紧下头带，深呼一口气再睁开眼睛，恢复正常呼吸。

脱面具要领：同 FMJ03 型面具。

注意：① 戴面具时，停止呼吸和闭嘴是为了防止吸入染毒空气；闭眼是为了防止毒剂伤害眼睛；深呼一口气是为了排除面罩内的染毒气体。

② 持枪戴（脱）面具时，应先成肩枪或夹枪姿势，然后按立姿戴（脱）面具的要领戴好（脱下）面具，再取枪成原来姿势。

③ 卧姿戴面具时，应先将枪置地，身体转向右或用两肘支撑上体，左手脱帽，按立姿要领戴好面具。

### (二) 皮肤防护器材

皮肤防护器材是指保护人员皮肤免受毒剂、生物战剂和放射性灰尘等通过皮肤引起伤害的个人防护器材。

#### 1. 皮肤防护器材的种类

目前,我军现装备的皮肤防护器材主要包括防毒斗篷、防毒手套、防毒靴套和防毒服等。

##### 1) FDP03 型防毒斗篷(原 81 型)

FDP03 型防毒斗篷用以防护毒剂液滴、生物战剂、放射性灰尘降落或飞溅到人体、装具和单兵武器上。它对各种毒剂液滴的防毒时间为 2 小时以上;对毒剂蒸汽只能减轻伤害,不能达到完全防护。FDP03 型防毒斗篷分 A 型和 B 型两种。

图 8 - 77　FDP03 型防毒
斗篷(A 型)

A 型为无袖式,适合全副武装的步兵用于保护全身和所携带的武器装备,用墨绿色的厚度为 0.08 mm 的聚乙烯薄膜经裁剪、接合而成。其形式很像军用防雨斗篷(见图 8 - 77),在帽罩的边缘部位有帽带,前襟装有 5 付弹簧扣。其平均重量为 270 g。

B 型为带袖披肩式,适合炮兵和其他特种兵用以保护全身,所用材料和 A 型完全一样。其特点是在门襟的下半部和下摆后部的折边上左右各装四对扣,需要时将下摆后部中央提起,将对应的左右扣按好,即成两条裤腿。在下摆的前部折边内还装有下摆紧带,可用来扎在小腿的外部。其重量约为 280 g。

以上两种防毒斗篷均用透明的塑料薄膜包装,包装体积约为 20 cm×12 cm×3 cm。

##### 2) FST04 型防毒手套(原 81 型)

FST04 型防毒手套(见图 8 - 78)外面涂丁基胶乳,衬里为棉织物,因而佩戴时吸汗,感觉柔软舒适。FST04 型防毒手套是五指手套,分大、中、小三个号。注意选配时应稍大一些,选号偏小时手指弯曲费力,长时间戴用将影响手部的血液循环。防毒手套的防毒能力在 36℃试验条件下各部位对芥子气的防毒能力都超过了 240 分钟。

##### 3) FXT02 型防毒靴套(原 81 型)

FXT02 型防毒靴套(见图 8 - 79)不分左右脚,为软底片。靴底以维纶布为基布,先在其两面涂上天然橡胶,然后在底面再涂一层氯丁胶而成。在靴底宽出部分开有五个孔,并有长约 2.5 m 的靴带由前向后沿两侧孔穿过,用以系牢靴套。靴帮由丁基胶布制成,能保护小腿。

图 8 - 78　FST04 型防毒手套

图 8 - 79　FXT02 型防毒靴套

##### 4) FFF01 型防毒服和 FFF02 型防毒服(原 82 型)

FFF01 型防毒服(见图 8 - 80)和 FFF02 型防毒服(见图 8 - 81)均为透气式防毒服,具有防毒、透气和散热的功能,可用于防止雾滴状和蒸气状毒剂接触皮肤引起伤害,又可作为普通军服穿着,必要时还可作为战斗服使用。与防毒斗篷、防毒手套、防毒靴套和过滤式面具配套使用,构成一套全身防护器材。

图 8-80　FFF01 型防毒服

图 8-81　FFF02 型防毒服

FFF01 型防毒服由带头罩的上衣和裤子组成，采用内外两层不同材料，其外层是经过防油处理的维棉布以阻挡毒剂从外层渗入内层；内层是特制的绒布，其内面的绒面上喷有活性炭炭浆，用于吸附蒸气状毒剂。

FFF02 型防毒服的内层材料与 FFF01 型防毒服的相同，外层是经处理的迷彩服布料，并具有阻燃性能。

**2. 皮肤防护器材的使用**

为使防护器材最大限度地发挥作用，保存部队战斗力，使用皮肤防护器材应做到：良好的气密性，尤其要注意头、颈、袖口的气密性；良好的适应性，尤其应适应较强劳动条件下长期工作；良好的毒情观念，尤其要注意脱防护器材时不染毒、不沾染。

使用皮肤防护器材时，穿脱通常按照斗篷、靴套、手套的顺序进行。脱下的器材经洗消、保养后包装备用，或统一销毁。

*1）穿着防毒靴套的要领*

将靴带对折，折头穿入前带孔约 1 cm，将两带尾穿入折头环并拉紧。分开靴带分别从下而上穿进侧带孔，然后从下而上穿进后带孔；使两带在脚后交叉，绕至脚腕部扣一个结，向后上打一叉，再向前上打一叉，最后将带勒紧在膝盖下系为活结（见图 8-82）。

图 8-82　防毒靴套的穿着

脱防毒靴套的要领是：背风而立，解开靴带，交替用一只脚的脚尖踏住另一脚的靴套后跟带，将靴套脱下。

*2）穿着防毒斗篷的要领*

（1）A 型防毒斗篷：当听到"毒剂—斗篷"的口令后，应先戴好面具，而后迎风而立，背枪或挂枪，取出斗篷，手持罩帽部分使斗篷垂下；用双手撑开斗篷，身体微向前倾，将斗篷披在武器装备和身上；转向背风而立，束紧帽带，扣好前襟；取出手套戴好。

（2）B 型防毒斗篷：首先戴好面具，而后按下述要领穿戴：迎风而立，取出斗篷，手持帽罩部分使斗篷自然下垂，身体微向前倾，用双手撑开斗篷，穿在身上，转向背风而立，扣好上身五对扣，背好面具袋；叉开双腿，将后下摆正中提起，先左后右连接裤腿，分别把对应的四个扣按好(需呈防毒衣状态时，应选穿靴套，系好下摆紧带，最后戴手套)，系好袖口，呈非防毒衣状态。

81 型防护衣穿戴如图 8-83 所示。

图 8-83　穿戴 81 型防护衣

脱防毒斗篷的要领：迎风而立，解开帽带、扣子、袖紧带与下摆带，脱下斗篷甩到身后并使染毒面着地；人员后退一步。

### （三）个人急救器材

个人急救器材主要有个人急救包和个人防护盒两种。

**1. 个人急救包**

个人急救包是个人战场上的急救器材。包内装有 85 号预防片、85 号神经毒剂急救针、抗氰胶囊、抗氰急救自动注射针、二巯基丙醇软膏、军用毒剂消毒手套等。

（1）85 号预防片：用于预防人员神经性毒剂中毒，人员应提前 1 小时左右或根据命令口服。

（2）85 号神经毒剂急救针：用于治疗神经性毒剂中毒者。轻度中毒注射 1 支，中度中毒注射 1～2 支，重度中毒注射 2～3 支。

（3）抗氰胶囊：该药适用于预防人员氢氰酸或氰类化合物中毒，有效预防时间为 4～6 小时，服用后半小时生效，每天只服一次。该药也可用于氰化物轻度或中度中毒人员口服治疗。

（4）抗氰急救自动注射针：用于氰类化合物中毒者。

（5）二巯基丙醇软膏：用于路易氏毒剂皮肤染毒的急救治疗。

（6）军用毒剂消毒手套：用于供人员皮肤、服装及轻武器被液体毒剂污染后消毒时使用。

**2. 个人防护盒**

个人防护盒也是一种战场个人急救器材。盒内装有神经性毒剂预防片——复方 70 号防磷片，11 号注射针或 80 型急救针、粉剂，个人消毒手套，抗氰急救针（4-DMAP 注射液）和 85 抗氰预防片。

（1）神经性毒剂预防药片——复方 70 号防磷片：用于预防人员神经性毒剂中毒，并可减轻中毒症状。通常应提前 1 小时左右或根据命令口服 1 片。需要时，间隔 10 小时可再服 1 片；或一天一片连服三天，必要时可在最后一次服药 48 小时后再次服用。服用预防片不能代替防毒面具和皮肤防护器材。

（2）11 号注射针和 80 型急救针：用于战时阵地急救、治疗神经性毒剂中毒者。轻度中毒注射 1 支，中度中毒注射 1～2 支，重度中毒注射 2～3 支。如肌颤、惊厥等中毒症状仍未控制，可重复注射 1～2 支，防止用药过量或误用。如出现药物反应，应立即停药。

(3) 个人消毒手套：供人员皮肤、服装及轻武器被液体毒剂沾染后消毒用。可以消除神经性毒剂和糜烂性毒剂等。消毒时，粉剂勿入口及眼内。

(4) 抗氰急救针(4 - DMAP 注射液)：供氢氰酸或氰化物中毒人员急救用注射针剂。当人员氰类化合物中毒后，立即肌肉注射 10% 4 - DMAP 注射液 2 毫升，中毒症状缓解后不再注射，如需重复给药可再注射半量(1 毫升)即可。凡患遗传性高铁血红蛋白还原酶缺乏者禁用。

(5) 85 抗氰预防片：用于预防人员氢氰酸或氰类化合物中毒，为急救氰类化合物患者争取治疗时间，减轻中毒症状。有效预防时间为 4～6 小时。

85 抗氰预防片由 4 - DMAP 片(100 mg)和 PAPP (90 mg)两种片剂组成(分别瓶装)。口服时服 4 - DMAP 和 PAPP 各一片，服用后半小时内生效，每日口服一次。该药还可作为氰化物轻度或中度中毒(无呕吐者)人员口服治疗用药。抗氰预防药不宜连续服用，服药时必须两种片剂同时服用；药片保存需密封防潮，放置阴凉处。

### (四) 个人防护器材的保管

个人防护器材属于个人专用专管。保管时应注意：

(1) 个人使用的面具，可在背带调节环处(或统一规定)注明姓名、号码，不准在面具上做记号。

(2) 器材应统一放在干燥的专用柜内，不要堆压。

(3) 器材用后应擦拭干净、晾干，禁止在阳光下暴晒或火烤。

(4) 不常用的器材，橡皮部分应撒上一层薄而均匀的滑石粉，滤毒罐应拧下密封保管。

(5) 面具不要随意拆卸、涂油和水洗，特别要注意保护通话膜和呼气活门。

(6) 器材不得坐压或当枕头，袋内不得存放其他物品。

(7) 避免与酸、碱、盐等物品混存堆放。

## 思　考　题

1. 什么是格斗？格斗训练的目的和意义是什么？

2. 人体的要害部位和薄弱部位有哪些？

3. 格斗的基本功主要有哪些？

4. 捕俘拳主要有哪些动作？名称是什么？

5. 战伤救护的原则有哪些？有什么要求？

6. 个人卫生的主要内容有哪些？

7. 常见意外训练伤的种类有哪些？如何救护？

8. 战场救护的主要内容有哪些？

9. 简述心肺复苏的主要程序和方法。

10. 防护的基本内容有哪些？

11. 个人防护装备主要有哪些类型？

12. 简述穿戴各类防护装备的方法步骤。

# 第九章　战备基础与应用训练

☞ 【学习目标】

1. 了解战备规定、紧急集合的主要内容和基本要求；
2. 掌握徒步行军、野外生存的方法和注意事项；
3. 学会识图用图、电磁频谱监测的基本技能，培养学生分析判断和应急处置能力，全面提升综合军事素质。

## 第一节　战　备　规　定

战备是军队为了应付可能发生的战争或军事突发事件而在平时进行的准备和戒备行动及工作。士兵作为部队的主体，担负着作战和应付突发事件的各项任务，必须牢固树立战备观念，了解战备常识，搞好战备的各项训练，以保证一旦遇有紧急情况能在最短的时间内准备好，能以最快的速度投入战斗，并能圆满地完成任务。所以，士兵要了解有关战备规定及要求，掌握一些如紧急集合、徒步行军、乘坐车辆等能够保证战备行动完成的动作和方法。

战备规定的内容主要有战备教育、战备管理、战备方案、战备检查、战备值班、战备等级转换、"三分四定"等。士兵要重点掌握战备等级转换和"三分四定"两项内容。

### 一、战备等级转换

战备等级是指根据军队战备工作的轻、重、缓、急程度，按照一定的标准进行的划分。我军的战备等级共分为四级：四级战备、三级战备、二级战备和一级战备。

四级战备，为最低一级。此时部队呈戒备状态，收拢人员，控制外出，进行必要的战备教育，保持警惕性。

三级战备，部队进入部分作战准备状态，进行战备动员和物资器材的准备。

二级战备，部队进入全面准备状态，进行深入的战备动员，完成一切战斗行动（拉动）准备。

一级战备，为最高一级。此时部队呈待发状态，人员、车辆、物资器材全部准备就绪，武器不离身，并立即进行临战动员，一声令下，就可立即出动。

战备等级的转换，通常情况下，部队应根据命令由平时状态向四级、三级、二级、一级战备状态依次转进。有时也可根据命令越级转进。士兵应按照规定保持装备完好率和人员在位率，保证随时遂行各种任务。

部队一旦进入战备等级状态，要求每一名士兵必须做到：

（1）严格遵守保密规定，不泄露部队行动的秘密；

（2）外出探亲人员，接到上级的通知后要迅速归队；

（3）服从命令，听从指挥，按上级的命令完成各项工作；

（4）提高警惕，坚持在岗在位，保持良好的战备状态；

（5）进一步落实战备计划，随时做好出动准备。

## 二、"三分四定"

"三分"，就是将个人的物资分为携行、前运、后留三部分，分别放置。携行物资就是紧急情况时自己随身带的必备物资；前运物资就是有些物资对个人很需要，但自己携带不了，需要上级单位帮助运走的物资；后留物资就是不需要带走的个人物资（自己买的，不是部队发的东西），留在营房里，由上级统一保管。

"四定"，即定人、定物、定车、定位。定人，根据战备行动方案，确定每个士兵在可能出现的紧急情况中所担负的任务、归谁指挥、可能的行动等内容；定物，确定士兵紧急出动时携带物资的数量、种类，主要规定武器装备的携带方法；定车，确定士兵紧急出动时所乘坐的车辆（几号车）；定位，确定士兵乘坐车辆的具体位置及在行进中可能担负的任务。

"三分四定"是战备工作的重要内容，每一个士兵平时要严格按规定做好各项工作，保证一旦有紧急情况就可立即出动。

## 第二节　紧急集合

紧急集合，就是在紧急情况下迅速进行的集合，是应付突然情况的一种紧急行动。如：发现和遭到敌人的突然袭击时；受到火灾、水灾、地震、台风等自然灾害威胁时；上级赋予紧急任务或发生重大意外情况时等。

士兵一般是根据上级的紧急战备号令实施紧急集合。士兵一旦接到紧急集合的信号或命令时，应立即按规定着装，携带齐武器装备和器材，迅速到达规定地点集合。

紧急集合分为全副武装紧急集合和轻装紧急集合两种。全副武装紧急集合是根据当时部队所处的战备等级状态而确定的。此时，人员的负荷量、携行的装备和器材均按战备方案和上级的规定执行。轻装紧急集合是在执行临时性的紧急任务时所采取的一种方式。着装时，为减轻士兵的负荷量，通常不背背包（或携带单兵生活携行具），以提高部队的快速机动能力。紧急集合的程序分四步：着装、整理携行生活器材、装具携带和集合。

## 一、着装

通常着作训服。昼间进行紧急集合时，一般按当时的训练着装进行。如果上级重新规定着装，士兵应立即换装。夜间实施紧急集合时，士兵应迅速起床，按照帽子（冬季戴皮、棉帽时，披装后再戴）、上衣、裤子、袜子、鞋子（双层床上层的士兵打完背包再穿鞋子）的顺序进行穿戴。

## 二、整理携行生活器材

没有装备生活携行具时，应打背包。背包宽 30～35 cm，竖捆两道，横压三道。米袋捆于背包上端或两侧；雨衣、大衣通常捆于背包上端，大衣袖子捆于背包两侧；鞋子横插在背包背面中央或竖插两侧；锹（镐）竖插在背包背面中央，头朝上。

装备有生活携行具时，应按以下顺序进行：

（1）迅速结合背架。

（2）按规定将物品分别装入主囊、侧囊和睡袋携行袋。

（3）组合背架和军需装备携行具。

其他兵种专业可根据本兵种专业的特点另行规定。

## 三、装具携带（以步兵为例）

### 1. 没有装备战斗携行具的携带装具方法

（1）全副武装：背手榴弹袋，左肩右胁；背挎包，右肩左胁；扎腰带（机枪手先背弹盒）；披弹袋；背防毒面具，左肩右胁；背水壶，右肩左胁；背背包（火箭筒副射手背背具）；取枪（筒）和爆破器材（见图 9-1）。

（2）轻装：其他装具的披带同全副武装，只是不背背包，将锹（镐）头朝下背于右肩，系绳绕腰间与背绳系紧；米袋右肩左胁；雨衣（冬季带大衣时，将大衣袖子留在外面卷紧捆好，再将袖口对接扎紧）左肩右胁（见图 9-2）。

图 9-1　全副武装的士兵　　　　　图 9-2　着轻装的士兵

### 2. 装备有战斗携行具时的携带装具方法

应首先按要求将各功能模块组装好，尔后将战斗携行具披挂于身上，取手中武器。

其他兵种专业结合自己的实际情况可另行规定装具携行的方法。

## 四、集合

士兵披装完毕后，迅速跑步到班集合地点，向班长报告。全班到齐后，班长带领全班迅速赶到排集合场并向排长报告。

士兵在紧急集合时要做到：迅速、肃静、确实、完整、安全、便于行动。这就要求每名士兵在平时应按规定放置武器、弹药、装具和衣物，这样在紧急集合时就便于拿取和穿着，行动才不会慌乱。

# 第三节　行军拉练

行军是部队沿指定路线进行的有组织的移动。按方式，分为徒步行军、摩托化行军和履带行军；按时速和每日行程，分为常行军和强行军。

徒步行军是以步行方式实施的行军。摩托化行军亦称乘车行军，是乘坐建制内或配属的轮式运输车辆实施的行军；履带行军是乘坐履带车辆实施的行军，通常用于机械化部队的短距离移动。

常行军是按正常的日行程和时速实施的行军。摩托化行军日行程通常为 200～250 km，平均时速昼间为 25～45 km，夜间为 20～30 km；徒步行军日行程通常为 30～40 km，平均时速为 4～5 km；履带行军日行程通常为 150～200 km，平均时速昼间为 20～25 km，夜间为 15～20 km。常行军应按时进行大、小休息，以恢复体力和保养车辆。强行军是以加快速度和延长时间的方式实施的行军。通常在奔袭、追击、迂回、摆脱敌方或遂行其他紧急任务时采用。通常要求徒步行军日行程 50 km 以上，摩托化行军日行程 350 km 以上，履带行军日行程 240 km 以上。

## 一、行军的组织准备

### （一）研究情况，拟定行军计划

指挥员应根据受领的行军命令，组织有关人员研究任务，在图上分析敌情和行军路线，情况允许可到现地向群众了解社情和路况等，综合分析后确定行军序列，制定防护措施和各种情况的处置方案。

### （二）做好思想动员

行军前，指挥员应根据本分队所负担的任务，结合分队的思想情况，进行深入的思想动员；同时要教育战士模范遵守行军纪律，服从命令听指挥，不得擅自离队、丢失装具和食物，不喝生水、不违反群众纪律等，保障分队顺利完成行军任务。

### （三）下达行军命令

指挥员向分队下达行军命令时，应进行明确分工，正职要亲自负责行军的组织指挥。同时明确如下情况：敌情；本分队的任务、出发时间（通过出发点的时间）、行军路线、里程、大休息的地点、到达时间和地点；分队集合地点、行军序列；友邻的行军路线；行军警戒、通信联络信（记）号或口令、着装规定；完成行军准备的时限，明确起床、开饭、集合的时间；指挥员在行军中的位置；摩托化行军时，还应明确车辆情况、车辆分配、各车的车长及观察（联络）员、登车时间和地点等；单独组织行军时，还应明确具体尖兵班（车）的编成、任务、运动路线（与车队的距离）、联络方法、可能与敌遭遇的地点和各分队的行动等。

### （四）组织好行军保障

行军保障主要包括行军警戒，运动保障，警备调整，对空防御和对核、化学、生物武器的防护，以及组织先遣队、设营队、收容队等。具体内容有：

（1）调查行军路线，尤其在夜间或其他能见度不良的条件下行军，要研究、熟悉地形特征，做好利用地图按方位角行进的准备；

（2）指定1~2名战士为观察员，负责对地面、对空观察；

（3）指定值班分队及火器，负责对空防御；

（4）明确遭敌核、化学武器，以及敌航空兵、炮兵火力袭击时的行军方法，规定伪装方法及伪装纪律；

（5）组织以简易通信、徒步通信、无线电通信相结合的多种通信手段，确保通信联络畅通；

（6）做好物资器材准备，主要包括武器、弹药、器材、装具、给养饮水和药品等，准备的数量以能保障战斗、生活，又不过多增加战士的负荷量为原则，通常携带粮食3日份（其中1日份为热食）和必要的饮水；

（7）作好妥善安置伤病员的准备；

（8）进行着装检查，包括鞋袜的整理、背包的捆绑、装具的佩戴等。

摩托化行军和履带行军时，应根据敌情、任务和行程确定给养物资的携行量和保障方法，并明确随车携行规定的油料基数和加油方法。

## 二、行军的管理与指挥

### （一）掌握好行军方向和速度

部队行军前要在图纸上认真研究行军路线、出发点、大休息地区及到达地区，分析沿途地形特点并熟记明显地形、标志，还可利用地图和按方位角行进，也就是通过使用行军路线图，识别路标、信号等方法掌握行军路线。

行军中，到达岔路口、转弯点、桥梁、居民地等明显方位物附近时，应判明站立点。当发现迷失方向或走错路时，应立即停止，待判明后再前进；当与友邻相遇或超越另一路纵队时，应加强调整勤务，以防部队混乱、拥挤、堵塞或走错方向。

行军速度应尽量保持匀速，以免增加部队的疲劳度，造成行军队形拥挤或松散。根据任务、敌情的变化，结合行军时间、行程、行军能力、道路状况、天气变化等情况，也需适时调整行军速度。

队形间距：徒步行军时，连与连之间为100 m左右；单独行军时，尖兵班与连队之间昼间为500~700 m，夜间为200~300 m。

### （二）适时组织休息

为保持部队的体力和持续行军能力并及时检查车辆，在行军途中，应适时组织部队大、小休息。

（1）小休息。通常开始行军30分钟后进行小休息。其时间为15分钟，而后每行进50分钟休息一次，每次约10分钟。休息时，应靠路边，面向路外侧，保持原来队形，督促战士整理鞋袜和装具。休息地点一般选择在地形隐蔽、向阳的地方，尽量避开居民地、桥梁、隘路、道路交叉点等。

（2）大休息。通常在完成当日行程一半以上时进行大休息。应离开道路进入指定地区，休息时间为两小时左右。休息时，应明确出发时间，派出警戒。必要时，可占领附近有利地形，加强对空观察，并作好战斗准备。组织野炊，安排好伤病员，督促驾驶员检查车辆，组织分队在规定地区休息。夜间休息时，人员不准随意离队，武器、装具要随身携带。出发前，应清点人数，检查装备，补充饮（用）水。

（三）果断处置各种情况

遇敌空袭时，应指挥分队迅速向道路的一侧或两侧疏散隐蔽（乘车时要下车），并指定火器射击低飞敌机。如果空袭情况不严重或行军任务紧迫时，分队则应疏散队形，增大距离，加快速度前进。

遭敌核、化学武器袭击时，应指挥车辆就近利用地形防护，人员迅速穿戴防护衣罩，下车就近隐蔽防护。

通过受染地段时，指挥分队尽量绕过受染区。当时间紧迫又无法迂回时，应增大距离，以最快的速度通过。通过人员除穿戴好防护衣罩外，还应对武器和携带物品进行防护。通过后，车辆应及时洗消检查，人员口服抗辐射药物，喝足开水，排除大小便。

## 三、特殊条件下行军的特点及要求

### （一）山地行军的特点与要求

山地地形复杂，山高林密，路窄坡陡，道路崎岖，弯道多，转弯急，曲半径小，而且多为土石路面，雨天泥泞难行，有时还会出现塌方；山洪暴发时，道路、桥梁易被毁坏；气候多变，常有低云浓雾，视界受限，视度不良，观察判定方位困难，易迷失方向，对指挥、观察、联络和驾驶均有一定影响；徒步行军体力消耗大，使行军速度下降，队形延长，造成通信联络和指挥困难。

在组织行军时，分队指挥员要充分考虑到道路的起伏状况和对行军的影响，预先备制绳索、刀、斧、锯等克服障碍的工具，特别要加强侦察、通信、警戒和道路保障等安全措施。上下坡和通过隘路、山涧时，应增大车距，降低车速，时速一般不超过 20 km。在泥泞或冰雪路面行驶，必要时应上防滑链，车速控制在每小时 5～15 km，并加强前后联络，注意检查车辆的技术状况，特别是制动状况。在狭窄的地方、急转弯处和山垭口派出调整哨。为保证翼侧的安全，应向翼侧的制高点派出侧方停留警戒，以控制通向行进路线的山间道路、谷地和小径；注意防山洪、林火。

### （二）高寒地区行军的特点与要求

高寒地区空气稀薄，人员易疲劳，易出现"高山反应"；天气寒冷，容易冻伤；雪盖地面，容易迷路；积雪厚时，通行困难；气温过低，车辆不易发动，耗油量增加；行军速度慢，驾驶人员观察困难，通信装备性能下降；道路工程保障难度大。

行军前，应准备好防冻被服、装具和物品。调查好行军路线，作好雪地按图和按方位角行进的准备。制定雪地行军防滑和伪装措施，准备好克服冰雪障碍工具，驾驶员需给车轮安装防滑链，并搞好伪装，根据出发时间及时发动，必要时提前给发动机加温。

行军中，要注意掌握方向，适当减慢速度。应缩短小休息时间，增加小休息次数，每次小休息的时间以约 5 分钟为宜，每行进 1 小时左右小休息一次，人员下车活动，切忌睡觉。通常不进行大休息，如有必要，大休息应选择在有水源并避开风口的地点，力争吃熟食、饮热开水。越野通过封冻的江河前，应调查冰层厚度，根据冰层负重决定通过方法。通过隘路、山腰以及在暴风雪中行军应特别加强行军指挥和安全保障，防摔、防雪崩、防翻车，采取前拉后推或以绳索相助等办法克服强逆风和险情。

### （三）热带山岳丛林地行军的特点及要求

热带山岳丛林地地形复杂，多陡山深谷，草深林密，河多流急，道路少而崎岖，天气多变，炎热潮湿，多雨多雾，毒虫多，疫病宜流行，对分队行军的影响较大。因此，应加强对道路的侦察和保障，加强对车辆的技术保障，采取防暑和防虫害的措施。行军尽可能利用日出前和日落后的凉爽时间实施。

行军前，应准备好防暑、防毒虫（蛇）咬伤的药品，携带开路的工具。行军中指挥员应有明确分工，具体掌握尖兵、本队和后卫，做到尖兵有军官带领，本队有军官指挥，后卫有军官收容。注意控制饮水，饮水缺乏时，应寻找清洁的泉水补充，并使用净水片消毒，严禁饮用未经消毒的生水。

炎热天气行军，应减慢行军速度，增加小休息次数和延长大休息时间。穿越密林、高草地要督促分队人员戴好帽子，捆扎好领口、袖口和裤口，以防蚊虫叮咬，并组织开路分队分组轮流开路。严禁采摘食用不认识的野生植物和果实。

雨天行军，要采取防雷击、防滑措施，通过山涧、溪流、桥梁前，应查看上游有无洪水，检查桥梁有无损坏。通过泥泞易塌方的路时，要先行观察，预防突然塌方。遇台风、龙卷风时应暂停行军，利用有利地形规避。

### （四）江河地区行军的特点与要求

江河是天然障碍，对行军的组织指挥、通信联络带来不便。因此，指挥员应加强对渡口和徒涉场的侦察，精心计划，细心组织。

通过渡口时，应根据上级命令，预先派出侦察组，查明渡口情况，明确各分队隐蔽待渡地区、渡河顺序、时间、渡口和渡河器材等，待分队到达后，迅速组织通过。分队渡河时，应加强调整勤务，组织好警戒和对空防护。

通过徒涉场时，应首先了解徒涉场的宽度、水深、流速及河底状况。必要时，可组织人员修整两岸道路，清除河底障碍，标示行进方向和界限。通过时应正确掌握行进方向，车辆要慢速行驶，中途不得停留。车辆、火炮通过后，应调整行军序列，并开往指定地区，加强伪装，派出警戒。待全部到达后，按命令再继续行军。

### （五）城市行军的特点与要求

城市街道纵横，不易保持行军方向，迂回路较多，行军路线易被倒塌的建筑物阻塞。组织行军前应详尽查明城区的道路情况，特别是了解易造成阻塞的道路，并预选和确定迂回道路。当上级未派出调整勤务时，应指派干部带领调整勤务先于部队出发，在道路交叉口执勤，负责分队通过时的调整勤务，并会同地方政府和交警部门调整地方人员车辆，防止阻塞道路。

通过城区时，车辆应适当地减慢行军速度，缩小车距。徒步行军时，适当缩短分队间距，在调整勤务指挥下迅速通过城区。

## 四、宿营与警戒

宿营是部队离开常驻营房遂行各种任务中的临时住宿。分为舍营和露营。舍营是部队在房舍内的宿营，是宿营的主要方式。露营是部队在房舍外的宿营，通常在无房舍或不便舍营时采用。根据情况，可采取架设帐篷或吊床、搭棚、挖洞和挖窖等方式进行。宿营要提高警惕，加强侦察警戒和通信联络，注意隐蔽伪装，要制定防空及防核、化学、生物、燃烧武器袭击的措施，做好抗袭击准备，保障部队安全休息和迅速投入战斗。

### (一) 宿营地区的选择与管理

#### 1. 宿营地区的选择

宿营地区的选择应根据敌情、地形、任务和行军编成而定，既要能保证分队安全休息，又要便于迅速投入战斗。平时组织宿营训练应以能够达到训练目的为标准。通常应符合下列条件：

(1) 避开大的集镇、交通枢纽等明显目标。

(2) 避开疫区、传染病流行村落。

(3) 要方便生活，尽量靠近水源地。

(4) 有通畅的进出道路，便于疏散、隐蔽，便于机动和迅速投入战斗。

(5) 有适当的地幅。通常师、团、营的宿营面积分别为 600 km$^2$、60 km$^2$、6 km$^2$。

(6) 适宜露营地域。夏季应该选择在干燥、地势较高，通风良好、蚊虫较少的地方，尽量避开谷地、低地、油库、高压电源和易于坍塌的地方；雨季应考虑防雷击、防洪水及泥石流；沿海地区要考虑防台风；沙漠、戈壁地区要考虑防风暴。通常林间空地、湖泊附近、山顶、山脊是夏季较理想的设营地点。冬季宿营地域应选在向阳、避风、土质较黏，便于搭设简易遮棚或挖掘的地方。一般说来，森林、灌木丛、山洞和山坡背风处是理想的设营地点。在寒区，应避开崖壁的背风处、较深的雨裂沟、凹地等处，因为在这种地形中，容易被风吹起的积雪将帐篷埋没。

选择宿营地区时，通常还要考虑以下因素：① 符合战术要求，从具体位置到配置方式都应以预想的战术背景为基本前提；② 着眼于训练科目需要，有利于达到训练目的；③ 方便生活，尽量靠近水源，并有进出道路；④ 选择在群众基础较好，或影响群众利益较小的地区。

#### 2. 宿营方式

宿营方式分为舍营、露营及舍营与露营相结合三种。舍营是军队在房舍内宿营。露营是军队在房舍外宿营，通常在不具备舍营条件时采用，是平时部队训练的重点。野外露营的方式分为利用制式器材露营和利用就便器材露营。利用制式器材露营通常是指利用帐篷、装配式工事等装备的制式器材进行的露营；利用就便器材露营通常是指利用车辆、坦克、篷布、雨衣、草木等进行的露营。

#### 3. 宿营管理

搞好宿营训练中的管理工作，是保证宿营训练顺利实施不可忽视的问题，是宿营训练的内容之一。

### 1) 坚持一日生活制度

宿营训练期间，部队通常应自觉坚持《内务条令》规定的一日生活制度，注重一日生活制度管理的落实，并从实际出发，根据宿营训练地区的地理环境、风俗民情、季节特点和部队实际训练情况、课题难易程度、居住范围等制定相应的具体规定。

### 2) 搞好生活管理

宿营训练中，应注意饮食卫生，从客观条件出发改善伙食，保证部队吃饱、吃好，有水喝。分队要组织好野炊工作，指挥员应明确野炊的位置、方式，隐蔽伪装的措施、时间、要求及注意事项。指挥员还要检查督促装备器材的维修保养和整理补充，安排好伤病员穿刺脚泡和烤晒衣服。

### 3) 做好群众工作

在宿营时，指挥员应适时与当地政府和人民群众取得联系，了解社情；向部队简要介绍宿营地区的敌情、社情和风俗习惯，认真执行政策和军队纪律，开展拥政爱民活动；根据实际情况，动员群众，封锁消息。离开宿营地时，送还借用的东西，挑水扫地，填平厕所，征求意见，检查纪律。

### （二）宿营警戒

宿营警戒是为保障部队宿营安全而组织实施的警戒，可依情况派出营哨、连哨、排哨、班哨、组哨、步哨等担任，主要任务是发现、防范或制止敌突然袭击和侦察，封锁消息，保障主力宿营安全。宿营警戒的组织，应根据敌情、地形和宿营部署确定。在宿营时，要严格执行各种值班制度，指派警戒、勤务。值班人员要按《内务条令》所规定的值班人员的一般职责，恪尽职守，认真负责。对重点目标、要害部门、重要场所和地点，应指派警戒勤务。部队在通过公（铁）路交叉口、繁华市区（城镇）、渡口、易迷失方向的雪山、丛林、沼泽地、沙漠、戈壁滩等地区时，应调整勤务值班警戒。

### 1. 步哨

步哨通常由1～2人组成，1人叫单哨，2人叫复哨。步哨的距离在200～400 m之间，夜间在100 m以内。一般2小时换班1次。其任务是及时发现敌人，并防止敌侦察人员的渗透活动。步哨的位置由派出的指挥员指定，应选择在敌人可能接近的地形和道路附近，便于观察、射击和隐蔽的地点。步哨进入哨位以后，复哨应区分个人的观察地境，对主要方向应重叠观察，并由1人经常与上级保持联络。与此同时，步哨在值勤中，还要提高警惕，不能睡觉，武器不能离身，随时准备战斗；注意隐蔽，不能吸烟和高声谈话；发现敌人时，应一面监视，一面用信号报告上级并准备战斗。当敌人突然对我袭击时，应立即鸣枪报告，并以火力阻止敌人。当接到上级撤回的指示或信号时，应按预定路线撤回。

### 2. 游动哨

游动哨通常由2～3人组成，并指定1人为哨长，由宿营警戒分队或防御分队派出。其任务是防止敌人渗入和破坏分子进行活动，检查警戒人员的警惕性和配置地域内的伪装情况、灯火管制情况，并同友邻警戒进行联络。它通常是在警戒线内（外）或在宿营地域内，按照上级规定的路线或游动范围进行巡查。游动哨在执行任务中必须做到行动隐蔽，保持肃静并禁止吸烟；要有高度的警惕性，随时做好战斗准备，防止敌人突然袭击；运动路线及活动时间要灵活多变，不要形成规律，以防敌人袭击。游动哨发现单个敌人时，应尽量设法捕捉；发现多数敌人或遭敌袭击时，应立即占领有利地形进行抵抗，并迅速向上级报告，然后根据命令行动。

### （三）简易帐篷及吊床的架设

#### 1. 简易帐篷

夏季使用简易帐篷在野外露营，其样式较多，可用雨衣、塑料薄膜、盖布、军毯、帆布等，搭设成屋脊形、一面坡形、长方形、拱形等简易帐篷。简易帐篷的大小和形状可根据装备和就便器材数量以及露营人数灵活确定。比如，可以将方形雨布连接起来，将绳子或者背包带在两树之间连接，搭设成屋顶帐篷（见图9-3）、单面帐篷（见图9-4）等形状。

图9-3　屋顶帐篷　　　　　　　　　　　　　图9-4　单面帐篷

#### 2. 临时遮棚

临时遮棚一般是指在夏季有树林、蒿草、高棵农作物秆的地方充分利用自然条件搭设的各种树枝（草）遮棚，如图9-5所示。例如，利用木杆为支架搭设屋脊型草棚，利用断崖断面及木杆搭设斜坡型草棚，利用蒿草、树枝搭设偏厦等。在冬季，棚围应用雨衣、篷布、柴草等围盖，棚顶和周围空隙用草堵实，再加盖一层积雪或草皮，以便保暖和伪装。

#### 3. 吊床

搭设吊床的方法是将雨布、床单、苫布及伪装网等用绳（草）系住两头，并系在树干上，人员即可躺在上面休息。夏季还可在上面架设蚊帐，防蚊虫叮咬。下雨时可在上面再拉一根绳子，搭上方块雨布，四角用绳子系牢，便形成防水吊床（见图9-6）。

图9-5　临时遮棚　　　　　　　　　　　　　图9-6　吊床

# 第四节　野外生存知识

野外生存是指在食宿无着的特殊环境中生存与自救的活动。现代战争的残酷性、复杂性和连续性，增加了军人在孤立无援的敌后，或生疏的荒野丛林等特殊环境完成战斗任务的可能性。因此，为了自身生存与安全，军人必须学会野外生存的方法与技能。

无论军人还是学生，即使在非作战的特殊情况下，如旅游、探险等活动中，有时也会迷途于荒岛、丛林、深山、大漠，陷入困境。因此野外生存知识掌握越多，生存概率就越大。

野外生存主要有两种情况：一是有准备情况，包括精神、物质上的准备，一般是为从事某项活动，提前数月或数天进行有目的的准备，然后有计划、有步骤地开展野外生存活动；二是毫无准备、意外情况下的野外生存活动，这是对一个人意志和知识的考验。因此，掌握一些无准备情况下的简单野外生存知识非常必要。

## 一、利用自然特征判定方向

野外生存首先要学会判定方位的方法，尤其在没有地形图和指北针等制式器材的情况下，掌握一些利用自然特征判定方向的方法才不至于迷失方向。

利用自然特征判定方向，主要是利用北极星、太阳与手表和地物、地貌特征来判定。

在野外迷失方向时，切勿惊慌失措，要立即停下来，冷静回忆一下所走过的道路，想方设法利用一切可以利用的标志重新判定方向，然后再寻找道路。最可靠的方法就是"迷途知返"，返回至原地。

在山地迷失方向后，应先登高远望，判定应该向什么方向走。通常应向地势低的方向走，这样容易碰到水源，顺流而行最为保险。这一点在森林中尤为重要，因为道路、居民点常常是濒水临河而筑的。

如果遇到岔路口、道路多而令人无所适从时，首先要明确要去的方向，然后选择正确的道路。若几条道路的方向大致相同，无法判定时，则应先走中间的那条路。这样可以"左右逢源"，即便走错了路，也不会偏差太远。

## 二、就地寻找水源的方法

水是野外生存的重要条件。俗话说："饥能挡，渴难挨。"水在某种程度上比食物更重要。因此，觅水是野外生存的重要内容之一。个人或集体到达某一地域后，在情况许可下应尽快寻找水源。

### （一）寻找地下水

俗话说，人往高处走，水往低处流，寻找水源首选之地是山谷底部。如谷底见不着明显的溪流或积水池，要注意绿色植物的分布带。一般植物茂盛、动物经常出现的地方，容易找到浅表层水源。茂盛的芦苇表示地下水位于地表下 1 米左右；喜湿的马兰花等植物下面半米或 1 米左右就能找到水。在南方雨水充沛根深叶茂的竹林，通常浅层地表下就有水。

另外，蚂蚁、蜗牛、青蛙、蛇等动物喜欢在泥土潮湿的地方做窝栖身，这些地方向下深挖通常可以找到水。

### （二）寻找植物中的储水

山野中有许多植物可用来解渴，如北方的黑桦、白桦的树汁，山葡萄的嫩汁，酸浆子的根茎；南方的芭蕉茎、扁担藤等。在北方的初春，只要在桦树干上钻一个深 3～4 cm 小孔，插入一根细管（可用白桦树皮制作），待流出汁液，可立即饮用（因白桦树汁液在空气中很快就会发酵）。西南边疆密林中的扁担藤，长 5～6 m，缠绕在树干上，藤面呈灰白色，叶色深绿，呈椭圆形，砍断藤干后就会流出可供饮用的清水。在热带丛林中有一种储水竹子，生长在山沟两旁，直径约 10 cm，竹节长约 50 cm，竹节内的水既卫生还带有一股淡淡的竹香。注意砍的时候应先摇摇竹竿，无水响的竹子不必砍，有虫眼的竹节也不能要。

### （三）采集地表水和雨水

在找不到其他可饮用水的情况下，可在清晨采集植物枝叶上的露珠。方法是将塑料布或雨布铺在草丛下面，摇晃草叶使露水一滴滴落下，积少成多，可解干渴之急。下雨时，可用雨布、塑料布大量收集雨水；也可用空罐头盒、杯子、钢盔等容器收接雨水。冬季可以化冰、雪为水，沉淀后即可饮用。

在野外无论采取什么方法寻找的水，可以根据其色、味、水迹概略地鉴别水质的好坏，最好用饮水清毒片、漂白精片以及明矾等药品净化水。切记：无论多么口渴，都不要饮用不洁净的水，万不得已时，也要把水煮开再喝。

## 三、就地寻找食物的方法

野外生存获取食物的途径主要有两种，一种是猎捕野生动物，另一种是采集野生植物。

猎捕野生动物首先要知道动物的栖息地，掌握动物的生活规律，然后再采取捕获以及射杀等方法进行猎捕。这需要在专家指导下，经过较长时间的训练和实践才能真正掌握。捕捉一切能够食用的小动物（蛙、蛇、鱼、蜥蜴、虾、龟、鳖、蜗牛、蚯蚓等）或昆虫，也是野外生存相对容易获取的动物性食物资源。

这里仅简单介绍一些可食昆虫和可食野生植物的种类及食用方法。

### 1. 可食昆虫类

可食昆虫主要有蚂蚁、蝉、蟑螂、蟋蟀、飞蛾、蝗虫、蚱蜢、蜘蛛、螳螂、蜜蜂等。特别是蜜蜂，不但其蛹、幼虫和成年蜂都可食用，而且在蜂房中还可找到蜂蜜。蜂蜜营养丰富，且易为人所吸收，是野外求生的理想食品。人们对吃昆虫虽然不太习惯，甚至感到厌恶，但在万不得已的情况下，为维持生命，保持战斗力，不得不吃。但是应注意，一定要煮熟或烤透，以免昆虫体内的寄生虫进入人体，导致中毒或得病。食用前，对大型昆虫，如蚱蜢、蟋蟀、蝗虫等，要先去掉翅膀和小腿，因为腿毛会刺激消化道，某些种类的幼虫的纤毛会引起皮疹。

### 2. 可食野生植物类

可食野生植物类主要包括可食的野果、野菜、藻类、地衣、蘑菇等。对可食野生植物的识别是野外生存知识的主要内容。我国地域广大,适合各种植物生长,其中可食用的就有2000多种。野果有山葡萄、黑瞎子果、沙棘(图9-7)、火把果、桃金娘、胡颓子(图9-8)、茅莓(图9-9)等,特别是野栗子、椰子、木瓜更容易识别,是应急求生的上好食物。常见野菜有苦菜(图9-10)、蒲公英(图9-11)、鱼腥草(图9-12)、刺儿草、芥菜、野苋、余甘子、马齿苋(图9-13)、蒢菜、莲、芦苇、青苔等。野菜可生食、炒食、煮食或通过煮浸食用。

采食蘑菇(菌)类植物时,要注意这类植物内含脂肪、碳水化合物以及蛋白质,营养价值很高,味道也比较好,但有些蘑菇有毒,误食时轻者出现中毒症状,重者致人丧命,因此要善于识别有毒蘑菇。长有白色菌褶、茎干茎部有菌托(图9-14)以及带菌环茎干的菌类有毒,腐败的菌类也有毒。

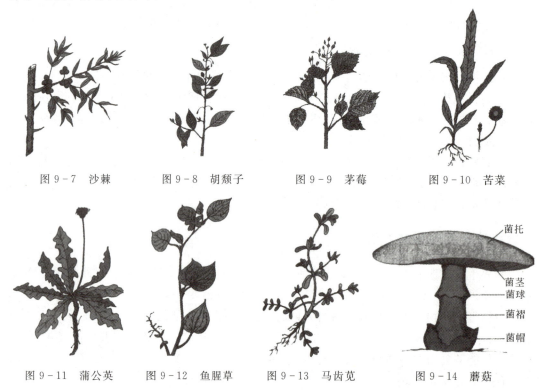

图9-7 沙棘　　　　图9-8 胡颓子　　　　图9-9 茅莓　　　　图9-10 苦菜

图9-11 蒲公英　　　图9-12 鱼腥草　　　图9-13 马齿苋　　　图9-14 蘑菇

识别野生植物是否有毒,一般人需要在专家指导下,经过一定时间的训练才能掌握这些知识。最简单的鉴别方法是将采集到的植物割开一个小口子,放进一小撮盐,然后仔细观察是否改变原来的颜色,通常变色的植物不能食用。

检验植物能否食用时,还可做个小试验,稍稍挤榨一些汁液涂在体表如前上臂、肘部等敏感部位,如果起疹或肿胀不适,就不能食用。也可少量试尝不能确定的植物的果、球根、块茎、叶、幼枝等,如食后感觉喉咙痛痒,有很强的烧灼感或刺激性疼痛等,应弃之;反之,如未发生口部痛痒,不出现打嗝、恶心、发虚、腹胀、胃部不适应等症状,可以认为这种植物能够食用。

## 四、野炊

野炊是指在野外利用制式炊具或就便器材制作热食和熟食的炊事活动。

### （一）选择野炊位置

野炊位置通常应选择在隐蔽条件好、附近有良好水源，如背敌的山坡、沟坎、水渠、森林、居民地等，并且卫生状况良好，能够避开厕所、粪坑和化学沾染，有一定的地幅，便于展开和减小敌火力杀伤的地区。

### （二）取火

煮、烤食物需要火，露营取暖需要火，发求救信号也需要火。因而，野外生存的能力，在某种程度上说，取决于取火的能力。

（1）枪弹取火法：取一枚子弹，将弹丸拔出，倒出三分之二的发射药，撒在干燥易燃的枯草或纸上，把弹壳空出的地方塞上纸和干草，然后推弹壳入膛，用枪口贴近撒了发射药的引火物射击，引火物即可燃烧。

（2）透镜取火法：用放大镜，如果没有放大镜，可用望远镜或瞄准镜、照相机上的凸透镜代替（冬季可用透明的冰块磨制），透过阳光聚焦照射易燃的引火物（腐木、布中抽出的线、撕成薄片的干树皮、干木屑等）取火。利用放大镜取火最为迅速的是照射汽油、酒精和枪弹的发射药或导火索，可在 1～2 秒内点燃引火物。

（3）发电机、电池取火法：用手摇发电机，电台照明用的一号"甲电"，将正负两极接在削了木皮的铅笔芯的两端，顷刻间，铅笔芯就会烧得通红。手电筒内电池和电珠也可做成引火工具，方法是用电珠在细石上小心磨破，注意不能伤及钨丝，然后把火药填入电珠内，通电后即能发火。

（4）击石取火法：取一块坚硬的石头（黄铁矿石最好）做"火石"，用小刀的背或小片钢铁向下敲击"火石"，使火花落到引火物上燃烧。

（5）钻木取火法：用强韧的树枝或竹片绑上鞋带、绳子或皮带，做成一个弓了。在弓上缠一根干燥的木棍，用它在一小块硬木上迅速地旋转，最后钻出黑粉末，这些黑粉末冒烟而生出火花，点燃引火物（见图 9－15）；用一根干的树干，一头劈开，并将裂缝撑开，塞上引火物，用一根藤条穿在引火物后面，迅速抽动藤条，使之摩擦发热而引燃引火物；还可以用两块软质的木头或竹片用力相互摩擦取火，下面垫以棕榈皮或易燃物也可引燃取火。

图 9－15　弓钻取火

### （三）组织野炊

组织野炊时，指挥员应派出警戒，明确野炊的位置、方式、隐蔽伪装措施、时间、要求及注意事项。锅灶设置可采取自备野炊灶、就地挖灶和就地垒灶三种方法。

（1）自备野炊灶：使用自备野炊灶具有展开快、做饭快、撤收快的特点，但容易暴露目标，炊事人员行军负荷大。

（2）就地挖灶：根据不同要求，分为散烟灶和蔽光灶，均由烧火槽、灶门、灶膛和烟道四大部分组成。构筑蔽光灶时应注意：灶门的大小要合理；烧火槽周围应用土加高，使之侧视不易看到火光；烧火槽上方可用就便器材遮盖，防止空中发现火光；烟道可只设置一条，但末端应用松土堵塞，防止火星外冒。

（3）就地垒灶：在冻土地等挖灶困难或来不及挖灶的情况下，可利用土、石块等就地垒灶。垒灶野炊时，容易暴露目标，因此，应加强观察、警戒，随时做好战斗和转移位置的准备。

## 五、野外常见伤病的防治

### （一）毒蛇咬伤的防治

在山野丛林中活动时，一旦被毒蛇咬伤应立即采取紧急救护措施。首先，马上用布条或布绳等缚住伤口处靠近心脏一端，以减少毒血上流。随后，用刀子在毒蛇咬伤处划一个十字口，挤出毒液，也可用口吸出毒液（口内有溃疡、生疮、出血等状况时不能用口吸，以免中毒），随吸随吐，有条件还可进行冲洗，然后尽快就医，不可延误。一般情况下，在毒蛇较多的地区活动时，应备有蛇药。

### （二）昆虫叮咬的防治

在野外为了防止昆虫叮咬，人员应着长袖衣和长裤，扎紧袖口、领口、裤口。皮肤暴露部位涂擦防蚊药。不要在潮湿的树阴和草地上坐卧。宿营时，燃点艾叶、香蒿、柏树叶、野菊花等驱赶昆虫。被昆虫叮咬后，可用氨水、肥皂水、盐水、小苏打水、氧化锌软膏涂抹患处止痒消毒。

蚂蟥是危害很大的虫类，遇到蚂蟥叮咬时，不要硬拔，可用手拍打，或用肥皂液、盐水、烟油、酒精滴在其前吸盘处，或用烧着的香烟烫，让其自行脱落，然后压迫伤口止血，并用碘酒洗涤伤口防感染。部队行进中，应经常查看有无蚂蟥爬到脚上，在鞋面上涂些肥皂、防蚊油，可以防止蚂蟥上爬。涂一次的有效时间为 4～8 小时。此外，将大蒜汁涂抹于鞋袜和裤脚，也能起到驱避蚂蟥的作用。

### （三）昏厥

野外昏厥多是由于摔伤、疲劳过度、饥饿过度等原因造成的，主要表现是脸色突然苍白，脉搏微弱而缓慢，失去知觉。遇到这种情况时，不必惊慌，一般过一会儿便会苏醒。醒来后，应喝些热水并注意休息。

### （四）中毒

其症状是恶心、呕吐、腹泻、胃痛、心脏衰弱等。遇到这种情况时，首先要洗胃，快速喝大量的水。用手指触咽部引起呕吐，然后吃蓖麻油等泻药清肠，再吃活性炭等解毒药及其他镇静药，多喝水，以加速排泄。为保证心脏正常跳动，应喝些糖水、浓茶，暖暖脚，立即送医院救治。

### （五）中暑

在炎热暑季，人体的体温调节和其他生理机能发生障碍或活动量过大、休息不足、水盐补充不及时、衣服不通气等都会引起中暑。其症状是突然头晕、恶心、昏迷，无汗或湿冷，瞳孔放大，发高烧。发病前，常感口渴头晕，浑身无力，眼前阵阵发黑，此时，应立即在阴凉通风处平躺，解开衣裤带，使全身放松，再服十滴水、仁丹等药。发烧时，可用凉水洗头，或冷敷散热；如昏迷不醒，可掐人中穴、合谷穴使其苏醒。

### （六）冻伤

当气温在 0℃ 以下，人长时间在户外活动时，耳、鼻、手、脚、脸都容易冻伤。当发现皮肤有发红、发白、发凉、发硬等现象,应用手或干燥的线布摩擦伤处,促进血液循环,减轻冻伤。轻度冻伤用辣椒泡酒,涂擦便可见效。如发生身体冻僵的情况,不要立即将伤者抬到温暖的室内,应先摩擦肢体,做人工呼吸,待伤者恢复知觉后,再到较温暖的地方抢救。也可将冻伤部位放在 28℃ 左右的温水中缓缓解冻。

### (七)蜇伤

被蝎子、蜈蚣、黄蜂等毒虫蜇伤后,伤口红肿、疼痒,并伴有恶心、呕吐、头晕等症状。要先挤出毒液,然后用肥皂水、氨水、烟油、醋等涂擦伤口,或用马齿苋捣碎,汁冲服,渣外敷,也可用蜗牛洗净后捣碎涂在伤口处。此外,蒜汁对蜈蚣咬伤有疗效。

### (八)出血

如发生出血,应立即采取果断措施进行止血。由于野外缺医少药,主要利用指压止血法(见图 9 – 16)和包扎止血法进行止血。准确判断出血种类是进行有效止血的第一步。动脉出血颜色鲜红,呈喷射状,有搏动,出血速度快、量多。静脉出血颜色暗红,呈滴出状或徐徐外流,出血量也多,但速度不及动脉出血快。毛细血管出血颜色鲜红,从伤口向外渗出,出血点不易判明。利用指压止血法时应注意,较大的动脉出血,临时用手指或手掌压迫伤口近心端的动脉,将动脉压向深部的骨头上阻断血液的流通,可达临时止血目的(详见第八章战场医疗救护)。

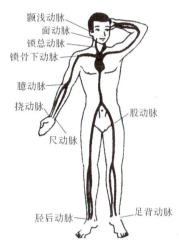

图 9 – 16　止血的压迫点

## 六、求救

一个人意外地陷入险境时,因地制宜地利用各种方法求救,有时能取得良好的效果。

### (一)利用声音求救

有时陷入低洼的地方、密林中、塌陷物内,或遇大雾、暗夜等情况时,间断性地呼救是十分必要的。不少类似遇险者,意志坚强,不断地呼救,最后终于获救。也可就地取材,利用哨声、击打声呼救。

### (二)利用烟火、光求救

在大漠、荒岛、丛林等处遇险时,可点燃树枝、树皮、树叶、干草等,白天加湿,用烟作为求救信号;夜间用火,向可能获救的方向点三堆火,用火光传送求救信号;白天还可用镜子、眼镜、玻璃片等借阳光反射,向空中救援飞机发出求救信号,通常光信号可达 20 多千米的距离。

### (三)利用求救信号求救

利用求救信号求救,就是利用当今高科技的一些产品发出求救信号。现代科学的发展,各种现代化的工具如手机、电脑、卫星电话等都可以十分方便快捷地发出求救信号。最广为人知的是"SOS"国际通用的求救信号。"SOS"通常被理解为"Save Our Ship"(拯救我们的船)或"Save Our Souls"(拯救我们的灵魂),在荒原、草地、丛林的空地上都可以各种形式写上"SOS"大字求救，往往能够取得良好的效果。

# 第五节　识 图 用 图

## 一、地形图基本知识

### （一）地图概述

#### 1. 地图的定义

将地面的自然形态和固定物体，按一定的投影方法和比例关系，用规定的符号、颜色和注记，综合测绘于平面图纸上的图叫地图。简单地说，地图就是地球表面自然和社会现象的缩写图。

#### 2. 地图的分类和用途

地图的分类是根据地图的某些特征，把它们分成一定的种类。地图按内容可分为普通地图和专题地图；按比例尺可分为大、中、小比例尺地图；按用途可分为教学图、政区图、军用图、飞行图、航海图、交通图、游览图等。

普通地图是综合反映地表自然现象和社会经济现象的地图，内容主要显示自然地理要素（如地貌、水系、土壤、植被等）和社会经济要素（如居民地、行政区划、工矿、交通网等）。

专题地图又称专门地图，是在地形图上简明、突出地显示一种或几种要素，具有专门化的内容和用途，如地貌图、交通图、地质图、水文图、人口图、植被图、气象图等。

军用地图除地形图外，还有海图、航空图等专用地图。海图主要供舰船在海上航行、作战和训练时使用，它突出标示海洋水深、沿海地形以及各种助航设备等。航空图和普通地图的内容较接近，是在普通地图的基础上着重显示供飞机导航的各种专门内容，如为确保飞行的安全和判定方位，特别标示地面起伏高程和超高建筑等内容。

### （二）地图比例尺

地图比例尺是说明该图所表示的地面被缩小的尺度。它不仅是测图、编图的依据，也是用图时进行点的坐标、点间距离量读的依据。

#### 1. 比例尺的概念

地图上某线段长与相应实地水平距离之比，叫地图比例尺，即

$$地图比例尺＝图上距离：相应实地水平距离$$

例如，图上两点间长度为 1 cm，相应实地两点间的水平距离为 50000 cm，这幅地图的比例尺则为五万分之一或叫做一比五万（1∶50000 或 1∶5 万），就是说这幅地图是将实地水平距离缩小为五万分之一绘制的。

地图比例尺绘注在地图图廓外，以图形结合文字和数字表示。其中以数字表示的为数字比例尺，以图形表示的为直线比例尺。地形图比例尺的大小是按其比值来衡量的，比例尺越大，图上显示的地形就越详细；比例尺越小，图上显示的地形就越概略，精度就越低，

但同一幅面的图中所包含的实地范围就越大。

### 2. 比例尺的形式

为了适应直接量读的需要，各种地图上用得最多的比例尺有数字比例尺和直线比例尺两种形式。

数字比例尺是用比例式或分数式表示的，如 1：5 万或 1/50000。

直线比例尺是用直线（单线或双线）表示的，如图 9－17 为 1：5 万直线比例尺，从"0"向右为尺身，图上 1 cm 代表 0.5 km，从"0"向左为尺头，图上 1 小格代表 50 m。

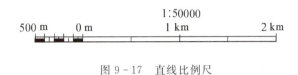

图 9－17　直线比例尺

### （三）地物符号

地面上的地物在地图上是按照《地图图式》规定的符号和注记表示的，这些符号称为地物符号。根据地物符号和注记可以识别出实地地物的种类、性质、形状和分布情况，了解它在军事上的价值。

### 1. 地物符号的图形特点

地物符号的图形，依其形状，主要有以下几个特点（见图 9－18）：

第一，图形与地物的平面形状相似。这类图形是按实地地物平面轮廓绘制的，如居民地、森林、公路、河流、桥梁等。

第二，图形与地物的侧面形状相近。这类图形是按地物的侧面形状绘制的，一般用以表示实地较小的独立地物，如突出树木、烟囱、水塔等。

第三，图形与地物有关意义相应。这类图形是按地物有关意义绘制的，它具有形象和富有联想的特点，如变电所、矿井、气象站等。

| 图形特点 | 符 号 及 名 称 | | |
| --- | --- | --- | --- |
| 与平面形状相似 | 居民地  | 河流 苗圃  | 公路　桥梁  |
| 与侧面形状相近 | 阔叶树  | 烟囱  | 水塔  |
| 与有关意义相应 | 变电所  | 矿井  | 气象站  |

图 9－18　地物符号的图形特点

### 2. 地物符号的分类

#### 1）依比例尺表示的符号（又叫轮廓符号）

实地面积较大的地物，如居民地、森林、大的江河湖泊等，是按比例尺缩绘的，在图上可量取它的实地长、宽和面积（见图 9-19）。

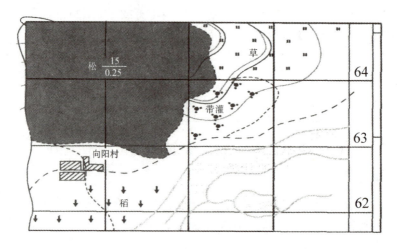

图 9-19　依比例尺表示的符号

#### 2）半依比例尺表示的符号

实地的线状地物，如道路、墙垣、土堤、小河流、通信线等，宽度较窄无法按比例尺缩绘，但其长度是按比例尺缩绘的，在图上可量取实际长度，其准确位置在符号的中心线或底线上（见图 9-20）。

#### 3）不依比例尺表示的符号

实地对军事行动有价值的某些独立物体，如独立树、亭、塔、三角点等，面积较小，无法按比例缩绘，则以规定符号表示，图上的准确位置在符号的定位点（主点）上（见图 9-21）。

| 以符号的中心线表示其真实位置 | 以符号的底线表示其真实位置 |
|---|---|
| ▬▬▬▬▬ | ⊓⊓⊓⊓⊓⊓ |
| ▬▬▬▬▬ | ⊓⊓⊓⊓⊓⊓ |

| 三角点 △ | 独立房屋 ■ | 气象站 ⊤ |
|---|---|---|
| 碑 ⊓ | 变电所 | 散热搭 ♦散热 |

图 9-20　半依比例尺表示的符号　　　　图 9-21　不依比例尺表示的符号

#### 4）说明和配置符号

说明符号只用来说明某些符号所不能表示的地形资料，如森林的种类（如针叶或阔叶树）、江河流向的箭头等。配置符号主要用来表示某些地区的植被及土质特征，如草地、崖地和路旁行道树等（见图 9-22）。

#### 5）注记的规定

注记是用文字和数字说明各种符号所不能表示的内容的，如居民地、江河和山的名称及有关情况的说明，山的高程、河宽、水深、桥梁的长宽及载重量等用数字注记（见图 9-23）。

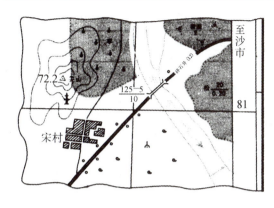

图 9-22　说明和配置符号　　　　　　　图 9-23　符号的注记形式

### 3. 符号的有关规定

#### 1）颜色的规定

为使地图内容层次分明，清晰易读，用不同的颜色来区分地物的性质和种类。我国出版的地形图多数为 4 色（表 9-1），少数为 7 色。

表 9-1　地形图的颜色规定

| 颜　　色 | | 使　用　范　围 |
|---|---|---|
| 四色图 | 黑色 | 人工物体——居民地、独立地物、管线、垣栅、道路、境界及名称与数量注记等 |
| | 绿色 | 植被要素——森林、果园等的普染；1978 年后出版的植被符号及注记等 |
| | 棕色 | 地理要素——等高线及高程注记，地物符号（变形地）及其比高注记、土质特征、公路普染等 |
| | 蓝色 | 水系要素——河岸线、单河线及其注记和普染、雪山地貌等 |

#### 2）定位点的规定

地物符号中不依比例尺和半依比例尺的符号，实际上都是夸大了的符号，因此它们在地形图上就有个定位的问题，制图时都有明确的规定。

（1）半依比例尺符号：主要是指线状地物符号。其定点位的规定为：成轴对称的符号，如公路、土堤等在中心线上；不成轴对称的符号，如城墙、陡岸等在底线或边缘上。

（2）不依比例尺符号：主要是指独立地物符号。其定点位的规定为：图形中有一点的，如三角点、亭子等在该点上；几何图形，如油库、发电厂等在图形的中心点上；底部宽大的，如水塔、纪念碑等在底部中心点上；底部为直角的，如路标、突出阔叶树等在直角的顶点；组合图形，如石油井、泉等在主体图形中心点上；其他图形，如桥、矿井等在图形的中心点上。

### （四）地貌判读

#### 1. 等高线显示地貌

#### 1）等高线显示地貌的原理

把一个山的模型从底到顶按照相同高度，一层一层地水平切开，在模型的表面出现一条一条的截口线。把这些截口线垂直投影到一个平面上，便呈现出一圈一圈的曲线。每条曲线都代表一定的高度，显示该山的形状。这些由高度相等的各点连接而成的曲线就叫做等高线（见图 9-24）。

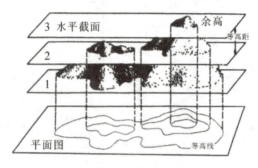

图 9-24  等高线显示地貌的原理

### 2）等高线显示地貌的特点

在同一条等高线上各点高度相等并各自闭合成圈；在同一幅地图上，等高线多山就高，等高线少山就低，凹地则相反；在同一幅地图上，等高线间隔密，实地坡度陡，等高线间隔稀，实地坡度缓；图上等高线的弯曲形状与相应的地貌形状相似。

### 3）等高距的规定

相邻两条等高线间的实地垂直距离叫等高距。由于地图比例尺不同，等高距的规定也各不相同。各种比例尺等高距为：1∶2.5 万为 5 m，1∶5 万为 10 m，1∶20 万为 40 m，1∶50 万为 100 m，1∶100 万为 200 m。

### 4）等高线的种类和作用

为便于用图时查算等高线的高程和更精确地表现地形，等高线按其用途不同，分为四种（见图 9-25）：

首曲线（基本等高线），用来表示地貌基本形态，按等高距实线表示；

间曲线（半距等高线），用来显示首曲线不能显示的局部地貌，按 1/2 等高距绘长虚线表示；

助曲线（辅助等高线），用来补助间曲线还不能显示的局部地貌，按 1/4 等高距绘短虚线表示；

计曲线（加粗等高线），为便于计算，每隔 4 条首曲线加粗描绘一条粗实线。

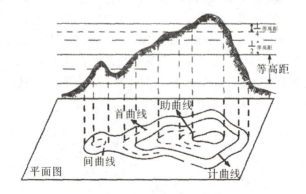

图 9-25  等高线的种类

5）高程起算和注记

1956 年，我国依据青岛验潮站的观测数据计算的黄海平均水平面为全国高程起算的基准面。从平均水面起算的高程叫真高，也称海拔。两点间高程之差叫高差。

地形图上的高程注记分高程点的注记和等高线的注记。总的高程注记都用黑色，字头朝向北图廓；等高线的高程注记均用黑色，字头朝向上坡方向；比高注记与其所属要素的颜色一致。

**2. 地貌识别**

1）山的各部形态

山的各部形态如图 9-26 所示。

（1）山顶：军事上把注有高程的山地叫××高地，没有高程注记的叫无名高地。山顶有尖顶、圆顶和平顶之分，在图上用等高线最小的环圈表示，环圈外常绘有示坡线（与等高线垂直的短线），其不与等高线连接的一端表示斜坡的下降方向。

（2）凹地：指低于周围地面，且经常无水的地方。在图上表示凹地的等高线是一个或数个小环圈，示坡线绘在边缘和最低处的内侧。

（3）山背：即从山顶至山脚的凸起部分。在图上表示山谷的等高线是以从山顶起向外凸出。山背凸起部分顶点的连线叫分水线。

（4）山谷：即两山臂之间的低凹部分。在图上表示山谷等高线逐渐向山顶或鞍部方向凹入，最凹部分的连线叫合水线。

（5）鞍部：是两个山顶间形如马鞍形的部分，图上用一对表示山背和一对表示山谷的等高线显示。

（6）山脊：有若干山顶、鞍部连接的凸起部分，山脊的最高棱线为山脊线。

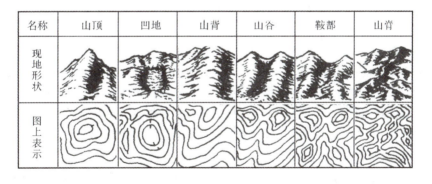

图 9-26　山的各部形态

2）斜面和防界线

斜面是指从山顶到山脚的倾斜部分，又叫斜坡。斜面是部队进攻或防御的重要部位，军事上把朝向敌方的斜面称为正斜面，背向敌方的斜面叫反斜面。

防界线是指军事上能用于防守的界限。防界线要求地势适宜，展望良好，便于设置观察所和构筑射击阵地等。在图上就是要选在等高线由稀变密的交界线上。

特殊地貌（变形地）形态，是指等高线无法显示的地貌，如冲沟、陡崖、陡石山、崩崖、滑坡等（见图 9-27）。

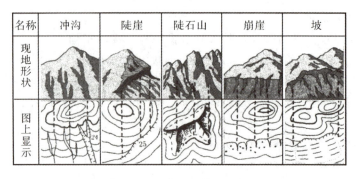

图 9 - 27　特殊地貌的显示

### 3. 高程、起伏和坡度的判定

#### 1）高程的判定

根据等高线和高程注记点的高程可以判定任意地面点的高程。判定高程时通常有三种情况：当判定的点在等高线上时，只要判明该等高线的高程，即为该点的高程；当判定的点在某两等高线之间时，可先判明两相邻等高线的高程，再按其所在位置估计目标点高程；主要山顶和鞍部在图上常有高程注记，但一般的山顶和鞍部没有注记，用图时可根据附近的等高线判定。

根据判定点的高差，可以求得两点间的高程差，即高差。

#### 2）地面起伏的判定

在图上判定战斗行动区域或运动方向上的起伏状况时，首先应根据等高线的疏密概况，河流的位置和流向，找出各山脊的分布状况和地形总的下降方向，再具体明确山顶、鞍部、山脊、山谷的分布，详细判明起伏状况。通常，当等高线在河流一侧时，靠近河流的等高线表示下坡方向，反之为上坡方向；当等高线横穿河流时，上游的等高线表示上坡方向，反之为下坡方向。

#### 3）坡度的判定

（1）用坡度尺量：地形图南图廓的下方绘有坡度尺。当量取某段道路的坡度时，先用两脚规（或纸条）量取图上两条等高线间的宽度，然后移到坡度尺第一条曲线与底线间的纵方向上比量，找到与其等长的垂直线，即可读出相应的坡度。如几条首曲线的间隔大致相等，可一次量取 2~6 条等高线的间隔。量取几条等高线，就在坡度尺上相应的曲线上比几条，然后读出相应的坡度。

（2）根据等高线间隔计算：地形图如果采用统一规定的等高距，当两条相邻首曲线的间隔为 1 mm 时，则相应现地的坡度约为 12°。如果间隔大于或小于 1 mm，只要用间隔的毫米数除 12°，就可以得出实地坡度。例如，相邻两条首曲线的间隔为 2 mm，则坡度为 $12°÷2＝6°$。但若坡度超过 30°时，则因估算误差较大，不宜采用此法。

### （五）坐标

确定地面上某点位置的长度值或角度值，叫该点的坐标。地形图上的坐标有地理坐标和平面直角坐标两种。

### 1. 地理坐标

用经度和纬度表示地面点位置的球面坐标，叫地理坐标，通常用度（°）、分（′）、秒（″）

表示。地理坐标在世界上是通用的，尤其在海军、空军和边海防以及外交斗争中经常使用。

1）地理坐标网的构成

地理坐标网是由一组经线和纬线构成的。经、纬网的构成和起算全世界是统一的。经度是从英国格林威治天文台为零点起算，向东、西各180°；纬度是从赤道起算，向南、北各90°。这样，地球表面上任意一点，都有一条经线和一条纬线通过，因此地球表面上任意一点的位置都有对应的经、纬度数值。

2）地理坐标网在地形图上的表示

地形图是按经、纬度分幅的，地图的南、北内图廓线是纬线，东、西内图廓线是经线。在1∶20万至1∶100万地形图上，绘有地理坐标网，纬度数值注记在东、西内外图廓间；经度数值注记在南、北内图廓间。在1∶25万至1∶10万地形图上，只绘平面直角坐标网，不绘地理坐标网，但图廓四角注有经、纬度数值，内外图廓间绘有经、纬"分度带"，分度带的每个分划表示一分，如将两对边相应的分度线连接起来，即构成地理坐标网。

3）地理坐标网的应用

用地理坐标指示目标或确定某点在图上的位置时，一般按先纬度后经度的顺序进行。图9-28是在1∶5万图上量读烟囱的地理坐标。

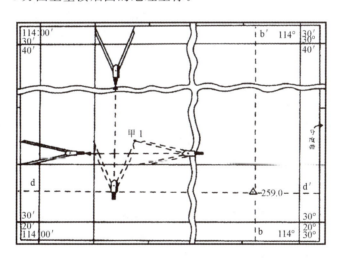

图9-28　依分度带量读地理坐标

（1）求整分数值：先在分度带上找到接近目标左方和下方的分划；再连接经、纬线；读出分值为纬度21′，经度01′。

（2）求秒值：先用两脚规量出目标点到所连经、纬线的距离；保持张度不变，再到分度带上去比量；再根据分度带1分的长度估算或按比例计算出秒值为纬度25″，经度为42.5″。

（3）求总值：将前面量读的分、秒数相加，则烟囱的地理坐标为北纬30°21′25″，东经114°01′42.5″。

**2. 平面直角坐标**

确定地面上某点位置的长度值，叫该点的平面直角坐标。平面直角坐标通常用千米（km）或米（m）表示。

### 1）直角坐标的构成和起算

我国地形图上采用的是高斯平面直角坐标系。它是以经差 6°为一个投影带，全球共分成 60 个投影带，每带的中央经线和赤道被投影成相互垂直的直线。高斯平面直角坐标系规定：以每带的中央经线为纵坐标轴（x），赤道为横坐标轴（y），两轴的交点为坐标原点（O），这样每个投影带便构成一个独立的坐标系。纵坐标以赤道为零起算，赤道以北为正，赤道以南为负，我国位于北半球，纵坐标都是正值。横坐标本应以中央经线为零算起，以东为正，以西为负，为避免负值，规定各带中央经线按 500 km 计算（即等于将纵轴西移 500 km），横坐标以此纵轴起算，则都是三位千米计算的正值（图 9-29）。

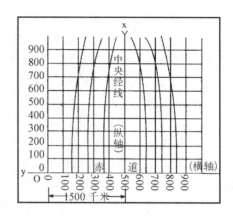

图 9-29　坐标的起算

### 2）图上平面直角坐标的注记

为便于在图上量取平面直角坐标，以千米为单位，按相等的距离作平行于纵、横轴的若干条直线，便构成了平面直角坐标网，又称千米网。不同比例尺的坐标网，其方格的长度也不尽相同。方格的长度规定如下：

1∶25 万地形图，方格边长 4 cm，相应实际距离 10 km；

1∶5 万地形图，方格边长 2 cm，相应实际距离 1 km；

1∶10 万地形图，方格边长 2 cm，相应实际距离 2 km。

图上坐标值均以千米数为单位注记在内外图廓线之间。在东西图廓间横线上，由下向上增大的为纵坐标值（简称纵坐标），在南北图廓间纵线上，由左向右增大的为横坐标值（简称横坐标）；在图廓的四角，注记坐标的全部数值，在图廓间只注记末尾两位数，横坐标值均为三位数，即百千米数，三位数前面的为投影带号（见图 9-30）。

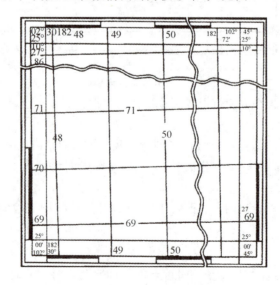

图 9-30　坐标注记

### 3）平面直角坐标的应用

平面直角坐标主要用于指示和确定目标在图上的位置，也可根据方格估算距离和面积。指示目标或确定点位时必须按先纵坐标(x)，后横坐标(y)的顺序进行。

（1）用概略坐标指示目标：概略坐标以千米为单位，指明目标在哪个方格内即可。例如，116.6 高地的坐标为 x67，y46。当超过百千米范围时，应使用全坐标值(116.6 高地坐标的全值为 x3267，y18646)。当需要明确指出目标在方格的位置时，可采用井字格法，即把一个方格分为 9 个小格，并按顺时针编号。指示目标时，在坐标后加相应的小方格编号（见图 9 - 31）。公路桥的坐标为(66，47.9)。

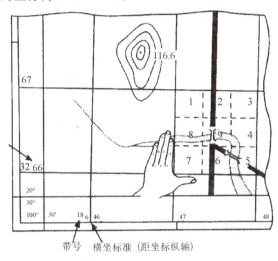

图 9 - 31　用概略坐标指示目标

（2）用精确坐标指示目标：对要求位置准确或图上没有明显特征的目标，通常用精确坐标指示。其精度要求精确到米数的整位数。可以在概略坐标的基础上，用坐标尺量读（见图 9 - 32）。发射点的精确坐标为 x85645，y49300。指示目标报读时，先报纵坐标，后报横坐标和地点，如"坐标，纵 85645，横 49300，龟山西北山脚敌发射点"。接受人员可根据精确坐标，用坐标尺将目标标注在地图上。

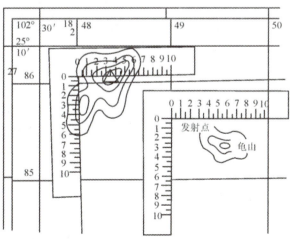

图 9 - 32　用坐标尺量读精确坐标

### （六）方位角与偏角

现地判定方位、标定地图、指示目标、准备射击诸元及行军机动等，都需利用方位角。

**1. 方位角的种类**

方位角是从某点的指北方向线起，顺时针到目标方向线之间的夹角。由于有三种指北方向线，所以有三种方位角（见图 9 - 33）。

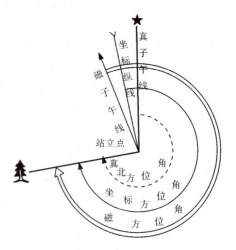

图 9 - 33　方位角的种类

1）真北方位角

地面上某点指向北极的方向叫真北，其方向线叫真北方向线（或真子午线）。从该点的真子午线起，顺时针到某目标方向线之间的夹角叫真北方位角。真北方位角主要用于精密测量。

2）磁方位角

地面上某点磁针所指的北方叫磁北，其方向线叫磁北方向线（或磁子午线）。从该点的磁子午线起，顺时针到某目标方向线之间的夹角叫磁方位角。地形图南、北图廓上的磁南、磁北两点的连线为该图的磁子午线。磁方位角在军队行进、炮兵射击、航空、航海时广泛使用。

3）坐标方位角

地图上平面直角坐标纵线所指的北方叫坐标纵线北。从某点的坐标纵线北起，顺时针到目标方向之间的夹角叫坐标方位角。坐标方位角主要用于炮兵射击指挥。

**2. 偏角种类**

因三种指北方向不同，它们彼此间形成的夹角叫偏角。偏角有三种。

1）磁偏角

某点的真子午线与磁子午线之间的夹角叫磁偏角。磁子午线在真子午线以东的为东偏，在真子午线以西的为西偏。

2）坐标纵线偏角

某点的真子午线与坐标纵轴之间的夹角叫坐标纵线偏角。坐标纵线在真子午线以东的为东偏，在坐标纵线以西的为西偏。

3）磁坐偏角

某点的坐标纵线与磁子午线之间的夹角叫磁坐偏角。磁子午线在坐标纵线以东的为东偏，在坐标纵线以西的为西偏。它有时为磁偏角和坐标纵线偏角之和，有时为二者之差。

在地形图上，以上三种偏角均有图说明。各种偏角东偏为正（＋）、西偏为负（－）。地形图图廓下方均绘有偏角图。

**3. 在图上量读坐标方位角**

1）用量角器量读坐标方位角

如图 9 - 34 所示，用量角器量读三角点△171.4 至高程点⊙162.6 的坐标方位角时，先将两点连成直线，使其与坐标纵线相交（若两点在同一方格内，可延长直线）。然后将量角器的圆心对准连线与坐标纵线的交点，以零分划朝北，并使零密位线与纵坐标纵线重合，读出连线通过量角器边沿的分划数 17-40，即为三角点△171.4 至高程点⊙162.6 的坐标方位角。当坐标方位角大于 30-00 时，应将量角器放在坐标纵线的左边，使零分划朝南，再将读出的密位数加上 30-00，即为量读的坐标方位角。

### 2）用指北针量读磁方位角

如图 9-35 所示，用指北针量读李家至土堆的磁方位角。首先在图上画出所量两点的直线，再依磁子午线标定地图，然后使指北针零分划对准指标，准星朝向目标，使直尺边与连线重合，待磁针静止后，读出磁针北端所指的密位分划，5-00 即为李家至土堆的磁方位角。

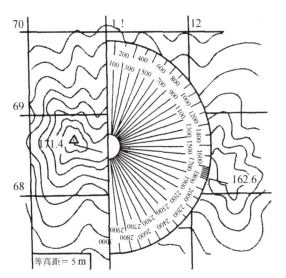

图 9-34　坐标方位角的量读

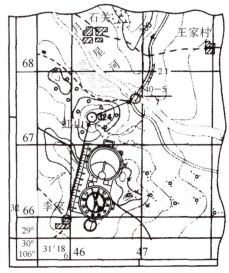

图 9-35　从图上测定磁方位角

### 3）磁方位角和坐标方位角的换算

从以上所述，可从地图上直接量取磁方位角和坐标方位角，还可通过换算求得：

$$坐标方位角＝磁方位角＋（±磁坐偏角）$$
$$磁方位角＝坐标方位角－（±磁坐偏角）$$

计算中，若两角相加大于 60-00 时，则减去 60-00，若小角度减大角度时，小角应加 60-00 以后再相减。

## 二、地图使用训练

### （一）现地判定方位

现地判定方位，就是实地判明东、西、南、北方向，确定地形图与现地的关系，这是现地用图的前提。

### 1. 利用指北针判定

指北针携带方便，操作简单，是判定方位的基本工具。我军现用的指北针，虽然型号不一，但其构造原理基本相同。以六二式指北针为例，由磁针、刻度盘、方位玻璃框、角度摆、距离估定器、里程表和直尺等部件组成，可用来判定方位、标定地图、测定方位角、测定距离、坡度里程及测略图等。

判定方位时，平置指北针，待磁针静止后，磁针涂有夜光剂的一端（或黑色一端）所指的方向，就是地磁北方向。如果面向磁针，磁针所指的就是北方，其余方向即可判出。

使用指北针以前应检查磁针是否灵敏。使用过程中，不要使磁针靠近高压线和金属物体。

### 2. 利用北极星判定

北极星是正北方天空最亮的一颗恒星。俗话说："找到北极星，方向自然明。"北极星位于小熊星座的末端，因小熊星座比较暗淡，所以通常根据大熊星座（即北斗七星，俗称勺子星）和仙后星座（即女帝星，又叫 W 星）来寻找。

大熊星座由七颗明亮的星组成，形状像一把倒扣的勺子，将勺子外端第一、二两颗星的连线向勺口方向延长，约为两星距离 5 倍处的那颗星就是北极星。

仙后星座是由五颗明亮的星组成，形状很像一个"W"字母。在 W 字母的缺口方向，约为缺口宽度 2 倍处的那颗星就是北极星（见图 9－36）。

### 3. 利用太阳和手表判定

判定要领：先把手表放平，以时针所指时数（以 24 小时计算）的折半位置对向太阳，表盘上"12"这个数的指向就是北方（见图 9－37）。

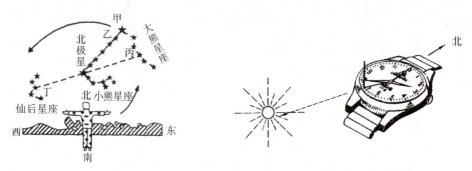

图 9－36  利用北极星判定方位          图 9－37  用太阳和手表判定方位

需要说明的是，我国大部分地区都使用北京时间（即东经 120°的时间），如果是远离东经 120°的地区，若采用北京时间误差就大了。这时应将北京时间换算成当地时间，方法是以东经 120°为准，每向东 15°将北京时间加上 1 小时，向西减 1 小时，然后再按上述方法进行判定。

### 4. 利用地物特征判定

有些地物、地貌由于受阳光、气候等自然条件影响形成了某些特征，可以用这些特征来概略判定方位。

通常独立大树的南面枝叶茂盛，树皮较光滑；北面枝叶较稀疏，树皮较粗糙，有时还长有青苔。树桩上的年轮也可判定方向，通常北面的间隔小，南面的间隔大。

地面上的一些突出物体，如土堆、土堤、大岩石和建筑物等，通常南面干燥，青草茂密，冬季积雪融化较快；北面较潮湿，易生青苔，积雪融化较慢。土坑、沟渠和林甲空地等，一些凹下来的地物，与上述现象南北正相反。

我国大部分地区，尤其在北方，农村的住房、门户以及较大的庙宇、宝塔的正门等一般多向南开。由于我国幅员辽阔，各地都有一些可供判定方位的地形特征，只要我们善于留心、收集，就可用来判定方位。

#### （二）地图与现地对照

地图与现地对照就是将地图上各种符号与相应的现地地形对应起来，能随时确立站立点在图上的位置，以便了解和熟悉地形，保障实施正确的作战指挥和行动。

#### 1. 标定地图

标定地图就是使地图的方位与现地东西南北方向相一致。这是地图与现地对照的重要步骤。

##### 1）概略标定

在现地判定方位后，将地图的上方对向现地的北方，地图即已概略标定。这种方法简单迅速，是要求标定精度不高时的基本标定方法。

##### 2）用指北针标定

先以指北针的直尺边切于地图磁子午线，并使准星的一端朝向北图廓，然后水平转动地图，使磁针北端指向对正指标，地图即已标定。

##### 3）利用直长地物标定

利用直长地物，如道路、河流、土堤等标定地图，可先在图上找到现地直长地物相应的地物符号，对照两侧地形，使地图与现地的关系位置概略相符，再转动地图使图上的方向与现地直长地物方向一致，地图即已标定。

##### 4）利用明显地形点标定

首先确立站立点在图上的位置，再从远方选定一个现地与地图上都有的明显地形点（山顶、独立地形物），并用指北针（或三角尺）切于图上站立点和该地形点上，然后转动地图，通过照门，准星瞄准现地该点，地图即已标定（见图9-38）。

图9-38　利用明显地形点标定地图

##### 5）利用北极星标定

夜间可利用北极星标定地图。标定时要认准北极星，再使地图上方概略朝向北极星，然后转动地图，沿东（西）的图廓线瞄准北极星，地图即已标定。

## 2. 确定站立点

地图标定后,将自己所在位置准确地标定在地图上,这就叫确定站立点。这是现地使用地图的关键。

### 1) 用截线法确定

当站立点在直长地物(如道路、土堤、河渠等)上时,可采取截线法确定站立点的图上位置。首先标定地图,在直长地物的侧方选择图上和现地都有的明显地形点,将直尺边切于图上该地形点上后转动直尺,瞄准现地该地形点,并描画方向线,方向线和直长地物符号的交点就是站立点的图上位置(见图 9 – 39)。

图 9 – 39　用截线法确定站立点

### 2) 用后方交会法确定

当站立点附近无明显地形点而在远处有两个以上现地和图上都有的明显地形点时,可采用此法。首先标定地图,在远方选定两个图上和现地都有的明显地形点,将直尺边切于图上两个明显地形点符号的定位点上(可插细针),再依次瞄准现地相应的地形点交点,并向后画方向线,两方向线的交点,就是站立点在图上的位置(见图 9 – 40)。

图 9 – 40　用后方交会法确定站立点

### 3）用磁方位角交会法确定

在丛林或不便于直接从图上找准目标的地区，可采取此法确立站立点。其步骤是：先攀登到便于通视的树上，在远方选定现地和图上都有的两个明显地形点，分别测出至这两个点的磁方位角后在树下近旁标定地图，将指北针的直尺边依次切于图上两点相应地形点的定位点上，转动指北针，使指北针先后指向树上所测的磁方位角，并沿直尺边画线，两线交点即是站立点的位置（见图 9 - 41）。

图 9 - 41　用磁方位角交会法确定站立点

### 4）用目估法确定

利用明显地形点目估确定站立点在图上的位置是最常用的确定位置的方法。当站立点在明显地形点上时，从图上找出该点，即是站立点在图上的位置。如果站立点在明显地形点附近时，可先标定地图，再在图上找到该点，对照周围细部，根据该站立点与明显地形点的关系，即可判定站立点在图上的位置（见图 9 - 42）。

图 9 - 42　用目估法确定站立点

### （三）现地对照地形

现地对照地形就是将地图上的地物、地貌符号和现地的地物、地貌一一对应找到。现地有而图上没有的目标，要能确定图上的位置；图上有而现地没有的目标，应找出原来的现地位置。现地对照地形通常是在标定地图和确定站立点的基础上进行的。

对照地形的顺序，应先主要方向，后次要方向；先对照大而明显的地形，后对照一般地形；由近及远，由右至左(或由左至右)；先从图上找到现地，再从现地找到图上，由点到面，逐段分片地进行对照。

对照地形的方法是：主要根据站立点与目标点的方向、距离、特征、高程及目标与其附近地形的关系位置，分析比较，反复验证。对照通常采用目估法，必要时可利用观测器材。当地形重叠复杂不便观测时，视情况变换位置或登高观察。

## 第六节　电磁频谱监测

电磁频谱监测是运用监测设备和技术手段对空中无线电信号的频谱特征参数进行的测量。电磁频谱监测是对电磁频谱实施科学管理的技术保证，是电磁频谱管理工作中不可缺少的一个重要手段，并为干扰协调提供技术依据，为战时电磁态势发布提供基础数据支持。其目的是从技术上确保国家、军队电磁频谱管理条例的贯彻执行，维护空中电波秩序，防止有害干扰，确保各种用频装备正常运行，使有限的频谱资源得到合理的、科学的、有效的开发利用。按照监测的频段不同，一般可分为短波监测、超短波监测、微波监测、卫星频段监测等；按照监测的任务不同，可分为常规监测、电磁环境监测和战场频谱监测等。

## 一、电磁频谱监测基本知识

### （一）电磁频谱监测概述

#### 1. 电磁频谱监测的概念

电磁频谱监测是指通过对空中无线电信号进行扫描、搜索以及监视、分析，实现对频谱占用情况的统计、分析和信号的识别及频谱参数(频率、频率误差、射频电平、发射带宽、调制度等)的测量。换言之，频谱监测是指探测、搜索、截获无线电信号，并对信号进行分析、识别、监视并获取其技术参数、工作特征和辐射源位置等技术信息的活动。它是有效实施电磁频谱管理的重要手段和依据，也是电磁频谱管理的重要分支。

#### 2. 电磁频谱监测的分类

根据不同的分类标准，电磁频谱监测有不同的分类方法。

按工作频段划分，电磁频谱监测可分为长波监测、中波监测、短波监测、超短波监测、微波监测等。凡是军用用频装备工作的频段，也是开展频谱监测的频段。在很长的时间内，频谱监测主要是在短波和超短波展开，到目前为止，这两个频段仍然是频谱监测的主要频段。随着微波频段军用用频装备的日益增多，微波监测在频谱监测中也日益占有重要的地位。

按频谱监测的技术参数划分，通常分为无线电技术监测和无线电方位监测。

按频谱监测设备是否移动及运载平台的不同，可分为固定监测站、移动监测站以及可搬移监测站等。

按监测任务的不同分为常规监测、电磁环境监测和特种监测。

### 3. 频谱监测特点

频谱监测是获取被测无线电信号技术信息的重要手段。它依赖被测用频台站辐射的信号获取有关技术信息，而频谱监测设备本身不需要辐射电磁信号。与其他设备工作方式相比，这种方式具有以下特点：

(1) 监测覆盖范围对电波传播等特性依赖性强。

频谱监测的距离与被测辐射源的辐射功率、电波传播条件及频谱监测设备的灵敏度等因素有关。在短波、超短波频段采用地面波传播的条件下，监测距离一般在几公里到几十公里。在短波采用天波传播的条件下，频谱监测距离可达几百到几千公里。对卫星通信而言，频谱监测距离可达上万公里。

(2) 隐蔽性好。

频谱监测设备不辐射电磁波，不易被敌方利用无线电侦察设备发现。

(3) 实时性好。

监测设备可以长时间不间断地连续工作，只要辐射源发射信号并且在我方监测设备的作用范围（包括地域、空域、频域）之内，就能及时地被发现，所以，这种监测方式是实时的。另一方面，由于信号处理技术与计算机技术在监测设备中的广泛应用，对信号分析处理的实时性大大提高。

(4) 受被监测辐射源的工作条件制约大。

被监测辐射源的工作条件包括被监测无线电设备的性能、辐射信号格式、电波传播条件、通信联络时间、应用场合等。如果我方监测设备不具备监测信号所需的条件，则无法监测。

(5) 对搜索速度要求高。

频谱监测要在很宽的频段内对大量的无线信号进行搜索测量，而很多无线信号是不断变化的，因此频谱监测必须具有很高的速度，否则监测结果就无法真实反映频谱的使用情况。

### (二) 频谱监测内容

从广义上讲，电磁频谱监测的基本内容包括：无线电技术侦察（或称无线电技术监测）、无线电测向（或称无线电方位监测）、无线电定位等三部分。

电磁频谱监测的主要内容是，通过采用先进的频谱监测测试仪表和设备探测、搜索、截获无线电信号，对信号进行测量、统计、分析、识别、监视，以及对正在工作的用频台站测向和定位，获取用频台站位置、通信方式、通联特点、网络结构和属性等技术信息。主要对用频台站发射的基本参数，如频率、场强、带宽、调制等指标系统进行测量，对声音信号进行监听，对发射标识进行识别确定，对频率利用率和频道占用度进行统计，对干扰源测向定位，排除干扰，查处非法电台和非核准电台，保证通信业务的安全可靠。

频谱监测按任务区分主要包括常规监测、电磁环境监测和特殊监测。

### 1. 常规监测

常规监测是指监测站日常工作中的各项监测活动，即按频率指配表监测已核准电台的有关参数，并建档存库。通过常规监测，发现有关参数发生变化则可判断出现异常情况，或出现不明电台，或核准电台的使用状态发生变化。常规监测内容主要包括：

（1）监测已核准的无线电台站的发射参数，检查其工作是否符合批准的技术条件和要求。

系统地测量无线电台站的使用频率、频率偏差，信号场强、谐波和其他杂散发射，发射信号的调制度；测量无线电台频谱的占用情况（频道占用度和频段占用度）；监测无线电台的操作时间表和经营业务是否符合电台执照的规定。

（2）对各种干扰信号进行监测并分析，确定干扰源。

测量和识别干扰信号；测量干扰信号的有关参数；进行无线电测向定位，确定干扰台站。

（3）监测无线电频谱的使用情况，为频谱资源的开发、频率规划和指配提供技术依据。

（4）监测不明无线电台的发射行为，对违反国际电信公约和无线电规划以及中华人民共和国无线电管理条例的发射行为实施频谱监测。

（5）对水上和航空安全救险业务专用频率实施保护性监测。

### 2. 电磁环境监测

电磁环境监测是指按照频谱管理机构的要求，对指定区域的电磁环境进行的监测活动，也称为电磁环境测试。随着信息产业的飞速发展，城市的电磁环境越大越复杂，各个频段的背景噪声不同程度地提高。准确地掌握有关数据，对有效实施电磁频谱管理，合理地选择台址，保证无线电业务的正常秩序将提供有力的帮助。主要内容包括：

（1）用频台站选址的电磁环境监测；

（2）工业、科技、医疗及其他辐射电磁波的非用频装备的电磁辐射的监测；

（3）城市电磁背景噪声的监测；

（4）有害干扰的查找监测。

### 3. 特殊监测

特殊监测是指根据国家或军队的重大任务进行的监测活动。如国际监测、重大任务监测等。其主要监测内容包括：

（1）监测我国在国际电联登记注册的频率是否受到国外无线电台的干扰。

我国已在国际电联登记了3万多条频率。为了保护我国频率使用权益，必须经常查阅国际电联频登会的周报（现已改为无线通信部门周报）上公布的其他国家拟登记（提前公布资料）的频率，如发现与我方频率使用有矛盾，或我国频率受到有害干扰，应向国际电联或有关国家主管部门提出干扰申诉，这样国外电台在国际电联审查时，就会得到不合格的结论。

（2）对于国际电联或有关国家申诉的、涉及我国干扰别国频率使用问题的，要通过频谱监测及时排除。收到别国申诉后，应根据申诉的内容进行监测，确定干扰源，再根据国际电信公约和国际无线电规则并结合我国实际情况进行处理。之后，将处理意见函复国家无线电主管部门或国际电联。

（3）与有关国家进行联合监测、消除边界区域的无线电干扰。

（4）执行国家、军队重大科学实验和无线电管制的监测，如神舟飞船的发射。

（5）执行各类突发事件中的电磁信号监测。

（6）执行战场电磁频谱监测。

### （三）频谱监测基本环节

无线电辐射过程中，无线电系统内的发射机向空间辐射载有信息的无线电信号，而作为通信对象的接收机，则从复杂的电磁环境中检测出有用的信息。这种开放式的发射和接收无线电信号的特点是实施频谱监测的基础。频谱监测涉及用频台站工作的所有波段、所有无线电系统体制和工作方式。

频谱监测的实施应包括技术措施和对监测装备的应用两个方面。频谱监测装备是实施频谱监测的物质基础，而合理地组织和运用，可以更加充分地发挥监测装备的作用。

频谱监测的内容和步骤是随着监测设备技术水平的不断提高而变化的。随着科学技术的迅速发展，现代战争中的军事通信大量采用快速通信技术、加密技术、反侦察抗干扰技术等各种先进通信技术。为适应这种变化，现代的频谱监测已转变为以监测无线电信号的技术特征为主。下面对现代频谱监测过程中的基本环节加以阐述。

#### 1. 对无线电信号的搜索与截获

由于无线电辐射源发射的无线电信号是未知的，或者通过事先监测已知无线电辐射源某些信号频率而不知其工作时间的，因此，需要通过搜索寻找，以发现无线电辐射源发射的无线电信号是否存在以及是否有新出现的无线电信号。

截获无线电信号必须具备三个条件：

一是频率对准，即监测设备的工作频率与被测无线电信号频率要一致；

二是方位对准，即监测天线的最大接收方向要对准被测无线电信号的来波方向（全向天线例外）；

三是被测无线电信号电平不小于监测设备的接收灵敏度。由于被测无线电信号的频率和来波方向是未知的，所以，在寻找被测无线电信号时，需进行频率搜索和方位搜索。

上述三个条件是指一般情况而言，实际监测中，对于不同的信号体制，以及不同类型的信号要区别对待。对于短波和超短波常规无线电信号的监测，由于这两个频段的电磁辐射一般都采用弱方向性或无方向性天线，监测设备一般也都采用弱方向性或无方向性天线，因此一般只进行频率搜索，而不进行方位搜索。对于接力通信、卫星通信、对流层散射通信和雷达信号的监测，由于这四种通信体制都采用强方向性天线，要求监测设备不仅具有频率搜索功能，也必须具有方位搜索功能。总之，截获不同类型的无线电信号，需要满足的条件往往是不同的。

### 2. 测量无线电信号的技术参数

无线电信号有许多技术参数，有些是各种无线电信号共有的参数，有些是不同无线电信号特有的参数。

各种无线电信号共有的技术参数主要有：

- 信号载频，或者信号的中心频率；
- 信号电平，通常用相对电平表示；
- 信号的频带宽度，可根据信号的频谱结构测量信号的频带宽度；
- 信号的调制方式，根据信号的波形和频谱结构一般可分析得到信号的调制方式；
- 电波极化方式（必要时测量），等等。

不同的无线电信号一般具有自身特有的技术参数，例如，调幅信号的调幅度，调频信号的调制指数，数字信号的码元速率或码元宽度，移频键控信号的频移间隔，跳频信号的跳频速率，等等。

以上技术参数的测量对于无线电信号的识别分类是十分重要的。除了测量技术参数外，记录信号的出现时间、频繁程度以及工作时间的长度等，也是很有意义的技术信息资料。对无线电信号技术参数做到实时测量是十分需要的，这对于频谱监测尤为重要。当不能实时测量时，可进行记录，利用音频录音、视频录像、射频信号存储等手段，详细记录或存储截获的无线电信号，以便事后作进一步分析和处理。

### 3. 测向定位

利用无线电测向设备测定信号来波的方位，并确定目标电台的地理位置。测向定位可以为判定无线电设备属性、通信网组成、实施电磁频谱管理提供重要依据。

### 4. 对信号特征进行分析、识别

信号特征包括通联特征和技术特征。技术特征是指信号的波形特点、频谱结构、技术参数以及无线电辐射源的位置参数等。分析信号特征可以识别信号的调制方式，判断无线电辐射源的工作体制和无线电装备的性能，判断无线电通信网的数量、地理分布以及各通信网的组成、属性及其应用性质等。

### 5. 控守监视

控守监视是指对已截获的无线电辐射源信号进行严密监视，及时掌握其变化及活动规律。实施电磁频谱管理时，控守监视尤为重要，必要时可以及时转入即时式管理。

频谱监测中，需要对获取的技术资料建立电磁频谱管理技术信息数据库，并根据技术资料的变化及时更新数据库的内容。

### （四）频谱监测接收设备

频谱监测设备是监测空中无线电频谱、对指定电磁信号实施测向、对特定信号进行参数测试的仪器设备的统称。其完成的主要功能有两项，一是进行电磁频谱监测，如测量空中无线电信号的频率、频率误差、射频电平、发射带宽，监听解调信息，确定和识别发射标识，统计频段利用率和频道占用度，分析信号使用情况等；二是进行无线电信号的测向与定位，如对非法电台和干扰源进行测向、定位。

　　无线电监测设备的主体设备包括用于电磁频谱监测的设备，如监测接收机、测试接收机、场强仪、带宽测量仪、频率占用度测量设备、识别设备等；用于无线电测向的设备，如单信道测向机、双信道测向机、多信道测向机等。

　　无线电监测设备的分类方法很多。国外将用于无线电通信信号侦察与监视的接收设备统称为通信情报接收设备，或侦察接收设备。

　　在国内也粗略地将监测接收设备分为监视接收机、分析接收机、搜索截获接收机和测向接收机。

　　随着无线通信的迅速发展，表征无线电发射信号质量的特征参数发生了变化，表征数字信号质量的一些特征参数（如误码率、波形变异、数字调制方式等），目前常规的监测设备尚不能测试。因此随着通信技术的发展，监测技术、监测设备需同步发展。

　　现代电子技术的发展及软件无线电技术的应用，新一代的数字监测接收机正在商用化，为监测数字无线信号提供了新手段。

　　无线电监测测向系统通常由天线系统、监测接收机、测向定位设备、频谱分析仪、系统软件及系统附件等几个部分组成，系统规模可根据监测测向站完成的主要功能进行灵活地配置。按照监测测向的方式通常可分为固定监测站、移动监测站和可搬运监测站。

## 二、电磁频谱监测方法

### （一）无线电测向的内涵

　　无线电测向，是利用无线电定向设备确定正在工作的无线电发射台（辐射源）方位的过程。利用无线电测向可以确定辐射源的位置（简称定位）。无线电测向与定位是无线电监测的重要内容，是对无线电信号进行分选、识别的重要依据。

　　无线电测向的物理基础是无线电波在均匀媒质中传播的匀速直线性及定向天线接收电波的方向性。无线电测向实质上是测量电磁波波阵面的法线方向相对于某一参考方向（通常规定为通过测量点的地球子午线指北方向）之间的夹角。能完成这一测量任务的无线电设备称之为无线电测向机或无线电测向设备。

### （二）无线电测向的主要用途

　　无线电测向在军事和公共社会两个领域都具有广泛的应用，用于军事电磁频谱监测仅是在军事领域应用的一部分。无线电测向的应用总的可以归结为对未知位置的目标辐射源进行无源定位和根据已知位置的目标辐射源确定测向设备自身所在平台的位置这两个目的，实际应用主要有辐射源寻的、导航、交会定位。

#### 1. 辐射源寻的

　　测向设备利用目标辐射源的到达方向信息，使所在的平台朝辐射源所在的平台位置移动，这就是利用无线电测向的辐射源寻的。其中目标辐射源的位置可以是已知的，也可以是未知的。

　　如果测向数据无误差，则可以引导测向设备所在平台沿最短的路径对辐射源寻的，但实际测向设备总是不可避免地存在系统误差和随机误差，因此寻的路径会根据误差的特性有所不同。随机误差的存在会使得寻的路径不稳定，但最终总会到达目标辐射源；系统误差的存在使得寻的沿着一条对数螺旋路径趋近辐射源，其中在测量点沿路径的切线与直接到目标辐射源的连线之间的夹角就是测向机的系统误差值，如图 9 - 43 所示。

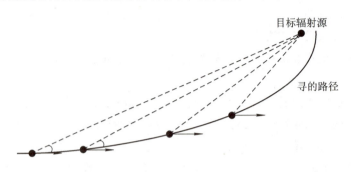

图 9 - 43   存在测向误差情况下的对数螺旋线

### 2. 导航

无线电导航是根据移动测向设备对已知位置目标辐射源的测向数据，引导测向设备所在的平台沿所要求的路径行进。其过程是一个简单的测向和方位数据比较过程，通过对已知位置的辐射源测向，来估计自身位置是否位于某一指定的航线上，或根据其测向数据来修正当前航向与规定航线的偏离量。这里辐射源的位置不是测向设备所在平台的航程终点，而只是为其航程提供参考方向。

### 3. 交会定位

交会定位包括后方三角交会定位、平面三角交会定位、垂直三角交会定位。

后方三角交会定位是根据测向设备对已知位置的多个辐射源所测得的方位数据反过来进行定位，确定测向设备所在平台自身的坐标位置。这种方式早期常用于车、船及其它机动台站的自身定位，近期逐步被 GPS 定位技术所替代。

平面三角交会定位是根据分散在多个已知位置的固定测向设备对目标辐射源的静态方位测量数据进行交会定位，或根据能实时测定自身位置的单个移动测向设备对目标辐射源的动态方位测量数据进行交会定位，确定该辐射源的地理位置。

垂直三角交会定位的应用之一是在测得天波信号的到达水平方位角和仰角，并已知天波折射点电离层高度的情况下，确定辐射源的位置。这种定位方式也称之为单站定位，只适用于天波信号，要求测向系统同时提供来波的水平方位角和仰角，并需要提供天波折射点电离层高度的精确值。垂直三角交会定位的应用之二是根据机载测向设备对地面辐射源测得的水平方位角和俯角及测向设备所在平台(飞机)的高度进行定位，确定目标辐射源的地理位置，这种定位方式又称为 AZ/EL 测向定位法。

在无线电监测中，无线电测向的直接目的就是测定干扰发射台的方位并利用交会定位确定其地理位置。

### (三) 无线电测向的地位与测向技术的发展

### 1. 无线电测向的地位

电磁频谱管理的目的是避免和消除频率使用中的相互干扰，维护空中电波秩序，使有限的频谱和卫星轨道资源得到合理、有效的利用，保证己方无线电系统使用效能的正常发挥。要达到这一目的，在两军对垒的战场上，作战指挥员必须十分清楚地了解他所面临的电磁信号环境，掌握战场空间各类无线电信号及各种电磁干扰信号在时域、空域、频域等方面的分布情况，特别是要了解用频台站的频谱技术指标、属性、网路组成等要素，同时对敌方主要用频装备的频谱技术指标、手段及其战术运用也要全面掌握，这就必须借助于无线电监测与测向定位。

现代战场是陆、海、空、天四维立体战场的各军兵种协同作战，敌我双方都要求有四通八达不间断的通信联络和信息传输，电磁频谱管理面临一个复杂、密集和多变的电磁信号环境。在如此复杂的信号环境中要快速准确地截获并识别出管理地域内目标网台信号，仅靠监测分析系统还远不够。无线电信号在技术特征上并不携带任何敌我识别标志，而在无线电信息普遍被加密传输的今天，破译其无线电信息内容在有限短的时间内是很困难的事。由此可见，只有通过无线电测向定位技术确定目标电台的坐标位置，再综合无线电监测信息及其它途径获取的敌方无线电部署和战场背景等情报，才有可能快速准确地分辨识别出各目标信号的具体属性与威胁等级。

一旦截获并识别出敌我双方重要的目标网台信号，电磁频谱决策控制系统应对其作出快速有效的反应，或控制监测分析系统继续对其进行不间断的监视控守并收集其无线电频谱新的信息。收集无线电频谱信息时，目标网台的方位坐标是重要的信息内容，如果测向定位的精度足够高，电磁频谱决策控制系统进行决策的可靠性与有效性就高。

综上所述，无线电测向定位在电磁频谱管理领域中所处的地位非常重要，方位（空域）监测与技术参数（时域、频域、调制域）监测并列为干扰查处与频谱管理的两大基石。在典型的现代电磁频谱管理系统中，作为前端探测器（传感器）的是技术监测分系统和方位监测分系统，作为中心控制器的是以无线电信息数据库和频谱管理数据库为核心的多传感器数据智能融合处理与决策生成和控制分系统。

### 2. 无线电测向技术的发展

十九世纪末，随着无线电信号的发射成功，开始了对无线电测向技术的研究。早期的测向机首先用于导航，在军事上的应用始于第一次世界大战、第二次世界大战期间，随着无线电通信的广泛应用，无线电测向也得到更多的应用，并显示出了测向定位在战争中的重要作用。

随着电子科学技术的发展进步，无线电测向技术也得到迅速发展。从电子管、晶体管到集成电路的测向机先后问世，不同体制的测向机相继出现。尤其是 20 世纪 60 年代以后，各种新理论、新技术、新器件在无线电测向设备中的应用，使得测向设备的战技性能指标得到了很大的提高。固态微型组件的出现，数字信号处理技术和微处理机技术在测向设备中的应用，推动了测向设备向着小型、高速、自动化的方向发展，进入 80 年代后，较先进的测向设备都采用高速数字信号处理器和高档次微处理机作为方位数据处理器与功能控制器，既加快了测向速度，也提高了测向精度。

进一步提高测向精度，研究发展新的精密定位技术，提高定位精度；提高测向设备的反应速度，增强对中、高速跳频信号的测向能力；拓宽测向设备的工作频段，逐步实现全频段测向一体化；提高测向设备的自动化、智能化、软件化等等，都是今后无线电测向技术的发展趋势。

## 思 考 题

1. 战备等级有哪几种？其基本要求是什么？
2. 紧急集合有几种？着装要求是什么？
3. 行军的方式有哪些？行军的组织准备有哪些？
4. 如何组织行军？如何处置遇到的各种情况？
5. 选择野营地时应注意哪些问题？
6. 如何派遣步哨和游动哨？
7. 你了解哪些小动物、植物、昆虫可以食用吗？食用时应注意些什么？
8. 野外常见伤病有哪些？应如何防治？
9. 简要介绍等高线显示地貌的特点。
10. 标定地图的方法有几种？如何利用指北针标定地图？
11. 按方位角行进有哪些要领？
12. 什么是电磁频谱监测？它如何分类的？
13. 电磁频谱监测的特点和内容是什么？

# 参 考 文 献

[1] 胡锦涛. 坚定不移沿着中国特色社会主义道路前进 为全面建成小康社会而奋斗：在中国共产党第十八次全国代表大会上的报告[R]. 北京：人民出版社，2012.

[2] 习近平. 决胜全面建成小康社会 夺取新时代中国特色社会主义伟大胜利：在中国共产党第十九次全国人民代表大会上的报告[R]. 北京：人民出版社，2017.

[3] 中央军委政治工作部. 坚定维护核心 坚决听党指挥[N]. 解放军报，2017－02－04(01).

[4] 中央军委政治工作部. 全面推进新时代强军事业的科学指南：深入学习贯彻习近平强军思想[N]. 解放军报，2018－02－12(01).

[5] 廖毅文. 维护核心 实现梦想[N]. 解放军报，2017－02－10(02).

[6] 马荣升. 国际战略形势演进新特点[N]. 中国国防报，2016－06－03(022).

[7] 马荣升. 马克思主义战争观的时代价值[N]. 中国国防报，2017－06－02(022).

[8] 中央军委政治工作部宣传局. 人民军队历史与优良传统[M]. 北京：解放军出版社，2018.

[9] 总政治部宣传部. 党在新形势下的强军目标[M]. 北京：解放军出版社，2014.

[10] 总政治部宣传部. 中国人民解放军思想政治教育教材：地方大学生干部读本[M]. 北京：解放军出版社，2006.

[11] 周立存. 强军兴军的科学指南：党在新形势下的强军目标重大战略思想研究[M]. 北京：国防大学出版社，2014.

[12] 肖裕声. 世界战争史(中国军事百科全书 学科分册Ⅰ)[M]. 北京：中国大百科全书出版社，2007.

[13] 《中国军事百科全书》编委会. 中国军事百科全书(作战)[M]. 北京：中国大百科全书出版社，2014.

[14] 《中国军事百科全书》编委会. 中国军事百科全书(战略)[M]. 北京：中国大百科全书出版社，2014.

[15] 《中国军事百科全书》编委会. 中国军事百科全书(军事历史)[M]. 北京：中国大百科全书出版社，2014.

[16] 《中国军事百科全书》编委会. 中国军事百科全书(军事工作)[M]. 北京：中国大百科全书出版社，2014.

[17] 总参军训部. 军事技能[M]. 北京：国防工业出版社，2012.

[18] 张幼明. 国防建设教程[M]. 北京：军事科学出版社，2013.

[19] 史滇生. 战争简史[M]. 北京：海潮出版社，2006.

[20] 周成华. 欧洲战争简史[M]. 长春：吉林大学出版社，2010.

[21] 周成华. 中国战争简史[M]. 长春：吉林大学出版社，2010.

[22] 夏一东. 世界古代战争简史[M]. 北京：国防大学出版社，2012.

[23] 何敬和、张建辉. 军事基础课程教学通用教材[M]. 北京：国防大学出版社，2015.

[24]　廖盖隆. 中国人民解放战争简史（修订版）[M]. 北京：人民教育出版社，1953.

[25]　朱勇，胡杰，刘宇星，等. 大学国防教程[M]. 北京：国防大学出版社，2011.

[26]　方国辉. 大学军事理论教程[M]. 北京：国防大学出版社，2012.

[27]　李大光. 影响未来战争演变的军事高技术[M]. 北京：兵器工业出版社，2011.

[28]　李有祥. 军事高技术与信息化战争[M]. 南京：东南大学出版社，2010.

[29]　中国法制出版社. 中华人民共和国兵役法[M]. 2 版. 北京：中国法制出版社，2011.

[30]　席淑华，卢根娣，桂莉. 野战急救护理学[M]. 上海：上海科学技术出版社，2012.

[31]　陈德平，钱伯成. 军警格斗[M]. 北京：解放军出版社，2000.

[32]　杨桂英，吴晓义. 普通高校军事教程[M]. 北京：中国人民大学出版社，2014.

[33]　张培忠. 军事思想与军事战略[M]. 北京：国防大学出版社，2014.

[34]　刘聪. 解读战争艺术概论[M]. 北京：解放军出版社，2007.

[35]　江新凤. 当代外国军事思想教程[M]. 北京：军事科学出版社，2007.

[36]　宋华文，耿艳栋. 信息化武器装备及其运用[M]. 北京：国防工业出版社，2010.

[37]　中国法制出版社. 中华人民共和国国家安全法[M]. 北京：中国法制出版社，2015.

[38]　朱淑清. 识图用图教学训练指南[M]. 北京：国防大学出版社，2005.

[39]　军事科学院. 中国人民解放军军语[M]. 北京：军事科学出版社，2011.

[40]　《总体国家安全观干部读本》编委会. 总体国家安全观干部读本[M]. 北京：人民出版社，2016.

[41]　李大光. 国家安全[M]. 北京：中国言实出版社，2016.

[42]　夏立平. 中国国家安全与地缘政治[M]. 北京：中国社会科学出版社，2017.

[43]　郑淑娜. 中华人民共和国国家安全法导读与释义[M]. 北京：中国出版集团，2016.

[44]　徐则平. 国家安全理论研究[M]. 贵阳：贵州大学出版社，2009.

[45]　刘跃进. 国家安全学[M]. 北京：中国政法大学出版社，2004.

[46]　高东广. 主要国家新兴领域战略态势透析：各国竞相抢占未来战争战略高地成为新常态[J]. 祖国，2018(4)：43-45.

[47]　冯玉军. 国际形势新变化与中国的战略选择[J]. 现代国际关系，2017(3)：9-15.

[48]　王奇. 二战后国际大环境之中的海峡两岸关系发展述评[J]. 清华大学学报（哲学社会科学版），2000(2)：80-87.

[49]　胡鞍钢，王洪川，谢宜泽. 强国强军战略思维[J]. 清华大学学报（哲学社会科学版），2017(5)：141-150.

[50]　刘莹. 新时期中俄外交战略调整比较研究[J]. 北京大学学报（哲学社会科学版），2017(6)：138-147.

[51]　杨慧，刘昌明. 美国视域中的印太：从概念到战略：基于对美国主流智库观点的分析[J]. 外交评论，2019(2)：59-86.

[52]　程炜. 全面提高国家生物安全治理能力[N]. 人民日报（海外版），2020-03-23(02).

[53]　本报评论员. 提高生物安全治理能力筑牢国家安全基石[N]. 法制日报，2020-04-15(01).

[54]　中华人民共和国国务院新闻办公室. 新时代的中国国防[M]. 北京：人民出版社，2019.